KB189037

DAN ARIELY · · MISBELIEF

댄 애리얼리
미스빌리프

이성적인 사람들이
비이성적인 것을 믿게 되는 이유

댄 애리얼리 지음 ㅣ 이경식 옮김

청림출판

일러두기

- 객관적인 사실과 다른 가짜 내용을 믿는 마음은 '잘못된 믿음(misbelief, 오신념)'으로 번역했고, 잘못된 믿음을 가진 사람은 '오신자(誤信子, misbeliever)'로 번역했다.
- '허위조작 정보(disinformation)'는 누군가를 오도하기(mislead) 위한 목적으로 고의로 왜곡한 정보이다. 고의 없이 우발적으로 만들어진 잘못된 정보인 '거짓 정보(misinformation)'를 보통 '허위 정보'로 번역하기도 하는데 '허위조작 정보'와의 혼동을 피하고자 '거짓 정보'로 번역했다.

한 그루의 나무가 모여 푸른 숲을 이루듯이
청림의 책들은 삶을 풍요롭게 합니다.

나도 모르는 사이에
악마가 되다

서문이라면 무조건 건너뛰는 사람일지라도
이번만큼은 반드시 읽어야 할 서문

사람들이 자기 눈에 비친 네 모습이 자기와 별다르지 않다고 생각한다고 해서, 네 눈에 비치는 다른 사람들과 네가 다르지 않을 것이라고는 절대로 상상하지 마라.
– 루이스 캐럴(Lewis Carrol), 《이상한 나라의 앨리스(Alice's Adventures in Wonderland)》

"댄, 당신이 이렇게 변했다니 정말 믿을 수가 없네요. 언제부터 그렇게 돈을 밝히셨나요? 사람이 어쩌면 그렇게 확 바뀔 수가 있죠?"

메일을 보낸 사람은 샤론이었다. 나와는 모르는 사이가 아니었다. 샤론은 여러 해 전에 행동 변화를 주제로 기업 워크숍을 기획한다면서 내게 도움을 청했고, 그래서 도와준 적이 있다. 그때 나는 대략 세 시간쯤 함께하면서 그녀가 준비하던 프레젠테이션에 몇 가지 내용을 추가하도록 도왔다. 워크숍이 끝난 뒤에 그녀는 전화로 고맙다고 했고, 그러고는 끝이었다. 그러다가 2020년 7월에 도무지 종잡을 수 없는 그 이상한 메일을 불쑥 보내왔다.

나는 곧바로 답장을 보냈다.

"정확히 무슨 말씀인가요?"

그녀가 답장을 보냈고, 거기에는 링크가 몇 개 달려 있었다. 그 가운데 하나를 클릭해서 들어가봤다. 그리고 바로 그 시점부터 내 인생에서 가장 황당하고 찜찜하면서도 다른 한편으로는 가장 매혹적인 여행이 시작되었다. 그 여행은 마치 내가 익히 알던 현실 세상의 가장자리로 걸어가서 커튼을 젖힌 다음에, 그 커튼 뒤에 존재하는 평행우주를 돌아다니는 것과 같았다. 그런데 그 평행우주에서는 내 얼굴과 내 목소리와 내 이름을 가진 누군가가 전 세계적인 차원에서 인류를 위협하는 악행을 저지르고 다녔다. 그렇게 나는 한동안 그 평행우주를 여행했다. 마치 공상과학 소설의 도입부를 여는 주인공이 된 것 같았다. 샤론이 보내준 링크로 열어본 웹사이트들에서 나는 '코로나19 사기극'의 '최고 의식 조작자' 혹은 이른바 '아젠다21(1992년 6월 브라질 리우데자네이루에서 채택된 행동계획으로, 지구의 보전을 위한 지속 가능한 개발을 실현하겠다는 국제적 지침 차원에서 마련되었다-옮긴이) 음모'의 지도자로 묘사되어 있었다. 이 평행우주에서 일루미나티(18세기 바이에른 선제후국에서 결성된 비밀결사로, 오늘날 각종 음모론에 자주 등장한다-옮긴이) 친구들과 나는 빌 게이츠Bill Gates와 공모해서 전 세계의 여성을 불임으로 만들어 세계 인구를 줄이겠다는 목적 아래 그 악랄한 백신을 여성의 몸에 주입하는 사악한 계획을 꾸미고 있었고, 또 그 권력자들(빌 게이츠와 일루미나티 친구들 그리고 나도 여기에 포함된다)은 전 세계 모든 사람의 이동 상황을 추적할 수 있는 국제 백신 여권을 만든다는 계획도 추진하고 있었다. 인터넷에 글을 올리는 사람들은 이런 발상을 점점 더 크게 부풀려서, 내가 전 세계의 여러 정부와 손을 잡고 시민을 통제하고 조종하는 일을 한다는 주장까지 했다.

이런 이야기를 도대체 어떻게 생각하고 또 받아들여야 할지 도무지 종잡을 수 없었다. 혼란 속에서 그런 글을 계속 읽다가 어느새 미소가 떠올랐다. 어쨌거나 모두 헛소리였고, 조금만 생각해봐도 엉터리라는 걸 금방 알 수 있는 내용이었으니까 말이다. 내가 빌 게이츠와 맺은 인연이라고 해봐야 별것 없다. 오래전에 아프리카의 심각한 유아 영양실조 문제와 관련해서 빌앤드멀린다게이츠재단과 짧은 일정으로 어떤 작업을 함께했을 뿐이다. 분명히 말하지만 나는 일루미나티 대열에 합류한 적이 없다. 설령 그렇게 하고 싶다고 해도 그들에게 어떻게 연락해야 하는지도 모른다. 샤론의 메일을 받았을 때만 해도 코로나19 백신은 아직 승인도 나지 않았고, 또 그 백신 개발에 내가 기여한 부분은 단 하나도 없었다. 내가 전 세계의 여러 정부에 자문을 제공한다는 말도 마찬가지였다. 물론 자문을 하긴 하지만, 자문 내용은 어디까지나 사람들이 사회적 거리를 유지하거나 마스크 착용을 잘 실천하도록 장려하고, 금융 지원을 한층 더 효과적으로 수행하고, 혹은 가정 폭력을 줄이기 위해 노력하는 등의 문제에 국한되어 있었다. 나는 내가 조금 더 나은 세상을 만들기 위해 쉬지 않고 일하는 사람이라고 여겼다. 그런데 많은 사람이 나를 아돌프 히틀러**Adolf Hitler**가 아끼고 또 믿었던 선전 선동의 전문가 요제프 괴벨스**Paul Joseph Goebbels**에 빗댔다. 이게 그냥 고약한 농담일 뿐일까? 혹은, 그저 괴상망측한 오해라고만 할 수 있을까? 물론 이런 이야기를 정말 심각하게 받아들일 사람은 아무도 없을 것이다.

그렇지만 내가 그 링크들을 따라서 인터넷의 바다 깊은 곳으로 들어가보니, 정말 많은 사람이 그런 얘기를 꽤 진지하게 받아들이는 것 같았다. 내 이야기를 하는 게시글에 댓글이 수천 개씩 달려 있었다. 그 평행우주 속에 존재하는 나의 '사악한 쌍둥이'는 어설프게 편집된 동영상에도 등장했는데, 그는 때로 나치 복장을 했고 언제나 비열한 의도를 가지고 있었다. 온라인 토론회의 패널들은 나의 성격상 결함과 사악한 동기를 놓고 열띤 토론을 벌였다. 그리고 '뉘른베르크 **Nuremberg** 2.0 재판'(범죄 행위, 불법, 공권력 남용 및 은폐를 설명하는 역사적 및 법적 문서를 수집하고 오늘날 더 많은 대중에 알려지지 않은 개별 비극을 문서화하는 것을 목표로 하는 민간 차원의 운동-옮긴이)은 나에게 유죄를 선고하고 공개처형 판결을 내렸다.

몇 시간 동안 문서를 읽고 동영상을 보고 나니 더는 재밌지 않았다. 솔직히 고통스럽고 혼란스러웠다. 특히 나와 관련된 이런 거짓말을 진짜라고 믿는 사람 가운데는 내가 모르는 사람뿐 아니라 내가 했던 작업을 예전에 연구하고 높이 평가했던 사람이나 심지어 오랜 세월 나와 개인적으로 알고 지낸 사람도 있음을 나중에 알았을 때는 더욱 그랬다. 나에 대해서 어쩌면 그렇게 잘못 알 수 있단 말인가! 그러면서 이런 생각을 했다. 그들과 대화를 해보자. 그러면 그들은 자기가 오해했음을 깨달을 것이고, 그러면 이 모든 미치광이 짓거리가 끝날 것이다…. 어쩌면 그들이 내게 진심을 담아서 사과할 것이라고도 생각했다.

토론 패널 가운데 '사라'라는 사람이 전화번호를 올려놓은 것을 발견했다. 사라는 나를 뉘른베르크 2.0 재판에 회부할 것을 요구한 사람들 가운데 한 명이었다. 그녀는 내가 저지른 반인륜적인 범죄가 세상에 드러나면, 나야말로 모든 사람이 지켜보고 환호하고 축하하는 가운데 교수형을 당하는 첫 번째 범죄자가 될 것이라고 확신했다. 나는 그녀에게 전화를 걸어서 잘못된 사실을 바로잡아야겠다고 마음먹었다. 전화로 일단 이야기를 나누면 모든 오해가 풀리고 모든 게 다 잘될 것이라고만 생각했다.

하지만 착각이었다. 아무 소용이 없었다. 누군가에게 '깜짝 전화'를 걸어서 그들의 잘못된 생각을 바꾸도록 설득할 수 있다고 믿고 또 실제로 그렇게 시도한 사람이라면 누구나 쉽게 알 수 있는 온갖 이유로, 나의 시도는 아무런 힘도 발휘하지 못했다. 사라에게 전화를 할 때 나는 다른 생각은 아무것도 하지 않았다. 그저 화가 많이 나 있었고 또 매우 감정적인 상태였다. 나는 내가 누구라고 밝힌 다음에 그녀가 잘못 알고 있는 사실을 바로잡고 싶다고 말했다. 그러고는 궁금한 게 있으면 뭐든 물어보라고 했다. 그녀가 질문을 던지기 시작했는데, 그 내용이 처음부터 황당했다. 그녀는 지금 진행되고 있는 사실에 대해서 어떤 견해를 가지고 있느냐고 물었다. 그래서 코로나19에 대한 이야기를 시작했더니 그녀가 곧바로 내 말을 끊었다.

"아니, 아니, 그게 아니라… 코로나19가 아젠다21 및 세계주의자들이 하는 말과 맞아떨어지는 것과 관련해서 선생님이 아시는 게 뭡니까?"

"나는 아젠다21이 뭔지 모르는데…. 그리고 당신이 말하는 세계주의자들도 누구를 지칭하는 건지 정확하게 모르겠네요."

그러자 그녀가 곧바로 쏘아붙였다.

"순진한 척하지 마세요, 당신이 어떤 분이고 또 당신이 뭘 하는지 다 알고 있으니까요."

그렇게 말한 다음에 그녀는 화제를 바꾸어서 내가 다른 나라 정부와는 어떤 프로젝트를 진행하고 있는지 알고 싶다고 했다. 그 무렵 나는 이스라엘 정부와 함께 코로나19 관련 프로젝트를 꽤 집중적으로 진행하고 있었고 또 영국, 네덜란드, 브라질 정부와도 약간의 협업을 하고 있었다. 사라가 얼마나 다그치며 물어댔던지 마치 피고 자격으로 재판정에 서서 검사의 질문을 받는 기분이었다. 나는 마스크 착용과 사회적 거리 두기를 사람들에게 권장하되, 공권력을 동원해서 벌금을 부과하는 방식이 아니라 동기를 부여하는 방식으로 사람들이 행동하도록 방안을 마련하는 것이 내가 하는 일이라고 말했다. 그 외에 학교에서 원격 학습을 효과적으로 수행하는 방법을 연구하고 있었고, 코로나19 때문에 가게 문을 닫아야만 하는 자영업자에게 정부가 어떤 형태로 재정적 지원을 하는 것이 가장 바람직할지 알아내려고 노력하고 있었다.

그런데 사라는 내가 하는 말 가운데 그 어떤 것도 믿으려 하지 않았다. 완전히 귀를 닫고 있었다.

"손자 손녀가 할아버지 할머니를 만나지 않도록 유도해서 가족을 찢어놓는 게 말이 됩니까? 외로움과 스트레스가 늘어나고, 그래서 사망자가 더 많이 발생하도록 하는 짓거리가 말이 됩니까? 아이들의 뇌가 숨을 쉬지 못하도록 마스크 착용을 강요해서 산소 공급을 차단하는 게 말이 되냐고요!"

나는 그 비난이 사실과 다르다고 항변하려 했지만, 내 시도는 미약하기만 했고 아무런 효과가 없었다.

"여러 나라 정부를 상대로 컨설팅을 해주고 수백만 달러를 받았죠? 그건 어떻게 설명하시겠어요?"

사라에게 다그침을 받으면서도 나는 순진하게 희미한 희망을 보았다. 그때까지 사라가 나에게 퍼부었던 비난은 너무 터무니없어서 어떻게 반박해야 할지조차 알 수 없었다. 히브리어에는 "여동생이 없는데 여동생이 매춘부가 아님을 어떻게 증명할 수 있을까?"라는 표현이 있는데, 바로 그런 상황으로 내가 내몰리고 있었다. 내가 돈을 받았다고? 거기에 대해서라면 반박할 수 있었다. 나는 여러 정부를 도왔지만, 이런 일은 내가 마땅히 해야 하는 학문적 차원의 임무 수행이라고 생각하기 때문에 따로 비용을 청구하지 않는다. 게다가 나는 다른 모든 미국 시민과 마찬가지로 소득을 꼬박꼬박 신고한다.

"소득세 신고 내역까지 보여드렸으니, 이제는 내가 어떤 나라의 정부로부터도 돈을 받지 않았다는 사실을 알겠죠? 그럼 이제 나에 대한 오해가 풀렸나요?"

그러자 그녀는 뭐라고 중얼거리더니, 갑자기 우리가 나눈 대화의 녹음 파일을 인터넷에 올려도 되겠냐고 물었다. 나는 깜짝 놀랐다. 그녀가 통화 녹음을 하고 있으리라고는 상상도 못 했기 때문이다. (그 뒤로 나는 그쪽 계통 사람들은 뭐든 녹음한다는 사실을 알았다.)

"아니요, 그건 안 됩니다."

"숨기는 게 있나 보죠? 켕기는 게 있으니까 그런 거 아니에요?"

그녀가 도발했고, 나는 곧바로 대꾸했다.

"숨기는 건 아무것도 없어요. 그렇지만 이 대화가 어떤 공적인 차원에서 이루어지는 대화임을 미리 알았더라면, 나도 뭔가 다른 방식으로 준비를 했었겠죠."

나는 거기까지 말하고 잠시 말을 끊었다. 무슨 말을 더 해야 할지 확신이 서지 않았다. 우리 사이의 대화는 이제 막다른 지점까지 온 것 같았다. 그 뒤로도 나는 몇 차례 더 헛발질을 했고, 마침내 두 손을 들고 말았다.

"안 되겠네요. 우리 두 사람 사이의 인식 차이를 해결할 방법이 없네요."

그렇게 말하고 나는 전화를 끊었다.

그리고 몇 분 지나지 않아서 사라는 자기 페이스북에 게시글을 추가했다. 댄 애리얼리 교수가(그녀가 나를 지칭하는 용어는 '그 교수'였다) 자기에게 전화를 해서 결백함을 주장했지만 전혀 통하지 않았다고 했다. '그 교수'가 자기에게 속임수를 쓰려고 했고 거짓말을 했지만 자신은 넘어가지 않았다고 했다. 그리고 또, 만일 어떤 나라의 정부든 간에 '그 교수' 같은 사람을 고용한다면 그건 사람들을 세뇌할 목적임이 분명하다고 덧붙였다. 또 우리가 지금 맞닥뜨린 질병이 가짜가 아니라 진짜 전염병이라면 굳이 '그 교수' 같은 사람을 정부가 고용할 일이 뭐가 있겠느냐고 했다. 그러면서 다음과 같은 말로 자신이 한 분석의 결론을 내렸다.

"그 교수는 일을 해주고도 한 푼도 보상을 받지 않았다고 매우 강하게 주장했는데, 이는 언젠가 그를 공개 재판할 자리에서 우리가 새롭게 밝혀낼 일이 수면 아래에서 더 많이 진행되고 있다는 의심을 더욱 키웠다."

사라와 했던 토론은 분명히 그다지 유익하지 않았다. 학습 속도가 상대적으로 느린 사람이 있는데, 내가 그런 부류에 속한다. 그런 경험을 한 뒤에도 똑같은 노력을 멈추지 않았으니 말이다. 이번에는 나를 비방하는 사람들이 선호하는 소셜미디어 플랫폼인 텔레그램에서 그런 시도를 했다. 러시아에서 개발된 이 앱은 의심 많은 사람을 위해 설계된 것으로, 이 앱의 소스 코드는 공개되어 있어서 보이지 않는 곳에서 어떤 수상한 일이 진행될 염려를 하지 않아도 된다. 또 텔레그램을 이용하면 1분짜리 동영상을 쉽게 녹화하고 전송할 수 있다. 그래서 나는 이 플랫폼에 뛰어들어서, 정부가 실행하는 사회적 격리에 내가 관여한다는 비난을 반박하고 내 주장을 설명하는 내용을 담은 일련의 동영상을 만들어서 올렸다. 그 사람들이 나에게 퍼부은 비난에 따르면, 나는 매우 나쁜 인간이었다. 나는 사람들에게 마스크 착용을 강제해서 사람들의 뇌에 산소가 부족하게 만들어 뇌에 손상을 입혔다. 또 전 세계 사람들을 대상으로 기본적인 자유를 구속하고, 공포를 조장하고, 가족을 찢어놓고, 아이들이 할머니 할아버지를 만나지 못하게 하고 또 외로움에 몸부림을 치게 만들었다. 나는 그런 인간이었다.

나는 내가 정부의 의뢰를 받고 하는 일과 하지 않는 일을 조목조목 논리적으로 설명했다. 가정 폭력을 예방하고 줄일 목적으로 일하기는 했지만, 가족의 격리를 목적으로 하는 일은 하지 않았다고 했다. 아이들에게 원격 학습의 동기를 부여한 것은 맞지만 공포를 조장한 적은 없다고 했다. 마스크와 관련된 우려를 말끔하게 씻어주는 반박 증거도 제시했다. 마스크 때문에 뇌에 산소가 제대로 공급되지 않는다면 코로나19가 발생하기 이미 오래전에 외과의사나 치과의사가 뇌 손상에 따른 인지 기능 저하 증상을 보이지 않았겠느냐고 반박했다. 나는 격리 상태에 놓인 사람들이 고립감을 느낀다는 사실에 공감했으며, 종일 집에만 머물러야 하는 상황이 아이들에게 미칠 영향을 두고는 그 슬픈 현실을 안타까워했다. 또, 정부가 하는 모든 일에 동의하지는 않지만 많은 일이 복잡하게 얽혀 있고 또 비용과 편익 면에서 이점이 있다는 점도 지적했다.

내가 동영상을 하나씩 올릴 때마다 수많은 댓글과 동영상이 마치 성난 말벌 떼처럼 화면을 가로질러 날아다니며 그 동영상을 공격했다. 나는 그들의 댓글이나 동영상에 충분히 빠르게 대응할 수 없었다. 그렇게나 빠른 속도를 도저히 따라갈 수 없었던 것이다. 그 말벌들을 쫓아내고자 했지만 그런 시도에 그들은 더욱 격분했다. 이 대결은 일대 천의 대결처럼 느껴졌고, 그들 가운데 나와 진정으로 대화를 나누길 원하는 사람은 단 한 명도 없었다. 그들은 내가 하는 말을 왜곡해서 자기 주장의 증거로 삼았다. 그들은 내가 반박하는 속도보다 더 빠른 속도로 새로운 주장을 내놓았다. 그러다가 어느 시점에선가 나는 깨달았다. 부도덕한 동영상 편집자들이 사용할 원본 동영상을 내가 꾸준하게 제공하고 있다는 사실을 말이다. 그래서 나는 그들을 설득하겠다는 애초의 목표를 포기하고 내가 올린 동영상들을 삭제했다. 그런데 나의 이런 행위는 나의 도덕적 품성이 변변찮고 또 내가 처음부터 잘못했음을 인정한다는 또 다른 증거로 해석되었다. 텔레그램에서 완전히 빠져나오면서 나는 자기가 이미 믿고 있는 것을 믿으려 하고 강렬한 증오심에 휩싸인 사람을 상대로 이성적인 토론을 한다는 것이 애초부터 불가능할 수도 있음을 깨달았다. 증오는 대화가 아니다.

얼마 뒤, 나에 대한 부정적인 내용이 평행우주 바깥으로 나와서 내가 사는 실제 현실 세계로 쏟아져 들어왔다. 나의 소셜미디어 채널들은 나를 증오하는 댓글로 넘쳐났다. 사람들은 내 책을 불태워버리겠다고 선언했다. 그들은 내가 직업적으로 만나는 사람들에게 전화를 걸어서 나를 비방하고 심지어 내 가족까지 비방했다. 그 무렵부터 나는 거의 날마다 살해 위협을 받았다.

　온라인에서든 오프라인에서든 어떤 형태로든 증오를 경험했거나 허위진술misrepresentation의 대상이 된 적이 있는 사람이라면 그때 내 심정이 어땠을지 잘 알 것이다. 때로는 무기력했고, 때로는 화가 나서 온몸이 덜덜 떨렸고, 때로는 겁에 질리고, 항상 억울했다. 그런데 다른 한편으로는 궁금하고 흥미롭기도 했다. 나에게 왜 이런 일이 일어났을까? 어떻게 하다가 내가 사람들의 표적이 되었을까? 또 빌 게이츠는 왜? 아, 그렇지. 그는 부자고 유명하며 공중보건 분야에서 일하는 재단을 가지고 있으니까. 물론 그렇다고 해서 그가 자동적으로 사악한 주모자가 되는 건 아니지만, 그가 사람들의 표적이 되는 이유는 알 수 있다. 앤서니 파우치Anthony Fauci 박사는? 글쎄다. 그는 TV에 많이 나와서 마스크를 잘 착용하고 격리에 잘 협조하라는 따위의 인기 없는 말을 많이 한다(당시 그는 미국 국립알레르기전염병연구소 소장이었다―옮긴이). 그렇다고 해서 그가 사악한 주모자는 아니지만, 그래도 그가 왜 사람들에게 표적이 되는지는 이번에도 알 수 있다. 일루미나티? 글쎄, 그런 단체나 그런 단체에 속한 사람이 존재한다고 해도 그들이 누구인지 실제로 아는 사람은 아무도 없다. 그러나 그런 발상은 꽤나 그럴듯하게 들린다. 그러므로 빌 게이츠나 앤서니 파우치 같은 사람이 이런저런 음모론의 주인공이 될 수도 있다. 하지만 사람들이 비합리적으로 행동하는 이유를 주제로 하는 책을 몇 권 썼으며 세상에 이름이 조금 알려진 나 같은 사회과학자는 왜 음모론의 주인공이 될까? 어떻게 하다가 내가 그런 유명인사들과 한통속으로 묶였는지 도무지 알 수 없었다.

왜 하필
나에게 이런 일이 생긴 걸까?

나는 많은 사람이 나를 미워하도록 설득하는 '증거'를 좀 더 주의 깊게 살펴보기 시작했다. 가장 널리 퍼진 것은, 의료비로 지출되는 예산을 줄이려면 구급차가 현장이나 병원에 더 천천히 도착하도록 하고 사람들에게 흡연을 장려하고 또 사회에 속한 모든 사람의 전반적인 스트레스 수준을 높여야 한다고 제안하는 나의 동영상인 것 같았다. 그런데 그 동영상에 등장하는 사람의 얼굴은 정말로 내 얼굴이었다. 얼굴에 난 반쪽짜리 수염도 그랬고(왜 내 얼굴 절반에만 수염이 있는지는 조금 뒤에 설명하겠다), 그 사람이 하는 말도 내가 했던 말이었다. 아닌 게 아니라 그 연설을 했던 일이 기억났다. 하지만 나는 정확하게 그런 내용의 연설을 한 적이 없다. 이건 확실하다. 도대체 어떻게 이런 일이 일어날 수 있을까? 이 의문을 분명하게 밝히기 위해서 1729년의 아일랜드로 함께 가보자.

《걸리버 여행기》의 작가로 유명한 조너선 스위프트Jonathan Swift는 〈겸손한 제안A Modest Proposa〉이라는 환상적이지만 다소 덜 대중적인 풍자 에세이도 썼다. 이 에세이의 전체 제목은 '빈민층의 자녀가 부모나 국가에 짐이 되는 것을 막고, 그들을 공공사회에 유익한 존재로 만들기 위한 겸손한 제안'인데, 이 제목만 봐도 에세이의 내용을 어느 정도는 짐작할 수 있다. 이 에세이에서 스위프트는 가난한 아일랜드 사람들이 자녀를 부유한 신사 숙녀에게 식용으로 팔면 경제적 어려움을 덜 수 있다고 제안한다. 또 여기서 멈추지 않고 세부적인 사항까지도 자세히 설명했다.

"잘 키운 건강한 어린아이는 한 살이 되면 찜이나 구이를 해도, 직화구이를 하거나 삶아도 가장 맛있고 영양가 있는 음식이 된다. 프리카세(닭고기나 송아지 고기로 만든 찜 요리의 일종-옮긴이)나 라구(고기, 채소, 각종 양념을 넣어 끓인 요리-옮긴이)를 만들 때도 마찬가지로 훌륭한 식재료가 될 것임을 나는 믿어 의심치 않는다."

오늘날 풍자 예술의 사례로 자주 거론되는 이 에세이는 가난한 사람들을 바라보는 부자의 시선과 태도를 충격적이고 효과적으로 지적한다.

그렇다면 스위프트의 이 에세이가 우리가 살펴보고자 하는 나의 이야기와는 어떤 관련이 있을까? 궁금해하는 독자의 얼굴이 상상된다. 그 이야기의 시작은 2017년으로 거슬러 올라가는데, 그때 나는 나만의 '겸손한 제안'을 하기로 마음먹었다. 나는 의학의 미래를 주제로 다루는 어떤 의학 총회 자리에서 강연을 해달라는 부탁을 받았다. 행동경제학의 관점에서 의학계가 안고 있는 여러 문제를 살펴보는 것이 내게 주어진 역할이었다. 그때 그 강연에서 나는 이렇게 말했다.

"현대 의학의 문제는 분명히 수요와 공급의 문제입니다. 사람들은 많은 의료 서비스가 제공되길 원하고, 제도는 딱 그만큼 많은 의료 서비스를 제공할 수 있습니다. 이제 사람들 대부분은 더 많은 의료 서비스를 제공받으려면 의료 시스템을 어떻게 바꿔야 할지를 알아내려고 노력하면서 이 문제에 접근합니다. 그렇지만 저는 다른 접근법을 제안하고자 합니다. 사람들이 의료 서비스를 덜 원하도록 만드는 접근법입니다. 이 접근법을 채택하면 훨씬 비용을 덜 들이고도 수요와 공급의 균형을 얼마든지 맞출 수 있습니다. 자, 어떻게 하면 사람들이 의료 서비스를 덜 요구하게 만들 수 있을까요?"

계속해서 나는 시치미를 뚝 떼고 천연덕스럽게, 구급차의 운행속도를 늦추면 비싼 입원 비용이 줄어들 것이라고 했다. 흡연을 늘리고 사람들이 겪는 스트레스를 가중시켜도 마찬가지일 것이라고도 했다. (순전히 재정적인 관점에서 보면 흡연과 스트레스는 아픈 사람을 더 빨리 죽게 만들고 총 의료 비용을 줄인다는 사실이 이미 밝혀졌다.) 그리고 내가 한 농담을 미처 알아채지 못한 사람들을 위해서 나는 "그렇지만, 잠깐만 여러분, 우리는 이미 이런 일을 하고 있습니다"라고 덧붙였다.

여기에서 내가 했던 발언의 의도는 명백하다. 의료 시스템은 사람들이 병원 문에 들어서기 전에는(내가 했던 강연에서는 누군가가 구급차에 타기 전에는) 관심을 두지 않으며(미국의 의료 시스템은 한국과 달리 예방이나 사전검사보다는 치료에 초점이 맞춰져 있다-옮긴이) 또 예방 보건 관리나 금연 캠페인이나 스트레스 줄이기 등과 같은 분야에 충분히 투자하지 않는다는 점을 강조하기 위해서였다. 나는 그때 그 강연을 하면서 진지한 태도와 자세를 유지하려고 의식적으로 노력했다. 그러나 그때의 동영상을 자세히 보면 때때로 작은 미소가 번지는 모습을 볼 수 있다. 아닌 게 아니라 유튜브 동영상으로 보면 내가 한 강연은 유머가 넘쳤으며 청중도 웃고 박수 치며 내 강연에 호응했다.

그런데 안타깝게도, 동영상을 편집한 사람들은 이런 맥락을 모두 없애버렸다. 그들은 오로지 내가 사악한 의도를 가지고 있었다는 증거를 만들기 위해서 그 강연 동영상을 조작했다. 그들은 강연 동영상의 일부를 나치 강제수용소의 이미지와 사악한 웃음소리가 담긴 사운드트랙과 결합했다. 그리고 그 동영상은 다음과 같은 불길한 멘트로 끝났다.

"그리고 이 사람은 이 나라의 아젠다(의제)를 설정하는 사람입니다."

이 동영상에 첨부된 텍스트는 자신들이 놀라운 탐사보도 역량을 발휘해서 감춰져 있던 나의 본모습을 적나라하게 밝힌 것처럼 포장했으며, 그 동영상이 마치 〈60분 60 Minutes〉(미국 CBS의 탐사보도 프로그램-옮긴이)이 밝혀낸 중요한 폭로물이라도 되는 것처럼 제시했다.

널리 공유된 또 다른 '증거'는 내가 한때 참여했던 TV 프로그램의 클립이었다. 그 동영상 클립을 보면 마치 내가 백신 접종과 관련된 여러 사안을 빌 게이츠와 함께 다루었다고 말하는 것처럼 보인다. 그러나 해당 영상을 자세히 살펴보면 문장에 약간의 결함이 있음을 알 수 있다. 왜냐하면 내가 게이츠재단과 함께 아프리카에서 했던 굶주림 및 어린이 영양실조 문제에 관한 프로젝트에 대해 말하는 영상과 내가 백신 접종에 대해 언급하는 영상을 교묘하게 합성했기 때문이다. 아무튼 그렇게 해서, 짜잔! 그 영상은 댄 애리얼리 교수가 게이츠재단과 손을 잡고 백신 사업을 하고 있음을 자기 입으로 인정하는 증거가 되어서 인터넷에 떠돈다.

또 다른 폭로 동영상이 있는데, 이 영상은 내가 10대 시절에 내 몸의 70퍼센트에 화상을 입고 병원에 입원했던 당시의 사진들로 시작된다(그 사건은 실제로 있었던 일이다). 이 동영상은 화상을 입은 내 얼굴을 클로즈업해서 보여주었고 이어서 온몸을 감은 붕대를 보여주었다. 그러다가 갑자기 톤을 바꾸어서, 신체가 보기 흉하게 바뀌고 또 고통을 받은 바람에 내 마음 깊은 곳에 건강한 사람들을 향한 분노와 증오가 생겼으며 그래서 내가 다른 모두가 나만큼 고통받기를 원하게 되었다고 주장했다. 하지만 그건 사실이 아니다. 오히려 정반대였다. 그 경험 덕분에 나는 사람들에게 연민을 더 많이 갖게 되었으며 사람들의 고통을 덜어주고 싶다는 마음이 생겼다. 그러나 그 동영상은 이번에도 내가 이 세상을 파괴하는 데 매우 중요한 역할을 하고 있다는 멘트로 끝났다.

그 외에도 '증거'는 많다. 어떤 것은 동영상으로 존재하고 어떤 것은 문서로 존재한다. 그런 게시물에 달린 댓글은 모두 내 몸의 흉터를 조롱한다. 사람들은 내가 그때 불에 타 죽었어야 했다고 말하고 또 얼굴 수염이 반밖에 없는 내 모습이 영락없는 악마의 모습이라고 말한다.

누군가가 전후 사정을 생략하고 맥락을 지우며 내가 하지도 않은 말을 했다고 덮어씌우기 위해서 고의로 동영상을 편집했다는 사실만을 놓고 보자면, 이 모든 일의 배후에 나쁜 의도를 가진 누군가가 분명히 있다고 누구라도 결론을 내릴 수 있다. 그러나 그런 사악한 인물이 있을 수 있다는 가능성이 잠시 내 머리를 스치긴 했지만 이내 그 생각을 털어버렸다. 첫째, 동영상 합성 및 편집의 품질이 특별히 좋지 않았다. 둘째, 누구든 굳이 나에게 관심을 갖고 나를 추적할 이유가 없다. 내가 존재감이 전혀 없다는 뜻이 아니라, 누군가가 자기의 소중한 에너지를 들여서까지 나를 무너뜨리려고 할 만큼 내가 충분히 중요한 존재라는 사실을 나로서는 도저히 상상할 수 없어서 그렇다. 그 동영상 뒤에 있는 이들은 적어도 의도에서만큼은 선한 사람들이 아닐까 하고 추측되었다. 그들은 편집되지 않은 정보 조각을 우연히 발견했고, 각각의 점을 하나의 선으로 연결했으며, 자기만의 결론을 도출했고, 자기가 내린 그 결론을 신뢰했으며, 다른 사람들에게 연결성을 강조하기 위해서 해당 부분을 편집했고, 또 다른 사람들이 '진실의 빛'을 볼 수 있도록 자기 작품을 전파했다. 물론 수많은 '좋아요'와 댓글로 소셜미디어 사용자로부터 인정받는 것은 그들이 기울인 노력에 대한 중요한 선물이자 그런 작업을 계속해서 이어나가게 해주는 촉진제였다.

특히 내 마음을 아프고 슬프게 한 사람들이 있다. 내 책을 사서 가지고 있다가 그 책을 불태워버리겠다고 말한 사람들이었다(심지어 어떤 사람들은 내 책을 불태우는 영상을 찍어서 올리겠다고 약속하기도 했다). 그들은 아마도 내 책을 돈을 주고 사서 읽었을 테니 내가 어떻게 살아왔고 내가 어떤 것에 관심이 있고 또 나의 연구 성과가 무엇인지 잘 알고 있었을 것이다. 그런데 어떻게 고작 3분짜리 동영상 하나만 믿고 나에 대해 알고 있던 모든 것을 내팽개칠 수 있을까? 설령 동영상 속의 '증거'를 고려할 만하다고 판단했다고 해도, 어떻게 나에 대해 알고 있던 그 모든 것을 압도할 정도로 강력한 증오와 분노를 품고서 내게서 등을 돌릴 수 있을까? 그들이 남긴 댓글을 보면 '자기가 직접 조사하겠다'면서 다른 사람들에게도 그렇게 하라고 요청하는 내용이 많았다. 그러나 터무니없이 왜곡된 동영상을 보고 그 내용을 액면 그대로 받아들이는 대신 성급하게 결론을 내리지 않고 실제로 직접 사실관계를 파헤쳐서 따로 조사한 사람은 분명 아무도 없었다. 문득 자주 인용되지만 누가 맨 처음 했는지는 분명하지 않은 표현 하나가 생각났다.

"정신노동을 회피하려는 목적 앞에서 사람들은 자기가 상상할 수 있는 모든 편법을 동원한다."

이 문구야말로 소셜미디어 세상에서는 예외적으로 사실이다.

나는 내가 어떻게 해서 이렇게 악마가 되어버렸는지 아직도 의아하다. 하지만 이는 기본적으로 내가 사람들이 취사 선택할 수 있도록 많은 자료를 온라인에 게시했다는 사실, 유머감각이 다소 특이하다는 사실, 흉터와 반쪽짜리 수염 때문에 내가 좀 튀어 보인다는 사실 그리고 여러 나라의 정부에서 의뢰를 받아서 다양한 프로젝트를 진행했다는 사실 때문이라고 생각한다. 또 그냥 단순히 운이 나빴기 때문이기도 하다. 누군가가 나를 부정적인 시각으로 바라보기 시작했고 그래서 동영상을 몇 개 만들었는데, 이것이 거짓 정보와 증오의 산사태가 되어서 자가발전을 했던 것이다. 그다지 만족스러운 답변은 아니지만 내가 생각할 수 있는 최선의 답변이었다. 여기까지 생각한 다음에야 나는 훨씬 더 큰 질문으로 넘어갈 준비가 되었다. 당신도 아마 그럴 것이다. 그런데 우선 내 얼굴에 수염이 절반밖에 없는 이유가 궁금한 사람들을 위해서 그것부터 간략하게 설명하고 넘어가겠다.

반쪽짜리
수염을 가지게 된 이유

내 수염 스타일이 특이한 이유는 근본적으로 화상 흉터 때문이다. 내 얼굴 오른쪽에는 화상 흉터가 있어서 수염이 나지 않는다. 물론, 반대쪽 얼굴을 깔끔하게 면도해서 얼굴이 조금이라도 덜 비대칭으로 보이도록 할 수도 있다. 아닌 게 아니라 오랜 세월 나는 그렇게 해왔다. 반쪽짜리 수염에 대한 좀 더 복잡한 이야기는 내가 50대로 접어들었을 때 한 달 동안 하이킹을 하면서 시작되었다. 하이킹을 하는 동안에는 면도도 하지 않았고 거울은 거의 쳐다보지도 않았다. 하이킹을 마쳤을 때 나는 내 수염 모양이 마음에 들지 않았고 그 스타일을 계속

고집할 마음도 없었다. 하지만 그 수염은 여행의 추억을 상기시켰고 그래서 나는 면도를 몇 주만 더 미루기로 했다.

그러던 차에 예상치 못한 일이 일어났다. 그 반쪽짜리 수염을 두고 사람들이 나에게 이메일을 보내서 고맙다고 하기도 하고 또 소셜미디어에 그런 내용의 메시지를 올리기 시작한 것이다. 그들은 자기도 나처럼 얼굴에 흉터가 있는데, 내 반쪽짜리 수염을 보고는 자기들도 흉터를 드러낼 약간의 용기를 얻었다고 했다. 이메일과 메시지를 받고 그 흉터를 안고 살아가던 어린 시절의 기억이 떠올랐다. 사람들은 나를 손가락질하면서 웃곤 했다. 어떤 부모는 자기 아이들에게 나를 가리키며 "불장난을 하다간 저렇게 된다"라고 말했다. 정말 끔찍한 일이었다.

그래서 나는 반쪽짜리 수염을 유지하기로 결정했다. 더 많은 사람이 나를 재미있다는 표정으로 바라봤고 더 많은 아이가 웃었다. 만일 내가 다시 면도를 한다면 그건 내 상처를 당당하게 공개하지 못하고 숨기는 행위가 될 것이라고 느꼈다.

그 뒤 몇 달 동안 정말이지 전혀 예상하지 않았던 일이 일어났다. 반쪽짜리 수염의 그 기이한 모습은 내가 스스로를 편안하게 받아들이는 데 도움이 되었다. 내 얼굴에 난 흉터만이 아니다. 얼굴 외의 다른 신체 부위에도 화상 흉터가 많았는데, 그 반쪽짜리 수염 덕분에 신체 다른 부위의 비대칭성을 바라보는 나의 태도를 바꿀 수 있었고, 그래서 지금은 그런 흉터까지도 나의 일부로 생각한다. 그 흉터는 내 인생의 한 장을 기록하고 있을 뿐이다.

이 새로운 자기 수용self-acceptance 덕분에 나는 오랫동안 해왔던 거울 앞의 면도라는 일상적인 행위에 대해서 뭔가를 깨달았다. 내 경우에 그 행위는 단순한 면도가 아니었다. 그것은 나를 덜 비대칭으로 보이게 만들고 또 내 상처를 어떤 식으로든 조금은 위장하는 행위이기도 했다. 날마다 했던 그런 일상적인 자기 은폐self-concealment가 나 자신과 내 상처에 대해 생각하는 방식에 어떤 영향을 미쳤을까? 그제야 나는 면도/은폐 행위가 상처받은 자아를 받아들이는 데 방해만 됐음을 깨달았다. 그 행위를 중단하고 나니 상황이 훨씬 좋아졌다.

인간의 본성을 이해하는 것이 본업인 사회과학자인 나로서는 반쪽짜리 수염의 이점이 나를 놀라게 했다는 사실을 인정하기가 어쩐지 당혹스럽긴 하다. 나는 면도를 하지 않겠다는 나의 결정이 내 관점에 가져다줄 긍정적인 변화를 직감조차 하지 못했었다. (또 내가 인터넷의 어두운 구석에서 《해리포터》에 나올 법한 별명인 '반쪽짜리 수염 교수'로 알려지리라는 직감 또한 조금도 하지 못했다.) 어쩌면 이는 사람의 직관에는 한계가 있으며, 비록 처음에는 어떤 이점도 누리지 못하리라고 예상하더라도 모든 종류의 변화를 기꺼이 실험해볼 필요가 있다는 것을 일깨워주는 계시일지도 모른다.

무시할 것인가,
이해할 것인가

가상의 나에 대한 인터넷 게시글을 읽고 또 동영상을 보면서 몇 시간씩 보내고 나면 정신이 혼미해졌다. 분명히 말하건대 이는 단지 비유적인 표현이 아니다. 마치 뇌의 일부가 내가 경험한 증오에 끊임없이 반응해서, 내가 현실에서 실제로 수행하는 작업에 필요한 뇌의 용량이 그만큼 줄어드는 것 같았다. 처리 능력을 백그라운드 기능에 너무 많이 소비하는 컴퓨터를 상상해보라. 내가 그런 컴퓨터가 된 느낌이었다. 그러나 컴퓨터와는 달리 나는 평소보다 느려졌음을 충분히 감지할 수 있었다. 그리고 속도를 회복하려면 재부팅에 걸리는 것보다 시간이 더 걸릴 것 같았다. 결정을 내리는 데 시간이 더 오래 걸렸고, 내가 좋은 결정을 내리고 있다는 자신감도 떨어졌다.

'내 IQ가 거짓 정보에 사로잡혀서 침식된 걸까? 나는 왜 뇌의 이 부분을 다시 통제할 수 없을까? 나는 왜 그들이 싸질러놓은 허위조작 정보에 사로잡힌 채 마음속으로 그들을 상대로 끊임없이 논쟁을 벌일까?'

나의 부진한 모습을 관찰하면서 나는 평소 관심이 많긴 했지만 그 전까지는 제대로 인식하지 못했던 어떤 연구 주제에 대한 새로운 통찰을 얻었다. 바로 '결핍 사고방식scarcity mindset'이다. 이 주제를 다룬 어느 연구에 따르면, 실험 참가자는 상대적으로 가난할 때는(예를 들어 농부가 수확기를 몇 주 앞두고 있을 때는) 수중에 돈이 제법 있을 때보다(예를 들어 농부가 수확한 농작물을 팔았을 때보다) IQ 테스트에서 훨씬 낮은 점수를 받았다. 그리고 돈 때문에 스트레스를 받을 때는 정신 능력[즉 유동적 지능fluid intelligence(경험이나 학습에는 최소한만 의존하는 지능으로, 계산이나 추론 능력이 여기 속한다-옮긴이)과 실행 제어] 측면에서도 상당한 격차를 보였다. 내가 맞닥뜨렸던 위기가 금전적인 문제는 아니었지만 그런 걱정을 끊임없이 하는 것의 영향은 비슷하게 느껴졌다. 나는 빈곤 상태가 뇌의 제한된 대역폭을 차지해 인지 능력을 방해한다는 개념인 결핍 사고방식에 대한 연구를 계속 살펴보면서 이 효과를 깊이 이해하기 시작했다. 또 그 논문에 묘사된 사람들에게 더 깊이 공감하기 시작했다. 밤낮으로 걱정에 사로잡히는 것은 무거운 짐을 짊어지는 것과 같다. 걱정도 어느 정도까지는 유용할 수 있다. 그만큼 주의를 더 기울이고 더 나은 결정을 내릴 가능성을 높여주기 때문이다. 그러나 끊임없는 걱정, 주의력과 뇌 용량을 지나치게 많이 잡아먹는 걱정은 결코 유용할 수 없다.

나의 정신적 대역폭이 줄어들었으며 이것이 결핍 사고방식과 비슷하다는 깨달음은 아주 작은 통찰에 불과했지만, 자아와 과학 사이에 간단한 연결점을 만듦으로써 나의 감정 상태가 바뀌었다. 어두운 무력감이 조금은 사라졌다. 그리고 그 자리에 한 줄기 빛처럼 오랜 친구인 호기심이 들어섰다. 어쨌거나 나는 사회과학자이니 말이다. 나는 놀랍도록 비합리적인 인간 행동을 밝히는 데 평생을 바쳤고, 나의 경험은 종종 지적 모험의 출발점이 되어주었다. 내가 그들이 침묵하도록 설득할 수는 없을지도 모르지만, 그들과 그들이 나에 대해 만들어낸 이야기의 원동력이 무엇인지 이해하려고 노력할 수는 있다. 그럼으로써 나는 더 나은 사회과학자가 될 수 있고, 또 그 과정에서 이야기에 대한 통제력을 어느 정도는 회복할 수 있을 것이다. 이런 생각 끝에 나는 이 연구가 나를 어디로 이끌지 지켜보기로 마음먹었다.

어머니에게 이런 의도를 말씀드리자 어머니는 혹시라도 내가 다칠까 봐 걱정하셨다. 어머니는 나더러 우선 소셜미디어와 PR 분야의 전문가와 상담부터 해보라고 했고, 나는 그 충고를 따랐다. 그런데 예상한 대로 그들은 모두 한결같은 조언을 했다. '아무것도 하지 말라'는 것이었다. 이는 거짓 정보, 점점 강화되는 양극화, 즉각적으로 폭발하는 분노, 민주화된 미디어 등을 특징으로 하는 우리 시대의 표준적인 조언이다. '그냥 무시하라. 악플러에게 먹이를 주지 마라!' (물론 이는 좋은 조언이고, 만일 나의 심리적 기질이 달랐다면 그 조언에 귀를 기울였을지도 모른다.) 심지어 한 전문가는, 코로나19 부정론자들이 나를 빌 게이츠나 일루미나티와 함께 엮는 것이 나머지 사람들 사이에서 오히려 내 평판을 높여줄 것이라고 말하기도 했다.

나는 나를 비방하는 사람들과 엮이지 않으려고 노력했다. 낮에는 팬데믹에 따른 사회적 영향을 관리하기 위한 연구조사 및 여러 가지 프로그램으로 매우 바빴기에 소셜미디어를 멀리하고 업무에 집중하기 쉬웠다. 그러나 밤이 문제였다. 악몽이 계속해서 찾아왔고, 그 끔찍한 악몽 속에서 나는 사냥을 당했고 또 유령이 계속해서 나를 덮쳤다. 나는 또 증오와 분노가 덜한 곳을 찾아 이 도시에서 저 도시로 온 세상을 여행하는 꿈을 반복해서 꾸었다. 이런 일이 몇 주 동안 이어지자 더는 이렇게 계속 살 수 없음을 깨달았다. 상처와 혼돈 속에서 나의 호기심은 커져만 갔다. 나는 문제의 현상을 이해하고 내가 겪고 있는 일을 이해하기 위해 사회과학에서 배운 모든 지식을 활용하겠다는 대처 방안을 선택했다. 수만 명이 나를 악마로 만들어버릴 것이라는 사실을 전에는 상상조차 못 했지만, 막상 그런 일이 벌어지자 그 과정과 이유를 밝혀내지 않고서는 도저히 온전한 정신으로 살아갈 수 없을 것 같았다. 그것이 이 책을 쓰는 이유이다.

왜 사람들은 잘못된 믿음에 빠져들고
거짓 정보를 퍼트릴까

이 책은 나의 경험에서 시작됐지만 이 여정은 곧 우리 모두에게 영향을 미치는 현상에 대한 이야기로 바뀌었다. 이를 계기로 나는 성격, 임상심리학, 인류학 등 나로서는 처음 접하는 새로운 연구 분야에 뛰어들었다. 음모론의 확산과 거짓 정보의 재앙은 사회과학의 영역을 넘어서며, 내 전문지식의 범위와 책 한 권의 수용력을 뛰어넘는 도전이다. 기술, 정치, 경제 등이 이런 문제를 야기하고 가속화하는 데 중요한 역할을 한다. 챗GPT 및 그 형제 격인 고급 인공지능AI 도구가 등장하고 모든 것의 양극화가 지속되면서, 사회 구조적 관점에서 이러한 문제를 어떻게 해결할 수 있을지 가늠하기는 어렵다. 나를 매료시키고 내가 긍정적 변화의 지렛대를 발견하는 지점은 '왜 사람들이 그렇게나 취약한지'를 이해하는 것이다. 사람들은 어째서 거짓 정보를 믿을 뿐 아니라 이를 적극적으로 찾고 또 확산할까? 이성적으로 보이는 사람이 비합리적인 신념을 받아들이고, 수용하고, 옹호하기 시작하는 그 과정의 정체는 도대체 무엇일까? 이러한 질문에 판단이나 조롱이 아닌 공감의 자세로 접근하면 깨달음을 얻기도 하지만 당황하게도 된다.

이 책에서 나는 우리가 탐구하고 있는 현상을 설명하기 위해서 '잘못된 믿음(오신념)misbelief'이라는 용어를 사용하겠다. 잘못된 믿음은 왜곡된 렌즈이다. 잘못된 믿음에 빠진 사람들은 이 왜곡된 렌즈를 통해서 세상을 바라보기 시작하고, 세상에 대해 이런저런 추론을 하고 또 그 세상을 다른 사람들에게 설명한다. 잘못된 믿음은 일종의 과정이기도 한데 사람들을 점점 더 깊이 끌어당기는 깔때기와 같다. 이 책에서 내가 설정한 목표는 적절한 환경이 주어지면 누구나 어떻게 잘못된 믿음의 깔때기를 타고 내려갈 수 있는지를 확인하고 강조하는 것이다. 물론 다른 사람들에 대해 다룬 책이라고 바라보면 가장 쉽다.

하지만 이 책은 우리 각자에 관한 것이기도 하다. 우리가 신념을 형성하고 강화하고 방어하고 전파하는 방식에 관한 책이다. 그저 주변을 둘러보면서 "저 사람들 진짜 미친 거 아냐?"라고 되뇌는 대신, 우리 모두를 결국에는 그 믿음에 빠져들게 만드는 감정적 욕구와 심리적·사회적 힘을 이해하고 공감하기 시작하기를 바란다.

사회과학은 우리가 이 과정에서 마주치는 다양한 요소를 이해할 수 있고, 그 과정을 중단하거나 완화할 수 있는 소중한 도구를 제공한다. 내가 이 책에서 제시하는 많은 연구는 새로운 것이 아니다. 사람들을 잘못된 믿음으로 이끄는 감정적·인지적·성격적·사회적 요소를 밝히기 위해서 나는 이 분야를 탐색하면서 의지했던 몇 가지의 초석으로 돌아가곤 했다. 특별히 놀랄 만한 일은 아니다. 결국, 잘못된 믿음을 갖게 되는 성향은 인간 본성의 한 부분이니 말이다.

여러 면에서 이 책은 내가 예전에 했던 연구 작업, 특히 인간의 비합리성에 초점을 맞춘 연구를 기반으로 한다. 어쨌거나 증거가 거의 혹은 전혀 없는 일련의 신념을 채택하는 것보다 더 비합리적이고 따라서 더 인간적인 것이 있을까? 그리고 가족과 친구로부터 멀어지게 만들고 의심과 불신의 고통스러운 상태에서 살게 만드는데도, 그 믿음이 진실하다고 고집하는 것만큼 비합리적이고 인간적인 일이 또 있을까?

하지만 다른 몇 가지 점에서 보자면 이 책은 내가 예전에 썼던 책과는 매우 다르다. 첫째, 다른 책보다 더 개인적인 이야기를 담고 있다. 이 책을 써야겠다고 마음먹게 만들었던 문제의 그 사건과 그에 따른 경험은 감당하기 어려웠고 또 감정적으로도 힘겨웠으며, 게다가 그 문제를 파고들어 연구하는 동안 그 힘든 경험에 대해 오랜 시간 생각해야 했기 때문에 불편함이 더욱 커질 수밖에 없었다. 둘째, 이 책은 내가 지금까지 연구했던 그 어떤 것보다 훨씬 복잡하고 다면적인 현상을 조사한다. 예전에 내가 수행하고 또 여러 권의 책에 기술한 연구는 미루기, 직장에서의 동기부여, 온라인 데이트, 돈에 대한 잘못된 생각 등과 같은 특정한 주제에 관한 것이었다. 내가 세운 가설은 정확했고(적어도 나는 그렇게 생각하고 싶다), 또 실용적이면서도 이론적으로 흥미로운 이런저런 질문에 내 연구는 유익한 대답을 내렸다. 그런데 이 책에서 내가 이해하고자 하는 문제는 여러 개의 원천에서 추동력을 얻으며 또한 수많은 교차 요소를 포함하고 있다. 처음부터 간단한 답이 나오지 않으리라는 것을 알고 있었다. 그럼에도 나는 사람들이 올바른 믿음을 가진 사람에서 잘못된 믿음을 가진 사람, 즉 오신자**misbeliever**로 변모하는 여정에서 겪는 일반적인 과정을 이해하는 데 도움이 되는 틀을 제공할 수 있지 않을까 하고 기대한다.

나는 필요에 따라 개인적인 성찰, 대화, 인류학적 연구 그리고 해당 주제의 다양한 측면을 조명하는 데 도움이 되는 사회과학 문헌 등을 동원해서 문제에 접근해왔다. 이 책에서는 서사적인 요소를 강화하기 위해 앞서 말한 사건에 관한 나의 기억에 의존했고, 가능한 경우에는 다른 연구자들의 연구와 확증으로 보완했다. 직접 겪은 일에서 자극을 받아 나는 올바른 정보 및 거짓 정보의 다양한 출처를 조사하고, 온라인 토론을 듣고 때로는 참여했으며, 학술 문헌을 읽고, 연구(여기서 '연구'는 유튜브 동영상을 시청한다는 뜻이 아니다)를 직접 수행하면서 수천 시간을 보냈다.

지금까지 견지했던 접근법에서 벗어나서 나는 오신자, 즉 온라인에서 나에 대한 증오를 퍼트리는 바로 그 사람들과 지속적인 대화를 나누었고 심지어 개인적인 친분까지 쌓았다. 이 책에는 이런 사람이 많이 등장한다. 처음에는 개인적인 적대자로 시작했던 이들은 나의 광범위한 연구에 필수적인 인류학적 대상이 되었다. 나는 그들을 알아가고 그들과 공감하고 또 무엇이 그들을 잘못된 믿음의 길로 이끌었는지 이해한 다음, 사회과학의 렌즈를 사용해서 내가 확인한 사실을 일반화하려고 노력했다. 나는 이야기의 진실성을 훼손하지 않으면서도 사람들의 사생활을 존중하는 범위에서 몇몇 사람의 이름을 가명으로 바꾸었으며 또 신체적인 특징, 국적, 직업 등의 세부사항도 실제와 다르게 바꾸었다. 최선을 다해서 대화를 재구성했으며 문자 메시지와 이메일과 소셜미디어 게시글(때로는 요약하기도 하고 때로는 번역하기도 했다)을 활용했다. 단어 하나하나를 정확하게 복원하기보다 대화의 기본적인 성격과 취지에 맞춰 우리 사이에 오간 대화의 느낌과 의미를 환기하는 방식으로 재구성했음을 밝혀둔다.

이런 여러 이야기와 성찰을 통해 세상에서 일어나고 있기에 모두가 경험하는 일을 조금이라도 더 잘 이해하고 또 개인으로서나 가족으로서나 혹은 사회로서 그런 일이 일으키는 문제를 완화할 방법을 논의할 수 있지 않을까 기대한다. 문제의 규모나 차원이 점점 더 넓어지고 있으므로, 인간적 요소(즉 자기나 다른 사람의 잘못된 믿음을 이해하고 또 여기에 맞서 싸우는 것)에 초점을 맞추는 것이 변화를 위한 가장 즉각적이고 희망적인 길이 될 수 있다. 하지만 그게 그렇게 간단하다는 뜻은 아니다. 스스로 잘못된 믿음에 빠지는 것을 방지하기 위해서, 주변 사람이 거짓 서사false narrative를 채택하지 않도록 막기 위해서, 또 우리가 알고 사랑하는 누군가가 잘못된 믿음에 빠지는 과정을 늦추거나 바로잡기 위해서 우리가 취할 수 있는 작은 조치는 많다. 이 책 전체에서 나는 '유용한 팁'이라는 제목 아래 이러한 조치를 실행하는 방법에 대한 아이디어를 따로 강조해서 정리했다. 여기에는 이런 어려운 상황을 헤쳐나갈 때 유용하게 동원할 수 있는 사회과학의 다양한 도구와 통찰이 포함되어 있다. 이런 제안이 당신에게 도움이 되기를 진심으로 바란다. 하지만 그와 동시에 공적·사적 담론을 얽어매고 있는 잘못된 믿음과 거짓 정보의 얽힌 매듭을 풀어내는 방법에 대해서는 여전히 배울 것이 많다는 것을 인정한다.

어쩌면 우리 모두에게 가장 유용하고 또 희망을 주는 출발점은 이해와 공감이 아닐까 싶다. 그렇다. 우리가 접하는 거짓 정보는 우스꽝스러운 것에서부터 이상한 것, 터무니없는 것, 공격적인 것 그리고 심지어 위험한 것까지 다양하다. '음모론'이라는 경멸적인 꼬리표를 붙여 마땅한 것도 있다. 하지만 사람들이 이런 콘텐츠에 빠져드는 동기는 우리가 인정하고 싶은 수준을 훌쩍 넘어설 만큼 폭넓은 공감대를 형성하고 있을 수 있다. 나는 나의 현실과 동떨어진 믿음을 가진 사람들을 무시하거나 조롱하거나 없는 사람 취급함으로써 얻을 수 있는 것은 아무것도 없음을 잘 알고, 그렇기에 순수한 호기심만 가지고 오신자들에게 다가가려고 노력했다. 이것이 판단이 이미 개입된 '음모론자' 대신에 '오신자'라는 용어를 선택한 몇 가지 이유 가운데 하나이다. 나는 이러한 접근법이, 우리가 도저히 이해할 수 없는 방식으로 세상을 바라보면서 우리가 살아가는 삶 안에 존재하는 사람들을 더 잘 이해하는 데 도움이 되기를 기대한다. 그리고 아마도 이 과정에서 우리 자신의 믿음과 몇몇 믿음에 도달한 방식에 대해서도 의문을 품게 될 것이다. 결국 우리는 각자 나름의 방식으로 오신자이다.

Part 03

이미 그럴 줄 알았다는 착각의 알고리즘
: 인지적 요소와 정보처리 기제의 역기능

Part 04

쉽게 잘못된 믿음에 빠지는 사람들의 특징
: 성격적 요소와 개인별 차이

Part 05

우리에게 허황된 이야기가 그들에게 믿음이 되는 이유
: 사회적 요소와 부족주의

Part 06

잘못된 믿음에서 벗어나 다시 함께하기 위해

Part 01

잘못된 믿음은
어떻게 만들어지는가

What Makes

Rational People

Believe

Irrational Things

Chapter 01

그 사람이 어떻게
그걸 믿을 수 있지?

사람은 대부분(조금 똑똑하다는 사람뿐 아니라 엄청나게 똑똑해서 아무리 어려운 과학적·수학적·철학적 문제라도 금방 이해할 수 있는 사람조차도), 자기가 그동안 무척이나 힘들게 쌓아온 결론이(자기가 그토록 자랑스러워하고 또 다른 사람에게 기꺼이 가르쳤으며 또 자기 삶 전체를 지탱하는 그 결론이) 알고 보니 잘못된 것이었음을 인정해야 한다는 조건 아래에서는, 가장 단순하고 명백한 진실조차 거의 알아보지 못한다.

— 레프 톨스토이(Lev Nikolayevich Tolstoy), 《예술이란 무엇인가(What Is Art?)》(1897)

"우리는 만나면 그냥 날씨 이야기만 해요."

어떤 사람이 내게 자기가 시댁 식구를 만날 때 어떤 모습인지 이야기하면서 슬픈 얼굴로 말했다. 일, 건강, 정치, 심지어 자녀 등 날씨를 제외한 대부분의 주제는 입에 올리기 위험하다는 것이었다. 한때 자신을 마치 딸처럼 반갑게 가족으로 맞아들였던 사람들과 자기 사이에 그토록 커다란 이념적인 골이 생겼다니 믿을 수 없다고 했다.

요즘에는 모두 일상의 삶 속에서 다른 사람을(그는 친구일 수도 있고 가족일 수도 있고 동료일 수도 있다) 이런 식으로 대하고 있고, 이런 모습에 이미 익숙해진 것 같다. 그들은 어쩌면 소셜미디어에서 우연히 만난 사람일 수도 있지만 친밀하게 지내는 사이일 수도 있다. 지금 이 글을 읽는 거의 모든 사람이 지난 몇 년 동안에 보건, 미디어, 정부, 제약산업 그리고 그 밖의 많은 것에 대한 믿음이 엄청나게 바뀌는 경험을 했을 것이라고 확신한다. 그들은 지구가 평평하다는 사실을 갑자기 믿지 않을 수도 있다(놀랍도록 많은 사람이 지구가 둥글지 않고 평평하다고 믿는다 해도). 한편으로 그들은 코로나19의 존재를 부정하거나 이것이 생물무기**bioweapon**라고 생각할 수도 있다. 2020년 미국 대통령 선거가 부정선거였다고 믿을 수도 있고, 안티파**Antifa**(파시즘에 반대한다는 뜻, 혹은 그런 사람이나 단체-옮긴이)가 국회의사당을 습격했다고 생각할 수도 있다. 그들은 또 존 F. 케네디**John F. Kennedy** 암살, 기후변화, 9·11 테러, 다이애나**Diana Frances Spence** 비의 죽음 뒤에 '진짜' 이야기가 숨겨져 있다고 주장할 수도 있다. 또 어떤 이들은 모든 백신은 악이라고 자신 있게 선언할 수도 있다. 심지어 누군가는 백신 접종을 거부하는 사람들이 사실은 인류를 멸망시키려는 기발한 음모를 꾸민 도마뱀 인간(도마뱀과 인간의 특징을 동시에 가지고 있고, 미국 사우스캐롤라이나주에 출몰한다는 소문이 있다-옮긴이)이라고 생각한다. 그래 맞다, 마지막 이야기는 사이언스세이브즈**ScienceSaves** 캠페인(과학이 사람의 생명을 살릴 수 있다는 믿음을 전파하는 캠페인-옮긴이)을 벌이는 사람들이 백신 접종을 원활하게 진행하고자 만들어서 퍼트린 것이긴 하다. 그러나 내 말의 요지가 무엇인지는 당신도 잘 알 것이다.

때로는 거짓 정보와 허위로 조작된 믿음에 따른 피해가 얼마나 폭넓은지 상처를 입지 않은 커뮤니티나 가족이 없는 것처럼 보이기도 한다. 도마뱀 인간에 관한 농담은 제쳐두고라도 이제 더는 웃어넘길 일이 아니다. '음모론'이라는 단어를 들으면 은박지 모자(은박지로 만든 모자를 쓰면 정부의 감시나 외계인에 의한 정신 통제를 피할 수 있다는 소문이 있다-옮긴이)나 작은 초록색 인간만이 아니라 훨씬 더 심각하고 개인적인 차원의 이야기가 떠오를 것이다. 내가 이 주제를 언급할 때마다 사람들은 괴로운 표정을 짓는다. 사람들은 고개를 절레절레 흔들며 자기 친구나 사촌이나 부모나 처가 식구, 시댁 식구, 자녀 이야기를 한다. 파티나 가족 행사에 초대하기 두려운 사람들. 전혀 말이 통하지 않는 사람들. '그들'이 어떻게 '그런 말'을 믿게 되었는지 도무지 이해할 수 없다고 사람들은 입을 모아서 말한다.

나도 그 느낌을 잘 안다. 내가 평행우주를 여행하면서 맞닥뜨린 엄청나게 충격적인 순간 가운데 하나는 내가 여덟 살 때부터 알고 지내면서 거의 한 가족이나 다름없다고 생각했던 한 여성과 대화를 나누던 때이다. 그녀는 코로나19가 사악한 백신을 퍼트려서 사람들을 죽이려는 전 세계적인 차원의 음모라는 이야기를 받아들였을 뿐 아니라, 내가 그 모든 일을 꾸미는 인물이라고 믿었다. 그녀와 내가 쌓아 온 수십 년간의 개인적인 관계로도 그녀를 설득할 수는 없었다. 그녀의 마음을 돌려놓기 위해 내가 할 수 있는 말은 아무것도 없었다.

사랑하는 사람, 그러니까 자기와 다르지 않다고 생각했던 사람과 자기 사이에 갑자기 불신의 틈이 생기는 것을 느끼면 혼란스럽고 답답하고 고통스럽고 심지어 공포스럽기까지 하다. 그런데 어떻게 우리는 전혀 다른 우주에 살게 되었을까? 도대체 이성적이고 정상적으로 보이는 이 사람이 현실에 대한 비이성적인 거짓 서사를 받아들이기 시작했을까? 그리고 하필이면 왜 지금일까?

잘못된 믿음의 문제가 점점 더 심각해지는 것은 아닌지 나는 종종 궁금하다. 드러나는 여러 일로만 보자면 확실히 그런 것 같다. 인터넷, 코로나19 팬데믹, 정치적 양극화 그리고 최근에는 인공지능 기술의 발전으로 인해 음모론이 기하급수적으로 확산되는 것처럼 보인다. 음모론은 이제 더는 사회에서 소외된 구석 자리나 어설프게 만들어진 동영상이나 비공개 채팅방에 국한되지 않는다. 지금은 선출직 정치인, 유명 연예인, 케이블 방송국의 뉴스 앵커가 확신에 찬 목소리로 음모론을 말한다. 또 음모론은 우리의 일상적인 삶을 전면적으로 덮친다. 2021년 1월 6일에 있었던 미국 국회의사당 습격 사건이나 거짓 정보를 바탕으로 한 증오 범죄 등이 그런 사례이다. 하지만 음모론이 오늘날 우리 사회에 얼마나 더 흔한지, 혹은 그저 눈에 잘 띄는 것뿐인지는 오직 시간과 연구를 통해서 드러날 것이다.

우리는 잘못된 믿음이라는 문제가 이미 과거에도 있었고 또 가까운 미래에도 이어지리라는 사실을 잘 안다. 잘못된 믿음이 얼마나 완강한 힘을 발휘하는지 역사적으로 살펴보기 위해서 몇 가지 사례를 들어보자. 서기 68년 고대 로마인 가운데 일부는 악명 높은 폭군이었던 네로Nero가 자기 죽음을 가짜로 조작해서 왕좌를 되찾을 음모를 꾸민다고 믿었다. 그래서 그 뒤로 몇 년 동안 자기가 돌아온 네로 황제라고 주장하는 사기꾼들이 로마에 얼마나 많이 나타났는지 모른다. 또 영국에서 어떤 사람들은 엘리자베스 1세Queen Elizabeth I가 실제로는 어린 시절에 죽었는데 그때 비밀리에 소년으로 대체되었다고 믿었다. ("그게 아니라면 왜 여왕이 결혼도 하지 않고 늘 가발을 썼겠어?") 죽은 뒤에 다른 사람으로 대체되었다는 잘못된 믿음의 대상은 또 있었다. 이 글을 쓰는 시점을 기준으로 폴 매카트니**Paul McCartney**는 81세로 시퍼렇게 살아 있는데, 1960년대에 일부 팬들 사이에서 그가 이미 죽었으며 다른 사람으로 대체되었다는 소문이 떠돌았다. 폴 매카트니는 그 소문이 사실이 아니라고 무척이나 애를 써가며 팬들을 설득해야 했다. 지구가 평평하다는 믿음에 대해서는 당신도 들어봤을 것이다. 그런데 지구의 속이 비어 있다고 믿는 사람도 있다는 사실을 알고 있는가? 또 홀로코스트부터 마틴 루서 킹**Martin Luther King, Jr.**목사 암살, 달 착륙, 9·11 테러, 샌디훅 초등학교 총기난사에 이르는 많은 사건이 실제로는 일어나지 않았다고 주장하는 등 별의별 음모론이 다 있다. 음모론이라는 용어의 유래에 대한 음모론도 있다. 그러니까 존 F. 케네디 암살에 대한 공식적인 해명에 의문을 제기하는 사람들의 신용을 떨어뜨리기 위해서 CIA가 이 용어를 만들어냈다는 것이다.

어느 하나의 음모론이 어디서 끝나고 또 다른 음모론이 어디서 시작되는지 알기도 어렵다. 음모론의 본질 가운데 하나는 숨겨진 인과관계의 그물망, 비밀스러운 관계, 음험한 목적에 헌신하는 동맹과 같은 연결고리를 주장하는 것이다. 따라서 음모론이 서로 겹치고 엮이는 경향이 있다는 사실은 놀라운 일이 아니다. (예를 들어 코로나19 백신에 5G 칩이 들어가 있다는 믿음에는 두 개의 음모론이 '1+1 패키지'로 들어가 있다.) 코로나19를 둘러싸고 생겨난 음모론은 이 바이러스에 대해 들어본 적도 없는 사람들이 오래전에 확립한 주제를 바탕으로 하고 있으며, 또 새로운 악당(예를 들면 파우치 박사, 빌 게이츠 그리고 나)도 등장했지만 예전에 인기를 끌었던 악당, 예를 들면 일루미나티, 딥스테이트**Deep State**(딥스, 정부 조직 안에 깊숙이 뿌리를 내리고 있으면서도 실체를 드러내지 않는 세력-옮긴이) 그리고 정체를 알 수 없는 모호한 엘리트도 다시 소환했다. 이렇게 음모론의 세계에서는 오래된 서사와 새로운 서사가 서로를 강화한다.

예를 하나 들어보겠다. 나는 이 책의 원고를 쓰는 동안 캐나다 토론토에 간 적이 있다. 이때 갈 때와 올 때 모두 덴버국제공항을 경유했다. 여름에 흔히 발생하는 오후의 뇌우를 피해서 도착시간을 잘 맞추기만 한다면 아주 좋은 공항이다. 나는 비행기가 하강하는 동안에 여러 산이 펼쳐내는 경치를 즐겼고, 또 착륙해서는 식사를 할 수 있는 괜찮은 식당을 찾았다. 그러나 만일 온라인에서 나를 비방하는 사람 가운데 누구라도 내가 덴버국제공항을 즐겨 사용한다는 사실을 알았더라면, 그들은 내가 여행을 하면서 다른 곳도 아닌 굳이 그곳을 경유했다는 사실을 대놓고 비난하지는 않더라도 의심은 충분히 했을 것이다. 그들은 이것이 우연의 일치가 아니라고 생각할 것이다. 놀랍게도 많은 사람이 덴버국제공항이 일루미나티의 비밀 본부라고 믿기 때문이다. 고대 형제단 조직의 현대적 화신인 조직원들이 그 공항 아래에 있는 지하 터널에서 만난다고 사람들은 믿는다. 그리고 여러 개의 점을 연결한 끝에, 백신으로 세계 인구를 줄이려는 음모를 꾸미는 일루미나티의 비밀회의에 내가 참석했다고 결론을 내리기는 어렵지 않으리라 확신한다. 이처럼, 덴버국제공항이 문을 연 1990년대 중반부터 존재해온 일련의 음모론은 가장 최근에 코로나19를 중심으로 형성된 잘못된 믿음과 합쳐질 수 있다.

덴버국제공항과 관련된 음모론은 일루미나티로 끝나지 않는다. 어떤 사람은 이 공항의 지하에 있는 터널이 도마뱀 인간 집단(아마도 백신 반대 캠페인의 배후에 있는 집단) 혹은 외계인의 은신처라고 주장한다. 또 어떤 사람은 그 터널이 이 세상이 멸망의 재앙을 맞을 때 전 세계 최상층을 보호할 벙커라고 생각한다. 아니면 딥스테이트가 마련한 신세계 질서New World Order에 의해 건설된 지하 도시가 있을 수도 있다고 생각한다. 그들은 이 모든 것이 터무니없다고 생각한다면 이 공항에 있는 미술품 컬렉션에서 숨은 단서를 찾아보라고 권한다. 이 미술품 목록에는 매우 흉측한 형상의 괴물 석상과 붉은 눈을 빛내는 다소 섬뜩한 파란색 말이 앞발을 들고 서 있는 동상이 포함되어 있다. 그들은 이것이 다가오는 종말을 악마적으로 표현한다고 말한다. 그래도 믿지 않으면 그 말 조각상을 만든 조각가가 그것을 만들다가 죽었는데도 믿지 못하겠느냐고도 말한다. 이 말은 진짜다. 조각가 루이스 히메네스Luis Jiménez는 작업장에서 말 조각상 일부가 떨어질 때 거기 깔리는 사고를 당했는데 그때 동맥이 끊어져 젊은 나이에 사망했다. 그래서 그의 아들들이 이미 기한이 지난 이 프로젝트 작업을 마무리해야 했다.

아무튼 이 모든 것을 놓고 보자면 음모론이 없는 곳이 없다. 그리고 이 책에서 소개하는 많은 개인적인 이야기는 코로나19와 관련된 잘못된 믿음을 포함하고 있지만, 내가 그것을 직접적으로 경험한 만큼 나의 의도는 한층 포괄적이다. 즉 잘못된 믿음의 심리적 구성 요소를 더 일반적인 의미에서 조명하겠다는 말이다.

이 책에서 코로나19를 특별히 집중적으로 다루는 또 다른 이유는 팬데믹이 잘못된 믿음이라는 일반적인 문제를 이해하는 데 도움이 되는 극한의 조건을 만들어냈기 때문이다. 폭넓게 퍼진 스트레스와 공포, 사회적 고립과 지원 제도의 상실, 혼란스럽게 뒤엉킨 온갖 메시지, 제도와 기관에 대한 신뢰 상실, 정치적 양극화, 온라인에서 보내는 자유 시간 등이 이토록 복합적으로 작용한 적이 달리 또 있었던가? 이 모든 것은 상대적으로 짧은 시간 안에 많은 사람이 세상에 대한 새로운 거짓 서사를 쉽게 받아들이는 데 기여했다.

극적인 변화가 이처럼 엄청난 규모로 일어난 적은 역사적으로도 드물다. 실제로 사회과학자에게 분명한 진실로 확인된 사실이 한 가지 있다면, 그건 사람들의 의견이나 믿음을 바꾸기가 매우 어렵다는 것이다. 이 사실을 직접 확인하고 싶다면, 다음에 지루한 저녁 파티에 참석할 때 그 자리에 모인 사람들에게 코로나 이전에 가지고 있던 생각 가운데 바뀐 것이 있는지 물어보라. 그럼 아마도 당신은 침묵을 마주하게 될 것이다. 얼마나 많은 사람이 이 질문에 제대로 대답하지 못하는지, 적어도 흥미로운 대답을 하지 못하는지 알게 될 것이다. 솔직히, 당신이라면 이 질문에 어떻게 대답하겠는가? 그리고 당신이 잘 아는 사람들은 어떨지 생각해보라. 자신이 응원하는 프로 축구팀(또는 프로 야구팀)을 바꾼 사람이 당신 주변에는 몇 명이나 있는가? 또 성인이 된 뒤로 정치적 성향을 바꾼 사람은 몇 명이나 있는가? 연구에 따르면 정당의 지도부가 바뀌고 당면 의제가 바뀌어도 대다수 사람은 정당에 대한 지지를 철회하지 않는다. 정당의 이런 변화가 사람들에게 거의 아무런 영향도 미치지 않는다는 사실이 놀랍지 않은가?

이 모든 것은 2020년대의 첫 몇 년 동안에 많은 사람이 자기 의견과 신념을 크게 바꾼 것이 매우 이례적인 현상임을 강조한다. 얼마나 많은 사람이 그랬을까? 쉽게 대답하기는 어렵다. 그러나 일화적 증거(실제 세계의 행동 데이터가 아닌 누군가가 진술한 개인 선호도에 기반한 증거-옮긴이)에 따르면, 현재 세계보건기구**WHO**를 덜 신뢰하게 된 사람에서부터 그레이트 리셋**Great Reset**(코로나19 대응 과정에서 경험한 변화를 바탕으로 경제적·사회적 기반을 완전히 새롭게 바꾸자는 발상-옮긴이)이 본격화되고 있다고 생각하는 사람에 이르기까지 자기 의견을 바꾼 사람의 범위를 보면 그 비율이 상당히 높다. 당신 주변에 있는 사람만 둘러봐도 알 수 있을 것이다. 그 몇 년 사이에 잘못된 믿음에 빠져든 사람을 누구나 한두 명은 알고 있을 것이라고 생각한다.

많은 사람이 의견을 바꿀 수 있는 조건을 만들어내는 많은 요인이 그 기간에 한데 모였다. 이런 조건이 형성되었던 시점이 역사상 2020년대 초의 그 순간뿐이었을까? 그렇지는 않다. 하지만 그 조건이 비정상적으로 동시에 발생했고 또 널리 퍼졌다는 사실만큼은 확실하다. 바로 이것이 그 시기를 이해하는 것이 중요한 이유 가운데 하나이다.

과거 로마 시대에 죽은 네로 황제가 다시 돌아왔던 것처럼 코로나19 팬데믹과 같은 조건이 다시 조성되지 않기를 바라고, 또한 그 시기는 분명 빠르게 돌아오지 않을 것이다. 하지만 그럼에도 이런 종류의 극적인 의견 변화를 촉진하는 근본적인 조건과 심리적 구성 요소를 이해하는 것은 중요하다. 물론 의견과 신념이 좋은 방향으로 바뀔 수도 있지만, 이 시대 우리는 많은 사람이 사람, 사회, 과학, 제도를 덜 신뢰하는 쪽으로 의견을 바꾸는 것을 목격했다.

잘못된 믿음이라는
깔때기에 빠져드는 과정

'잘못된 믿음(오신념)'을 간단하게만 정의하자면 특정한 사실에 대한 거짓을 받아들이는 것이라고 할 수 있다. 하지만 나는 이 단어를 이 책에서 그런 뜻으로 사용하지 않는다. 이 책에서 우리는 잘못된 믿음을 사람들이 세상을 바라보고 세상에 대해 추론하고 또 다른 사람에게 세상을 설명할 때 사용하는 왜곡된 렌즈 역할을 하는 관점 혹은 심리적 사고방식으로 생각할 것이다. 또한 잘못된 믿음을 단지 어떤 상태로서가 아니라 하나의 과정으로서 탐구할 것이다.

2장에서 살펴보겠지만, 잘못된 믿음의 과정은 일종의 깔때기로 생각할 수 있다. 이 깔때기에 처음 진입하는 사람은 과학, 보건, 정치, 미디어 등의 분야에서 이미 진실로 받아들여지는 것과 정보 출처에 대해 사소하지만 끈질기게 따라붙는 의문을 가질 수 있다. 이 깔때기의 다른 극단에서는 모든 '주류' 출처가 무시되고 사람들은 조금도 주저하지 않고 본격적인 대안 진실이나 음모론을 받아들인다. 물론, 여기까지 가려면 많은 단계를 거쳐야 한다.

잘못된 믿음에 대해 이야기할 때, 우리는 온갖 종류의 이상한 것을 믿는 사람들에 대해서만 말하지 않는다. 우리 모두는 어느 정도는 오신자의 특성을 가지고 있다. 우리 가운데 많은 사람은 제약사가 주장하는 모든 것을 믿지 않으며, 건강과 관련된 보다 유익한 해법이나 지원을 찾아서 주류 의학 세계의 바깥으로 눈을 돌린다. 또한 정부와 공중보건 당국이 코로나19 팬데믹에 접근하는 방식에 의문을 품으며 그들이 내리는 결정 가운데 몇몇에는 동의하지 않는다. 우리 대부분은 미디어 네트워크에 편견과 무언의 의제가 내재되어 있음을 알고, 또 이런 것들이 반드시 사악하지만은 않다는 것을 잘 알고 있다. 그러나 일반적으로 우리는 정부나 과학기관이나 언론이 제공하는 정보가 사실일 가능성이 높다는 태도로 그 정보에 접근한다. 그렇다고 해서 그 정보를 점검하지도 않고 확인하지도 않는다는 뜻은 아니다. 회의주의는 건강한 것이며, 특히 거짓 정보가 만연한 시대에는 의문을 제기하고 직접 조사하거나 사실 확인을 하는 것이 현명하다.

그러나 잘못된 믿음의 깔때기를 따라 내려가는 동안 사람들은 건강한 회의주의가 '주류'에 대한 반사적 불신으로 발전하고 또 진정한 열린 마음이 역기능적 의심으로 변하는 지점에 도달한다. 그 지점이 전환점이다. 이 지점에 다다르면 더는 기존의 서사에 그저 의문만 제기하는 게 아니라 거기까지 오는 과정에서 자신이 발견한 완전히 새로운 믿음을 받아들이고 거기에 애착을 갖게 된다. 이 단계에서는 자동적인 의심과 불신의 렌즈를 통해 정부나 과학기관이나 언론이 제공하는 정보에 접근한다. 그들은 그 정보가 거짓일 수 있는 여러 가지 근거를 찾아 나선다. 잘못된 믿음에 깊이 빠진 사람들은 이미 그 정보는 음모, 즉 사악한 엘리트들이 저지르는 왜곡되고 악의적인 계략의 일부라고 확신한다. 이런 의미에서 잘못된 믿음은 개인이 가지고 있는 잘못된 믿음의 총량을 다루는 문제인 동시에 불신과 의심이라는 일반적인 사고방식을 다루는 문제이기도 하다.

한 가지 유용한 비유는 잘못된 믿음을 자가면역질환(체내의 면역체계가 정상적이고 건강한 조직이나 기관 또는 기타 체내 성분 등을 공격하는 질환의 총칭-옮긴이)과 같다고 생각하는 것이다. 건강한 면역체계는 신체를 위협하는 감염이나 바이러스를 감시하고 질병으로부터 우리를 보호하는 역할을 한다. 그러나 때로 면역반응이 과도하게 활성화되거나 잘못 유도되면 보호해야 할 신체를 거꾸로 공격하기 시작한다. 자가면역질환이 만성화되면 여러 기관에 영향을 미쳐서 신체 능력을 근본적으로 손상한다. 만성적인 상태의 잘못된 믿음도 비슷하다. 건강하게 의심하며 독립적인 사고를 지향하는 건강한 본능이 과도하게 활성화되어서 자기 파괴적인 방식으로 우리를 오히려 적대시한다.

잘못된 믿음은
좌파나 우파의 문제가 아니다

사람들은 자신과 정치적인 입장이 다른 사람이 안고 있는 거짓 정보 문제는 지적하고 비난하면서도 정치적 신념이 자기와 같은 사람의 말이라면 무조건 옳다고 믿기 쉽다. 그러나 이러한 태도는 객관적인 정확성과는 거리가 멀다. 잘못된 믿음은 좌파와 우파를 따지는 진영 차원의 문제가 아니라 인간적인 특성 차원의 문제이다.

여러 연구에 따르면 진보주의자와 보수주의자 모두 (늘 똑같지는 않지만) 거짓 정보를 소비하고 퍼트리는데, 각각의 정파 내에서도 특히 극단적인 집단에서 이런 경향이 강하게 나타난다. 흥미롭게도, 충분히 극단적인 잘못된 믿음을 받아들이면 이런 믿음은 때때로 돌고 돌다가 중간에서 자기들끼리 만나서 이상한 동맹을 체결한다. 예를 들면 오늘날의 백신 거부 운동이나 심지어 큐어넌QAnon(딥스테이트가 미국과 세계의 경제, 정치, 통치권을 장악하고 국가 전복을 노린다는 음모론-옮긴이)이 그렇다. 이런 음모론에서는 현대 의학을 회피하는 극진보주

도표-1

도널드 트럼프(Donald Trump)의 정적들이 코로나19의 위험성을 과장했다. ●

버락 오바마(Barack Obama)는 미국 시민권을 불법으로 취득했으므로 그 시민권은 무효다. ●

로버트 뮬러(Robert Mueller)는 트럼프가 아니라 클린턴(Clinton) 부부를 비밀리에 조사했다. ●

조지 소로스(George Soros)는 전 세계를 통제하겠다는 음모를 꾸미고 있다. ●

민주당원이 트럼프에게 코로나19를 전염시켰다. ●

경찰관을 살해하겠다는 음모가 전국적인 차원에서 전개되고 있다. ●

누군가가 제프리 엡스타인(Jeffrey Epstein)이 속해 있던 범죄조직을 보호할 목적으로 ● 그를 살해했다.

누군가 고의로 코로나19를 퍼뜨렸다. ●

빌 게이츠가 코로나19를 만들어냈다. ●

정부 당국이 코로나19 백신의 위험성을 은폐했다. ●

정부와 영화계의 주요 인사들 사이에는 소아성애자 모임이 있다. ●

정부 조직 내에는 은밀하게 작동하는 '딥 스테이트'가 있다. ●

FDA(미국 식품의약국)는 대형 제약사를 보호할 목적으로 암의 ● 자연치유법을 가로막는다.

코로나19 백신 안에는 위치추적 물질이 들어 있다. ●

5G가 코로나19를 유발한다. ●

학교 총기난사 사건들은 정부가 고의로 조작한 위장 작전이다. ●

로버트 F. 케네디의 암살도 음모의 결과였다. ●

정부는 텔레비전 송출 신호에 심리 통제 기술을 심어놓는다. ●

대형 제약사 및 의료산업은 돈을 벌려고 일부러 ● 이런저런 질병을 만들어낸다.

휴대폰이 암을 유발한다. ●

홀로코스트 사망자 수는 의도적으로 부풀려졌다. ●

GMO(유전자조작식품)의 위험이 은폐되고 있다. ●

의학계에서는 암의 진정한 비밀을 알면서도 ● 숨기고 있다.

로스차일드 가문(the Rothschilds)이 전 세계를 통제한다. ●

물에 든 불소 성분이 사람의 마음을 통제한다. ●

세계 각국의 정부 지도자가 투표로 선출되지만, 이와 ● 관계없이 어떤 단일한 집단이 전 세계를 통제한다.

은행은 금융 이득을 취하려고 경제를 조작한다. ●

정부는 사람들의 마음을 통제하기 위해서 사람들에게 ● 형광등 사용을 의무화한다.

누군가 에이즈를 고의로 확산시켰다. ●

프랭클린 D. 루스벨트(Franklin D. Roosevelt)는 일본이 ● 진주만을 공격하리라는 걸 사전에 알고 있었다.

마틴 루서 킹의 암살은 누군가가 꾸민 ● 음모의 결과이다.

외계인이 나타났다는 증거가 ● 은폐되고 있다.

달 착륙은 가짜였다. ●

정부가 존 레논(John Lennon)이나 투팍 ● 샤쿠르(Tupac Shakur)와 같은 예술가들을 암살했다.

블라디미르 푸틴(Vladimir Putin)은 힐러리 클린턴(Hillary ● Clinton)의 당선을 막기 위해 독살을 시도했다.

경찰이 O.J. 심슨(O.J. Simpson)에게 없는 ● 죄를 덮어씌웠다.

허리케인 카트리나 때 정부 관리들이 ● 부자들의 집을 보호하려고 일부러 제방을 무너뜨렸다.

코흐 형제(Koch brothers)는 세상을 지배하려는 ● 음모를 꾸미고 있다.

로널드 레이건(Ronald Reagan)은 이란과 ● 공모해서 1980년 선거 이후까지 인질을 붙잡아두게 했다.

우체국이 부재자투표 용지를 ● 발급하지 못하도록 막아서 부정투표를 도모한다.

G. W. 부시(George Walker Bush)는 ● 2007년 위기의 심각성을 모호하게 하기 위해 고용 통계를 조작했다.

● 러시아가 미국의 국가 정책을 조종한다.

트럼프는 재선에 ● 유리한 조건을 만들려고 일부러 코로나19에 확진된 것처럼 행세했다.

● 트럼프는 러시아의 간첩이다.

● 트럼프는 푸틴과 모종의 거래를 했다.

● 공화당이 부정선거를 한다.

● 트럼프는 코로나19 증상의 정도를 숨겼다.

-0.6   -0.4   -0.2   0   0.2   0.4   0.6

만일 어떤 믿음의 점수가 양수라면(즉 그래프에서 오른쪽에 있으면) 이 믿음은 보수주의자가 상대적으로 더 강하게 가지고 있는 믿음이다. 반대로 만일 어떤 믿음의 점수가 음수라면(즉 그래프의 왼쪽에 있으면) 이 믿음은 진보주의자가 상대적으로 더 강하게 가지고 있는 믿음이다. 사람들은 '우리 진영 사람'이 아니라 반대편 정치 성향의 사람만 잘못된 믿음을 가질 가능성이 있다고 생각하는 경향이 있지만, 이 도표에서 알 수 있듯이 잘못된 믿음은 정치적 스펙트럼 전체에 골고루 분포하는 것으로 보인다. 이 내용은 애덤 앤더스(Adam Enders)와 그의 동료들의 연구를 바탕으로 작성되었다.

의 히피족이 큰 정부를 불신하는 극보수주의자와 손을 잡는다. 특정한 잘못된 믿음의 내용은 정치적 성향에 따라 어느 정도 달라지지만 ([도표-1] 참조) 잘못된 믿음의 현상 그 자체는 진보적이거나 보수적인 차원의 특징이 아니라 인간적인 특성 차원의 까다로운 문제이다.

사악한 오신자와
아무런 의도가 없는 순진한 오신자

우선 거짓 정보 분야에는 사악한 사람에서부터 순진한 사람에 이르기까지 다양한 행위자가 있음을 인정해야 한다. 극도로 사악한 행위자로는 거짓 정보를 상대방에 대한 전략적 도구로 사용하는 국가나 국가기관을 들 수 있다. 예를 들어보자. 2016년에 러시아의 정보기관은 24시간 동안 실종되었다가 아랍계 이민자들에게 강간당했다고 주장한 러시아계 독일 소녀의 이야기를 가져다가, 독일 정부가 이 사건을 숨김으로써 난민 문제를 통제할 수 없다는 증거를 은폐했다고 비난하는 데 동원했다. 이 정보 때문에 반이민 시위가 촉발되었으며 독일인과 무슬림 사이의 인종적 긴장이 고조되었고 또 러시아와 독일 사이의 외교적 긴장이 고조되었다. 그러나 나중에 그 소녀는 납치니 강간이니 하는 것은 모두 모두 자기가 지어낸 이야기였다고 털어놨다. 모든 게 다 거짓 정보였던 것이다.

또 정치적인 의제를 널리 띄울 목적으로 잘못된 정보를 이용하는 사람도 있다. 2017년에 미국의 진보주의자들은 스탠딩록**Standing Rock** 인디언보호구역에서 대형송유관의 건설 중지를 요구하던 시위대 캠프를 경찰이 급습해서 불태웠다는 가짜뉴스를 널리 퍼트렸다. 그러나 이 뉴스는 곧 사실이 아닌 것으로 밝혀졌고, 첨부되었던 사진도 해당 사건과 무관한 것으로 확인됐다. 그러나 이 이야기는 이제 막 대통령으로 당선된 도널드 트럼프가 폭력적인 권위주의 체제를 이어갈 것임을 암시한다고 확신하는 좌파 진영의 두려움을 증폭하는 역할을 했다. 물론 이와 똑같은 일이 정치적 스펙트럼의 반대편에서도 일어난다. 이런 수많은 사례 가운데 하나를 소개하면, 공화당은 자기 당 소속의 후보가 선거에서 질 때마다 선거가 공정하지 못했다는 허위 사실을 유권자 사이에 퍼트려서 선거의 신뢰성을 떨어뜨린다. 때로는 정도가 너무 심했던 거짓 정보의 결과를 은폐하기 위해서 또 다른 거짓 정보를 동원하기도 한다. 대중적인 여러 우파 음모론에 영향을 받은 어떤 사람이 2022년에 낸시 펠로시**Nancy Pelosi** 하원 원내대표의 집에 침입해서 그녀의 남편인 폴 펠로시**Paul Pelosi**를 망치로 공격했을 때, 우파 의원들과 시사평론가들은 즉각적으로 그 공격자가 사실은 게이 남창이라거나 여론 조작을 위한 가담자라는 소문을 퍼트리고 나섰다.

거짓 정보를 퍼트려서 재정적 이익을 얻는 사람은 다소 덜 사악한 부류이다. 예를 들어 제약사가 손을 대는 모든 것이 사실은 자기를 죽일 목적으로 만들어졌다고 확신하는 사람에게 건강보조제를 팔아서 수백만 달러를 챙기는 이른바 '건강 전문가'가 이런 부류에 속한다.

그런데 오신자 가운데서 가장 일반적인 유형은 정보 그 자체 외에는 아무런 관심이나 의도가 없는 순진한 사람이다. 이들은 증오와 혼란을 조장하고 싶어 하지 않고, 정치 권력이나 돈을 원하지도 않는다. 그들은 단지 자기 주변의 세상을 이해하고 싶을 뿐이다. 이런 점에서 보자면 우리 모두가 그렇다. 그러나 한 가지 차이점이 있다. 바로 이 사람들은 세상을 온전하게 이해하려고 하는 과정에서 어떤 이유에서든 간에 잘못된 믿음의 깔때기에 빠졌고 또 그 과정에서 세상을 바라보는 관점이 근본적으로 바뀌었다는 사실이다. 이런 일이 일어난 뒤에 그들은 현실에 대해 새롭게 알게 된 사실을 다른 사람들에게 알려야 한다고 느낀다. 그런데 언뜻 보면 무엇이 그들의 등을 떠미는지 혹은 거짓 정보에 관여함으로써 그들이 무엇을 얻게 되는지는 정확히 알 수 없다.

이러한 사람을 우리는 편하게 '그들'이라고 생각하기 쉽지만, 사실 그들은 기본적으로 우리 모두와 비슷하다. 우리는 누구나 정보를 소비하고 또 그 정보를 이용해 자기 주변에 존재하는 세상을 이해하려고 노력한다. 때때로 우리는 이상한 교차점에 도달하고, 잘못된 길로 들어서고, 길을 잃기도 한다. 자신이나 사랑하는 사람이 비극적인 운명을 비껴가도록 하고 싶다면 이러한 가능성을 인정하고, 잘못된 길로 이끄는 경로와 그런 선택을 유도하는 심리, 그 여정의 결과를 이해하고 공감하려는 노력이 중요하다.

Chpter 2

잘못된 믿음의 깔때기가
작동하는 방식

내 친구들은 모두 새로운 믿음을 찾고 있다.

어떤 친구는 가톨릭으로, 어떤 친구는 나무로 개종한다.

문학적 소양이 높고 지금까지 종교적으로 무관심했던 유대인에게,
신은 유전자 생성기처럼 힘을 발휘한다.

팔레오, 케토, 존, 사우스 비치, 버번.

운동 요법은 너무 극단적이어서 기계와 하나가 된다.

한 남자는 스무 살 연하의 여성과 결혼을 하고 브런치를 먹는 동안
두 번이나 '파릇파릇하다'라는 단어를 사용하는데,

벽돌 같은 주먹을 휘두르던 호전성 강한 남자는 치매를 받아들이
고, 또 다른 남자는 10년 동안 바다 가장자리의 도요새처럼 고집스
럽게 다른 사람을 견제하고 괴롭힌 끝에 죽기로 결심한다.

성스러움과 속됨, 침울함과 환희, 고상한 금욕과 더러움에 대한 혐
오, 절주, 포만감, 존재의 내면으로 나아가는 순례….

내 친구들은 모두 새로운 믿음을 찾고 있는데,

나로서는 그것들을 발견하기가 점점 더 어려워진다.

새로운 신들과 새로운 사랑들, 옛 신들과 옛 사랑들.

나날에는 단검이 들어 있고 거울에는 동기가 있으며

그리고 지구는 어둠 속에서 점점 더 빠르게 자전한다.

또 나의 밤, 나의 의심 그리고 나의 친구들,

나의 아름답고 믿음직한 친구들 속에서.

– 크리스천 와이먼(Christian Wiman), 〈내 친구들은 모두 새로운 믿음을 찾고
있다(All My friends are finding new beliefs)〉

2001년 9월 11일 두 번째 비행기가 세계무역센터 건물을 들이받을
때, 텔레비전으로 중계되던 그 장면을 수백만 명이 공포에 질린 눈으
로 지켜봤다. 뉴질랜드에 살던 20대 초반의 청년 브래드도 그랬다. 잠
이 오지 않아서 아래층 거실로 내려와서 텔레비전을 켰다가 그 뉴스
를 봤다. 화면을 보고 충격을 얼마나 크게 받았던지, 지독한 악몽일지
도 모른다고 생각했을 정도이다. 며칠이 지나고 또 몇 주가 지나도 브
래드는 그 충격적인 장면을 머리에서 털어낼 수 없었다. 불타는 건물
에서 뛰어나오던 작은 형체의 사람들, 재를 뒤집어쓴 채 맨해튼 거리
를 내달리던 사람들, 또 실종된 가족을 필사적으로 찾던 사람들…. 그
는 맑은 아침 하늘을 배경으로 폭발하는 불덩어리와 슬로모션으로
건물이 무너지는 장면을 마음속으로 되풀이해서 떠올렸다. 성정이
민감하고 사려 깊던 그는 이 사건을 이해하려고 고군분투했고, 이런
노력이 결국 자기의 감정을 황폐하게 만든다는 사실을 깨달았다.

9·11 테러 사건이 발생하고 시간이 많이 지났지만 이 사건에 대한

브래드의 집착은 그가 업무차 미국으로 출장을 가는 동안에도 계속됐다. 브래드는 평소와 달리 가족과 친구 등 지지 네트워크 없이 낯선 나라에서 여러 달을 보내면서 이런저런 생각을 하고 또 이런저런 것들을 읽었다. 그러다가 어느 시점에서 9·11 테러 사건에 대한 공식적인 설명에 의문을 제기하면서 그와는 전혀 다른 설명을 하는 9·11 테러 사건 관련 다큐멘터리 두 편을 우연히 보았다. 이 다큐멘터리 덕분에 그는 9·11 테러 사건에 또 다른 실체가 존재할지도 모른다는 가능성을 보았다. 그는 더욱 많은 정보를 검색했으며, 또 이 검색 결과를 자기와 똑같이 그 사건에 대해서 궁금해하는 사람들에게 공유했다. 그는 세계무역센터 테러와 관련된 한층 더 많은 이론을 발견했다. 그의 탐험은 영국의 축구 선수였다가 소셜미디어 유명 인사로 변신한 데이비드 아이크**David Icke**가 쓴 저작물로까지 이어졌고, 아이크는 지구가 사악한 파충류 종족에 의해 납치되었다는 주장을 펼친 바 있다. 얼마 지나지 않아 브래드는 UFO나 외계인 등과 관련된 온갖 이론과 함께 그 파충류 종족 이야기를 믿게 되었다. 그리고 여러 해가 지난 지금, 사악한 소아성애자들이 이 세상을 운영하고 있으며 9·11 테러 사건을 미국 정부가 의도적으로 일으켰다는 이야기는 그의 중심적인 믿음으로 자리를 잡았다. 브래드는 부동산 중개인으로 일하며 아내 그리고 두 자녀와 함께 시간을 보낼 때를 제외하고는 늘 '조사 작업'을 하고 또 이 세상에서 '실제로' 무슨 일이 일어나는지 다른 사람들에게 알리는 일에 전념한다. 지난 20년 동안 그는 잘못된 믿음의 깔때기 깊은 곳까지 이르는 먼 길을 걸어왔다. 이제 그에게는 온라인 탐구 과정에서 만난 완전히 새로운 친구들이 있을 뿐이고 예전에 친하게 지내던 많은 사람과는 연락이 완전히 끊겼다.

잘못된 믿음의 깔때기는 놀랍고도 복잡한 현상이다. 사람들은 일련의 의견과 믿음 덩어리를 가지고 깔때기 안으로 들어가지만, 결국 처음과는 매우 다른 일련의 의견과 믿음을 만난다. 그들의 가족과 친구는 자신이 그렇게나 잘 안다고 생각했던 사람이 어떻게 해서 그렇게 많이 바뀌어버렸는지 짐작조차 할 수 없어서 어리둥절한 표정으로 바라보기만 할 뿐이다.

잘못된 믿음의 깔때기를 구성하는
기본 요소들

내 생각에는 잘못된 믿음의 깔때기는 감정적 요소, 인지적 요소, 성격적 요소 그리고 사회적 요소로 나눌 수 있다([도표-2]를 참조하라). 이 책에서 사용한 '요소들elements'이라는 용어는 해당 구조를 각각 고유한 역할을 하는 여러 구성 요소가 형성하기 때문에 채택했다. 물론 잘못된 믿음의 요소들 사이의 구별은 불완전하며, 그 과정은 'A+B+C+D=오신자'와 같이 선형적이지 않다. 이 네 가지 요소는 깔때기 초기에는 어느 것이 상대적으로 더 두드러진 역할을 하고 다른 단계에 가서는 다른 요소가 상대적으로 더 중요해지긴 하지만, 그 단계가 서로 뚜렷하게 구분되지는 않는다. 결정론적 과정을 뜻하지도 않는다. 여기에 설명하는 모든 요소를 들이댄다고 하더라도 누군가가 오신자가 될 것이라고 단정할 수는 없다. 다만 그럴 가능성은 더 높아진다.

[도표-2]   **잘못된 믿음의 깔때기와 그 구성 요소들**

　　스트레스에 초점을 맞춘 감정적 요소에서부터 탐색을 시작하려 한
다. 왜냐하면 이것이 무대를 설정하는 조건이기 때문이다. 그리고 이
탐색은 사회적 요소로 끝을 맺는다. 여러 가지 측면에서 사회적 요소
가 잘못된 믿음에 이르는 과정을 마무리 짓기 때문이다. 지금부터 각
요소를 살펴보면서, 깔때기를 따라 내려가는 전체 여정의 초기 단계
와 후기 단계에서 각각이 어떤 역할을 하는지 살펴볼 것이다. 이는 잘
못된 믿음의 함정에 빠져드는 사람에게 어떻게 다가가야 할지 고민
할 때 중요할 수 있다. 예를 들어서 스트레스나 두려움과 같은 감정적
요소가 그 사람의 경험에서 지배적인 것 같다면, 그는 이제 막 그 여
정을 시작했을 가능성이 높고, 따라서 그들에게 접근해서 진행 속도

를 늦추거나 심지어 그 깔때기에서 되돌아 나오게 할 여러 가지 방법을 제안할 수 있다. 그러나 새로운 오신자들이 모인 사회 집단에서 자기를 증명하려는 욕구나 높은 지위를 확보하겠다는 욕구와 같은 사회적 요소가 지배적인 상태라면, 그는 깔때기 초입에서 이미 상당히 멀리까지 내려와 있을 가능성이 높다. 이 단계에 있는 사람을 구출하기란 불가능하다고까지는 말할 수 없어도 매우 어려운 건 분명하다. 그 사람은 이미 오신자 집단에서 사회적으로 확고히 자리를 잡고 있으며 기존의 사회적 지원 체계에서는 상당히 멀리 분리되었기 때문이다.

즉 과정 전반에 걸쳐서 감정적 요소, 인지적 요소, 성격적 요소 그리고 사회적 요소가 작용한다는 사실을 기억하는 것이 중요하다. 색이 다른 네 가지 액체가 소용돌이치면서 깔때기 아래로 내려가면서 가끔 서로 섞이는 모습을 상상하면, 그 네 가지 요소가 어떻게 상호작용하는지 이해할 수 있다. 책의 나머지 부분에서는 이들 각각을 심층적으로 살펴볼 것이다. 나는 이 내용을 네 개의 부로 나누어서 각 요소를 하나씩 알아본 후에 자연스럽게 쉬어가도록 구성했다. 각각이 모두 상당히 많은 양의 정보를 담고 있기 때문이다. 그러니 가능하면 하나의 부가 끝난 뒤에는 잠시 쉬면서 충분히 생각하고 내용을 소화한 다음에 다음 부로 넘어가면 좋겠다. 각 내용이 지인 그리고 나 자신과 어떤 연관이 있는지 곰곰이 생각해보라. 본격적으로 시작하기 전에 간단한 개요를 먼저 살펴보자.

• **감정적 요소들** : 인간은 감정적인 존재이며, 사회과학 연구에서 반복적으로 드러나듯이 감정은 믿음보다 앞서는 경향이 있다. 감정은

흔히 행동의 주요 동인이다. 조너선 하이트Jonathan Haidt는 "직관이 먼저고, 전략적 추론이 그 뒤를 따른다"라고 설득력 있게 주장했다. 즉 우리는 강렬한 감정적 반응으로 시작한 다음 그에 대한 인지적 설명을 제시한다. 잘못된 믿음의 깔때기에서 감정적 요소들은 스트레스 및 스트레스를 관리해야 할 필요성에 중점을 두며, 이는 다른 요소가 작용할 수 있는 여러 가지 조건을 설정한다.

• **인지적 요소들** : 인간의 정신은 엄청난 추론 능력을 가지고 있지만, 그렇다고 인간의 정신이 언제나 합리적이라는 뜻은 아니다. 어떤 사람이 한 방향 또는 다른 방향으로 나아가도록 동기를 부여받을 때 확증편향이 시작되며, 이 편향은 그가 느끼는 필요성을 충족하는 정보를 찾도록 유도한다. 이 과정에서 정확성은 고려 대상이 아니다. 그리고 이때부터 이야기는 더욱 복잡해진다. 그는 자신이 도달하고자 하는 결론에 도달하기 위해서 서사(내러티브)를 만들어낸다. 그리고 그를 잘못된 믿음의 깔때기 속으로 한층 더 깊이 이끄는 것은 그의 사고방식만이 아니다. 그가 현실과 멀어질 때 그를 곤경에 빠뜨리는 것은 그가 자신의 생각에 대해 생각하는 방식이다.

• **성격적 요소들** : 모든 사람에게 잘못된 믿음에 빠지는 경향이 있는 것은 아니다. 어떤 사람은 그 깔때기 안으로 쉽게 빨려들지만 어떤 사람은 그렇지 않은데, 여기에서는 개인에 따른 차이가 핵심적인 역할을 한다. 어떤 성격이 다른 성격보다 잘못된 믿음에 상대적으로 취약하다는 사실은 이미 확인되었다. 특정한 성격적 특징을 가진 사람은 세상에 대한 거짓 서사를 받아들이는 경향성이 상대적으로 높다. 물론 이런 특징 가운데 어떤 것도 그가 반드시 오신자가 된다고 보장하지는 않지만, 그럴 가능성을 높이는 건 분명하다.

• **사회적 요소들**: 잘못된 믿음은 진공 상태에서 형성되지도 않고 그런 상태에서 유지되지도 않는다. 강력한 사회적 힘이 사람들의 마음을 바꾸고, 사람들을 특정한 경로로 이끌며, 같은 오신자들 사이에 머물게 하고, 또 심지어 잘못된 믿음을 극단으로 몰아가도록 유도한다. 공동체 의식과 소속감은 강력한 매력 요소인데, 이 감정은 주류 사회로부터 단절되거나 배척당했다고 느끼는 사람에게 특히 중요하게 작용한다. 가족이나 친구로 이루어진 집단에서 따돌림을 당한 적이 있는 사람에게는 특히 그런데, 오신자들은 이런 따돌림을 너무나도 흔히 경험한다. 사회관계망social networks은 정보 거품을 형성하고, '좋아요'와 반응이라는 사회적 화폐social currency는 자신이 커뮤니티에 뭔가 기여하는 구성원이라고 당사자가 느끼게 해준다. 잘못된 믿음의 깔때기에서 사회적 요소는 '모든 것을 털어내고' 탈출하기 매우 어렵게 만든다.

잘못된 믿음의 깔때기는
신뢰 감소의 사회적 소용돌이다

이 책은 잘못된 믿음의 깔때기를 따라서 내려가는 심리적 과정을, 자의에 의해서든 타의에 의해서든 그의 내적·외적 힘에 의해 추진되는 개인적인 여정으로 다룬다. 그러나 한 걸음 뒤로 물러나 사회 전반이라는 한층 더 넓은 관점에서 이 여정을 살펴보면 상황은 전혀 다르며 또 한층 더 걱정스럽다. 사람들이 잘못된 믿음의 깔때기를 따라 내려가는 개인적인 여정은 불신으로 이어지는 사회적 여정을 반영한다. 어떤 사람의 정치적 성향이 전체 스펙트럼 가운데 어느 지점에 있든 간에 그리고 그가 이 세상 어디에 있든 간에(스칸디나비아반도에 있는 경우만 제외하고), 우리 사회의 신뢰 수준이 점점 낮아지고 또 그에 따라 놀랍고도 걱정스러운 결과가 빚어진다는 현실을 피하기는 어렵다.

신뢰라는 렌즈를 통해 잘못된 믿음의 과정을 살펴보면 사람들이 자기만의 중요한 잘못된 믿음(예를 들어 2020년 미국 대통령 선거 결과가 조작되었다거나 JFK 암살이 CIA의 음모였다는 믿음)의 늪으로 점점 더 깊게 가라앉는 과정에 대한 중요한 사실을 알 수 있다. 하나의 잘못된 믿음이 또 다른(심지어 그것과 직접적인 연관이 없는) 잘못된 믿음을 불러일으키는 이유도 쉽게 이해할 수 있다. 잘못된 믿음을 지지하는 사람이 또 다른 잘못된 믿음도 쉽게 받아들이는 이유는 무엇일까? 그 이유는 불신에 있다! 잘못된 믿음이 축적된다고 생각해 보라. 잘못된 믿음은 신뢰 상실이라는 조건 아래에서 번성한다. 어떤 제도 하나를 신뢰하지 않으면 또 다른 제도를 신뢰하지 않기가 한결 쉬워진다. 이런 상황에서는 어쩌면 모든 제도가 똑같이 부패했으며 탐욕스럽고 악의적이라는 결론을 빠르게 내릴 수 있다. 제약사들이 우리를 더 아프게 만들려 한다거나 심지어 우리를 죽이려고 한다면, 제약업계를 규제하는 역할을 해야 하는 정부에 대해 우리는 무엇을 말할 수 있을까? 아마도 그 둘이 한통속이라고 생각할 것이다. 만일 이렇게 제약사의 사악한 행위를 눈감아준다면, 이 정부는 다른 악행도 얼마든지 저지르리라고 볼 수 있지 않을까? 미국이 이라크에서 벌인 전쟁을 정당화하기 위해서 자국민을 공격한다는 발상도 전혀 터무니없는 상상이 아니게 된다. 또, 케네디 대통령 암살의 배후에 베트

남전쟁의 열기를 더욱 뜨겁게 달구려는 전쟁광 정부가 있다고 충분히 상상할 수 있지 않을까? 이런 식으로 A는 B로 이어지고 B는 C로 이어지며, 코로나19 음모론은 9·11 음모론과 JFK 음모론으로 이어진다. 그리고 여기에서 공통점은 불신이다.

불신은 불신을 낳는다. 이렇게 되는 부분적인 이유로는, 거짓 정보의 그물망에 예상치 못한 연결점이 너무 많다는 사실을 들 수 있다. 잘못된 믿음의 깔때기 끝에는 여러 가지 잘못된 믿음의 실타래가 하나의 태피스트리로 엮인 평행우주인 큐어넌이 있다. 사람들은 정치적 스펙트럼의 양극단에서 큐어넌이라는 평행우주에 도달하며, 이들은 정부, 의료계, 비영리단체, 언론, 엘리트 집단 등 모든 것을 기본적으로 불신한다는 점에서 동일하다.

거짓 정보 그리고 잘못된 믿음의 깔때기라는 이야기는 우리 사회에서 신뢰가 잠식되는 방식을 바라보는 하나의 관점일 뿐이지만, 이는 이 비극적인 이야기의 중심 주제이다. 사회적 차원에서 신뢰를 회복하고자 한다면 반드시 이해해야 할 문제이자 파장을 완화하려고 노력해야 할 문제이다. 자, 이제 우리의 여정을 시작해보자.

Part 02

고통을 느낄수록
극단으로 치닫는 사람들

: 감정적 요소와 스트레스

What Makes

Rational People

Believe

Irrational Things

Chapter 3

통제할 수 없는
스트레스가 만든 붕괴

음모론에 대해 내가 깨달은 가장 중요한 사실은, 실제로 마음이 한 결 더 편해진다는 이유로 음모론자들이 그 음모를 믿는다는 점이다. 이 세상에 진실이 있다면 그건 세상이 혼란스럽다는 사실이다. 세상을 통제하는 것은 유대인 은행가도 아니고 회색 외계인이나 다른 차원에서 온 12피트 크기의 파충류도 아니다. 이 세상의 진실은 그보다 훨씬 더 무서운데, 그 누구도 통제하지 않는다는 것이 바로 그것이다. 이 세상에는 통제자가 없다.

– 앨런 무어(Alan Moore), 다큐멘터리 〈앨런 무어의 정신세계(The Mindscape of Alan Moore)〉(2003)

확고하게 굳어진 잘못된 믿음은 여러 요소가 하나로 합쳐진 결과이며, 이때 각각의 요소는 전체 속에서 자기 역할을 충실하게 다한다. 앞에서 말했듯 이런 요소들에는 다양한 감정, 인지상의 편견, 개인의 성격적 특징 그리고 사회적 요소가 포함된다. 하지만 모두가 동의할 수 있는 시작 조건이자 가장 기본적인 요소는 스트레스이다. 스트레스가 장차 다가올 과정의 무대를 설정하는 조건인 이유를 이해하기 위해서, 최근 역사에서 특히 스트레스가 많았던 시기로 잠시 돌아가 프리랜서이자 싱글맘이며 또 오신자로 점점 변해가는 제니를 만나보자.

잘못된 믿음에 이르는 시작 요소, 스트레스

2020년 5월을 기억하는가? 코로나19와 관련된 극심한 봉쇄 조치가 처음 몇 달간 이어진 뒤, 따뜻해진 날씨는 희망과 우려를 동시에 몰고 왔다. 팬데믹이 끝나갈 수도 있었고, 전염병의 또 다른 파도가 밀려들 수도 있었다. 제한조치는 완화되기 시작했다. 자영업자들은 조심스럽게 다시 가게 문을 열었다. 사람들은 겨울잠에서 깨어난 동물처럼 지난 몇 달간 갇혀 있던 집 밖으로 나오기 시작했다. 그리고 몇몇 지역에서는 아이들이 교실로 돌아갔다. 학부모들은 자기 아이가 마스크를 쓰고서 등교하는 모습을 지켜보며 한편으로는 안도의 한숨을 쉬면서도 다른 한편으로는 두려움에 떨었다. 제니도 그런 학부모 가운데 한 명이었다.

제니는 아들 마이크가 평범한 일상으로 돌아가서 기뻤다. 그 무렵에 제니는 코로나19 바이러스 때문에 염려스럽기도 했지만 그보다는 아들의 정서적 건강이 더 많이 걱정됐다. 지난 몇 달은 수줍음 많은 4학년 어린이에게 견디기 힘든 시간이었다. 사회적 교류가 단절된 그때

마이크는 장시간의 비대면 수업에 지루함을 느끼며 위축되고 침울해졌다. 제니도 힘들긴 마찬가지였다. 아들이 교과과정을 제대로 따라가도록 지도해야 했고, 또 소규모 기업을 상대로 프리랜서 그래픽 디자이너로 일하며 생계를 꾸려야 했기 때문이다. 그녀의 고객 기업들 역시 살아남기 위해서 애쓰던 터라 그녀의 일자리도 언제 날아갈지 몰랐다. 그야말로 조마조마한 시간의 연속이었다. 예전만 해도 제니는 프리랜서라는 직업에 자부심이 있었지만, 코로나19가 시작된 뒤로는 사정이 달라졌다. 재택근무를 하면서도 따박따박 월급을 받는 정규직 지인들이 부러웠다. 제니는 새로운 고객 기업을 유치하기 위한 시간과 공간이 필요했지만, 어쩔 수 없이 마이크와 함께 집에 있어야 했고 그런 상황에서 프리랜서 업무를 수행하기란 여간 어렵지 않았다. 하지만 이제 다시 평범한 일상으로 돌아갔기에 마음이 가벼웠다. 점심 도시락을 싸고 또 마이크의 등교 준비를 도우면서 제니는 콧노래가 절로 나올 정도였다.

그런데, 몇 시간 뒤에 마이크가 눈물을 흘리며 집으로 돌아왔다. 제니는 무슨 일이 있었는지 물었고, 아들은 쉬는 시간에 화장실에 갔다가 마스크를 잃어버렸다고 했다. 그러고는 교실로 돌아와서는 슬그머니 자기 자리에 앉아서 마스크를 쓰지 않은 얼굴을 책 뒤로 숨겼다. 그러나 교사의 시선은 금세 그를 향했다.

"마이크, 마스크 왜 안 쓰니?"

마이크는 마스크가 없어졌다고 작은 소리로 대답했다. 교사는 반 아이들에게 여분의 마스크를 가지고 있는지 물었다. 그런 아이는 아무도 없었다. 그때만 해도 마스크가 무척이나 귀했다. 결국 교사는 마이크에게 가방을 싸서 집으로 가라고 했다. 마이크로서는 당황스러운 일이었지만 어쩔 수 없었다. 마이크는 주섬주섬 가방을 싸면서, 자기를 바라보는 반 친구들의 시선을 따갑게 느꼈다.

이야기를 들으며 아들이 어떤 고통을 당했을지를 느끼는 동안 제니의 가슴 깊은 곳에서 무언가 울컥하고 치밀어 올라왔다. 제니는 열 살짜리 아이를 친구들 앞에서 모욕한 교사의 행동에 분통이 터졌다. 그래서 그 교사에게 전화를 걸었다. 그런데 교사는 제니의 항의를 순순히 받아들이지 않았다. 제니는 코로나19가 아이들에게 별로 위험하지 않다는 사실을 지적했다. 아이들에게는 코로나19가 일반적인 독감보다 덜 위험하다고 말하는 사람도 있었으니 말이다. 그러나 교사는 제니가 하는 말을 받아들이려 하지 않았다. 교사는 상부의 지시를 철저히 따랐을 뿐이었기 때문이다. 그 지시는 더할 나위 없이 간단하고 명확했다. '모든 아이는 마스크를 착용해서 자신과 다른 아이들을 보호해야 한다.' 이것이 규정이었다. 제니와 교사의 논쟁이 뜨겁게 달아올랐다. 교사와 통화를 마친 뒤에 제니는 전화하기 전보다 화가 훨씬 더 많이 났다. 온 세상이 미쳐서 돌아가는 것 같았다. 상식이 모두 사라져버린 것 같았다. 날카로워질 대로 날카로워진 제니의 감정은 폭발 직전 단계까지 치달았다.

그날 밤, 제니는 마이크를 다독여서 재운 뒤에 컴퓨터 앞에 앉았다. 그녀의 머릿속은 질문으로 가득 차 있었다.

'이 바이러스와 관련된 가장 큰 문제는 무엇일까? 이 바이러스는 주로 노인에게 영향을 미치는데 왜 당국은 아이들에게까지 그렇게 엄격하게 굴까?'

뉴스에서는 난리가 난 듯 온갖 이야기를 떠들어대고 겁을 주지만 정작 제니 주변에는 코로나19로 죽은 사람이 한 명도 없었다. 또 젊은 사람 가운데서 누가 이 병에 걸렸다는 얘기를 듣지도 못했다. 도대체 자기가 알지 못하는 무슨 일이 '진짜' 일어나고 있는지 또 그 배후에 도대체 누가 있는지 궁금했다. 그 궁금증을 풀지 않고는 도저히 견딜 수 없을 것 같은 충동이 그녀를 압도했다.

그날 밤, 제니는 컴퓨터 앞에 앉아서 마우스를 클릭했고, 그 클릭 한 번으로 인생을 송두리째 바꾸어놓는 잘못된 믿음에 빠져들기 시작했다. 그렇게 그녀는 코로나19 음모론의 지지자이자 백신 반대 운동의 리더가 되는 여정을 시작했다. 제니는 마스크 착용을 비판하는 동영상을 찾아 나섰고 많은 것을 발견했다. 심지어, 바이러스의 크기가 너무 작아서 마스크로는 바이러스를 효과적으로 차단할 수 없다고 주장하는 글, 마치 학술논문처럼 보이는 문건도 여럿 발견했다. 이런 글들은 마스크를 착용하면 사람들에게 꼭 필요한 산소 흡입량이 부족해지는데, 이렇게 산소가 부족해지면 특히 성장기 어린이의 건강에 해롭다고 주장했다. 이런 글을 읽고 난 뒤에 제니는 자기 아들이 착용하도록 강요받는 '헝겊'이 코로나19 감염의 위험을 줄이지 못할 뿐더러 오히려 아들의 건강을 해친다고 확신했다. 또, 마스크를 너무 오래 착용하면 박테리아의 온상이 되어서 10대 청소년의 얼굴 피부에 여드름이 왕성하게 나타날 수 있다고 주장하는 글, 또 마스크가 날숨을 코 옆으로 밀어 올려 눈을 건조하게 만든다고 주장하는 글도 발견했다.

바로 그 지점에서 내가 제니의 이야기에 등장했다. 제니는 인터넷에서 마스크와 관련된 여러 가지 내용을 깊이 파고들었고, 마침내 그 모든 것이 댄 애리얼리가 저지른 악행 때문임을 깨달았다! 제니가 그런 결론에 도달한 이유에는 나와 관련된 두 가지 사실이 있었다. 그

두 가지는 모두 각기 진실이었다. 그런데 이 둘이 하나로 연결되면서 거짓을 만들어냈다. (아닌 게 아니라 이는 잘못된 믿음이 형성되는 매우 보편적인 과정이다.) 그 둘 가운데 첫 번째 사실은 내가 교육계에 자문을 제공하는 일을 한다는 것이었다. 맞는 말이다. 나는 실제로 여러 가지 쟁점과 관련해서 교육계에 자문을 하고 있었는데, 학교를 폐쇄하고 비대면 수업이 이루어지는 어려운 시대에 어떻게 하면 사회과학적 통찰을 동원해서 교사와 학생에게 동기를 부여할 수 있을까 하는 게 주된 내용이었다. 두 번째 사실은, 마스크를 착용하도록 사람들을 설득할 때 '다른 사람을 보호하라'는 메시지가 '자기를 보호하라'는 메시지보다 더 강력하게 동기부여를 한다는 결론을 사회과학자로서 내렸다는 점이다. 이것도 맞는 말이다. 나는 정부 관계자나 언론을 만날 때마다 이런 의견을 표명했다. 그런데 이 두 가지 사실을 하나로 연결해서, 교육부를 설득해서 학교에서 아이들에게 마스크 착용을 강요하도록 하고 또 그래서 마스크 착용에 따른 온갖 위험이 아이들에게 나타나도록 만든 사람이 바로 댄 애리얼리라고 결론을 내림으로써, 진실과는 거리가 먼 거짓이 만들어졌다. 실제로 나는 교육부 사람들과 마스크 착용을 두고 이야기를 한 적이 단 한 번도 없다. 또 코로나19 기간에 내가 정부에 유용한 자문을 많이 제공했다고 믿고 싶긴 하지만, 코로나19와 관련해서 내가 그들에게 미친 영향력이라고 해봐야 미미한 수준이다.

그러나 제니에게는 이 두 가지 사실이 명확하고도 간단하게 잘못된 믿음을 뒷받침해주었다. 그녀는 내 이름을 알아봤고 내가 교육부와 연관되어 있다는 것을 알았고, 이 두 가지 사실을 내가 사회적인 여러 힘을 이용해서 사람들에게 마스크를 착용하도록 동기를 부여했다는 발상과 연결시켰다. 그리고 나의 이런 개입이 그녀의 아들 마이크에게 부정적인 영향을 미쳤다고 결론 내렸다. 이렇게 해서 제니는 자기 마음속의 수수께끼를 풀었다. 즉 마스크 착용과 관련된 모든 책임이 나에게 있다는 것이었다. 그녀는 기사를 더 많이 읽고 동영상을 더 많이 봤다. 그럴수록 상황이 생각보다 심각하다고 느꼈다. 마스크 착용에 따른 피해가 우발적인 부작용이 아니라 의도적으로 계획된 음모라는 인식으로까지 이어진 것이다. 마스크 착용은 사람들이 흡입하는 산소량을 제한함으로써 스스로 생각할 수 있는 능력을 저해하여 사람들을 지시나 명령에 순순히 따르는 순종적인 양으로 만들겠다는 의도로 설계되었다고 제니는 믿게 되었다.

그리고 그로부터 얼마 지나지 않아서 제니는 코로나19 자체가 거짓말이라고 믿게 되었고, 그 뒤를 이어서는 백신과 관련된 온갖 음모론도 모두 사실이라고 믿게 되었다. 그리고 나중에는 심지어 백신과 관련 없는 음모론 몇 가지도 사실로 믿게 되었다. 제니가 잘못된 믿음으로 나아가는 여정을 따라가면서 그녀의 마음속에서 댄 애리얼리라는 인물의 역할이 점점 더 부각되었다. 이렇게 나는 사람들을 통제하려는 전 세계적인 음모의 한가운데 있는 악당이 되었다.

유능하고 헌신적인 어머니이자 성공한 사업가이며 과학을 잘 아는 똑똑한 사람인 제니 같은 사람이 어떻게 잘못된 믿음을 가진 오신자가 될 수 있을까? 또, 왜 그렇게 바뀌는 걸까? 그녀의 이야기는 잘못된 믿음에 이르는 과정을 처음 시작하게 만드는 감정적인 조건을 이해하는 데 중요한 몇 가지 요소를 생생하게 보여준다. 첫째, 일반적인 스트레스가 있다. 코로나19 팬데믹 기간에 각자가 다양한 수준으로 경험했던 전례 없이 강력했던 스트레스가 바로 이런 경우이다. 둘째, 이 스트레스는 자신이 완전히 이해할 수 없는 힘에 좌우되는 통제 불능 상태에 빠지는 매우 힘든 경험을 만들어낸다. 셋째, 어떤 대상을 반드시 이해해야만 한다는 절박한 욕구가 그 사람으로 하여금 위험한 길로 진입하게 만드는 어떤 전환점으로 작용한다.

스트레스는 우리 삶에서 강력한 영향력을 발휘한다. 그런데 잘못된 믿음과 관련해서는 스트레스의 역할이 결정적이지는 않다는 사실을 알아야 한다. 단순히 스트레스를 경험한다고 해서 오신자가 되지는 않는다는 말이다. 그러나 스트레스가 다른 요소들과 함께 누군가가 오신자가 될 가능성을 높이는 매우 중요한 감정적 요소 가운데 하나임은 분명하다.

'다른 사람을 보호하라'가 효과적인 메시지인 이유

비록 마스크 착용 관련 규제가 사악한 음모의 일부라고까지는 생각하지 않더라도, 코로나19 팬데믹 기간에 '자신을 보호하라'는 메시지보다 '다른 사람을 보호하라'는 메시지를 강조해야 한다고 내가 정부에 권고했던 이유를 궁금해할 수는 있다. 사회과학 연구 결과를 보면 '다른 사람을 보호하기 위해서 마스크를 착용하라'는 메시지가 '자기 자신을 보호하기 위해서 마스크를 착용하라'는 메시지보다 더 효과적일 수밖에 없는 세 가지 기본적인 이유가 드러난다.

첫째, 인간은 '사회적 효용social utility'이라는 내재된 동기를 가지고 있다. 이는 기본적으로 다른 사람을 배려하는 능력이다. 연구에 따르면 이기심이 동기부여의 힘을 발휘하기는 하지만, 그보다 사회적 효용의 힘이 훨씬 더 강력한 동기를 부여한다. 마스크 착용과 관련해서도 해당 행동의 사회적 효용 요소를 상기시킬 때 행동으로 이어질 가능성이 더 높다.

둘째, 젊은 사람은 해당 바이러스로 피해를 입을 위험이 덜하지만 바이러스를 남에게 퍼트릴 위험은 높다는 복합적인 문제가 있었다. 이 인구통계 집단은 자신을 보호하는 데 관심을 가질 이유가 적었기 때문에 이들에게는 '다른 사람을 보호하라'는 메시지가 특히 매우 중요했다. 이기심을 부추길 요소가 별로 없을 때 사회적 효용은 더욱 중요해진다.

셋째, 사람들은 발생 확률이 낮은 사건에서 잘못된 교훈을 얻는 경향이 있다. 이게 무슨 뜻일까? 운전 중에 문자 메시지를 확인하거나 보내는 행위를 예로 들어보자. 이런 행동을 할 때 사고 발생 확률이 3퍼센트라고 치자. (이 수치는 내가 임의로 설정한 것이며, 위험의 정확한 확률값은 여러 가지 변수에 따라서 달라진다.) 자, 당신이 운전을 하고 있는데 휴대전화가 진동한다. 누군가가 당신에게 문자 메시지를 보낸 모양이다. 누가 보냈을까? 당신은 궁금해진다. 한 시간 전에 누군가에게 중요한 문자 메시지를 보냈는데, 지금까지 답장이 없었다. 그러니까 어쩌면 그 사람이 보낸 답장일 수도 있다. 그래서 얼른 그 메시지를 확인한다. 운 좋게도 이 과정에서 사고가 나지는 않는다. 이건 놀라운 일이 아니다. 운전 중에 문자를 확인하거나 보내다가 사고를 내거나 당할 확률은 낮으니까 말이다. 하지만 이때 이 경험의 반대편에서 어떤 일이 일어난다. 즉 당신은 자기의 믿음 수준을 업데이트한다. 이제 당신은 아마도 사고의 확률이 3퍼센트 미만이라고 생각하게 될 것이다. 그래서 그 확률을 2.8퍼센트로 낮춘다고 치자. 이렇게 되면 다음번에는 운전을 하면서 문자 메시지를 보내거나 받을 가능성이 예전보다 더 높아진다. 그리고 그다음 번에는 이 가능성이 더 높아진다. 이렇게 사고가 나지 않을 때마다 잘못된 교훈을 배우게 되고, 이 교훈을 바탕으로 운전 중에 하는 '문자질'의 위험성이 예전에 생각하던 것보다 훨씬 낮다고 잘못된 결론을 내리게 된다. 이것은 지속적인 경험을 통해서 발생 확률이 낮은 사건을 학습할 때 나타나는 잘못된 학습 사이클이다.

이러한 유형의 학습은 발생 확률이 낮은 모든 종류의 사건에서 일어난다. 코로나19를 유발하는 바이러스에 감염되는 사건도 여기 포함된다. 이 바이러스에 불과 몇 분간 노출될 때 코로나19에 감염될 위험 확률은 매우 낮다. 따라서 안전하지 않은 행동을 때때로 하고도 이 바이러스에 감염되지 않으면, 자신의 믿음 수준을 업데이트해서 그 위험성이 애초에 생각하던 것보다 낮다고 결론을 내린다. 이런 식으로 체감 확률perceived probability이 낮아지고 위험한 행동이 늘어나는 악순환이 반복되는 동안 자연스레 이기적 차원의 동기도 약해진다. 그러나 이타적인 차원의 사회적 효용은 이와 다르게 작동한다. 자신이 아닌 다른 사람을 돌보는 문제에 관한 한, 발생 확률이 낮은 사건을 경험하면서 나타나는 잘못된 학습의 악순환이 일어나지 않으며, 따라서 다른 사람에 대한 관심과 배려는 시간이 지나도 약해지지 않는다. 이때는 코로나19에 걸렸거나 걸리지 않은 자신의 경험을 바탕으로 위험 확률을 업데이트하지 않는다. 대신 옳은 일을 하기 위해서 계속 마스크를 착용한다. 잠깐 다른 이야기로 빠졌는데, 이어서 스트레스와 잘못된 믿음 사이의 관계로 다시 돌아가서 살펴보자.

모든 스트레스는
동일하게 만들어지지 않는다

앞으로 어떤 종류의 스트레스를 살펴볼지 미리 밝혀둬야 할 것 같다. 스트레스라는 용어는 골치 아픈 업무에도, 전 세계적인 차원의 재난에도 적용할 수 있다. 그러므로 스트레스를 예측 가능한 스트레스와 예측할 수 없는 스트레스라는 두 가지 커다란 범주로 구분하는 게 좋다. 예측 가능한 스트레스에는 소득세 신고, 중간고사나 기말고사, 업무 마감일에 맞춰서 작업 끝내기, 툭하면 짜증을 내는 어린아이 돌보기, 시댁/처가 식구들과 휴일 보내기 등이 포함된다. 재미없는 일이긴 하지만 생활 속에서 충분히 예상되는 일이기에 대부분 사람들은 이런 종류의 스트레스를 꽤 잘 관리한다. 물론, 소득세 신고 기간이 다가오고 정리해야 할 영수증이 많고 또 추가로 납부해야 할 세금이 많으면 걱정이 된다. 또 매달 제출해야 하는 보고서를 제시간에 맞춰서 끝내려다 보면 평소보다 잠이 부족할 수도 있다. 또 날마다 반복되는 육아의 무거운 짐에 짓눌리면 왜 아기를 낳아 부모가 되었나 하는 생각이 들기도 한다. 명절에 처가나 시댁에 갈 때는 피할 수 없는 온갖 잔소리가 두려워서 괜히 늑장을 부리기도 한다. 그러나 이런 스트레스 때문에 위기에 빠지는 경우는 없다. (물론 예외가 있긴 하다. 내 경우에는 장인이 세 번째 위스키병을 따서 술을 따른 뒤에 '1960년대 이후로는 모든 것이 뒷걸음질하기 시작했는데 그렇게 된 배경이 무엇이냐 하면…' 하고 길고 긴 강의를 막 시작할 때, 그것은 내게 확실한 위기 신호이다.) 이런 종류의 스트레스가 있다고 해도 대부분은 그 이전과 다름없이 명확하게 판단을 내리고 또 자신의 인지 능력을 최대한 발휘한다. 이런 스트레스는 사람들을 잘못된 믿음의 깔때기로 이끄는 부류의 스트레스가 아니다.

그러나 예측할 수 없는 스트레스는 전혀 다르다. 사랑하는 사람의 갑작스러운 죽음, 충격적인 정기검진 결과, 자연재해, 갑작스러운 실직, 금융 위기 등이 이런 스트레스에 포함된다. 사랑하는 누이가 뜻밖의 사고로 목숨을 잃었을 때, 자기가 암에 걸렸다는 사실을 알게 됐을 때, 산불이나 허리케인이 마을을 덮쳐서 집을 잃고 이재민 신세가 됐을 때, 예고도 없이 해고 통고를 받았을 때, 이럴 때 사람들은 일상생활에서 예상하는 스트레스와는 전혀 다른 차원의 스트레스를 경험한다. 이 두 스트레스의 차이는 강도의 크고 작음이라는 차원의 문제가 아니다. 후자의 스트레스는 예상치 못한 일이기 때문에 특히 힘들다. 물론 우리는 이런 일이 얼마든지 일어날 수 있음을 알지만 실제로 자신에게 일어나리라고는 생각하지 않는다. 그런데 그런 일이 자기에게 일어나면, 특히 반복해서 일어나면, 무력감을 느낀다. 일반적으로 우리는 예측할 수 없는 스트레스에는 잘 대처하지 못하는 경향이 있다.

나는 내 인생에서 가장 스트레스가 많고 힘든 시기에 이런 사실을 깨달았다. 10대 시절에 전신의 70퍼센트에 화상을 입는 사고를 당하고 병원에서 3년을 보냈는데, 그때 그랬다. 극도로 고통스러운 치료를 날마다 받아야 했다. 오랫동안 나는 부상과 치료 때문에 겪는 고통이 내가 극복해야 하는 유일한 도전과제라고 생각했다. 그러나 시간이 지나면서 그게 아니라는 것을 깨달았다. 또 다른 요소가 나를 특히 힘들게 만들 수 있음을 깨달은 것이다. 그것은 바로, 다음 순간에 무슨 일이 일어날지 결코 알 수 없다는 점이었다. 다른 사람들이 내가 감당해야 할 것을 끊임없이 결정하고 있었다. 다음 1분, 다음 한 시간, 다음 하루, 다음 한 주 동안 내가 견뎌야 할 극심한 치료를 그들이 결정했다. 심지어 내가 언제 잠에서 깨어 일어날지, 언제 붕대를 갈아야 할지, 목욕 치료(옷을 홀딱 벗고 받아야 하는 이 치료는 특히 고통스럽지만 꼭 거쳐야만 하는 절차였다)를 어떻게 진행할지까지 결정했다. 자신을 치료하는 일과 내 운명을 스스로 통제할 수 있는 범위가 특히나 좁았기에 그 시절에 나는 신체적 고통과 부상 외에도 심리적으로 무척 힘들었다. 바로 이런 이유로 많은 병원에서는 '통증 자가 조절법PCA' 방식을 채택하는데, 이는 일정한 정도까지는 진통제의 양과 복용 시점을 환자 스스로 결정하도록 하는 방식이다. 통제의 권한이나 범위를 아주 조금만 바꾸어도 통증 완화나 환자의 전반적인 복지에 크게 도움이 된다는 사실은 이미 확인되었다.

코로나19와 같은 전 세계적인 팬데믹은 확실히 예측할 수 없는 스트레스 범주에 속한다. 그런 일이 '얼마든지' 일어날 수 있다는 걸 우리는 진작부터 알았지만 실제로 그런 일이 닥치리라고는 전혀 예상하지 못했다. 코로나19로 우리 삶은 하룻밤 사이에 완전히 달라졌다. 직장과 학교는 문을 닫았다. 우리가 이 바이러스에 대해 더 많은 것을 알려고 애쓰는 동안에 이런저런 규칙과 제한조치는 날마다 바뀌었다. 심지어 그렇게 바뀌는 것이 이전의 규칙이나 조치와 모순되기도 했다. 뉴스 방송은 종일 매시간 누적사망자 수를 발표했다. 그것은 마치 우리도 다 그렇게 죽으리라는 예고 같았다. 우리는 자기가 그 바이러스에 감염될까 걱정했고 또 사랑하는 사람이 감염되면 어떻게 돌봐야 할지 걱정했다. 그리고 많은 사람에게 그 스트레스는 경제적 불안정, 실직, 사업 실패 등과 겹쳐져서 더욱 심각해졌다.

사회적 고립 때문에 견딜 수 없는 타격을 받은 사람도 있었고, 동거인이나 가족과 어쩔 수 없이 많은 시간을 함께 보내면서 그에 따르는 대가를 힘들게 치러야 했던 사람도 있었다. 제니와 같은 사람들은 가족의 생계를 책임지는 일과 부모 역할 그리고 가정학습 교육자라는 세 가지 과제를 동시에 수행해야 했다. 바깥 산책도 금지당한 채 오랜 기간 종일토록 집 안에서만 붙어 지내야 하는 부부들은 애정의 강도와 그 한계를 시험받았다. 수십만 명이 친구나 가족을 잃은 슬픔을 오로지 비대면 영상통화나 화상회의로만 나눌 수 있었다. 그리고 이 모든 일은 높아진 불안감, 땅에 떨어진 신뢰, 골이 점점 깊어지는 양극화 등의 현상 속에서 일어났다. 그렇게 출입문을 닫아걸고 집 안에만 틀어박혀서 물리적인 공동체와 거리를 뒀지만 우리는 그 어느 때보다 뉴스의 홍수와 소셜미디어의 불협화음에 더 많이 연결되어 살았다.

예측할 수 없는 스트레스가
학습된 무기력으로 이어지는 이유

자신이 통제할 수 없는 예측 불가능한 스트레스에 휘둘릴 때 사람들은 정서적으로 어떤 영향을 받을까? 이 질문과 관련된 몇 가지 중요한 통찰은 1960년대와 1970년대에 마틴 셀리그먼**Martin Seligman**과 스티븐 마이어**Steven Maier**가 했던 일련의 실험에서 찾을 수 있다. 이 두 연구자는 스스로 통제할 수 없는 스트레스를 경험할 때 사람들의 문제해결 및 의사결정 능력에 어떤 일이 일어나는지 궁금했다. 사람을 대상으로 이런 실험을 하기는 어려웠기에 그들은 네 발 달린 동물을 대상으로 실험을 했다. (※경고 : 동물을 사랑하는 독자라면 다음 내용에서 불쾌감을 느낄 수도 있다. 이러한 연구실험은 동물복지 개념이 미처 자리 잡기 전에 이뤄졌다.)

셀리그먼과 마이어는 개에게 전기 충격으로 스트레스를 가하는 일련의 실험을 진행했다. 실험이 어떻게 진행되었는지 이해하기 위해서 일단 그들이 선택한 개 한 마리를 상상하고, 이 개를 찰리라고 하자. 찰리는 덩치가 상당히 작은 잡종견이다. 실험은 두 단계에 걸쳐서 진행되는데, 첫 번째 단계에서 찰리는 달아날 수 없도록 해먹처럼 생긴 하네스를 착용한다. 그리고 찰리의 머리 쪽에 패널이 좌우로 하나씩 놓여 있다. 찰리는 갑자기 뒷발에 전기 충격을 느낀다. 찰리는 고통과 혼란스러움 속에서 그 전기 충격에서 벗어나려고 이리저리 몸을 움직인다. 몇 차례의 전기 충격 및 탈출 시도 뒤에 찰리는 우연히 두 개의 패널 가운데 하나에 코를 갖다 대는 순간 전기 충격이 멈춘다는 사실을 알아낸다. 그런데 다음 차례에 전기 충격이 가해지자 꽤 똑똑했던 찰리는 코를 아까처럼 그 패널에 갖다 댄다. 이렇게 해서 찰리는 불쾌한 경험을 자기 스스로 통제할 수 있음을 학습한다.

이제 두 번째 개를 상상해보자. 이 개를 로렌이라고 부르자. 로렌도 덩치가 작은 잡종견이다. 찰리와 마찬가지로 로렌도 하네스를 착용하고 전기 충격을 당하지만, 어떤 행동을 해도 이 충격에서 벗어날 길은 없다. 그저 정해진 전기 충격 시간이 끝나길 기다리는 수밖에 없다. 이 경험이 반복되자 로렌은 자기 스스로 충격을 제어할 수 없음을 학습한다.

그리고 24시간이 지난 뒤에 연구자들은 찰리와 로렌을 회피학습상자shuttle-box에 넣었다. 이 상자는 가운데 있는 낮은 담장으로 두 개의 공간으로 나뉘는데, 한쪽 바닥에는 전류가 흐르게 하고 연구자가 그 전류를 통제할 수 있도록 했고, 다른 쪽에는 그런 장치가 없었다. 그 래서 한쪽에서 전기 충격을 받은 개가 담장을 훌쩍 뛰어넘어서 다른 쪽으로 건너가면 전기 충격을 피할 수 있다. 그런데 찰리를 이 상자에 넣고 전기 충격을 가하자 녀석은 그 충격에서 도망치는 방법을 빠르 게 익혀서 담장을 뛰어넘었다. 그러나 로렌은 그렇게 하지 않았다. 전 기 충격을 느끼면서도 꼼짝도 하지 않았다. 나중에 로렌은 그냥 바닥 에 드러누워서 낑낑거리기만 했다. 찰리와 로렌은 왜 다르게 행동할 까? 셀리그먼과 마이어에 따르면, 두 개 사이의 차이는 '학습된 무기 력learned helplessness'이라는 현상으로 설명될 수 있다. 하네스를 사용한 1단계 실험에서 찰리는 전기 충격을 스스로 제어할 수 있음을 학습했 다. (찰리의 'C'는 '통제control'를 뜻한다.) 반면 로렌은 자기에게는 그 충격을 제어할 힘이 없음을 학습했다. (로렌의 'L'은 '학습된 무기력' 을 뜻한다.) 찰리는 회피학습상자에서 충격에서 벗어날 새로운 방법 을 모색했지만, 로렌은 그런 시도조차 하지 않았다. 로렌은 얼마든지 담장을 뛰어넘어서 충격에서 벗어날 수 있었지만, 자신은 무기력해 서 아무것도 할 수 없다고 생각했다. 쉽게 탈출구를 찾을 수 있음에도 그 탈출구를 찾고자 하는 동기가 전혀 없었다.

　셀리그먼과 마이어의 실험에서는 로렌처럼 하네스에 속박당한 채 피할 수 없는 충격을 받은 개의 3분의 2가 회피학습상자에서 학습된 무기력을 보여주었다. 반면, 하네스를 착용했지만 피할 수 있는 충격 을 받은 찰리와 같은 개들은 90퍼센트가 회피학습상자에서 충격을 피해 담장을 넘어갔다.

연구자들은 나중에 쥐를 대상으로도 유사한 실험을 수행해서 비슷한 결과를 얻었다. 그들은 사람을 대상으로도 이런 실험을 했는데, 이 실험에는 전기 충격보다는 덜 고약한 장치인 귀에 거슬리는 소리 그리고 나아가 도저히 풀 수 없는 퍼즐이 동원되었다. 이런 실험의 결과를 토대로 해서 셀리그먼과 마이어는, 스트레스가 많은 상황을 통제할 수 없는 상황에 놓였던 경험은 세 가지 종류의 '결핍'을 낳는데, 그것은 동기부여 결핍과 인지 결핍 그리고 감정 결핍이라고 주장했다. 즉 어떤 사람이든 통제할 수 없는 스트레스를 반복적으로 경험하면 행동을 취하거나 해결책을 찾겠다는 의욕이 떨어진다는 말이다. 또 기분도 무척 나빠진다. 이런 이유로 해서 학습된 무기력은 우울증 위험의 증가와 관련이 있다.

코로나19 팬데믹의 한가운데서 당신은 자신의 경험이나 주변 사람의 행동에서 학습된 무기력의 특징으로 꼽을 수 있는 징표를 보았을 것이다. 당시에 많은 사람이 피곤함, 패배감, 무력감, 의욕 부족 등을 느꼈다고 보고했다. 예측할 수 없는 스트레스 속에서 모두가 몇 달, 아니 몇 년 동안 통제력을 상실했다고 느끼며 살았다는 점을 생각하면 딱히 놀라운 일도 아니다. 그로 인한 동기부여 결핍과 인지 결핍 그리고 감정 결핍은 일부 사람을 잘못된 믿음의 깔때기 속으로 밀어 넣는 역할을 할 수 있다.

예측할 수 없는 스트레스가 유발하는 피해만으로는 충분하지 않다는 듯, 스트레스에는 또 다른 문제 요소가 몇 가지 있다. 그 가운데 하나는 스트레스가 서로 무관한 삶의 여러 영역에 걸쳐 누적된다는 점이다. 이를 밝혀낸 흥미로운 연구 결과를 살펴보자.

누적된 스트레스가
잘못된 믿음을 부추긴다

코로나19와 관련된 여러 음모론이 전 세계로 퍼지면서 연구자 집단은 이런 현상을 추동하는 요인, 특히나 스트레스가 어떤 역할을 수행하는지 궁금하게 여겼다. 팬데믹과 관련된 스트레스는 어디에서나 생겨나고 있었기 때문에, 이 스트레스만으로는 누군가는 비논리적인 거짓 서사를 받아들이지만 또 다른 누군가는 그렇지 않은 이유와 관련된 통찰을 제대로 제공하지 못했다. 연구자들은 팬데믹 기간에 인구집단별로 다양한 강도로 작동했던 또 다른 종류의 스트레스를 조사해서 그 강도의 정도에 따라 코로나19와 관련된 음모론을 한층 더 쉽게 받아들일 가능성이 있는지를 확인하고자 했다.

당신이 코로나19 팬데믹의 영향을 받는 나라에서 살고 있다고 치자. 2020년대 초를 기준으로 하면 전 세계 거의 모든 나라가 여기 해당하긴 하지만 말이다. 아무튼 당신은 앞서 설명한 모든 스트레스를 경험하고 있다. 건강 문제와 질병, 경제적 어려움과 불확실성, 격리, 이동 제한 등. 당신이 자신을 합리적이고 지적인 사람이라고 생각한다고 가정하겠다. 그래서 나는 당신에게 이렇게 묻는다.

"바이러스가 새빨간 거짓말이라는 주장이나 백신에 각 개인의 이동 경로를 추적하는 장치가 들어 있다는 주장 같은 상투적인 음모론 가운데 하나를 당신이 진실이라고 믿게 될 가능성이 얼마나 된다고 생각하나요?" 아마 그런 믿음을 가질 수 있다고 상상하기는 어려울 것이다.

이제 우리가 상상하는 가상의 그 그림에 몇 가지 요소를 다음과 같이 추가해보자. 당신이 사는 나라는 팬데믹만이 아니라 폭력적인 갈등도 함께 겪고 있다. 내전이 오래전부터 이어지고 있을 수도 있고, 이웃 나라와 국경 문제로 다투고 있을 수도 있다. 당신은 코로나19에 따른 스트레스와 함께 지역사회에 가해지는 폭력과 파괴의 위협 아래 하루하루를 살아가고 있다. 밤마다 공습경보 사이렌이 울린다. 지하실에 임시 방공호가 마련되어 있다. 비상시에 들고 갈 생존가방이 현관 옆에 늘 준비되어 있다.

갈등과 분쟁의 소용돌이 속에서 당신은 친구나 가족을 잃었다. 그 와중에 당신도 부상을 당했을 수 있다. 당신이 사랑하는 사람들은 날마다 목숨을 걸고 최전선에서 싸우고 있다. 이 모든 요소를 고려해서 시뮬레이션하되, 새롭게 추가된 스트레스로 인해 코로나19 바이러스와 관련된 음모론을 보다 적극적으로 믿을 가능성이 있을지 생각해보라. 아마 이번에도 당신의 대답은 '아니요'일 것이다. 그렇다면 전쟁 스트레스는 사람들이 코로나19 바이러스를 현실의 실체로 받아들이는 데 어떤 차이를 가져올까? 전쟁과 코로나19 바이러스는 전혀 별개의 개념이다. 물론, 둘 다 스트레스를 많이 주는 두려운 대상이지만 이들은 서로 독립적으로 존재한다. 그러나 이 둘 사이에는 우리가 생각하는 것보다 훨씬 더 많은 관계가 있다는 사실이 밝혀졌다.

바로 이 점을 시라 헤벨-셀라**Shira Hebel-Sela**와 그녀의 동료들이 연구하기 시작했다. 이 연구자들은 사람들이 갈등이나 충돌에 시달리는 상황에 놓일 때 코로나19와 관련된 잘못된 믿음에 더 취약해지는지 여부를 알고 싶었다. 그들의 연구에 따르면 이 질문에 대한 대답은 '그렇다'이다. 66개국을 대상으로 분석한 결과, 분쟁 강도가 높은 지역에 사는 사람들이 코로나19와 관련된 음모론을 믿을 가능성이 상대적으로 높은 것으로 나타났다. 이유가 뭘까? 분쟁이 일상적인 나라에서는 삶 자체가 불확실하다. 이런 불확실성을 포함해서 어떤 원인에서든 스트레스가 가해지면 통제할 수 없다는 느낌이 가중된다. 스트레스는 사람들이 통제감과 책임감을 느끼지 못하게 만들고 또 앞으로 무슨 일이 일어날지 모른다고 느끼게 만든다. 이런 감정은 극도로 불편하며, 따라서 이 불쾌한 감정 상태를 누그러뜨려야 할 충분한 필요성이 제기된다.

이런 결과는 스트레스와 잘못된 믿음 사이의 관계에 대해 중요한 단서를 제공한다. 스트레스는 누적적이다('누적적'이라는 용어는 시간이 흐름에 따라 겹쳐지고 증가한다는 뜻이다-옮긴이). 또 헤벨-셀라와 그녀의 동료들이 수행한 연구에 따르면, 스트레스의 근원은 잘못된 믿음의 내용과 직접적으로 연관되지 않고도 잘못된 믿음과 관련된 생각을 형성할 수 있음이 분명해졌다. 즉 팬데믹 관련 생각이 반드시 팬데믹에서 비롯된 것이 아니어도 상관없다는 말이다. 이 연구는 흥미롭게도 음모론에 대한 미국에서의 믿음이 이 나라의 갈등 수준에 따른 예상치보다 상대적으로 높음을 보여준다. 내 생각에는 미국에서 일어나는 이념적 갈등과 정치적 양극화의 강도가 워낙 세기 때문이 아닐까 싶은데, 스트레스라는 관점에서 볼 때 이러한 갈등과 양극화가 내전 상태의 폭력이 초래하는 것과 비슷한 수준으로 불안정성을 추가하는 것 같다.

감정의 원천을
잘못 파악하는 사람들

　스트레스가 쌓이는 이유 가운데 하나는 그 스트레스의 원인을 제대로 파악하지 못하기 때문이다. 좀 더 일반적으로 말하면 사람들은 자신의 감정이 어디에서 비롯되는지 식별하는 데 서툴다. 이른바 '감정의 오귀인misattribution of emotions'이며, 이는 사회과학 분야에서 역사적으로 훌륭한 연구 가운데 하나로 꼽히는 실험인 도널드 더턴Donald Dutton과 아서 아론Arthur Aron이 1974년에 수행한 심리학 실험의 주제이기도 하다. 이 실험에서는 여성 실험 진행자가 남성 피실험자에게 접근해서 어떤 여성의 사진을 본 다음에 짧고 극적인 이야기를 작성해달라고 하는 것을 포함하여 몇 가지 질문을 하고 응답을 요청한다. 여성 실험 진행자는 모든 질문을 마친 뒤에 피실험자에게 종이의 귀퉁이를 찢고 거기에다 전화번호를 적어주고는 실험 결과가 궁금하면 전화를 해달라고 말했다. 그런데 실제로는 아무도 그 연구 결과에 관심이 없었기 때문에(사실 실험은 애초에 흥미로울 게 전혀 없도록 설계되어 있었다) 피실험자가 나중에 실험 진행자에게 전화를 할지 여부는 오로지 그가 그녀에게 얼마나 매력을 느끼는가에 달려 있었다. 또 나중에 피실험자들이 작성했던 극적인 이야기를 성적인 내용에 초점을 맞추어 평가했는데, 이 평가는 그들이 실험 진행자에게 느끼는 성적 매력에 대한 또 하나의 척도인 셈이었다. 이 실험에서 통제집단과 실험집단을 구분하는 핵심적인 조건은 피실험자와 실험 진행자의 만남이 이루어지는 장소였다. 통제집단에서는 그 장소가 견고한 콘크리트 다리 위였고, 실험집단에서는 그 장소가 흔들다리 위였다. 450피트(약 140미터) 길이의 이 흔들다리는 길기도 길었지만 낡아서 무척이나 위험하게 느껴졌다. 더턴과 아론은 흔들다리 위에서 실험 진행자를 만난 피실험자가 훨씬 더 불안해할 것으로 예상했으며, 또 그들이 자기가 느끼는 불안감을 성적인 흥분감으로 잘못 해석하는 바람에 성적인 내용을 이야기에 더 많이 담고 또 나중에 그 여성 실험 진행자에게 전화할 가능성도 더 높을 것이라고 예상했다. 두 사람의 예상은 적중했다. 흔들다리 위의 피실험자들은 콘크리트 다리 위의 피실험자들보다 성적인 흥분을 더 많이 느꼈고 또 실험 진행자에게 성적인 매력을 더 많이 느꼈다.

이 연구를 통해서, 사람들이 어떤 감정을 느낄 때 그 감정이 어디에서 비롯된 것인지 늘 제대로 알지는 못하며 또 특정 상황에서는 그 감정을 다른 것으로(흔히, 엉뚱할 정도로 부정확하게) 귀속시킬 수 있음이 확인되었다. 이 연구는 사람들이 부정적인 것(공포심)을 긍정적인 것(성적 매력)으로 재해석할 수 있음을 보여주었다.

사람들이 자기 감정의 원천을 잘못 파악하는 이런 경향을 이해하면 여러 면에서 유익하다. 첫째, 스트레스를 경험할 때(특히 그 스트레스가 여러 가지 이유로 인해 복합적으로 축적된 것일 때) 스트레스의 원인을 엉뚱한 것으로 지목하고 엉뚱한 시도를 하고 결국 실패하고 말 수도 있음을 아는 것만으로도 도움이 된다. 자신이 파악하는 스트레스의 원천 및 그로 인한 결론이 틀릴 수도 있다고 생각하는 것은 매우 중요하다. 둘째, 감정의 오귀인이라는 이 속성을 자신에게 유리하게 이용할 수 있다. 예를 들어, 예측할 수 없는 부정적인 스트레스를 덜 부정적이고 보다 예측 가능한 것으로 재해석하면 도움이 될 수 있다. 이 과정이 어떻게 작동하는지 제니의 이야기로 돌아가서 살펴보자. 제니가 느끼는 스트레스는 팬데믹, 업무, 아들의 학교생활 등 다양한 원인에서 비롯되었다. 그러나 업무처럼 조금 더 예측 가능한 요소에 초점을 맞춰서 자신의 감정을 거기에 귀속시킬 때 제니는 한층 더 강력한 통제감을 느낄 수 있다. 그러나 제니는 그렇게 하지 않았다. 팬데믹으로 인한 온갖 제한조치에 초점을 맞추고는 잘못된 모든 것의 책임을 거기로 돌리다가, 결국 잘못된 믿음에 빠지고 말았다.

부정적인 것을 긍정적인 것으로 재해석하기란 결코 쉽지 않지만, 그래도 얼마든지 가능하다. 예를 들어, 알 수 없는 미래를 놓고 우리가 엄청나게 불안해한다고 치자. 그런데 여기서 우리는 미래를 가능성의 영역으로 재구성하고 또 불안감을 흥분감으로 돌려놓을 수 있다. 감정의 오귀인은 새로운 상황에 처음 직면할 때 일어난다는 사실을 명심해야 한다. 어떤 해석이든 간에 일단 내려지고 나면 바꾸기가 어렵다. 예를 들어, 더턴과 아론의 실험에서 피실험자들이 실험 진행자 여성을 나중에 다시 만날 때, 그들은 그녀를 처음 만났을 때 해석했던 감정과 비슷한 수준으로 그녀에게 매력을 느낄 것이다. 이는 자신이 놓인 환경에서 새로운 스트레스 요인이 발생하는 초기에 특히 재해석 전략이 중요하다는 뜻이다.

유용한 팁

스트레스 재귀인

감정 재귀인reattributing emotions은 당신 자신을 위해서 직접 시도해 볼 수 있고, 또 잘못된 믿음에 빠진 주변의 누군가를 위해서 시도해 볼 수도 있다. 예를 들어서 당신의 친구 팀이 스트레스 징후를 보인다고 치자. 팀은 이 스트레스의 원인을 세상에 대한 폭넓고도 재앙적인 어떤 서사의 탓으로 돌리는데, 당신이 보기에는 그 서사 때문에 팀이 결국 파괴적인 잘못된 믿음에 빠져버릴 것 같다. 당신은 팀이 소셜미디어에 올리는 게시글을 지켜보고 있는데, 그 내용을 보면 팀이 점점 더 걱정된다. 게다가 팀은 최근에 이혼했고 또 그의 아이들은 대학에 다니느라 멀리 다른 도시에서 거주한다. 이런 환경에서 팀은 자기 미래를 두려워한다. 당신은 팀과 대화를 나누면서 그가 어둠의 세력이나 사악한 음모가 아니라 자기 삶에서 일어난 한층 더 구체적인 사건과 자기 감정을 연결하도록 도울 수 있다. 어쩌면 당신은 그가 자기 삶의 변화를 파괴적이고 예상치 못한 사건으로 재구성하기보다 자유와 자기 발견의 기회로 재구성하도록 도울 수도 있을 것이다.

스트레스는 인지 기능에
어떤 영향을 미칠까

연구자들이 사람들(또는 아무런 의심도 하지 않는 순진한 개들)에게 불쾌한 경험을 제공하지 않고서 스트레스를 연구하는 실험을 설계하기란 쉽지 않다. 이것이 바로 오늘날의 많은 연구가 과거와는 전혀 다른 접근법을 동원해서, 앞서 설명한 것처럼 폭력적 갈등 등으로 이미 스트레스를 받는 생활 환경을 경험하는 개체군을 연구하는 이유이다. 연구자들이 접근하기 쉬운 또 다른 형태의 스트레스는 금전적인 어려움이다. 어떤 사람이 가진 돈이 부족할 때 이런 상황이 그의 인지 기능에 부정적인 영향을 미친다는 발상인 결핍 사고방식에 대해 서문에서 언급했던 내용을 기억하는가? 그 연구로 되돌아가서, 사람들이 전혀 논리적이지 않은 믿음이나 음모론을 받아들이도록 만드는 요인을 설명하는 데 '결핍 사고방식'이라는 개념이 어떻게 도움이 되는지 자세히 살펴보자.

내가 결핍 사고방식과 잘못된 믿음을 굳이 연결하는 이유는 무엇일까? 금전적인 어려움과 잘못된 세계관을 받아들이는 경향 사이에 어떤 관계가 존재한다는 의견을 제시하려 한다고 생각할 수도 있다. 그러나 경제적 불평등과 음모론 신봉 사이에 상관관계가 있다는 증거가 있긴 하지만, 이는 내가 말하고자 하는 요점이 아니다. 모든 오신자가 다 가난하지는 않다. 많은 사람이 경제적으로 넉넉하지만 잘못된 믿음을 가지고 있다. 그러나 코로나19와 폭력적인 갈등을 동시에 겪고 있는 사회를 대상으로 한 연구에서 봤듯이 스트레스는 누적적이며 일반화될 수 있는데, 결핍 사고방식도 마찬가지이다. 결핍의 가장 흥미로운 점, 또한 잘못된 믿음을 이해하려는 우리의 탐구와 관련이 있는 점은 결핍이 추론, 사고, 계획 및 일반적으로 올바른 결정을 내리는 능력을 갉아먹는 또 다른 형태의 스트레스라는 사실이다. 그리고 이는 비교적 쉽게 연구할 수 있는 스트레스의 한 형태이기도 하다.

결핍 연구의 많은 부분은 경제적인 결핍에 초점을 맞추고 진행되며 또 빈곤과 같은 불쾌한 상황을 완화하기 위해 노력하는 사람에게 중요하고 강력한 자료를 제공한다. 그러나 결핍은 시간, 다중작업(멀티태스킹), 고통, 음식, 보건의료 등 자원의 문제에서도 똑같이 파괴적인 효과를 낳을 수 있다. 결핍 사고방식은 본질적으로, 정신적인 가용

자원이 자기도 모르는 사이에 다른 곳에 사용됨에 따라 그 자원이 줄어드는 것이다. 그러므로 결핍 사고방식을 깊이 파고들어서 살펴보면, 높은 수준의 정신적 스트레스에 따른 지속적인 압박 속에서 사람들이 어떻게 생각하고 또 의사결정을 내리는지를 한층 더 잘 이해할 수 있다.

계속해서 결핍 사고방식에 대한 몇몇 연구를 자세히 살펴보자. 우선 아난디 마니Anandi Mani, 센딜 멀레이너선Sendhil Mullainathan, 엘다 샤퍼Eldar Shafir 그리고 지아잉 자오Jiaying Zhao가 수행했던 특히 빛나는 연구부터 시작해보자.

이 결핍 사고방식 연구팀은 쇼핑몰에서 자원봉사자를 대상으로 일련의 소규모 실험을 진행하는 데서부터 그 기나긴 여정을 시작했다. 사회과학자들이 일반적으로 '인지 대역폭cognitive bandwidth(어떤 사람이 동원해서 사용할 수 있는 일반적인 사고 능력)'이라고 부르는 것을 결핍이 어떻게 감소시키는지를 드러내는 연구였다. 그러나 연구자들은 그 실험이 설정한 제한적인 조건에 만족하지 않았다. 그래서 한두 시간 동안 인위적으로 시뮬레이션하는 데서 그치지 않고, 일상생활에서 진짜로 결핍을 경험하는 사람들을 대상으로 현실 세계에서 자신들의 이론을 검증하고자 했다. 그러려면 실제로 결핍을 안고 살아가는 모집단이 필요했다.

필요한 것은 그뿐이 아니었다. 실제로 결핍을 경험하는 집단과 비교할 대조군도 필요했다. 이 경우에 가난한 사람과 부유한 사람을 비교하는 것이 하나의 접근법이 될 수도 있다. 하지만 이 두 집단 사이에는 너무 많은 변수가 존재하며, 그러한 요인이 부자와 가난한 사람의 사고방식 차이를 야기했다고 볼 수도 있기 때문에 이 접근법에는 문제점이 있다. 너무 많은 변수 때문에 이 접근법으로는 결핍 사고방식의 효과를 따로 떼어내서 도출하기 어렵다.

유용한 접근법은 동일한 개인을 대상으로 하여, 시간의 흐름에 따라 그에게 나타나는 변화를 살피는 방법이다. 예를 들어, 특정 시기에는 상당한 결핍을 경험하지만 다른 때는 그렇지 않은 모집단을 찾을 수 있다. 이런 접근법으로 연구자들은 상대적으로 풍요로운 시기에 비해 결핍이 늘어나는 시기에 동일인의 사고방식이 어떻게 변했는지 확인할 수 있다.

결핍 연구팀은 바로 이런 접근법을 채택했고, 마침내 인도의 사탕수수밭에서 자신들의 조건에 맞는 사람들을 찾아냈다. 사탕수수 농부는 대부분의 다른 농부와 마찬가지로 작물 재배 주기에 따라 경제적인 형편이 매우 달라진다. 어떤 때는 주머니에 현금이 넘쳐나지만 어떤 때는 돈이 바짝 마른다. 동일한 개인이 자기가 상대적으로 부유하다고 느낄 때와 상대적으로 가난하다고 느낄 때 생각하고 행동하고 결정을 내리는 방식이 어떻게 달라지는지를 연구하기에는 이상적인 조건이다.

연구팀은 유동성 지능과 실행 제어라는 핵심적인 두 가지 인지 능력을 측정하기 위해 고안한 간단한 검사 두 가지를 했다. 농부들이 농작물을 수확하기 전과 후에(즉 농부들이 스스로 가난하다고 느낄 때와 부유하다고 느낄 때 각각) 그들을 대상으로 검사한 결과는 놀라웠다. 일반적인 인간 지능과 추상적 추론 능력을 측정하는 데 사용되는 비언어적 테스트인 레이븐 지능검사Raven's Progressive Matrices에서 수확 전에는 수확 후에 비해 약 25퍼센트 낮은 점수를 받았다. 또 수확 전에는 실행 제어 측면에서 약 10퍼센트 더 느렸고 실수를 15퍼센트 더 많이 했다. 동일한 사람인데도 그렇게 달라졌던 것이다! 수확 전과 수확 후에 성격이나 실질적인 IQ는 전혀 달라지지 않았음에도 말이다.

이는 빈곤과 아무런 관련이 없는 다른 스트레스 상황에서도 동일하게 나타난다. 당신도 혹시 어떤 프로젝트를 제시간에 끝내야 한다는 부담감 때문에 걱정을 너무 많이 한 나머지 선명한 생각과 명확한 판단을 할 수 없던 적이 있지 않은가? 혹은, 직장에서 금방이라도 일어날 것만 같은 어떤 나쁜 일에 신경을 너무 많이 쓰는 바람에 잘못된 구매 결정을 내린 적이 있지 않은가? 이와 비슷한 수많은 경우에서 스트레스는 사람들의 정신적 대역폭을 갉아먹고 단기적인 생각을 촉진해서, 정확하지 않을 수 있지만 빠르고 쉬운 해결책을 선택하게 만든다. 내 경우를 예로 들어서 말하면, 인터넷에서 욕을 먹을 때 불쾌하거나 무섭기만 했던 것은 아니다. 끊임없이 공격을 받는다는 스트레스 속에서 나의 인지 기능이 손상되고 있음을 깨달았다. 나는 근시안적이고 형편없는 결정을 내리기 시작했다. 그 이상한 모험이 시작된 지 2년이 훌쩍 지나 이 글을 쓰고 있는 지금으로서는 당시 내가 느꼈던 스트레스와 결핍 사고방식의 경험을 재현하기가 어렵다. 이는 내가 화상을 입고 병원에 입원해서 경험했던 고통을 지금 시점에서는 온전하게 기억하기 어려운 것과 마찬가지이다. (나로서는 더할 나위 없이 고마운 지점이다.) 결핍 사고방식의 구렁은, 당시의 강렬함을 현재 온전히 경험하지 않는 한 쉽게 공감할 수 없다. 농작물을 수확한 뒤의 농부들처럼 감정적인 부하에서 벗어나서 자유로워진 상태에서는 잃어버렸던 인지 기능이 회복되어서, 주머니에 돈이 말랐던 몇 달 전의 그 감정을 많이 잊어버린다.

고통과 결핍을 하나로 묶어서 얘기하자면, 연구자들은 경제적 불안이 감정적 스트레스를 유발할 뿐 아니라 육체적 고통의 강도를 높일 수도 있음을 밝혀냈다. 여러 연구에서 에일린 슈Eileen Chou와 비드한 파르마르Bidhan Parmar 그리고 애덤 갈린스키Adam Galinsky는 일련의 연구를 통해서 경제적 불안이 증가하면(실업이라는 특정한 형태로든, 국가 경제에 대한 우려 같은 보다 일반화된 형태로든) 신체적 고통의 경험이 증가한다는 사실을 보여주었다. 이는 자가 보고한 통증과 진통제 판매량의 증가로 측정되었다. 스트레스는 말 그대로 사람을 아프게 한다. 그리고 사람들은 아프면 덜 유익한 방식으로 생각하고 행동한다.

회복탄력성 :
결핍 사고방식에 대처하는 힘

연구자들이 말하는 것처럼, 결핍에서 비롯된 문제인 '대역폭 과부하bandwidth overload'를 해결할 명백한 해결책은 그 사람이 받는 스트레스를 제거하거나 그 총량을 줄이는 것일 수 있다. 하지만 이는 말처럼 쉬운 일이 아니다. 특히 스트레스가 다른 사람으로 인한 것이거나 전 세계적인 차원의 팬데믹처럼 전혀 예측할 수 없는 사건으로 인해 발생했다면 더욱더 그렇다. 스트레스를 제거할 수 없다면 어떻게 해야 할까? 한 가지 방법은 스트레스와 결핍 사고방식에 대한 회복탄력성을 키우는 것이다. 어떤 사람은 잘못된 믿음에 빠지고 어떤 사람은 그렇지 않은 이유를 이해하려고 노력하는 동안 나는 회복탄력성이 핵심적인 변수임을 깨달았다.

'모두 똑같이 스트레스를 겪는데 어떤 사람이 다른 사람보다 스트레스를 더 잘 제어하는 이유는 무엇일까? 누군가는 장기적인 관점을 잃지 않은 채 선명하고도 명확하게 생각해서 합리적인 결정을 내리는 반면, 누군가는 근시안적인 관점에 사로잡히고 잘못된 믿음에 집착하는 방식으로 스트레스와 결핍 사고방식에 대처한다. 그 이유는 무엇일까?'

회복탄력성은 여러 원천에서 힘을 얻는 매우 복잡한 구조로 이루어진다. 회복탄력성에 대해 알고 있는 것을 종합해보자면, 회복탄력성은 스트레스에 대해 마치 보험과 같은 역할을 해서 삶의 어려운 순간에 대처하는 데 도움을 주는 것 같다.

회복탄력성을 이해하는 근본적인 방법 가운데 하나는 '안정 애착 **secure attachment**'이라는 심리적 구조를 기반으로 한다. 기본 개념은 다음과 같다. 당신이 네 살짜리 아이의 엄마 혹은 아빠이고 이 아이의 이름은 네타라고 해보자. 어느 날 당신은 네타를 놀이터로 데려간다. 그리고 "가서 그네를 타렴"이라고 네타에게 말하고 벤치에 앉는다. 당신은 더 이상 네 살짜리 어린아이가 아니니까. 네타는 그네로 달려가서 15분 정도 그네를 타고 놀다가 다시 당신에게 돌아온다. 이런 일이 일어난다면, 당신은 안정 애착을 가진 아이를 키운 셈이다. 축하한다. 당신에게는 애밋이라는 다른 아이가 또 있다. 당신은 애밋에게 "가서 그네를 타렴"이라고 말한다. 그런데 애밋은 거의 1분에 한 번씩 당신을 돌아보며 당신이 자기를 기다리는지 확인한다. 이 경우에는 당신이 애밋을 안정 애착을 가진 아이로 키우지 못했다고 말할 수 있다. 물론, 이 둘은 극단적인 사례이고 이 둘 사이에 놓인 스펙트럼에는 다양한 수준의 안정 애착이 존재한다.

안정 애착은 어린 시절에 형성된다. 뭔가 나쁜 일이 자신에게 일어날 때 누군가가 자기를 지켜주고 도와주리라는 것을 알아야 인생을 살아갈 수 있다. 안정 애착이라는 개념은 인생을 살아가는 데 있어 기본적인 요소이다. 누군가가 나를 잘 지켜보고 있는지 확인하려고 시도 때도 없이 둘러볼 필요가 없다. 만일 높은 수준의 안정 애착을 가지고 있다면, 이는 일종의 이상적인 보험에 가입한 것이나 마찬가지이다. 이 보험만 있으면 어떤 문제가 일어나도 도움을 받을 수 있다. 이런 마음으로 세상을 걸어가고 인생을 살아간다는 것은 마법처럼 놀라운 느낌이다. 무엇이든 못할 게 없다는 자신감을 심어준다. 예를 들어, 설령 일이 잘 안 풀린다 해도 누군가가 나서서 우리를 일으켜 세우고 또 도움을 주리라는 것을 안다면, 우리는 아무런 두려움도 없이 사업이든 뭐든 새롭게 시작할 수 있다. 넘볼 수 없는 낯선 사람과도 기꺼이 함께 위험을 무릅쓰며 낭만적인 모험을 시도할 것이다. 자기가 끝내 잘하게 될지 어떨지 확신할 수 없는 분야를 두려움 없이 파고들어 공부할 것이다. 기꺼이 새로운 도시로 이사하거나 새로운 직장을 찾을 것이다. 이런 예는 수도 없이 많이 들 수 있다. 요컨대, 안정 애착은 우리가 모든 일의 긍정적인 면에 더 집중하게 하고 부정적인 면에 대해서는 덜 걱정하게 만든다.

유용한 팁
안정 애착 개선하기
높은 수준의 안정 애착은 아주 드물고 또 달성하기 어렵지만, 그 수

준을 조금이라도 개선하면 잘못된 믿음에 빠지는 것을 방지하는 데 확실히 도움이 된다. 안정 애착은 연속선상에 있으며, 조금만 개선이 되어도 긍정적인 측면, 부정적인 측면, 위험, 잠재력 그리고 기꺼이 취하고자 하는 행동에 대한 관점에 큰 영향을 주고 이는 큰 혜택으로 돌아온다. 안정 애착이 강할수록 회복탄력성이 강해지고, 주변 세상을 설명하기 위해 굳이 다른 이야기를 끌어들이지 않아도 된다.

안정 애착은 어린 시절에 형성된다. 그러므로 당신에게 자녀가 있고 그 자녀가 나중에 오신자가 되지 않기를 바란다면 자녀와 함께 노력할 필요가 있다. 부모가 늘 곁에 있을 것이며, 자신을 신뢰하고, 또 무슨 일을 하더라도 자신은 버림받지 않을 것이라고 아이가 느낄 수 있도록 해야 한다. 성인이 된 뒤에도 우리는 스트레스를 막아주는 완충 역할을 할 수 있는 깊은 신뢰 관계를 형성하고 유지함으로써 안정 애착을 강화할 수 있다. 우리는 또한 우리 삶에 속해 있는 다른 사람들을 위해 완충 역할을 할 수 있으며, 그럼으로써 그들이 잘못된 믿음에 빠지지 않도록 보호할 수 있다.

어떻게 하면
회복탄력성을 높일 수 있을까

회복탄력성에 관한 매우 흥미롭고 중요한 한 연구 프로젝트가 결핍 사고방식을 개선하는 과제를 수행했다. 존 자키모비츠Jon M. Jachimowicz와 그의 동료들은 회복탄력성을 높이는 요소를 추가하면

인지 대역폭 과부화 문제를 부분적으로 해결할 수 있는지, 즉 결핍 상황이 지속되는 동안에도 더 명확한 사고와 더 나은 의사결정을 이끌어낼 수 있는지 알아보고자 했다. 일단 다음 내용을 살펴보자.

당신이 하루에 채 2달러도 되지 않는 돈으로 생활하는 전 세계 인구의 약 10퍼센트에 속한다고 치자. 결핍은 일상적인 경험이다. 당신은 가장이지만 가족이 입에 풀칠할 돈을 벌기도 어렵다. 그러니 아무리 작은 것이라고 해도 사치품은 꿈도 못 꿀 형편이다. 그런데 어느 날 마을에 부유하고 관대한 사람이 나타나서 당신에게 선택권을 제시한다. 지금 당장 6달러를 줄 테니 그것을 받거나, 아니면 석 달 뒤에 18달러를 줄 테니까 그것을 받으라고 한다. 당신은 이 두 가지 선택지 가운데서 어느 것을 선택하겠는가? 기본적인 산수를 할 줄 아는 사람이라면 석 달을 기다렸다가 세 배의 돈을 받는 것이 더 나은 선택임을 안다. 그러나 극단적인 빈곤 상황에서는 많은 사람이 적은 금액이라도 당장 받는 것을 선택한다. 이런 식으로 극심한 결핍 상황에서는 더 큰 보상을 위해 만족을 지연시키는 우리의 중요한 능력이 훼손된다. 소액 단기 대출 같은 약탈적인 대출은 결핍이 빈곤층의 금융 생활에 얼마나 치명적인 영향을 미치는지를 보여주는 하나의 예이다. 빈곤 스트레스는, 단기적인 안도감을 주지만 결국 점점 더 깊은 부채의 수렁으로 밀어 넣는 약탈적인 고금리 대출을 사람들이 어쩔 수 없이 이용하도록 강요한다.

자, 이제 앞에서 설명한 시나리오를 바탕으로 할 때 무엇이 더 현명한 선택을 내리는 데 도움이 될지 스스로에게 물어보라. 여기에 회복탄력성과 관련된 몇 가지 요소를 추가하면 어떨까? 하루나 이틀 동안 기꺼이 저녁 식사를 나누어줄 이웃이 있다면 어떨까? 혹은 내가 속한 커뮤니티에 도움과 조언을 줄 수 있는 사람이 있다면 어떨까? 만약 그렇다면, 나는 나중에 더 큰 보상을 받기 위해 즉각적인 만족을 포기할 수 있을까?

바로 이것이 자키모비츠와 그의 동료들이 탐구하려던 연구 주제이다. 그들이 세운 가설은 간단했다. 자신이 속한 커뮤니티를 더 많이 신뢰하고 그곳에서 지원을 받는다고 느끼는(즉 자기 커뮤니티에 안정 애착을 느끼는) 사람은 똑같이 어렵고 복잡한 경제 상황에 놓여 있어도 결핍 사고방식으로 고통받을 가능성이 적을 것이고, 따라서 절박한 결정을 많이 내릴 필요가 없으리라고 생각했다. 다시 말해, 커뮤니티가 구성원에게 회복탄력성을 제공하고, 이 회복탄력성이 결과적으로 스트레스가 유발하는 해로운 효과를 누그러뜨리는 완충재가 된다는 뜻이다.

이 가설을 검증하기 위해서 연구자들은 방글라데시의 가난한 사람들을 대상으로 2년에 걸쳐서 연구를 수행했다. 그들은 대상자를 두 집단으로 나누고, 한 집단에는 주민이 생활 지원 목적의 공공 서비스를 받으려고 할 때 그들을 도와 지방정부 협의회와 다리를 놓아주는 잘 훈련된 자원봉사자를 배치했다. 그리고 나머지 집단에는 자원봉사자를 배치하지 않았다. 그렇게 2년이 지난 뒤, 연구자들은 전자 집단과 후자 집단에 속한 사람들의 의사결정을 비교했다. 이 비교는 앞에서 설명했던 것과 동일한 제안(지금 당장 6달러 지급 혹은 석 달 뒤에 18달러 지급)을 통해 이루어졌는데, 자원봉사자가 회복탄력성에 개입을 했고 커뮤니티를 더 많이 신뢰한 사람들이 나중의 더 큰 이익을 위해 당장의 작은 이익을 포기하는 경향이 확인됐다. 이 연구자들은 미국에서도 관련 연구를 수행했고, 커뮤니티에 대한 신뢰가 높은 사람일수록 고금리의 단기 대출을 덜 받는다는 사실을 확인했다.

유용한 팁

오신자를 지지하라

스트레스를 완전히 없애기는 어렵다. 하지만 특히 사람들이 엉뚱한 서사에 완전히 몰입하기 전인 깔때기 초입 단계에서 스트레스를 줄이는 것은 매우 중요하다. 스트레스가 넘쳐나는 상황에서 누군가를 안심시키는 행위는 커다란 차이를 낳을 수 있다. 스트레스의 원인 자체를 누그러뜨릴 수는 없을지 몰라도, 누군가가 관심을 갖고 그 사람을 지켜보고 또 지지한다고 느끼면 문제에 대한 해결책과 통제감을 찾는 데 큰 도움이 된다. 듀크대학교에 있는 내 연구 실험실에서 스트레스를 줄여주는 한 가지 구체적인 방식을 실험했는데, 이는 사람들이 스스로를 똑똑하고 성공한 사람이라고 느끼게 하는 것이었다. 이런 확신을 준 후에는 사람들이 잘못된 믿음의 늪에 빠질 가능성이 줄어들었다. 이런 유형의 안심시키기reassurance는 감정적으로 안전하며 공격을 받거나 성과가 저조한 상태가 아니라는 사실을 알려줌으로써 마음을 안정시키는 효과를 발휘한다. 이럴 때 사람들은 비난할 대상인 악당을 찾으려고도 하지 않고, 자신이 놓인 상황을 설명해줄 서사를 찾아 헤매지도 않는다. 이 실험은 대면 상호작용에 초점을 맞췄지만, 온라인 관계에서도 안심시키기는 예상보다 더 긍정적인 역할을 할 수 있다. 일반적으로 인간은 감정적 지원의 효과를 과소평가하고 사소한 안심이 얼마나 중요한지 인식하지 못하는 경향이 있다.

지지와 확신을 제공하는 것이 간단한 행동처럼 보이지만, 터무니없는 발상을 꺼내놓고 이상한 말을 하는 오신자를 상대할 때 이는 결코 간단한 일이 아니다. 그리고 사람은 누구나 스트레스를 받을 때는 자신의 필요를 먼저 채우기 쉽다. 비행기 안에서 긴급한 상황이 발생하면, 다른 승객을 돕기 전에 자기 먼저 산소마스크를 써야 한다. 그러나 상대가 오신자라면 경우가 다르다. 스트레스 초기 단계는 잘못된 믿음으로 나아가는 과정에 있는 사람에게 우리가 가장 큰 영향을 미칠 수 있는 시기이다. 그렇기 때문에 자신과 사랑하는 사람 모두의 스트레스를 한층 더 심각하게 받아들여야 한다. 일단 누군가가 잘못된 믿음의 깔때기 안으로 더 깊이 들어가고 그의 인지 과정과 사회적 유대가 잘못된 믿음을 강화하고 나면, 그때는 그에게 다가가기가 훨씬 더 어려워진다.

경제적 불평등의 파괴적인 영향

커뮤니티 내의 결속력이 회복탄력성에 매우 중요하다면, 무엇이 커뮤니티의 결속력을 단단히 하거나 약화할까? 또한 회복탄력성을 구축하거나 파괴하는 요인은 무엇일까? 방글라데시에서 연구 작업을 진행한 자키모비츠와 그의 동료들은 '공동체의 완충력을 약화'할지도 모른다고 의심되는 중요한 힘, 즉 소득 불평등을 조사하기 시작했다. 그런데 경제적 불평등이 어째서 그런 영향을 미칠까? 아마도 경제적 불평등이 커질수록 사람들은 커뮤니티와의 연결성이 줄어들고 경제적 안정을 위한 투쟁에서 외로움을 더 많이 느낄 것이기 때문이다. 연구자들은 어떤 사회의 불평등 수준이 높으면 그 사회에서는 상대적으로 부유한 계층과 상대적으로 가난한 계층 모두에서 커뮤니티의 완충 기능이 약화된다는 가설을 설정했다. 그리고 미국, 호주, 우간다 시골 지역의 커뮤니티를 연구한 결과 경제적 불평등 정도가 클수록 커뮤니티가 제공하는 지원에 대한 의존도가 낮아지고 주민이 느끼는 재정적 압박이 커진다는 사실을 발견했다.

각 집단에는 부의 수준이 어떤 영향을 미칠까? 연구진은 그 사회가 부유하든 그렇지 않든 소득 불평등이 증가하면 사회적으로 고통을 겪지만, 충분히 예상할 수 있듯 그 고통은 부의 수준에 따라 불평등하게 나타난다는 사실을 발견했다. 상대적으로 부유한 동네에 사는 사람들에게 나타나는 불평등의 부정적인 영향은(당연한 말이지만, 매우 부유한 동네에서도 가구별로 소득 불평등 수준이 높을 수 있다) 그다지 심각하지 않았다. 왜냐하면 그들은 재정적으로 탄탄했고 또 가계를 안정적으로 관리할 자원을 충분히 가지고 있었기 때문이다. 반면에 가난하면서도 소득 불평등이 심한 동네에 사는 사람들에게는 의지할 커뮤니티가 없다는 사실이 매우 치명적인 영향을 미쳤다.

이 연구 결과에서 얻는 교훈은 아주 단순하다. 첫째, 커뮤니티는 회복탄력성을 구축하는 중요한 자원이다. 둘째, 경제적 불평등의 폐해와 부의 불공정한 분배에 대해 많은 이야기가 있어왔지만, 경제적 불평등은 공정성 문제 외에도 커뮤니티에 대한 주민의 사회적 소속감을 허약하게 만들고 사람들의 회복탄력성을 약화하는 부정적인 영향을 직접적으로 미친다. 마지막으로 셋째, 경제적 불평등 수준이 높은 커뮤니티에서는 사회경제적 지위가 낮아서 외부 지원을 상대적으로 더 많이 필요로 하는 사람들이 가장 큰 피해를 입는다.

무엇이 결핍의 충격을
줄여주는가

계절에 따른 현금 유동성 문제를 안고 있는 인도의 사탕수수 농민 그리고 방글라데시와 우간다의 저소득 주민의 이야기는, 우리의 일상생활 혹은 잘못된 믿음을 가지고 있는 듯한 사람과 아무런 상관이 없는 것처럼 보일 수 있다. 그러나 이 연구에서 우리는 스트레스가 일반적으로 인간의 인지 기능과 의사결정에 어떻게 영향을 미치는지 또 이것이 오신자에게 어떻게 적용되는지 이해하는 데 도움이 될 여러 가지 핵심적인 정보를 포착할 수 있다. 그 내용을 요약하면 다음과 같다. 스트레스가 많은 상황은 우리의 인지 대역폭에 부담을 주어서, 명확하게 생각하고 실행 제어를 행사하는 능력을 감소시킨다. 스트레스는 또한 자기가 원하는 만족을 나중으로 미루어야 하는 장기적인 차원의 이성적인 결정을 내리는 능력을 손상시킨다. 주민이 자기 커뮤니티를 신뢰할 수 있고 또 그곳에서 지원을 받을 수 있다고 느끼는 조건은 그가 받을 결핍의 해로운 충격을 누그러뜨리는 완충재 역할을 한다. 그러나 커뮤니티의 소득 불평등 수준이 높아지면 사회적 신뢰가 허약해질 수 있다.

이런 통찰이 코로나19 팬데믹 기간에 우리가 감당해야 했던 그 스트레스 넘치는 상황에 어떻게 적용되는지 생각해보라. 팬데믹은 자연재해나 특정 가족, 특정 커뮤니티에 닥친 비극과 달리 우리 모두에게 영향을 미쳤다는 점에서 스트레스가 우리 삶에서 수행하는 역할에 관한 흥미로운 사례연구가 될 수 있다. 코로나19 바이러스의 위협 자체는 중국의 공장 노동자나 영국의 국왕 그리고 할리우드의 특급 스타와 소도시의 평범한 학교 교사에게 모두 동일하다. 코로나19 팬데믹의 위기에 수반되는 불확실성과 혼란과 공포에서 완전히 자유로운 사람은 아무도 없었다. 우리가 세계 어느 지역에서 살았든 간에 혹은 사회경제적 형편이 어떠했든 간에 그 시기에는 유난히 스트레스가 많았다. 물론 모든 사람이 다 똑같지는 않았지만.

팬데믹은 또한 많은 사람이 커뮤니티에 대한 신뢰 문제를 주목하게 만들었다. 어떤 사람은 고용주, 친구, 이웃, 가족 그리고 정부에서까지 도움을 받음으로써 충격이 완충되는 느낌을 받았다. 반면에 어떤 사람은 그 어디에서도 도움을 받지 못한 채 외로움에 떨었다. 소득 불평등도 많은 사람에게 커다란 문제로 다가섰다. 최근 몇 년간 내가 자주 듣던 말이 있다. "비록 똑같이 폭풍우가 몰아치는 바다를 항해하고 있어도 모두가 같은 배를 타고 있는 것은 아니다."

고통당한다는 느낌의
복리 효과

주변을 둘러보다가 다른 사람이 자기가 탄 배보다 더 좋은 배를 타고 있는 것을 보았다고 치자. 이때 그중 일부가 팬데믹으로 인한 스트레스의 영향을 다른 사람보다 더 많이 느끼는 것은 놀라운 일이 아니다. 다시 말하지만, 이는 단지 돈에 관한 문제가 아니다. 어떤 경우에는 이웃 사람이 탄 배가 자기가 탄 배보다 더 크고 고급스러울 수 있다. 고급스러운 데 그치지 않고 더 많은 승무원이 시중을 들고, 더 안정적이고, 현재 상황을 훨씬 더 매끄럽게 처리할 수 있는 장비를 갖춘 것처럼 보일 수도 있다. 즉 자신의 운명을 다른 사람의 운명과 비교하고 이웃 사람이 탄 배를 부러워하고 탐내는 것은 인간의 본성이다. 그러나 어떤 사람은 이렇게 비교를 하면서 상대적으로 더 많이 힘들어할 수 있다. 이들은 자기가 불리한 처지에 놓여 있다고 느낄뿐더러 부당하게도 자기만 그렇게 불행한 집단의 일원으로 선발되어 인생의 고통을 더 많이 당한다고 느낀다. 즉 자기가 받는 고통이 굳이 받지 않아도 될 고통이나 부당한 고통이라고 느낀다.

자기만 가혹하게 고통을 당한다는 이런 피해의식은 내가 만났던 오신자들 사이에 만연해 있었다. 이는 여러 음모론에서 반복해서 등장하는 '엘리트'라는 개념을 설명하는 데 큰 도움이 된다. 오신자는 이렇게 생각한다. 자기가 부당하게도 불리한 처지에 놓였다면 누군가는 불공정하게 유리한 처지에 놓였을 것이다. 자신이 남다른 고통을 당하고 있다면 누군가는 남다르게 편하고 느긋하게 살아갈 것이다. 또 자신이 통제할 수 있는 영역이 터무니없이 좁으면 누군가는 훨씬 더 많은 것들을 통제할 것이다. 정체가 분명하지 않은 집단인 그 모호한 '엘리트'는 이 모든 분노를 손쉽게 퍼부을 수 있는 대상이다. 엘리트 집단에 속한 사람은 왜 그렇게 한결같이 매력이 넘칠까? 글쎄, 누군가 '나'의 삶을 비참하게 만들 만한 힘을 가졌다면 엘리트가 바로 그런 사람일 가능성이 높다. (이들이 아니면 도대체 누가 그렇게 하겠는가?) 그들은 평범한 보통 사람과는 거리가 멀고 또 어딘지 모르게 낯설다. (누가 그 엘리트 집단에 속하는지 아는 사람이 도대체 몇 명이나 될까? 그들은 저녁 식사로 무엇을 먹을까? 그들은 자기들끼리의 관계를 어떻게 관리할까?) 동시에 그들은 친숙하기도 하고 또 우리는 그들에 대한 공통된 지식을 상식으로 가지고 있다. (우리는 그들 가운데 일부의 이름이나 얼굴을 미디어를 통해 알고 있으며, 또 그들이 살아온 인생과 일군 업적에 대해서도 몇 가지는 시시콜콜하게 알고 있다.) 이 모든 요소가 하나로 합쳐져서 '엘리트'는 음모론의 매우 만족스러운 표적이 된다.

물론 소위 엘리트라는 사람들과 함께 시간을 보낸 적이 있다면 그들이 세상을 통제한다는 가설이 가진 가장 커다란 결점을 금방 발견할 수 있을 것이다. 그들이 어떤 것을 조직하는 데 있어 그다지 능숙하지 않은 모습을 자주 보여주기 때문이다. 나는 다보스에서 열린 세계경제포럼에 영광스럽게도 여러 차례 참석했다. 그 자리는 엘리트들의 요새이자 수많은 음모론의 표적이다. 많은 사람이 나를 음모론 속의 악당이라고 여기는데, 그 자리에 참석했기에 그런 악당 자격을 얻었을 게 분명하다. 그런데 그 포럼에서 내가 깨달은 사실은, 그 자리에 참석한 사람들에게는 흥미로운 내용으로 회의를 진행해나갈 능력이 없다는 점이다. 그러니 수십억 명의 인류를 속이고 조종하면서 방대하고 복잡한 음모를 조직해나갈 능력이 없음은 더 말할 것도 없다. 내가 오신자들의 의견에 전적으로 동의하는 한 가지가 있다면 그들의 화려한 파티를 외부에서 관찰하자면 어쩐지 억울한 느낌이 들수밖에 없다는 점이다.

억울한 느낌을 놓고 이런저런 생각을 하다 보면 더글러스 애덤스 **Douglas Adams**의 과학소설 시리즈인《은하수를 여행하는 히치하이커를 위한 안내서》에 나오는 멋진 이야기가 떠오른다. 여기에는 트럭 운전사 롭 매케나가 등장하는데, 그는 비를 도저히 피할 수 없는 사람처럼 보인다. 그가 가는 곳에서는 날마다 비가 내린다. 그는 항해일지에 자신에게 벌어진 불행을 기록한다. 끊임없이 그를 따라다니는 비는 그를 심술궂고 비참하게 만든다. 그는 평생 자기를 따라다니는 구름 때문에 너무 힘들고 극도의 박해를 받는다고 느낀다. 그런데 그가 알지 못한 사실이 있다. 그가 사실은 비의 신이라는 점이다. 그는 구름의 열렬한 사랑을 받고 있으며, 구름은 늘 그의 곁에 머물고 싶어 안달하며 그에게 끊임없이 물을 뿌린다. 그러니까 그는 악의가 아니라 사랑 때문에 선택받고 있었던 것이다. 나중에 그는 자신이 비를 통제하는 존재임을 깨닫고는, 비의 신이라는 지위를 이용해서 돈벌이를 할 수 있는 직업을 얻는다. 휴가지나 중요한 행사장에 구름이 가까이 다가오지 않도록 해주면서 돈을 버는 직업이다.

그러나 나는 이런 식의 이야기 전개에 동의하지 않는다. 잘못된 믿음에 빠져 있는 싱글맘인 제니의 이야기로 잠깐 돌아가보자. 분명 제니는 불운의 비구름이 자기를 겨냥하고 있다고 느꼈다. 프리랜서로서 느끼는 특유의 금전적인 스트레스와 세상이 자기 아들을 대하는 방식에서 느낀 불의와 사회적 굴욕 같은 것 때문에 그녀는 괴로움과 고통을 느꼈다. 그리고 이 모든 요소가 동시에 작용해 현실에서 느끼는 모호함과 불확실성에서 벗어나고자 하는 강렬한 열망이 생성되었다.

이런 상상을 해보자. 당신은 예측할 수도 없고 통제할 수도 없는 스트레스 속에서 살아간다. 그리고 지치고 무기력한 상태로 방전되어 있다. 마치 하네스에 묶여 피할 방법도 알지 못한 채 전기 충격을 고스란히 받으며 누워서 신음하는 불쌍한 개처럼. 이런 환경에 놓인 당신은 상황을 개선하려고 노력할 에너지와 동기를 모두 잃어버렸다. 정말 끔찍한 느낌이다. 그런데 이게 다가 아니다! 그 경험만으로도 충분히 가혹한데, 공평하지 못하게도 유독 당신만 다른 사람과 달리 고통을 당한다고 느끼기 시작한다.

'나에게만 탈출구가 없잖아!'

제니 같은 사람이 벼랑 끝을 넘어 잘못된 믿음의 깔때기로 떨어지기 시작할 때 느끼는 감정이 바로 이것이다.

처음에는 팬데믹의 일반적인 스트레스로 시작했지만, 이 스트레스는 경제적인 문제에 따른 어려움과 아들을 집에 둔 채 프리랜서 디자이너로서 일을 계속해나가야 한다는 어려움이 겹쳐지면서 한층 악화되었다. 그러다가 이 스트레스는 아들 마이크가 교사에게 부당한 대우와 모욕을 받는 일로 인해 더욱 심각해진다. 이 모든 것이 제니의 등을 떠밀어서 그녀를 한계점까지 밀어붙이고, 바로 이 시점에서 그녀는 자기가 놓인 그 문제의 해답을 찾아 나선다. 그리고 자기가 느끼는 스트레스가 누군가 꾸며낸 고의적이고 사악한 음모의 결과라고 설명하는 동영상을 온라인에서 계속 본다. 보면 볼수록 제니의 신념은 점점 커진다. 온 세상이 팬데믹이라고 떠들어대지만 그건 모두 가짜다. 실제로 바이러스는 없다. 그 모든 것은 사람들을 지배하고 통제하기 위한 사기극일 뿐이다. 마스크는 코로나19 바이러스 차단 목적이 아니라, 뇌로 유입되는 산소의 흐름을 차단해서 사람들을 순한 양으로 만들 목적으로 고안된 장치이다. 자꾸만 머리가 무겁고 노곤해지는 것도 바로 그래서 그렇다. 아, 자기에게 무슨 일이 일어나는지도 모르는 양처럼 순진하고 불쌍한 인간들! (참고로 오신자들은 '양인간sheeple'이라는 표현을 자주 쓴다.) 곧 백신이 나올 것이고, 안전한 일자리와 커다란 저택과 지원 네트워크를 가진 모든 사람이 병원에서 백신을 접종받을 것이고, 그럼으로써 그들의 몸에는 모든 움직임을 추적하는 마이크로칩이 심길 것이다. 이런 내용의 동영상과 문건을 더 많이 보고 읽을수록 제니는 사회의 전체 시스템과 정부와 학교 그리고 한때 존경했던 학자인 댄 애리얼리에게 더 많은 배신감을 느낀다.

유용한 팁

따지지 않기

경청하고 지원하라. 논쟁하려 들지 마라. 어떤 사람이 찾아와서 누가 책임져야 하는지에 대한 불만과 얘깃거리를 쏟아낸다면 우리는 그가 토론을 하고 싶어 한다고 생각할 수 있다. 그리고 그의 발상에 대해 논쟁하고 탐구하고 싶어질 수 있다. 즉 그들이 진실을 찾는다고 느낄 수 있다. 그리고 그들의 견해에 동의하지 않는다면 그 주장을 반박해야 한다고 느낄 수도 있다. 사실상, 사람들은 자기가 하는 말을 들어주고 옳다고 검증해주며 또 이해받는다고 느낌으로써 유익한 토론을 위한 여건을 조성하려고 한다. 여기서 가장 먼저 이해해야 할 점은 실질적인 쟁점은 어떤 객관적 진실이나 주장이나 이야기가 아니라 감정이라는 사실이다. 우리는 누군가가 자기 고통의 이유를 해석하는 내용에 동의하지 않더라도 그가 느끼는 고통에 공감할 수 있다. 그가 놓여 있는 상태를 인정하고 고통에 공감하는 것만으로도 그에게는 큰 도움이 된다. 그런 다음에 비로소 토론을 시작한다면 그렇지 않을 때보다 훨씬 더 나은 지점에서 시작하는 셈이 된다.

이런 원칙은 조슈아 칼라Joshua Kalla와 데이비드 브룩만David Broockman이 딥캔버싱deep canvassing이라는 접근법으로 검증했다. 딥캔버싱은 민감한 질문을 하고 진정성을 갖고 그들의 대답을 듣고, 그런 다음 추가 질문을 하면서 대화의 물꼬를 트는 대화 기법이다. 그런데 왜 이 접근법이 더 효과적일까? 논쟁으로 시작하는 표준적인 접근법에는 한쪽이 자기 주장을 채 다 펼치기도 전에 다른 쪽이 반론을 시작하는 경향이 있기 때문이다. (적어도 머릿속으로는 분명히 그렇다. 때로는 머릿속의 반론이 큰 소리로 튀어나오기도 한다.) 그러나 그래서는 분명히 생산적인 토론을 할 수 없다.

'설득당할 마음가짐이 전혀 되어 있지 않다'라는 문제의 핵심은, 옳은 일을 하는 집단에 소속되고자 하는 욕구를 포함하여 옳고자 하는 거의 보편적인 인간 욕구이다. 사람들은 자기가 옳다는 생각이 도전을 받으면 자기 정체성이 위협당한다고 느낀다. 그래서 그 공격을 방어하면서 자신에게 매우 중요한 것, 즉 자기가 옳다는 느낌을 보호하기 위해서 최선을 다한다.

딥캔버싱은 이런 경향성을 물리치는 데 도움이 된다. 이해에 대한 진정한 관심과 열린 태도에서 시작하기 때문이다. 이 접근법으로 대화가 이루어지면 방어기제가 줄어들어서 양쪽 모두 마음을 조금씩 더 열고(아주 조금만 더 열릴 뿐이니 마법 같은 기적이 일어나리라고는 기대하지 마라) 서로에게 다가간다.

어느 오신자와
함께한 점심 식사

2020년 여름, 제니로부터 자기 이야기와 나를 향한 비난을 들은 지 얼마 지나지 않았을 때다. 나는 또 한 명의 오신자인 이브를 우연히 만났다. 이브의 이야기는, 강렬하고 예측할 수 없는 스트레스를 겪고 있는데 거기에 특히 힘든 일을 추가로 겪는다고 느끼기 시작할 때 어떤 일이 일어나는지를 생생하게 보여준다.

나는 2018년에 이브를 처음 만났는데 그때 그녀는 비영리 스타트업에서 자원봉사를 하고 있었다. 그녀는 자기가 추종하는 대의를 어떻게 하면 보다 더 효과적으로 홍보할 수 있을지 도움말을 구한다면서 나에게 연락해왔다. 우리는 어느 커피숍에서 만났으며, 나는 그녀에게 최대한 도움을 주려고 노력했다. 그런 다음에 웃는 얼굴로 헤어졌다. 그런데 나에 대한 거짓 정보가 퍼지기 시작할 무렵에 그녀에게서 전화가 왔다. 그녀는 자기가 누구인지 밝히고는 곧바로 본론으로 들어가서 그즈음에는 이미 내 귀에 익숙하던 온갖 허황한 내용의 비난을 늘어놨다. 그녀는 그 모든 거짓 정보가 사실이라고 믿고 있었다. 내가 하는 말은 들으려고도 하지 않았기에, 대화는 그리 오래 이어지지 않았다. 그리고 마침내 그녀는 벌컥 화를 내면서 이렇게 말했다.

"안 되겠네요. 이 문제를 끝까지 파헤쳐봐야겠어요. 서로 얼굴 바라보면서 대화를 나눠야겠어요."

그때는 코로나19 팬데믹 초기였고, 그래서 사람들은 다들 얼굴을 맞대고 만나는 일을 매우 위험한 행동으로 여겼다. 그러나 나는 야외에서 만난다는 조건을 걸고 만나자고 했다. 나는 점심도 주문했다. 이브는 약속 시간보다 늦게 나타나서는 자리에 앉자마자 비난을 퍼부어댔다. 나는 그녀에게 그 모든 게 사실이 아니라고 재차 말했다.

"사실 내 친구들은 선생님을 만나지도 말고 얘기도 하지 말라고 경고했어요."

"왜요?"

"선생님이 나에게 마법을 걸 테니까 만날 생각은 아예 하지도 말라고요."

이브에게서 오신자의 논리가 작동함을 알아차렸다. 만일 나와 대화를 마치고 일어서는 시점에도 그녀가 여전히 내가 악당이라고 확신한다면, 그들은 다행이라고 여길 터였다. 나의 사악한 마법을 피할 수 있어서 정말 다행이라고 여길 것이다! 그러나 만일 그 시점에 그녀의 생각이 조금이라도 바뀐다면 내가 사악한 마법을 걸었기 때문이라고 그들은 생각할 것이다. 그러니까 대화가 어떻게 흘러가서 그녀에게 어떤 영향을 미치든 혹은 미치지 않든 내가 악당이라는 사실이 달라질 여지는 전혀 없었다.

얼마 뒤, 나는 내가 어떤 사람인지 그리고 내가 관여한 일들이 어떤 일인지 설명하려는 노력을 포기했다. 대신 우리가 함께하는 시간에서 그래도 무언가를 배우면 좋겠다는 생각으로, 대화의 방향을 바꿔서 그녀에게 질문을 던지기 시작했다. 사실 진심으로 궁금하긴 했다. 2년 전에 커피숍에서 만났을 때만 해도 그녀는 소중한 사회적 가치를 위해서 헌신하는 자신감 넘치고 똑똑한 활동가였는데, 지금은 겁에 질리고 편집증적이며 삶에 짓눌린 사람으로 변해버렸으니까 말이다. 2년이라는 길지 않은 기간에 그녀에게 무슨 일이 일어났기에 저럴까 싶었다. 그녀의 얼굴에서는 평균적인 사람에게 팬데믹이 안겨준 스트레스와 피로로 인해 빚어진 변화보다 훨씬 더 큰 변화가 보였다.

이브는 자기 이야기를 천천히 들려주었다. 그녀는 미술 교사였지만 대부분의 교사와는 달리 노동조합에 가입하지 않았다. 그녀는 10년 넘게 같은 학교에서 미술을 가르치며 학생들을 위해 헌신했지만, 학교에서 그녀의 지위는 노동조합에 가입한 다른 동료들만큼 안정적이지 않았다. 팬데믹 이전에는 아무 문제가 없었지만 팬데믹 때문에 그녀는 다른 미술 교사들과 달리 해고되었다. 상황은 거기에서 끝나지 않고 더욱 나빠졌다. 수입이 없었던 터라 집세를 감당하지 못했고, 결국 아파트에서 쫓겨났다.

"지금 나는 차에서 먹고 자고 생활한다고요!"

이브는 자기도 도저히 믿을 수 없다는 듯 그 말을 몇 번이나 반복했다. 나 역시 믿을 수 없는 일이었다. 그녀는 자기만 유독 꼭 찍어서 부당하게 박해받는다고 느꼈다. 이런 피해의식이 무척이나 강렬했다.

한 시간쯤 뒤에 이브가 그만 가겠다면서 자리에서 일어났다. 나는 그녀에게 나에 대한 생각이 조금이라도 바뀌었는지 물었다.

"잘 모르겠어요."

그 말을 남기고 이브는 자동차에 올라탔고, 곧 자동차는 떠났다.

흥미롭게도 이 이야기는 거기에서 끝나지 않았다. 몇 달 뒤에 그녀가 불쑥 연락을 해왔다. 의료비 모금 크라우드펀딩 캠페인에 기부를 해달라는 내용이었다. 나는 그해 자선기금으로 할당했던 돈을 모두 기부해서 남은 돈이 없다면서 그녀의 요청을 정중하게 거절하는 답장을 보냈다. 그러자 그녀는 격분했다. 그녀의 반응은 매우 공격적이었는데, 거기에는 자기가 부당하게 고통을 당하고 있다는 느낌이 강하게 묻어 있었다. 그녀는 내가 사악한 사람이며 사람들이 나에 대해 하는 모든 말이 사실임을 이제야 확신하게 되었다고 말했다.

엉뚱한 곳에서라도 어떻게든 안도감을 찾으려는 욕구

이브는 제니와 마찬가지로 복합적인 감정에 휘둘리고 있었다. 예측할 수 있는 스트레스, 예측할 수 없는 스트레스, 회복탄력성 부족, 커뮤니티의 붕괴, 고통을 당하고 있다는 느낌 등 이런 감정 가운데 그 어떤 것도 이브와 제니 두 사람에게만 국한되지 않았다. 심지어 이는 우리가 사는 지금 시대나 상황에만 국한된 것도 아니다. 그러나 코로나19 팬데믹 기간에 이 모든 요소가 어떻게 강화되었는지 그리고 이것이 몇몇 사람에게 어떻게 해서 훨씬 더 강력하게 영향을 미쳤는지는 쉽게 알아볼 수 있다.

사람들은 자기가 놓인 환경에서 발생하는 스트레스를 통제하거나 거기에 영향력을 행사할 수 없을 때, 다른 사람이나 사건 앞에서 무력감을 느낄 때, 다른 방식으로 정서적 안정을 찾게 된다. 자기 주변의 조건을 자기 힘으로 통제할 수 없다는 불편한 느낌을 누그러뜨리는 비교적 쉬운 방법은 무엇일까?

아주 간단한 방법이 있다. 현재 일어나는 일을 설명해주는 어떤 이야기(서사)를 찾고 또 비난을 퍼부을 대상을 찾으면 된다. 그 설명이 정확하든 그렇지 않든 그건 중요하지 않다. 그 설명이 진실이 아니라도 상관없다. 그저 그 설명과 비난이 자기에게 어느 정도의 편안함을 가져다주기만 하면 된다. 다른 것은 필요 없다. 다음 장에서는 누군가가 이런 안도감을 찾기 시작할 때 무슨 일이 일어나는지 자세하게 살펴보겠다.

Chapter 4

통제감 회복 수단,
악당 설정하기

증오에는 증오의 즐거움이 있다. 그래서 겁에 질린 사람은 공포라
는 불행에 대한 보상으로 증오심을 키우기도 한다. 더 많이 두려워
할수록 더 많이 증오하게 된다.
— C. S. 루이스(C.S. Lewis), 《스크루테이프의 편지(The Screwtape Letters)》

인간은 예로부터 악당을 사랑해왔다. 악당이 없었다면 고대의 영
웅담부터 오늘날의 블록버스터 액션 영화에 이르는 모든 이야기가
매가리 없이 지루하기만 할 것이다. 좋은 악당은 우리가 도덕적 기준
을 명확히 하도록 도와주고, 극적인 사건과 긴장감을 조성하며, 또 악
의 무리가 패배할 때에는 만족스러운 결말로 이어지도록 해준다. 그
런데 악당은 허구의 세상에만 존재하지 않는다. 역사를 돌아보면, 허
구의 이야기 속에 등장하는 악당이 오히려 착해 보일 정도로 흉악한
인물이 현실에 많이 존재했다. 특히나 요즘 우리 사회에서는 이와 관

련해 불안한 추세가 이어지고 있다. 아돌프 히틀러처럼 정말 혐오스러운 소수의 예외적인 인물에게만 따라붙던 용어가 이제는 자신과 의견이 다른 사람들에게 무차별적으로 붙여지고 있다. 소셜미디어에서 논쟁적인 이슈에 대한 글을 두어 시간만 읽어봐도 수십 명에게 나치, 파시스트, 권위주의자, 학살자 등과 같은 딱지가 붙은 것을 볼 수 있다. 이제는 누군가가 자기 집단과 다른 견해를 가지고 있다고 말하는 것만으로는 충분하지 않다. 그들을 악당으로 만들어야 직성이 풀린다. 예를 들면 이런 식이다. 힐러리 클린턴은 다른 많은 사람과 의견을 달리하는 똑똑한 정치적 자유주의자이자 페미니스트가 아니라 태아를 살상하는 끔찍한 소아 성도착증 조종자임에 틀림없다. 도널드 트럼프는 다른 많은 사람과 의견을 달리하는 뻔뻔하고 야심적인 포퓰리즘 지도자가 아니라 민주주의를 파괴하고 계엄령을 선포하려는 러시아의 파시스트 비밀요원임에 틀림없다. 이런 식으로 악당 취급을 받는 사람들은 이 같은 대통령 후보만이 아니다. 우리가 현실에서 혹은 인터넷에서 만나는 평범한 사람도 얼마든지 악당이 될 수 있다.

나는 나 자신이 악마로 바뀌어가는 전혀 예상치 못한 과정을 겪으면서 이 모든 일을 직접 경험했다. 그 모든 일이 시작된 그날 아침은 앞으로도 결코 잊지 못할 것이다. 잠자리에서 일어나니 소셜미디어 알림이 수십 개나 떠 있었다. 그 무렵에 나는 그런 메시지를 가능하면 피하려고 노력했는데 그러기에는 양이 너무 많았다. 나와 관련된 어떤 일이 일어나고 있는 게 분명했다. 그게 뭔지 확인하면 기분이 더욱 나빠질 게 분명했다. 하지만 확인하지 않고는 배길 수 없었다. 내 이름이 태그된 그 게시글은 다음과 같은 생생하고도 섬뜩한 문단으로 시작되었다.

도살장으로 끌려가는 소가 있다고 치자. 만일 이 소가 자기 형제가 학살당하는 모습을 눈앞에서 보고 또 그들이 흘린 피 냄새를 맡고는 자기도 그렇게 죽을 것이라고 느낀다면, 이 소는 분노해서 마지막 숨이 끊어질 때까지 목숨을 걸고 싸울 것이다. 그러나 이 분야의 산업에는 동물 심리학 전문가들이 있고, 그들은 소가 난동을 부리지 않고 순순히 죽음의 길로 걸어가게 만드는 방법을 안다. 정말 이상적이게도, 도살장으로 끌려가는 소는 다리가 묶여 거꾸로 매달린 채 완전히 무력화되어 도살자의 칼이 번쩍이는 가운데 생을 마감하는 마지막 순간을 맞기 전까지는 자기가 곧 도살당하리라는 것을 전혀 알지 못한다. 인간 의식 공학consciousness engineering도 본질적으로는 이와 다르지 않다. 그것의 목적은 사람이 궁극적으로 자기가 어떻게 될지 모른 채, 겉으로만 보면 순전히 자발적으로, 한 번에 한 걸음씩 최종 목적지로 순순히 걸어가게 만드는 것이다.

존이라는 사람이 이 게시글을 올렸다. 그는 도살장의 소를 이야기한 다음에 나치가 그것과 똑같은 '의식 공학'의 여러 속임수를 사용해서 유대인, 동성애자, 장애인 등을 수백만 명이나 학살한 내용을 상세하게 설명했다. 그리고 거기에 나를 갖다 붙였다. (도살장에서 나치의 가스실로 이어지고 또 댄 애리얼리 교수로 이어지는 과정은 너무도 자연스럽다.)

동물과 인간을 대량으로 학살하는 이들과 마찬가지로 댄 애리얼리야말로 아무런 의심도 하지 않는 순진무구한 사람들을 파멸의 길로 이끄는 '의식 공학 작전'의 책임자라고 존은 설명했다. 특히 그는 내가 실제로 존재하지도 않는 '가짜' 전염병이 진짜로 존재하는 것처럼 믿게 하려고 사람들에게 마스크를 쓰도록 강요하고 손자 손녀가 자기 조부모를 만나지 못하도록 막으며 강제로 백신을 접종하도록 강요하고 또 백신 접종을 거부하는 사람들을 음모론자로 낙인찍어서 '약탈적 시설'에 맞서 싸우는 그들의 신용을 떨어뜨린다면서 나를 비난했다. 그는 또 내가 화상 때문에 절반밖에 나지 않는 수염을 내세워서 피해자 행세를 하고 또 사람들이 나를 그렇게 여기도록 조종해서 사악한 의도를 알아차리지 못하도록 주의를 분산시키는 수법을 쓰고 있다고 했다. 그리고 마지막에 가서는 '실질적인 쟁점'을 처리해야 한다며 "애리얼리가 저지른 범죄에 중노동의 종신형을 선고해야 할지, 아니면 사형을 선고해야 할지" 판단할 재판을 촉구했다.

이 게시글에 달린 댓글과 '좋아요'는 1,000개가 넘었다. 나와 같은 악질 범죄자에게는 사형도 부족하다는 댓글도 있었다. 나와 내 동료 일루미나티는 나치보다 더 나쁘다고 했다. 동물원에 갇혀서 공개적으로 모욕을 당하는 형벌을 받아야 한다고도 했다. 나는 '괴물'로 묘사되었으며 악마나 마귀, 혹은 성경에 나오는 악당 하만**Haman**에 비유되었다.

내가 이 게시글을 인용하는 것은 나를 향한 적대감을 강조하기 위해서가 아니다. 내가 하고 싶은 말은 이런 악마화가 이제 일상적일 정도로 일반화되었다는 것이다. 이 사례는 악당으로 지목된 사람을 대상으로 한 담론에서는 섬뜩하기 짝이 없는 독설도 아무렇지도 않게, 또는 마치 정상적인 것처럼 통한다는 사실을 생생하게 보여준다.

나는 이런 감정을 거의 날마다 접하면서 도대체 왜 이런 일이 일어나는지 궁금했다. 왜 이렇게 극단적일까? 무엇이 이 오신자들로 하여금 이 세상이 그런 악당에 의해 운영된다고 믿게 만들었을까? 앞서 3장에서 살펴보았듯이, 나는 복합적이고 예측할 수 없는 스트레스 경험이 우리 가운데 일부를 어떻게 그토록 극단적으로 몰아넣는지를 이해하기 시작했다. 부당하게 대우받으며 억울하게 고통당한다는 느낌이 어떻게 해서 한층 더 깊은 잘못된 믿음을 만들어내고 또 사회적 유대를 약화하는지 보았다. 나는 그들 가운데 일부가 잘못된 믿음의 깔때기로 첫발을 내딛게 되는 간절한 심정, 도저히 받아들일 수 없는 그 상황에 대한 설명 혹은 통제력을 갖고자 하는 간절한 욕망이 어떤 것인지 인식했다. 그러나 나는 아직 그들이 그곳에서 무엇을 발견했는지는 정확하게 알지 못했다. 나는 잘못된 믿음을 낳은 감정적 어려움과 필요성을 인식했지만, 이런 것들이 가져다주는 감정적인 보상이 무엇인지는 알 수 없었다. 사악한 의도와 은밀한 음모로 가득 찬 부정적인 서사 속에서 그들은 어떤 감정적 안도감을 찾았을까? 왜 더 많은 것을 얻고자 계속해서 그 깔때기 안으로 들어갔을까? 그리고 그들 가운데 일부는 왜 자기가 전혀 모르는 사람을 증오하고 공격하는 유독한 감정에 사로잡혔을까? 이런 것들이 우리가 계속해서 살펴볼 의문이다.

내 생각에는 사람들이 일반적으로 악이 세상을 지배한다는 관점을 저절로 갖게 되는 것 같지는 않다. 사람들은 대부분 세상에 긍정적인 힘이 있다고 믿는다. 관대한 신을 생각하는 사람도 있고, 카르마나 사랑이 지배하는 우주를 믿는 사람도 있다. 그리고 악마 하나가 섞여 있다고 해도 세상은 여전히 좋은 힘이 다스린다고 생각한다. 전체적으로 볼 때 긍정적인 힘이 세상을 지배한다고 믿는 것은 심리적으로 분명히 일리가 있다. 우리가 살아가는 세상을 다스리는 존재가 우리가 잘되기를 바라는 마음을 가지고 있다고 아침에 잠에서 깨어날 때마다 믿는다면, 이런 생각은 우리에게 위안이 되고 도움이 된다. 무언가 일이 잘못되더라도 신/카르마/사랑이 지배하는 우주를 믿는 사람은 스트레스를 덜 받는다. 왜냐하면 어쨌거나 결국에는 긍정적인 힘이 그 모든 것이 다 잘되도록 힘을 쓸 테니 말이다. 실제로 많은 연구에서 종교성이 높을수록 행복지수가 높아지는 것으로 나타났다.

그러나 내가 인터넷에서 만난 사람들은 어디서나 사악함만 보는 것 같았고, 또 그들은 자기 눈에 보이는 것을 종교적 열정을 다해서 열렬히 믿었다. 사악함을 저지르기 위해 고안된 음모는 결코 단순하지 않다. 일반적으로 선의로 보이지만 실제로는 사악하기 짝이 없는 기술을 사용해 뭔가를 통제하거나 파괴하려는 누군가가 매우 복잡하고 정교한 방식으로 개입한다. 흥미롭게도, 암호화된 소셜미디어 플랫폼에서 세상을 개선하고 빈곤과 질병에 맞서 싸우며 수백만 명의 생명을 구하기 위한 비밀스러운 음모에 대해 이야기하는 사람은 많이 찾아볼 수 없다. 사람들이 집중하는 음모는 그와 정반대로 부정적인 것들이다. 그들은 인권 침해, 아동 학대, 부패, 행동 통제와 사고 통제, 악당들이 잘 먹고 잘사는 부조리한 현실 등만 놓고 이야기한다.

나는 이런 질문을 놓고 많은 생각을 한 끝에 악당 찾기는 사람들의 실제 의도가 아니며 또 애초에 악의적인 음모를 찾아 나섰던 것도 아니라는 결론에 도달했다. 오히려 악당을 쫓는 것은 우리 인간의 심리 체계가 스트레스와 공포에 대처하는 방식에서 비롯되는 안타까운 부작용이라고 생각한다. 사람들을 잘못된 믿음으로 떠미는 복잡한 감정적·심리적 욕구에 대해서 내가 이해하게 된 것은, 도덕적으로 흑과 백만 존재하는 세계에서 활동하는 악당에게 집착함으로써 그들의 욕구가 처음에는 부분적으로 그리고 일시적으로 충족된다는 것이다.

박탈감을 느끼는 상태에서 그들은 안도감이라는 형태로 구원받기를 원하고, 잘못된 모든 것의 원흉인 악당의 모습에서 그 안도감을 발견한다. 이 악당 이야기는 복잡할 수 있다. 그러나 이 이야기는 세상을 선과 악이라는 단순한 범주로 나누어 세상이 명확해 보이게 만든다. 여기에서 악당을 찾는 일은 모기에 물린 곳을 긁는 것과 같아서 일시적인 만족감만 줄 뿐이다. 그리고 장기적으로는 상황이 더욱 나빠진다. 그것도 훨씬 더.

이 모든 것에 대한 내 생각을 설명하기 위해서 또 다른 심리적 대처 메커니즘을 비유로 들고자 한다. 그것은 바로 강박 장애obsessive-compulsive disorder, OCD이다.

잘못된 믿음의 깔때기와
강박 장애

어렸을 때 과체중이라는 이유로 따돌림과 괴롭힘을 당했던 에이미라는 젊은 여성이 있다. 그 일을 겪은 뒤로 에이미는 늘 자기 외모를 걱정했다. 이 걱정은 대학교에 진학하고 또 나중에 지역 식품공급 업체에 취직해서 전문가로 일할 때까지도 계속 이어졌다. 시간이 지나면서 부정적인 생각은 더 자주 그리고 더 반복적으로 나타났고, 결국 강박관념이 되었다. 그녀는 자기가 다른 사람의 눈에 어떻게 보이는지 끊임없이 생각했다. 집을 나서서 사람들을 만나러 갈 때는 특히 더 그랬다. 이런 강박적인 생각을 제어하기 위해서 그녀는 집을 나서기 전에 거울로 자기 모습을 확인하고 머리를 매만지고 손을 씻는 습관을 들였다. 그런다고 외모에 대한 걱정이라는 문제가 해결되지는 않았지만, 그래도 이런 행동을 함으로써 그녀는 자기가 어느 정도의 통제력을 가지고 있다고 느낄 수 있었고 따라서 그만큼 마음이 진정되었다. 그러나 시간이 지나자 그녀의 이런 행동은 점점 강박적으로 변했고, 마침내 그녀는 이 행동을 하지 않고서는 아무것도 할 수 없을 지경이 되었다. 이상의 내용은 강박 장애의 일반적인 특성을 단순화해서 설명한 것이다.*

이제 강박 장애의 일반적인 구조(어떤 사람이 가지고 있는 강박적 사고 그리고 그가 그나마 스트레스를 견딜 수 있게 도움을 주는 강박적인 행동이 대표적이다)가 어떻게 해서 오신자가 추구하는 위안에 대한 유용한 비유가 될 수 있는지 살펴보자. 이 문제와 관련해서 내가 염두에 두는 발상이 하나 있다. 그것은 에이미가 손을 씻는 행동을 통해서 어느 정도 위안을 찾는 것과 마찬가지로 오신자도 자기가 속한 세상에서 일어나는 나쁜 일에 대해 원흉이라고 비난할 사람을 찾는 데 몰두하면서 위안을 찾는다는 발상이다. 자기에게 일어나는 나쁜 일의 전모를 자기가 온전하게 파악한다고 느낄 때 그들은 그 일에 대해 어느 정도의 통제력을 가진다고 느낀다. 적어도 한동안은.

물론 이것이 완벽한 비유는 아니다. 손을 씻는 행동과 세상에서 일어나는 잘못된 일의 원흉인 악당을 찾는 것 사이에는 몇 가지 중요한 차이가 있기 때문이다. 그러나 심지어 이런 차이조차도, 오신자가 악

---

* 우리가 살아가는 경쟁 사회에서 '가벼운 강박 장애'를 갖는 건 당연하다고 주장하며, 때로는 이것을 명예로운 훈장처럼 여기기는 사람도 있다. 그러나 강박 장애는 결코 선물이 아니며, 파괴적인 결과를 초래할 수도 있는 심각한 심리 상태이다.

당을 찾아내고자 노력함으로써 충족하고자 하는 깊은 욕구의 실체가 무엇인지, 또 오신자의 그런 노력이 결국 그들을 잘못된 믿음의 깔때기 속으로 밀어 넣게 되는 이유가 무엇인지 이해하는 데 도움이 될 수 있다.

손 씻기는 날마다 반복되는 동일한 행동이지만 어떤 악당을 찾는 일은 매일같이 확장된다. 인터넷에 접속할 때마다 새로운 동영상이 있고 더 많은 정보가 있으며 새로운 연결점이 있고 더 많은 발견이 있다. 그리고 이런 것들은 규모가 한층 더 큰 함정을 오신자 앞에 내놓는다.

에이미를 톰이라는 청년과 비교해보자. 톰은 뚱뚱한 외모 때문이 아니라 자기가 속한 세상에서 일어나는 일 때문에 스트레스를 받고 걱정한다. 그는 특히 기후변화에 대해 걱정을 많이 한다. 그는 산불과 허리케인으로 집을 잃은 사람들을 알고 있다. 이런 이야기를 접하면서 그는 두려움에 떤다. 과학은 그를 혼란스럽게 한다. 그의 생각은 강박적으로 변한다. 그는 이 모든 일이 왜 계속해서 일어나는지 그 이유가 절실하게 궁금하다. 그는 자연스럽게 인터넷에 접속한다. 이런 톰에게는 손 씻기와 같은 행동이 효과가 없다는 점을 분명히 알아야 한다. 톰은 기후변화라는 현상을 온전하게 이해할 수 있는 설명을 찾고 있다. 그는 이 매우 나쁜 현상에 대한 설명을 찾고자 하기 때문에 자비로운 신이니 뭐니 하는 설명만으로는 충분하지 않다. 톰이 찾는 것은 사악한 메커니즘이다. 지금 현재 일어나는 현상의 원흉이며 또 그 모든 비난의 대상으로 삼을 메커니즘 말이다.

톰은 기후변화가 화석연료 사용과 관련이 없다고 설명하는 동영상 하나를 찾아낸다. 이 동영상이 설명하기로는 기후변화는 정부가 비밀리에 수행하는 지구공학 실험 때문에 빚어진 결과이다. 이 내용을 접하고 톰은 충격을 받는다. 그러나 이제 그 문제를 더 잘 이해하게 되었다고 느끼기 때문에 마음은 한결 평온해진다. 이제야 세상을 조금 더 잘 알 수 있게 되었고, 이런 사실이 그에게 위안이 된다. (이런 심리 상태는, 에이미가 집을 나서기 전에 손을 씻고 처음으로 편안함을 느꼈던 것과 똑같다.) 그러나 이런 마음의 평온함은 톰의 스트레스와 걱정을 근본적으로 해결하지 못하며(이것은 에이미의 경우와 마찬가지이다) 곧 그는 동일한 치료법을 다시 필요로 한다. (이 또한 에이미의 경우와 마찬가지이다.) 톰은 다시 인터넷으로 돌아가는데, 이번에는 검색 결과가 그에게 약간 다른 방향을 일러준다. 그 덕분에 그는 고주파 활성 오로라 연구 프로그램High-frequency Active Auroral Research Program, HAARP이라는 시설을 알게 된다. HAARP는 알래스카에 실제로 존재하는 시설이다. 톰은 구글어스 앱으로 과거 알래스카 군사연구 시설의 사진들을 찾아낸다. 그리고 HAARP가 대기 중의 금속 입자를 진동시키는 방식으로 허리케인과 지진과 홍수를 일으킬 수 있다는 사실을 배우고, 또 기후변화와 관련해서 떠도는 모든 이야기가 HAARP 때문에 빚어진 치명적인 영향을 은폐하기 위해 고안된 거짓말이라는 사실을 배운다. 톰은 이 모든 것이 맞아떨어진다고 생각한다! 이어서 톰은 비행기가 대기에 유해한 화학물질과 금속을 뿌리면 HAARP가 전파를 동원해서 이것을 '활성화excite'해서 기상 상태를 바꾸는 방법을 설명하는 정보를 읽는다. 톰은 공군에서 복무하는 사람의 가족이 올린 게시글을 찾아서 읽고는 자기가 읽었던 내용과 다르지 않다는 사실을 확인한다. 집으로 걸어가던 그는 하늘에서 얼마나 많은 제트기가 흰색 구름을 남기면서 날아다니는지를 새삼스럽게 발견한다. 그날 밤, 톰은 다시 연구 활동에 돌입했고, 그 모든 것에는 이유가 있음을 깨닫는다. 즉 정부가 지구 자원을 파괴하면서까지 신냉전 상황에서 날씨를 대량 살상무기로 사용하고 또 자국민을 한층 더 강력하게 통제하려 드는 음모가 진행되고 있다는 깨달음을 얻은 것이다.

이상의 내용을 보면 인터넷에서 정보를 검색하려는 강박적인 충동인 톰의 대처 메커니즘이 에이미의 대처 메커니즘인 손 씻기와 전혀 다름을 알 수 있다. 손 씻기와 달리 인터넷 정보 검색은 내용 면에서 매번 다르다. 톰이 하는 인터넷 정보 검색은 그를 사악한 음모와 악당으로 가득한 복잡한 세계로 점점 더 깊이 끌어들이며 대체 현실 **alternate reality**을 엮어낸다. 톰이 그곳으로 깊이 들어갈수록 세상의 모든 것을 바라보는 그의 견해는 그만큼 더 많이 바뀐다. 이렇게 해서 톰은 잘못된 믿음의 깔때기 안으로 뚜벅뚜벅 걸어간다.

강박 장애와 잘못된 믿음의 또 다른 중요한 차이점이 있다. 강박적인 행동은 비록 사람을 쇠약하게 만들기는 하지만 손 씻기는 장기적으로 해로움을 끼치지도 않고 또 사람을 바꿔놓지도 않는 중립적인 행동이다. 반면 잘못된 믿음은 사람을 근본적인 차원에서 부정적으로 바꾸어놓을 수 있다. 문제의 그 믿음이, 세상을 장악해서 사람들을 파괴하며 우리 삶의 모든 측면을 통제하려는 비열한 인물과 관련되었을 때는 더욱더 그렇다.

끊임없이 확장되는 자료(특히 인터넷에서)와 필연적으로 사악한 인물을 중심으로 돌아가는 설명이라는 두 가지 특성은 강박 장애와 잘못된 믿음을 구별하는 중요한 특징이다. 그뿐 아니라 이 두 요소는 잘못된 믿음의 깔때기를 심리적으로 해롭고 또 벗어나기 매우 어렵게 만든다.

분명 상상 속에 존재하는 악당에게 모든 잘못의 책임을 돌리는 어떤 설명(이야기, 서사)을 찾는 것은 문제가 무엇이든 간에 현실적인 해결책이 아니다. 이런 식의 접근법은 기후변화, 실직, 혼란, 공포, 불안, 사회적 학대 등을 해결하는 데 도움이 되지 않는다. 그러나 단기적으로는 위안이 된다. 이것은 지식과 통제력이 생겼다는 느낌을 만들어냄으로써 단기적으로는 당사자의 기분을 좋게 해준다. 만일 톰이 혼란과 걱정에 휩싸여 있을 때 전체적인 심리적 만족도가 얼마나 되느냐고 물으면 아마도 그는 "10점 만점에 5점"이라고 대답했겠지만, 첫 번째 동영상들을 본 뒤에는 "10점 만점에 6점"이라고 대답했을 것이다. 1점이 늘어났다! 비난받아 마땅한 악당을 찾아내면 심리적으로 위안이 된다. 지금 일어나고 있는 일의 본질이 무엇인지 알고, 또 더 중요하게는 그것이 자기 잘못이 아님을 알게 되면 얼마나 큰 위안이 되는지 모른다. 악당인 다른 누군가의 잘못이다! 그러나 톰이 가장 최근에 발견한 사실에 집착하고 또 그의 세계관이 어두워지면서, 그의 행복지수는 처음보다 더 낮은 수준으로 떨어진다. 이 수준을 10점 만점에서 4점이라고 치자. 그래서 그는 자기 자신에게 '어떻게 하면 기분이 나아질까?'라고 묻는다. 그러고는 지난번에 기분이 좋아졌던 일을 기억한다. 그래서 그는 온라인으로 돌아가서 다른 동영상들을 더 많이 찾는다. 그러면 일시적으로 기분이 다시 좋아진다. 그러나 장기적으로 보면 기분은 점점 더 나빠진다. 그가 증오와 강박적 사고라는 토끼굴 아래로 더 깊이 빠져들면서(《이상한 나라의 앨리스》의 앨리스는 토끼굴에 빠지면서 그 모든 이상한 경험을 한다-옮긴이) 그에게 단기적인 위안을 주는 활동은 그의 신념 체계를 바꾸어놓고, 처음에 그가 해

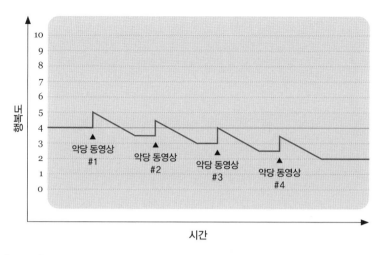

[도표-3]　　　　　　　　　　　　　　**악당 찾기의 의도치 않은 결과**

스트레스를 받는 사람은 비난의 대상으로 삼을 악당이 등장하는 동영상을 볼 때마다 단기적인 위안을 느끼지만 이 위안은 장기적으로는 더 나쁜 상태를 유도한다. 이 악화 과정은 시간의 흐름을 따라 반복되며, 장기적으로는 그 사람의 전반적인 행복도가 낮아진다.

소하려고 했던 공포와 불안에 '관심을 더 많이' 갖게 만들고, 심지어 거기에 집착하게 만든다. 그리고 이 과정은 느리긴 하지만 꾸준하게 진행된다([도표-3] 참조). 단기적인 위안과 장기적인 악화라는 이런 양상은 잘못된 믿음의 깔때기를 그토록 매혹적인 동시에 파괴적으로 만드는 여러 요인 가운데 하나이다.

유용한 팁

모호한 상태를 즐기는 법 배우기

모호함은 대개의 사람에게 불편한 느낌이다. 그래서 우리는 뭔가 잘못됐다고 생각하면서도 엉뚱한 사람을 악당으로 만드는 잘못된 선택을 서둘러 하는 경향이 있다. 그러나 사실 모호함은 생산적일 수도 있고, 심지어 긍정적인 상태일 수도 있다. 우리 연구자들은 연구를 수행할 때 자기 스스로나 학생 그리고 동료가 모호함이라는 상태를 즐기도록 장려한다. 해답을 모를 때 진정한 지식이 생겨날 수 있으므로 천천히 신중하게 생각하면서 현실에서 실제로 일어나는 일의 본질을 알아내는 과정을 즐기는 게 가장 좋다. 하지만 안타깝게도 모호함에 대한 이런 사랑은 흔치 않은 마음가짐이다. 보통은 빠르고 명확한 해답을 원한다. 스트레스를 받을 때는 특히 더 그렇다. 어떤 사람에게는 모호함을 싫어하는 이런 태도가 잘못된 믿음에 빠지는 원인으로 작용한다. 성급하게 결론을 내리지 않고 여러 가지 가설을 염두에 두며 새로운 정보와 가능성에 마음을 열어두는 능력이야말로 잘못된 믿음에 빠져들지 않는 데 있어 관건이다. 사람들은 확신과 자신감을 높이 평가하기 때문에 이를 추구하는 경향이 있다. 그러나 모호한 상태를 인정하고 즐기는 법을 배운다면 여러모로 훨씬 더 유리해질 것이다.

모호한 상태를 즐기는 법을 배울 수 있다는 발상은 언뜻 인간의 본성에 어긋나는 것처럼 보인다. 기본적으로 인간은 확실성을 원하지 않는가? 조금이라도 망설인다면 뭔가 잘못되었다는 뜻 아닌가? 모호함을 선호하는 태도가 자연스럽게 생기지 않을 수도 있지만, 인생의 다른 좋은 것과 마찬가지로 노력으로 획득할 수 있다. 처음에는 싫었지만 나중에 좋아하게 된 것으로 무엇이 있는지 잠시 생각해보라. 아마도 커피, 술, 실험적인 재즈, 또는 시거나 매운 음식이 거기에 포함될 것이다. 이런 것을 좋아하게 되었다면 모호함을 좋아하게 되고 이를 즐기고 포용하는 법을 배우지 못할 이유가 없다. 내 생각에는 얼마든지 가능하다. 가능할뿐더러 매운맛 소스를 좋아하게 되는 것보다 훨씬 쉽다. (매운맛 소스는 혀의 통각 수용체를 직접 자극함에도 불구하고 우리는 매운맛 즐기는 법을 배울 수 있다.) 모호함을 좋아하는 취향을 갖기만 한다면, 이것이 자신의 삶을 더욱 흥미롭게 만들어준다는 사실을 깨달을 것이다.

의도되지 않은 고통과
의도된 고통

지금부터는 톰이 그랬던 것처럼 비난의 대상으로 삼을 악당을 찾았을 때 어떤 일이 일어나는지 그리고 그것이 왜 파괴적인 순환을 촉발하는지 자세히 살펴보자. 앞에서 설명한 대로 톰은 더 큰 통제감을 획득하면서 위안을 느낀다. 처음에는 그렇다. 그는 이제 자기가 왜 그렇게 스트레스를 받으며 불안해하는지 안다. 단지 무작위적인 혼란 때문이 아니라 어떤 악당이 존재하기 때문이었다. 앞서 3장에서 제니와 이브의 이야기에서 보았듯이 힘든 고통을 당하고 있다는 느낌 뒤에는 어떤 존재가 전제된다. 즉 '누군가가' 나쁜 행위를 하고 있다는 뜻이다. 톰이 겪는 스트레스 뒤에는 의도가 존재한다. 이 의도는 악당을 찾는 데서 느끼는 위안의 지속 시간을 더욱 짧게 만들고 결국 스트레스를 더욱 심화한다. 커트 그레이**Kurt Gray**와 대니얼 웨그너**Daniel Wegner**는 의도의 중요성 및 그것과 스트레스의 관계를 규명한 아름다운 연구를 고안했다. 두 사람은 이런 질문을 내걸었다. 어떤 사람이 나쁜 경험을 하고 있는데 이 경험이 누군가의 의도에 따라 자신에게 의도적으로 가해진다고 믿을 때, 그는 그런 생각을 하지 않을 때보다 상처를 많이 받을까?

그레이와 웨그너의 실험은 다음과 같이 진행되었다. 당신이 대학생이고 이 실험의 피실험자라고 치자. 실험실에 도착하면 실험 진행자가 당신을 다른 참가자인 로라에게 소개한다. 그리고 두 사람에게 각기 다른 방에 들어가서 앉으라고 한다. 당신이 들어간 방에는 모니터 화면이 켜져 있고, 거기에는 당신이 수행해야 할 작업 두 가지가 설명되어 있다. 하나는 '불편함 평가'라는 것인데, 전기 충격을 경험한 후 그 충격의 등급을 평가하는 작업이다. 다른 하나는 고통을 수반하지 않는 것으로, 두 개의 소리를 들은 다음에 어느 소리가 더 높은지 식별하는 작업이다. 당신이 바라보는 모니터 화면은 그 두 개의 작업 가운데 하나를 당신이 수행하게 된다고 일러준다. 그런데 당신이 어떤 작업을 수행하게 될지는 당신이 아니라 옆방에 있는 로라가 결정하며, 로라도 모니터 화면을 통해서 당신과 자신이 각각 무슨 작업을 할지 확인한다는 사실도 일러준다.

얼마 뒤에 로라의 선택이 모니터 화면에 표시된다. 로라는 당신이 전기 충격을 받는 경험을 하는 것으로 결정했다. 당연한 얘기지만 당신은 조금 화가 난다. 그리고 조금 뒤에 경험해야 할 고통에 두려움을 느끼기 시작한다. 왜 로라는 굳이 당신이 전기 충격을 받도록 했을까? 다른 선택을 할 수는 없었을까? 당신에게 무슨 불만이라도 있는 걸까? 사실 당신은 로라가 누구인지 잘 알지도 못한다. 이런저런 생각으로 짜증이 나고 마음이 불편한 당신은 어쨌거나 전기 충격을 경험하고, 그런 다음 이 충격이 얼마나 불편한지 평가해서 등급을 매긴다.

자, 그런데 이번에는 기본적인 시나리오는 똑같지만 딱 한 가지만 다르게 진행된다고 생각해보자. 실험 진행자는 당신에게 실험에 대해 설명하면서, 로라가 선택하게 될 버튼이 사실은 반대로 설정되어 있으며 로라는 이 사실을 모른다고 말한다. 즉 로라는 당신이 수행하길 바라는 작업이 아닌 다른 작업을 선택하게 된다는 말이다. 드디어 당신의 모니터에, 당신이 하게 될 작업이 표시된다. 전기 충격을 받는 경험을 해야 한다. 당신은 당연히 조금은 실망도 하고 짜증도 나겠지만, 이것이 로라의 의도가 아님을 잘 안다. 사실 로라는 당신이 전기 충격 경험을 하지 않길 바랐으니까. 아무튼 실험이 진행되고 당신은 전기 충격을 받는다. 그리고 이번에도 그 충격의 불편함을 평가해서 등급을 매긴다. 이 실험에서 제기하는 질문은 다음과 같다.

"이 두 가지 설정 아래에서 동일한 강도의 전기 충격을 받을 때, 피실험자는 그 둘의 충격을 동일하게 느낄까, 아니면 다르게 느낄까?"

즉 같은 강도의 충격이라도 아무도 의도하지 않은 충격이라면 그 것을 상대적으로 덜 고통스럽게 느끼지 않을까 하는 것이 실험 가설이었다.

이 질문에 대한 대답은 "맞다, 다르게 느낀다"로 밝혀졌다. 충격의 강도에는 의도가 중요하게 작용하며, 의도의 존재 여부에 따라서 그 강도가 다르게 느껴진다. 두 가지 경우에서 신체에 가해지는 통증의 강도는 동일했지만, 자신이 전기 충격을 받도록 파트너가 고의로 선택했다고 생각한 피실험자는 그런 의도가 전혀 없던 상태에서 고통이 가해졌다고 생각한 피실험자보다 불편함의 강도를 높게 평가했다. 의도되지 않은 고통보다 의도된 고통이 더 아프다는 말이다. 고통은 외부적인 조건과 주관적인 해석이 결합되어 작용한다.

또 실험 결과, 의도되지 않은 고통을 받은 사람은 그 고통이 반복될 때 고통의 강도가 줄어들었다고 대답했다. 다시 말해, 온갖 종류의 반복적인 경험에 대해 우리가 흔히 그렇듯 그들은 그 고통에 익숙해졌다. 그렇다면 의도된 고통을 받은 사람은 어땠을까? 실험 내내 고통의 강도가 전혀 변하지 않았다고 대답했다. 의도되지 않은 고통에는 적응하지만 의도된 고통에는 적응하지 않는 이런 선택적 적응은, 인생을 살아가면서 경험하는 많은 것에 익숙해진대도 고통 뒤에 숨은 악의적인 의도에는 계속해서 주의를 기울일 수밖에 없음을 암시한다. 그래서 매번 고통의 강도가 같을 수밖에 없다.

옆방에 앉아서 자기가 전기 충격을 받도록 조작하는 사람이 없기를 바라는 마음은 누구나 똑같다. 그러나 우리 일상에서는 누군가의 의도 때문에 고통스러운 경험이 한층 더 크게 느껴지는 사례를 쉽게 볼 수 있다. 코로나19 팬데믹 기간에 많은 사람에게 그런 일이 일어났다고 나는 믿는다. 그들은 톰이 그랬던 것처럼 스트레스와 불안을 느끼며 그 모든 것의 배후에 무엇이 있는지 답을 찾아 나섰으며, 그 과정에서 인터넷에서 접한 문건이나 동영상을 보고는 코로나 바이러스 및 그에 따른 온갖 규제의 배후에 사악한 사람들이 있다고 확신하게 되었다. 그들은 일시적인 위안을 느꼈지만, 그 위안이 사라지자 심리적인 상태는 예전보다 더 나빠졌다. 지속적이고 예측할 수 없는 스트레스를 견뎌야 하는 것만으로도 상황은 충분히 고약하다. 그런데 누군가의 악의 때문에 그 스트레스를 견뎌야 한다는 생각을 하면 고통은 훨씬 더 커진다. 충격을 잠시만 참으면 됐던 의도적 고통 실험의 피실험자와 달리, 코로나19로 인한 일련의 스트레스로 고통받는 우리는(이런 스트레스를 받지 않은 사람은 없을 것이다) 거의 3년 동안이나 만성적인 스트레스에 시달렸다. 자, 우리 가운데 일부가 자신의 고통이 누군가의 의도에 따른 것이라고 결론을 내리고 또 그래서 그 고통을 한층 더 강렬하게 느꼈다면 그들은 어떻게 했을까? 전에도 자기 기분을 개선해준 바로 그 일을 했다. 즉 그 모든 것을 설명해주는 해답, 악당과 사악한 음모를 찾아 나섰다. 그리고 그런 것들을 발견할 때마다 그들은 잘못된 믿음의 깔때기 안으로 점점 더 깊이 빨려 들어갔다.

어떤 악당이든 일단 악당이 지정되고 나면, 새로운 고통이 생길 때마다 그것을 악당 탓으로 돌리면 되니까 정말 간편하고 좋다. 누군가가 사악한 의도를 품고 있다고 확신하면, 새로운 범죄가 발생할 때마다 굳이 따로 더 조사하는 수고를 할 필요도 없다. 무조건 그 사람을 가리키기만 하면 된다. 예를 들어 톰도 그렇다. 또다시 어떤 무서운 기상이변 사건 관련 문건을 읽거나 충격적인 기온 상승 통계치를 접할 때, 그는 별다른 조사나 망설임 없이 HAARP나 권력에 굶주린 정부를 비난했다. 아마도 당신도 톰과 다르지 않을 것이다. 만약 그렇지 않다고 생각한다면 당신이 매우 싫어하는 정치인을 떠올리고 그에 대해 잠시 생각해봐라. 나는 도널드 트럼프를 떠올리겠다. 미국 인구의 상당 부분이 트럼프를 선택할 테니까. 물론 당신은 자신의 정치적인 신념에 따라서 다른 사람을 선택할 수도 있다. 자, 이제 스스로에게 물어라.

'도널드 트럼프가 러시아 매춘부와 잠을 잤다거나 푸틴 대통령과 은밀한 거래를 한다는 이야기를 듣거나 뉴스 헤드라인을 읽는다고 치자. 이때 내가 보일 첫 반응은 무엇일까?'

많은 사람이 따로 직접 팩트 체크를 할 것도 없이 그 이야기를 그대로 받아들인다고 대답할 것이다. (솔직하다면 분명히 그렇게 대답할 것이다.) 왜 그럴까? 이유는 단순하다. 많은 사람이 트럼프는 악당이라고 이미 판단을 내려뒀기 때문이다. 그리고 사람들은 누구나 (정치적 스펙트럼에서 어느 위치에 있든 상관없이) 악당 비난하기를 무척 좋아하기 때문이다.

유용한 팁

악의 탓으로 돌리지 마라

우리에게 나쁜 일이 일어났고 또 그 일이 누군가의 의도에 따라서 일어났다고 생각할 때, 고통은 한층 더 커진다. 개인적으로 나는 핸런의 면도날Hanlon's razor이라는 원리를 약간 변형한 버전을 주장하려 한다. 본래 핸런의 면도날은 "어리석음stupidity으로 충분히 설명할 수 있는 것을 악의malice 탓으로 돌리지 말라"고 말한다. 그러나 '어리석음'이라는 단어는 포괄적 용어이며, 나는 핸런의 면도날의 본래 의도는 사실 어리석음에 관한 것이 아니라 비합리성 및 인간 본성의 오류에 관한 것이라고 믿는다. 그래서 원래의 버전을 약간 수정하면 다음과 같이 된다. "인간 본성의 오류로 충분히 설명할 수 있는 것을 악의의 탓으로 돌리지 말라." 이는 자기나 자기가 사랑하는 사람에게 나쁜 일이 일어날 때, 그 일에 내재된 근본적인 이유를 한층 더 깊이 살펴보고 누군가의 의도나 악의가 아니라 실수, 세심함 부족, 충동, 격렬한 감정, 또는 그 밖의 모든 인간적인 특성에서 그 일이 일어날 수밖에 없었다는 설명을 구해야 한다는 뜻이다.

약간 수정된 버전의 핸런의 면도날 원칙을 믿으면 고의성에 따른 고통을 조금은 덜 수 있을 뿐 아니라, 무엇이 잘못되었는지에 대한 실제 이유를 이해하고 잘못을 개선하는 경로를 단순화할 가능성이 높아진다.

오신자는 왜 복잡한
서사에 이끌릴까

오신자가 퍼트리는 이야기는 어둡고 부정적이기만 한 게 아니다. 놀라울 정도로 복잡하기도 하다. 물론 그들의 마음속에서 그것은 결코 허구로 꾸며낸 이야기가 아니다. 예를 들어, 제약사가 수익을 늘리려고 코로나19 백신의 개발 및 테스트 기간을 비상식적으로 짧게 설정한다거나 FDA와 대중에게 정보를 숨긴다고 주장하는 것만으로는 충분하지 않다. (사실, 이런 혐의를 입증할 증거는 전혀 없다.) 빌 게이츠와 일루미나티가 지구의 인구를 줄이고 기술주의 사회technocratic society를 만들기 위해 음모를 꾸미고 있다는 이야기까지 넘어간다. 그들은 이 목표를 달성하기 위해서 코로나19라는 새빨간 거짓말을 만들어냈고, 그다음에는 부작용으로 사람을 죽이는 것도 모자라서 여러 세대에 걸쳐서 여성과 남성 모두의 생식능력을 손상하는 효과를 발휘하는 백신을 만들어냈다. 이 이야기는 여기서 끝나지 않는다. 바이러스와 사망에서 비롯되는 공포를 앞세워서 정부는 시민을 격리하고 또 개인의 백신 접종 상태를 알려주는 '녹색 여권'을 모든 시민이 소지하도록 강요할 것이다. 이는 절대적인 복종과 인권 상실로 나아가는 첫 번째 중요한 단계이다. 물론 이는 단지 최상층에서 일어나는 일과 관련된 줄거리일 뿐이다. 세부적인 사항으로 들어가면 훨씬 더 복잡해진다. 예를 들어 mRNA 백신(유전정보 전달 단백질을 이용해 개발하는 백신의 한 종류-옮긴이)의 작동 방식에 대한 주장 등이 그렇고, 빌 게이츠가 화이자Pfizer라는 제약사를 소유하고 세계보건기구를 통제하고 있다는 주장이나, 각국의 중앙은행과 디지털 화폐가 시민 통제에서 수행하는 역할을 설명하는 온갖 이론이 그렇다. 이런 이야기는 정말 끝없이 이어진다. 이 이야기가 설령 파괴적인 영향을 끼치지 않았다고 하더라도 역대 최고의 막장 드라마가 되고 있음은 분명한 사실이다.

처음 이 이야기를 접했을 때 나는 이야기 구성이 너무도 복잡해서 당혹스러웠다. 일반적으로 내가 관찰하고 깨달은 내용을 토대로 하자면, 기본적으로 사람들은 자기를 둘러싼 세상을 설명하기 위해 동원하는 이야기에서 단순성을 중요하게 여기며 선호한다. 해피 엔딩의 동화처럼 단순한 구조를 따르는 러브스토리가 얼마나 많은지 생각해보라. 또 쉽게 예측할 수 있는 동일한 구조의 슈퍼히어로로 이야기가 얼마나 많은지 생각해보라.

단순성에 대한 이런 선호는 과학의 중요한 지도 원리이기도 하며, 종종 오컴의 면도날Occam's razor로 일컬어지는 경험칙이기도 하다. 이 법칙은 기본적으로 변수가 가장 적은 가장 간단한 설명이야말로 부적절하다고 입증되지 않는 한 사람들이 가장 선호한다는 발상을 따른다. 명확하게 해두고 싶어서 강조해서 말하자면, 오컴의 면도날은 가장 단순한 설명이 언제나 옳다는 말이 아니라, '이것'보다 '저것'이 더 올바르다고 판단할 어떤 데이터가 없다면 가장 간단한 설명을 선택해야 한다는 말이다.

단순성 선호가 내 연구의 많은 부분을 이끌었다. 내 생각에는 사회과학의 여러 목표 가운데 하나는 우리를 둘러싼 세상에 대해 가능한 많은 것을 설명할 수 있는 몇 가지 핵심적인 원리를 찾는 것이다. 예를 들어, 현금을 지출하면 마음이 아프지만 그 지출을 눈으로 바라보지 않거나 거기에 주의를 기울이지 않으면 마음이 덜 아프다는 지불의 고통**pain of paying**이라는 원리가 있다. 이 발상을 이해하면 다음 여러 가지 현상을 쉽게 이해할 수 있다. 왜 사람들은 신용카드를 사용할 때 과소비를 할까? 식당에서 돈을 낼 때 현금으로 결제하면 신용카드로 결제할 때보다 마음이 더 불편한 이유는 무엇일까? 왜 사람들은 비용이 더 많이 들더라도 올인클루시브**all-inclusive**(식사, 음료, 액티비티 등 모든 것이 숙박비에 한꺼번에 포함되는 서비스-옮긴이) 휴가 계획을 선호할까? 집을 리모델링할 때 흔히 애초의 예산을 초과하는 이유가 무엇일까? 등등.

이처럼 사람들이 단순함을 선호하는데도 오신자들이 내놓는 이야기는 왜 그렇게 복잡할까? 그들은 오컴의 면도날 원리를 고수하지 못할뿐더러 온갖 변수와 간접적인 요인을 추가로 동원해서 일부러 자기 이론을 복잡하게 만든다.

예를 들어서 매우 흥미로운 음모론 가운데 하나인 지구가 평평하다는 주장을 보자. 내가 이 주장이 흥미롭다고 생각하는 이유는, 지구가 실제로 평평하려면 음모의 규모가 엄청나게 커야 하기 때문이다. 모든 정부는 진실을 알지만 이를 숨겨야 한다. 비행 경험이 있는 모든 조종사는 자기가 내려다본 지구의 진실을 숨겨야 한다. 물론 우주 프로그램 역시 실제 현실일 수 없으니, 이 프로그램과 관련된 모든 사람은 진실을 알면서도 비밀을 유지해야 한다. 그리고 또 수많은 사람이 평평한 지구를 둘러싼 돔에서 태양과 구름을 움직이고 바람을 만드는 등의 작업을 해야 한다.

이게 다가 아니다. 지구가 평평하다고 믿는 일부 사람은 한층 더 복잡한 또 하나의 반전 요소를 이 이야기에 추가했다. 바로 호주가 이 세상에 존재하지 않는다는 주장이다.

"호주라는 나라와 그곳에 거주하는 2,600만 명의 사람들은 실제로 존재하지 않으며 거대하고 정교한 사기의 일부분일 뿐이다. 우리가 언론에서 보는 호주인은 실제로 NASA(미국 항공우주국)로부터 돈을 받고 고용되어 호주인인 척하는 배우이다. 혹은 컴퓨터로 생성된 존재다. 어떤 사람이 '아니야, 말도 안 돼, 내가 직접 호주에 다녀왔는데!'라고 말을 할 수도 있지만, 그는 사실 앞서 언급한 배우들이 사는 남미의 어느 외딴 지역에 다녀왔을 뿐이다."

그런데 이렇게 거짓말을 하는 '이유'가 뭘까? 굳이 그렇게 가짜 국가를 만들면서까지 애를 쓰는 이유가 뭘까? 오신자는 이 질문에 대한 대답도 가지고 있다. 이 모든 것이 과거 영국인의 조치에서 비롯되었다.

"그때 영국인은 범법자를 모두 없애버리고 싶어 했다. 당신도 아마 과거에 영국이 범법자를 호주나 뉴질랜드로 보냈다는 내용을 학교에서 배웠을 것이다. 그러나 호주 회의론자들에 따르면 실제로 그 범법자들은 바다 한가운데 버려져 익사했다. 두 발로 통통 튀듯이 뛰어다니는 캥거루나 귀여운 코알라나 낯두꺼운 범법자가 거주하는 지구 반대편에 있는 섬이라는 발상은 모두 그 대량학살 행위를 은폐할 목적으로 조작되었다."

나는 이 주장을 읽고는 호주 친구들에게 보내는 이메일에 이렇게 썼다.

"정말 안타깝군요. 당신이 진짜로 내가 생각하는 그런 사람으로 존재한다고 생각할 때 우리의 우정은 정말 멋지고 좋았는데…."

그러자 나의 호주 친구 역할을 맡은 배우들은 자기가 진짜라고 주장했다. 어떤 사람들은 자기가 가짜임이 밝혀졌음에도 그 진실을 인정하려 들지 않았다.

지구가 평평하다는 주장을 감추기 위한 음모와 관련되었을 사람이나 정부나 기관의 수가 얼마나 많은지 상상하자면 그 음모는 엄청나게 매혹적이다. 예를 들어 당신이 다섯 명에게만 당신의 비밀을 알려줬다고 치자. 이때 당신의 비밀이 유출될 확률은 매우 높다. 벤저민 프랭클린Benjamin Franklin도 "세 사람이 비밀 하나를 지킬 수 있다. 단, 조건이 있다. 이 셋 가운데 두 명이 죽어야 한다"라는 유명한 말을 하지 않았던가. 그런데 지구가 평평하다는 음모론이 사실이려면 수십만 또는 수백만 명이 비밀을 지켜야 하는데, 과연 가능한 일일까?

음모론이 이렇게 복잡한 이유가 그저 우연일 뿐이라고 누군가는 주장할 수 있다. 예컨대 음모론의 구성 방식과 이 구성에 참여하는 사람의 수 때문에 음모론이 불필요할 정도로 복잡해졌다고 주장할 수 있다. 그러나 심리적인 관점에서 접근하면 그런 복잡성에는 몇 가지 심리적 이점이 뒤따른다는 점을 알 수 있다.

첫째, 복잡한 이야기에는 더 많은 세부사항과 뉘앙스가 있기 때문에 전달하고 싶은 말이 명백히 훨씬 더 많이 담겨 있다. 결과적으로 시간이 지나 새로운 정보가 드러나면 이야기가 더 풍성해질 수 있다. 따라서 이런 복잡한 스토리텔링을 통해서 이득을 보는 사람은 더 오랫동안 계속해서 이득을 볼 수 있다. 이런 관점에서 보자면, 어떤 잘못된 믿음 하나를 중심으로 해서 거대한 미디어 제국을 만들고 싶은 사람이 있다면 아마도 그는 시간의 흐름에 따라 진화할 수 있을 만큼 충분히 복잡한 이야기를 만들어내려고 할 것이다. 실제로 미국의 유명한 극우 성향 라디오 진행자인 알렉스 존스**Alex Jones**가 그랬다. 정부의 경제 정책이나 교육 철학에 동의하지 않는 어떤 웹사이트가 있다고 치자. 사람들은 이 웹사이트에 얼마나 자주 방문할까? 기껏해야 한번 슬쩍 들른 다음에 자기 의견을 댓글로 써서 올리고는 떠나버릴 것이다. 그러나 할리우드의 유명 스타나 세계적인 명사로 구성된 비밀 소아성애자 집단의 행태를 폭로하는 웹사이트가 있다고 치자. 여기에서는 이야기가 끊임없이 확장되고 확대되고 업데이트된다. 이 웹사이트에 방문하는 사람은 그 집단에 속한 사람 및 그들의 행위와 관련된 새로운 폭로 내용, 또 그들이 희생자를 매매할 때 사용하는 비밀 연락망이나 이국적으로 꾸며진 사적인 공간, 혹은 그들이 서로를 보호하기 위해 사용하는 정교한 은폐 장치 등과 관련된 새로운 폭로 내용을 알 수 있다. 그리고 이런 범죄를 알고 있는 사람과 모르는 사람 사이에서 벌어지는 싸움과 관련된 세부적인 정보를 알 수도 있다. 이런 이유로 해서 사람들은 계속해서 그 웹사이트를 방문하려 하고 또 해당 정보를 공유하려 든다.

두 번째 심리적 이유는 '비례성 편향**proportionality bias**'이라는 인지 편향에 있다. 비례성 편향은 어떤 대형 사건이 벌어지면 사건의 규모에 비례하는 어떤 거대한 원인이 반드시 있으리라고 암묵적으로 가정하는 것이다. 그러나 인간의 삶에서 일어나는 많은 일은 보통 특별한 이유나 운율을 따르지 않고 '그냥' 일어난다. 이처럼 무작위성과 행운(혹은 불운)은 인간적인 차원의 어리석음과 마찬가지로 우주에서 중요한 변수로 작용한다. 그러나 이것은 우리 눈에 어쩐지 자연스럽지 않아 보인다. 어떤 일이 일어날 때 사람들은 그렇게 된 이유와 원인을 찾는다. 대형 사건이 일어났다면 그에 걸맞은 대형 원인을 찾으려 든다. 예를 들어, 수돗물에 불소를 첨가하면 사람들이 서로 만나고 싶은 생각이 줄어들어서 덜 만나게 되고 또 스스로를 고립시키며 컴퓨터 앞에서 더 많은 시간을 보내게 된다는 사실을 내일 아침에 우리 모두가 알게 된다고 치자. 이때 당신의 머릿속에 맨 처음 떠오르는 생각은 무엇일까? 불소 첨가가 충분히 이해할 수 있는 인간적인 실수일 뿐이라고 생각할까, 아니면 그렇게 함으로써 이득을 취하거나 이 세상에 자신의 영향력을 행사하고자 하는 어떤 사람이나 집단이 존재한다고 생각하기 시작할까? 아무래도 그 정도로 규모가 거대한 사건이라면 한층 더 고의적인 사악한 의도가 있을 가능성도 고려하게 되지 않을까. 다음과 같은 사례를 한번 생각해보자. (내가 방금 생각해낸 불소 사례와 달리 많은 사람이 대규모의 악의적인 의도가 배후에 존재한다고 믿는 사례들이다.)

각각의 문장 쌍에서 맞을 가능성이 상대적으로 높다고 생각하는 사항을 선택하라.

☐ HIV/AIDS는 무작위 돌연변이로 인해 발생했다.

☐ HIV/AIDS는 원래 생물학적 무기로 개발되었다가 실험실에서 유출되었다.

☐ 허리케인 카트리나는 특이한 사건이었다.

☐ 허리케인 카트리나는 정부가 꾸준하게 실험해온 기상 조작 기술의 결과였다.

☐ 미국의 총기난사 사건 발생 빈도가 갑자기 늘어났다.

☐ 미국의 총기난사 사건은 총기 규제 정책을 추진할 목적으로 미국 정부가 의도적으로 자행했다.

☐ 다이애나 왕세자비는 불행한 교통사고로 사망했다.

☐ 사악한 의도를 가진 몇몇 개인이 다이애나비를 살해했다.

☐ 1996년의 파리행 TWA 800편 추락 사건은 연료 계통의 단순한 오작동으로 발생했다.

☐ 1996년의 파리행 TWA 800편 추락 사건은 미군이 개입한 훨씬 더 복잡한 사건이다.

☐ 2018년에 캘리포니아에서 발생한 재앙적인 산불은 극심한 화재 상황, 전력선 결함 또는 번개 때문에 촉발되었다.

☐ 2018년에 캘리포니아에서 발생한 재앙적인 산불은 PG&E가 고속철도 프로젝트를 위한 토지를 확보하기 위해 로스차일드 가문이 이끄는 국제 유대인 은행 조직과 함께, 우주 레이저를 사용해 고의적으로 일으킨 것이다.

만일 당신이 하나라도 두 번째 답변을 흥미롭게 여겼다거나 그쪽으로 마음이 쏠렸다면, 비례성 편향을 드러낸 것으로 볼 수 있다. 이와 관련해서 살펴봐야 할 사례가 한 가지 더 있다. 중국 우한에서 발생한 바이러스가 전 세계적인 팬데믹으로 이어져 거의 모든 정부가 격리 조치를 발표하고 학교 문을 닫고 여행을 금지해서 정서적·정신적·재정적으로 엄청난 피해가 발생했다면 어떨까? 이런 사실을 알고 나니 그런 조치에서 이득을 볼 정부나 기업에 대해 궁금해지기 시작했는가, 아니면 그냥 어쩌다 보니 그런 일이 일어났다고 생각하는가?

무척 흥미로운 사실인데, 비례성 편향은 긍정적인 사건에는 적용되지 않는 것 같다. 페니실린, 포스트잇, 엑스레이, 테플론, 비아그라 등과 같은 놀라운 발명품이 개발됐을 때 우리는 그 일이 우연하게 일어났다는 생각을 편안하게 받아들인다. 즉 크고 중요한 좋은 일은 크고 중요한 나쁜 일보다 별다른 이유 없이 '그냥 일어난다'고 믿을 가능성이 훨씬 더 높다.

복잡성을 선호하는 세 번째 심리적 이유는 독특한 지식에 대한 욕구이다. 3장에서 살펴봤듯이 스트레스가 많은 상황에서 통제감을 상실했다는 느낌은 잘못된 믿음의 깔때기로 이끌리는 기본적인 요소이다. 삶에서 중요한 많은 결과에 통제력을 그다지 발휘하지 못하는 개인은 그 힘을 어느 정도까지는 회복하고 싶은 욕구를 마음속 깊이 가지고 있다. 그러기 위한 중요한 한 가지 방법은 해당 문제와 관련해서 자신이 다른 사람들과 차별화되는 독특한 지식을 가지고 있다고 느끼는 것이다. 이 심리적 과정은 서로 약간 다른 두 가지 방식으로 작동한다. 첫째, 독특한 지식을 가지고 있다는 느낌은 자신이 알 수 없는 힘에 휘둘린다는 무기력한 느낌을 어느 정도 완화해준다. 둘째, 오신자는 흔히 사회에 완전히 녹아들어 있지 않다. 가까운 사람을 포함한 사회가 자신을 존중하지 않고 혐오하며 흔히 자신이 배척당한다고 느낀다. 이럴 때 독특한 지식을 가진 오신자는 통제감과 우월감을 느낀다. 이런 식으로 독특한 지식이 반전을 일으켜서, 오신자는 자기가 실제 현실에서 무슨 일이 일어나는지 잘 아는 통찰력을 가진 깨친 사람이라고 느끼는 한편, 양처럼 순한 다른 사람들은 자기보다 열등

하다고 느낀다. 그리고 또 언젠가는 이 양들도 진실의 빛을 보게 될 것이고 그래서 그 중요한 지식을 접하리라고 믿는다.

오신자들과 나눈 많은 토론, 때로는 몇 시간씩 이어졌고 또 몇 년에 걸쳐서 진행된 그 토론에서 나는 특별한 느낌을 받았다. 그것은 바로, 그들이 나에게 그렇게나 많은 시간을 할애한 것은 자신들이 나의 세계관을 바꿀 수 있다고 기대하기 때문이라는 느낌이었다. 그들은 나의 관점이 그들의 관점으로 변화되면 자신의 우월함 및 특별한 지위가 증명될 것이라고 믿었다.

이 모든 힘이 합쳐져서 오신자를 오컴의 면도날에서 멀어지게 하고 마코의 면도날**Macco's razor**에 더 가깝도록 끌어당긴다. 마코의 면도날은 오컴의 면도날과 정반대인데, "가장 사악한 의도 및 가장 깊은 곳에 숨겨진 요소를 포함하는 가장 복잡한 해결책이야말로 언제나 진실이다"라는 원칙이다.

유용한 팁

세 개의 면도날

악당이 등장하는 복잡한 이야기의 매력에 현혹되지 않기를 바라는가? 그렇다면 인지 상태를 수시로 점검하기 위한 개인용 구급상자에 세 개의 '면도날'을 넣어두는 게 좋다. '면도날'이라는 용어는 불필요한 정보와 복잡성을 신속하게 '잘라내서' 진실에 더 빨리 도달하도록 돕는 특정한 경험적 또는 인지적 지름길을 묘사할 때 사용된다. 앞서 두 개의 면도날을 살펴봤다. "인간 본성의 오류로 충분

히 설명할 수 있는 것을 악의 탓으로 돌리지 말라"고 했던 변형된 핸런의 면도날과 "부적절하다고 입증되지 않는 한 사람들은 가장 간단한 설명을 선호한다"고 했던 오컴의 면도날이다. 그런데 여기에 "아무런 증거 없이 주장할 수 있는 것은 아무런 증거 없이 기각할 수도 있다"라는 히친스의 면도날^{Hitchens' razor}을 추가할 수 있다. 이는 문학평론가이자 언론인이며 역발상주의자이기도 했던 확고한 무신론자 크리스토퍼 히친스^{Christopher Hitchens}의 이름에서 따왔다. 이 세 개의 면도날을 함께 사용하면 잘못된 믿음의 구렁텅이에 빠지지 않는다. 이 세 가지 면도날은 다음과 같은 질문을 하도록 유도한다.

'어리석음이나 인간적인 실수나 우연을 무시하면서까지 악의적인 의도가 있다고 가정하는 태도는 과연 합리적인가? 나쁜 의도라는 복잡한 그물망을 제안하는 태도는 과연 합리적인가? 그런 예외적인 주장을 뒷받침하는 증거를 나는 가지고 있는가?'

만일 설명하고자 하는 것이 이 세 면도날의 검증을 통과하지 못한다면, 이는 뒤로 한 걸음 물러서서 그 설명이 잘못되었을지도 모른다고 의심해야 한다는 신호이다. 또한 다른 사람과 대화할 때도 이 세 개의 면도날을 이용해서 의도성과 복잡성과 불충분한 증거와 관련해서 상대방의 편견에 문제를 제기할 수 있다.

증오의 심리학,
도덕적 분노로 그들이 얻는 것

사람들이 악당을 찾고 또 복잡하고 사악한 이야기에 이끌리도록 만드는 감정적이고 심리적인 요소를 이해하기 시작하면서 나는 잘못된 믿음의 또 다른 강력한 감정적 요소인 증오에 대해서도 많이 생각했다. 많은 오신자가 잘못된 믿음의 깔때기가 유도하는 특정 지점에 도달하고 나면 악당이나 사악한 음모가 있다고 믿는 것만으로는 만족하지 않는다. 그들은 가해자로 의심되는 사람을 향해 증오를 적극적으로 표현하고 또 다른 사람들 역시 이런 감정을 느끼게 해야 한다는 압박감에 사로잡힌다. 증오는 그저 어떤 것을 싫어하는 감정의 한층 더 강렬한 버전이 아니다. 증오는 도덕적인 신념을 토대로 한다는 특징이 있으며 또 경멸, 혐오, 분노 등과 같은 도덕적 감정과 관련이 있다. 나는 이런 사실을 4장 앞부분에서 인용한 것과 같은 여러 게시글에서 알아차렸다. 문제의 그 인용 게시글에서 존은 나를 대량학살자로 묘사하기 위해 생생하고 충격적인 이미지를 동원했으며, 또 내가 재판을 받고 고문을 당하고 공개적으로 교수형 당하는 모습을 보고 싶다며 댓글 작성자들이 한목소리로 보낸 응원을 보상으로 받았다. 나는 다른 사람들을 향해서도 그런 댓글이 달리는 것을 보았다. 이와 관련해서 코미디언 빌 마허Bill Maher는 다음과 같이 지적했다.

"자기 의견과 정확하게 일치하지 않는 의견을 가진 사람을 미워하는 행위는 너무나 뿌리 깊게 자리를 잡았고 이미 익숙한 일상이 되어버렸다. (…) 너무나 표준화되어서 이제 우리는 인터넷 공간에서 누군가의 죽음을 바라는 일이 얼마나 자주 일어나는지조차 알아차리지 못한다. 자기와 의견이 다른 사람은 그 누구든 악의 화신이며, 따라서 모든 논쟁에서 늘 죽어 마땅한 사람이 나온다."

마허가 묘사한 것과 우리 주변에서 볼 수 있는 증오는 단순한 증오가 아니라 고도화된 혐오인 증오 201 Hate 201이다. 증오 201은 '도덕적 분노moral outrage'라고도 불리는데, 몇 가지 점에서 일반적이고 평범한 증오와 다르다. 첫째, 도덕적 분노를 표출하는 사람은 자신의 지위를 혐오자에서 정의와 도덕을 추구하는 의로운 활동가로 격상시킨다. 둘째, 이들은 도덕적 분노를 표현함으로써 '미덕 과시virtue signaling' 행위에 동참하는 것일 수도 있다. 그는 다른 사람이 도덕적 기준에 부합하지 않으면 분노할 정도로 자신이 도덕적이라는 사실을 주변 사람에게 알린다. 셋째, 도덕적 분노를 표현하는 사람은 용서의 가능성을 완전히 지워버린다. 어떤 사람이 도덕적으로 지탄의 대상이 되면 그에게는 속죄나 구원의 길이 없다. 범죄를 저지른 사람은 교도소에서 복역하며 응분의 대가를 치르고 난 뒤에 얼마든지 새로운 삶을 살아갈 수 있지만, 도덕적인 범죄를 저지른 사람은 용서받거나 새 출발이 허용될 가능성이 거의 없다. 이런 식으로 도덕적 분노는 특정 문제 행동만이 아니라 그 행동을 한 사람 자체를 지금부터 영원히 문제 삼는다. 넷째, 어떤 것을 도덕적 분노로 규정하는 행위는 다른 사람을 그 깃발 아래 불러모으는 효과를 발휘하는데, 이렇게 함으로써 도덕적 싸움을 벌이는 해당 집단의 전투력은 더욱 높아진다.

증오 201을 이해하면 나를 당황케 했었던 또 다른 질문에 답하는 데 도움이 될 수도 있다. 그 질문은 이것이다.

"오신자들이 내놓는 이야기에는 어째서 이기적이거나 탐욕스러운 인물만이 아니라 소아성애 행위나 아동을 희생물로 바치는 따위의

죄를 저지르는 도덕적으로 비난받아 마땅한 인물이 등장하곤 할까?"

사실 나는 지금까지 줄곧 왜 오신자가 엘리트 집단에 속한 사람이 아이들을 성적으로 학대한다거나 아이의 피를 마신다거나 하는 따위의 발상에 그토록 집착하는지 궁금했다. 또한 왜 모든 악당을 나치라고 부르며 비난하는지도 궁금했다. 그러나 도덕적 분노의 본질을 생각하면, 이런 비난은 혐오감과 섬뜩함이라는 강력한 도덕적 감정을 부채질해서 증오라는 발전된 형태의 감정을 더욱 요동치게 만들 목적으로 고안되었을지도 모른다. 그럼으로써 그 증오의 감정이 자기들 오신자와 오신자가 아닌 사람들 사이의 균열을 더욱 심화하도록 만들기 위해서. 누군가가 도덕적 분노를 통해 자기를 드러내고 표현한다면, 이는 그가 잘못된 믿음의 깔때기 꽤 깊은 곳에 빠져 있다는 신호다. 오신자의 세계관 안에서는 '우리'와 '그들'이 나뉘는데, 부도덕하고 비열하며 구제할 수 없는 '그들'에 맞서서 '우리'가 도덕적인 고지를 방어하고 있으며, '우리'의 이런 행동은 어디까지나 정당하다.

이런 내용을 이해하려고 시도하던 초창기에 나는 내가 죽으면 좋겠고 또 더 나아가 자기가 나의 사형 집행인이 되기를 바란다고 공공연하게 말한 사람과 줌Zoom으로 영상통화를 한 적이 있다. 그의 이름은 리처드였다. 그는 평범해 보이는 40대 남자였고, 우리는 인터넷으로 만난 또 다른 오신자의 소개로 연결되었다. 리처드를 소개한 사람은 여자였는데, 리처드가 팟캐스트 방송을 하는데 나를 자기 방송에 초대해서 '솔직한 대화'를 나누고 싶다더라고 했다. 리처드가 여러 가지 어려운 질문을 하겠지만 어디까지나 진실하고 공정하게 진행하리라는 것은 믿어도 된다는 말도 덧붙였다. 나는 내 입장을 세상에 알릴 수 있다는 생각에 그 제안을 받아들였다. 그러나 그것은 내가 지금까지 살면서 경험한 만남 가운데 가장 불쾌한 만남의 시작이었다. 리처드는 나에게 단 하나의 질문도 하지 않았다. 그저 자기가 바라보는 세상을 나에게 외쳐대기만 할 뿐이었다. 나는 침착한 태도를 유지하면서 그의 견해를 바로잡으려고 했지만, 그는 나의 그런 태도야말로 내가 문제의 사악한 음모에 가담하고 있다는 증거라면서 더욱 큰 소리를 질러댔다. 그는 내 말을 가로막았다. 내가 말하려고 하자 더욱 화를 냈다. 나는 당황했고, 내가 방어적으로 보이지나 않을까 걱정스러웠다. 침착하려고 애를 썼지만, 북받치는 감정 때문에 쉽지 않았다. 어느 시점에선가 그는 내가 한 말과 어떤 기자가 나에 대해 잘못 쓴 기사가 약간 다르다는 것을 알고는 눈빛을 반짝이며 고함을 질렀다.

"당신은 지금 거짓말을 하고 있어! 이럴 줄 알고 내가 미리 찾아서 저장해둔 자료가 있거든. 그래서 지금 내가 당신이 하는 거짓말을 현장에서 잡았지!"

그 순간 나는 그가 내 말에는 전혀 관심이 없음을 알았다. 그는 나에게 증오심을 표현하고 싶었고, 수많은 추종자가 지켜보는 가운데 자기가 강인한 전사로 비춰지길 바랐고, 또 그렇게 해서 더 많은 추종자와 지지를 얻고 싶었던 것뿐이다.

그 대화는 나를 거대한 충격과 깊은 혼란에 빠뜨렸다. 그러나 리처드의 열정이 아무리 잘못된 것이라도 그 안에는 뭔가가 있었고, 그의 지성은 무척이나 인상적이었다. 그는 내가 알고 싶었던 바로 그런 부류의 인물이었다. 한때는 합리적이고 진실을 토대로 하는 세계관을 가지고 있었지만 잘못된 믿음의 깔때기 안으로 떨어진 뒤로는 암울하고 불안한 온갖 이야기를 파헤치고 또 그 이야기를 다른 사람과 공유하며, 아울러 나 같은 사람들을 욕하고 저주하는 데 자기의 모든 시간을 쓰는 그런 사람 말이다. 나는 그의 세상에 더 깊이 들어가기로 결심하고 리처드에게 연락해서 한 번 더 만나서 대화를 나누자고 했다. 이번에는 내가 그를 인터뷰하겠다고 했고, 그는 내 제안을 받아들였다. 그리고 그때부터 지금까지 우리는 주로 텔레그램으로 연락하고 있다. 토론을 나누는 동안 그는 대체로 소리를 지르지 않았고 매우 적극적인 태도를 보였다. 이런 대화의 시간이 쌓인 끝에 나는 그를 음모론과 잘못된 믿음의 지하 세계로 나를 안내하는 나의 개인적인 '정신적 안내자'로 생각하게 되었다. 리처드와 맺은 이런 관계는 내가 증오의 심리와 오신자의 관점을 들여다볼 수 있는 소중한 창문 역할을 해준다.

유용한 팁

침묵하는 다수의 일원이 되지 마라

"좋은 말이 아니라면 아예 아무 말도 하지 마라."
어린 시절에 할머니들이 늘 하던 말이다. 그러나 안타깝게도 인터넷은 이것과 정반대의 원리로 작동하는 것 같다. 좋은 말을 하는 사람은 조용한 반면, 화나고 증오에 가득 차 있고 부정적인 감정이 가득한 사람은 마음속에 있는 말을 쏟아내고 싶어서 안달이다. 오신자들의 공격을 받을 때 나의 페이스북 담벼락에는 날마다 끔찍한 글이 올라왔다. 그 모든 게 사실이 아님을 아는 수많은 사람이 그 글을 봤다는 걸 나는 안다. 그들 가운데 몇몇은 나에게 개인적으로 연락을 했다. 그러나 그 게시글에 대해 누군가가 공개적으로 반박 글을 쓰거나 댓글을 다는 경우는 매우 드물었다. 물론, 어떤 측면에서 보자면 충분히 이해할 수 있다. 왜냐하면 입을 열고 싸움판에 끼어드는 순간 자기도 증오의 대상이 될 터이기 때문이다. 그러나 그 모든 침묵의 총합은 장기적으로 부정적인 결과를 가져오고, 결국 인터넷을 실제보다 훨씬 더 혐오스러운 장소로 보이도록 한다. 실제로 증오심으로 똘똘 뭉친 오신자는 전체 모집단 가운데서 극히 일부지만 이들은 매우 넓은 공간을 차지한다. 내가 여기서 얻은 교훈은, 뭔가 해줄 만한 좋은 말이 있다면 망설이지 말고 해야 한다는 것이다.

흥미진진한 게임과
음모론의 공통점

초기에 내가 받았던 공격이 얼마나 고통스러웠는지는 말로 설명하기조차 어렵다. 그 이전에는 그런 식으로 증오의 대상이 된 적이 한 번도 없었다. 공격을 받기 시작한 지 2년이 지난 지금은 나도 어느 정도 익숙해졌다. (사실 이상한 일은 아니다. 사람들은 누군가가 자기를 죽이겠다고 위협해도 시간이 지나면 그런 위협에 익숙해질 수 있다.) 그래서 나는 어느 정도는 그들과 공존하는 법을 배웠다. (팁을 하나 소개하자면, 아침에 잠자리에서 일어난 직후나 저녁에 잠자리에 들기 전에는 오신자의 글이나 동영상은 그 어떤 것도 보지 않는 게 좋다.) 심지어 그들을 연구하고 이해하는 데 내가 가진 에너지를 쏟았다. (나의 이런 모습은 아마 절반쯤은 기능적 대처 메커니즘 **functional coping mechanism**이었을 것이다.)

지금까지 줄곧 나는 하루에도 몇 시간씩 다양한 정보 원천과 채널을 통해 오신자와 관련된 정보를 살펴보면서 지냈다. 예를 들면 웹사이트, 동영상, 논문, 게시글, 게시글에 대한 댓글, 트윗, 페이스북 라이브, 럼블Rumble(유튜브에서 쫓겨난 사람들을 위한 앱)에 올라온 동영상, 합법적인 조직에서 나온 것처럼 보이는 조각 정보, 믿을 수 있는 뉴스 프로그램처럼 보이는 정보, 학술논문처럼 보이는 정보, 다큐멘터리처럼 보이는 정보 등이다. 이 과정에서 오신자와 관련된 정보를 접하며 시간을 보내는 데 익숙해졌고, 심지어 온갖 거짓 정보를 퍼트리는 적지 않은 사람들의 목소리에도 익숙해졌다. 내가 지금 굳이 이 말을 하는 이유는 그 자료들이 정말로 흥미진진하다는 사실을 최근에 깨달았기 때문이다.

과연 나는 어떤 과정을 거쳐서 이런 결론을 내렸을까? 나는 이 책의 원고를 쓰려고 산에서 혼자 몇 주 동안 지내기로 하고, 책상이 하나 마련되어 있는 작은 오두막을 빌렸다. 그리고 날마다 이 주제와 관련된 학술논문을 읽고 머릿속 생각을 쥐어짜면서(보통 산책을 하면서 생각했다) 거짓 정보에 평소보다 더 많이 빠져들었다. 이 주제에 온통 전념했기에 내가 하는 일이라고는 학술논문 읽기와 원고 쓰기 그리고 관련 자료와 씨름하기 외에는 아무것도 없었다. 마감 기한도 없었고 이메일도 없었고 회의나 화상통화도 없었다. 이런 나에게 어떤 일이 일어났을까? 나는 마치 중독자라도 된 것처럼 그 온갖 허위조작 정보disinformation(나쁜 의도를 갖고 허위로 조작한 정보. 의도 없는 단순한 거짓 정보misinformation와 구분된다-옮긴이)에 점점 더 많이 이끌렸다. 그렇다고 내가 그 가운데 많은 것을 믿는다는 뜻은 아니다. (그러나 때때로 그 정보는 진실, 심지어 중요한 진실을 말하기도 한다.) 내 말의 핵심은, 정보의 전달력과 스토리텔링이 워낙 매력적이어서 손에서 내려놓을 수 없었다는 것이다.

이런 점을 염두에 두고서 내가 병원에 입원했을 때의 모습으로 시작하는 동영상을 되짚어봤다. 내가 얼굴과 몸에 입은 화상 때문에 건강한 사람들을 증오하게 되었고, 그래서 세계 인구를 줄이고 싶다는 생각을 하게 됐다고 설명한 바로 그 동영상 말이다. 나는 이제 그 동영상이 다른 사람에게 얼마나 흥미로웠을지 깨달았다. 사실 나 자신도 그 안에 등장하는 사람들에게 똑같이 모욕적이고 불쾌감을 줄 수 있는 모든 종류의 자료를 흥미롭게 즐겼다는 사실을 알아챈 것이다.

이 모든 사실에서 내가 끌어내고 싶은 요지가 세 가지 있다. 첫째, 사악한 사람, 사악한 의도와 흥미진진한 구성은 흥미로운 이야기의 훌륭한 출발점이다. 객관적인 사실 그 자체는 허구만큼 재미있지 않다. 올리버 스톤Oliver Stone의 영화 〈JFK〉를 봐도 그렇다. 이 영화가 제시하는 역사적 증거 대부분이 의심스럽기는 하지만 사람들은 극적으로 구성한 이 영화의 가설 혹은 음모론에 빠져들고 그것을 진실이라고 믿고 싶어 한다. 둘째, 잘못된 믿음을 가진 군중이 받아볼 정보를 생산하는 사람들은 스토리텔링 측면에서 자신이 무엇을 하고 있는지 잘 안다. 그리고 진실성을 유지하지 않아도 되기 때문에 그 구성에서 비롯되는 잠재적인 결과라는 측면에서 추가적인 우위를 점할 수 있다. 그들은 날마다 새로운 뉴스를 내보낼 수 있다. 그들은 실제로 어떤 일이 일어날 때까지 기다릴 필요가 없다. 느리고 꼼꼼해서 아주 가끔만 획기적인 돌파구를 제공하는 과학으로는 사실에 얽매이지 않고 종횡무진 창의적으로 날뛰는 정신을 상대하기 버겁다. 셋째, 정확하고 진실한 정보와 거짓되고 선정적인 정보가 사람들의 관심을 끌려고 벌이는 경쟁은 공정한 싸움이 아니다. 앞에서도 살펴봤듯이 사람들은 비례성 편향에 사로잡히기 때문에 복잡한 이야기에 더 많이 이끌린다. 우리가 느끼는 스트레스는, 현실을 있는 그대로 반영하는 회색의 흐릿한 그림자가 아니라 비난의 화살을 쏘아댈 확실한 대상인 악당과 명확한 도덕적 노선을 요구한다. 시간이 넉넉하게 남아도는 사람이라면 누구나 '스트레스에 치인 사람이 세상을 증오하고 파괴하는' 내용의 콘텐츠를 너무 많이 볼 가능성이 높다. 산속 오두막에서 바라보는 풍경이 아무리 아름답고 평화로워도 마찬가지이다.

오락거리를 놓고 말하자면, 거짓 정보가 문제가 되는 이유 가운데 하나는 그것이 수동적으로 소비하는 책이나 영화라기보다는 우리가 능동적으로 참여하는 게임에 가깝다는 점이다. 실제로 이는 가장 매혹적인 특성이자 쉽게 간과되는 특성이다. 잘못된 믿음은 영리하게 구성된 대체 세상에 깊이 관여하는 사람들에게 엄청나게 매력적이고 심지어 재미있기까지 하다. 게임 산업 종사자들은 큐어넌과 같은 음모론의 구조와 인기 있는 대체 현실 멀티플레이어 게임이 구조적으로 놀라울 정도로 비슷하다는 사실을 발견했다. 〈와이어드Wired〉의 클라이브 톰슨Clive Thompson은 다음과 같이 썼다.

"큐어넌은 중독적일 정도로 참여적이다. (…) 큐어넌의 음모론에 동의한다는 것은 스스로 어떤 미스터리를 풀어나가는 거대한 규모의 크라우드펀딩 프로젝트에 참여하는 것이나 마찬가지이다."

이 일은 스릴과 활력이 넘치고 창의적이다. 참여자들은 그저 정보를 흡수하는 데 그치지 않고 정보를 추가하기도 하고 자신만의 콘텐츠를 생성하기도 한다. 그들은 세상을 지배하려는 사악한 엘리트를 자기 헌신과 지능으로써 제압하는 역할을 하므로 스스로를 중요한 존재로 느낀다. 게임 기획자인 리드 버코위츠^{Reed Berkowitz}는 큐어넌을 '선전^{propaganda}의 게임화'라고 불렀다. 그리고 큐어넌을 '사람을 가지고 노는 게임'이라고 표현했다.

그러나 안타깝게도 잘못된 믿음에 관한 한, 현실 세상과 가상의 대체 세상 사이의 경계는 위험할 정도로 모호하다. 오신자들이 그저 개인 대화방에서 자기들끼리 재밌게 놀기만 한다면 아마 그들은 '던전 앤 드래곤'이나 '그랜드 테프트 오토' 같은 게임을 하는 사람들보다 특별히 더 해롭지 않을 것이다. 그러나 바로 이 지점에서 그 균형이 무너진다. 누군가 '거대한 대체^{great replacement}'라는 음모론을 믿으면서 백인보다 흑인이 수적으로 많아지는 것을 막는다는 명분으로 흑인을 향해 무차별 총기난사를 하거나, 총기난사 사건이 총기 규제를 위해 조작된 사기극이라며 슬픔에 잠긴 유가족을 괴롭히거나, 부정선거의 결과를 뒤엎겠다면서 국회의사당을 습격하기 전까지는 이 모든 것이 재미있고 게임처럼 느껴질 수 있다. 공개적으로 폭력을 행사하지는 않는다 해도 실제 현실 세계에서 그는 실제 사람들과 함께 어떤 작은 행동을 취하고 있으며, 그 결과는 결코 즐겁지 않을 수 있다.

유용한 팁

의심하라

가짜뉴스나 거짓 정보는 인간의 약점을 이용해서 눈앞에 펼쳐지는 이야기에 흥미를 갖도록 특별히 고안된 경우가 많다. 여기에는 몇 가지 중요한 의미가 담겨 있다. 첫째, 정보를 소비할 때는 늘 의심할 필요가 있다. 썩 재미있는 삶의 방식은 아니지만 이런 자세가 매우 중요하다는 것을 나는 깨달았다. 특히 어떤 정보를 다른 사람에게 공유하며 본의 아니게 가짜뉴스를 퍼트리는 데 한몫하지 않도록 조심해야 한다. 둘째, 어떤 정보를 다른 사람에게 공유하는 행위는 단지 정보 전달에만 그치지 않는다. 정보를 전한다는 것은 자기가 그 정보를 검증한 뒤에 추천하는 것과 마찬가지이며, 해당 정보에 특정한 신뢰성을 부여하고 자기 평판을 덧붙이는 행위임을 알아야 한다. 당신이라면 자기가 직접 써보지도 않은 제품을 친구에게 구매하라고 강력하게 추천하겠는가? 아마도 그러지 않을 것이다. 그럼에도 당신은 직접 검증하지도 않은 정보를 날마다 친구에게 추천하고 있을지 모른다. 다시 한번 말하지만, 주의와 의심은 분명 세상을 바라보는 가장 유쾌한 안경은 아니다. 하지만 정보의 영역에서는 우리 모두가 이 안경을 쓰는 편이 낫다.

요약

지금까지 잘못된 믿음의 여러 감정적인 요소를 살펴봤다. 감정은 흔히 믿음의 근본적인 추동력으로 작용하기 때문에 이는 적절한 출발점이라고 할 수 있다. 앞서 보았듯 스트레스가 끼치는 충격은 깊고 또 멀리까지 미친다. 그러나 이런 감정적 요소는 어느 한 단계에서만이 아니라 어떤 사람이 잘못된 믿음의 깔때기 속으로 들어가는 여정의 모든 단계에서 중요한 역할을 한다. 계속해서 다음 장에서는 인지적 요소 몇 가지를 살펴보면서, 어떤 믿음을 형성하고 또 이 믿음을 확인하는 데 우리의 이성적 능력이 어떤 식으로 터무니없이 비이성적인 방식으로 사용되는지를 살펴볼 것이다. 그런 다음에 어떤 사람이 다른 사람보다 쉽게 오신자가 될 수밖에 없는 몇 가지 성격적 특징을 살펴볼 것이다. 그리고 마지막으로는, 사람들을 잘못된 믿음의 공동체로 끌어들여서 그곳에 머물게 하고 또 그들의 신념을 강화하고 심지어 고조시키기까지 하는 사회적 요인으로는 어떤 것이 있는지 알아볼 것이다.

우리는 모두 일반적인 스트레스(예측할 수 있는 스트레스와 예측할 수 없는 스트레스)를 경험한다.

- 예측할 수 없는 스트레스를 경험하고 나면 통제력이 부족하다는 느낌이 들 수 있는데, 이 느낌은 학습된 무기력으로 이어질 수 있다.

스트레스는 인지 기능과 의사결정에 부정적인 충격을 준다.

- 회복탄력성은 커뮤니티의 지원으로 강화되지만 경제적 불평등으로 약화된다.

복합적인 스트레스 아래에서 우리는 부당하게 억울한 일을 당한다고 느끼기 시작한다.

- 이렇게 되면 해결책과 더불어 통제감을 회복할 이런저런 방법을 찾으려 한다.
- 비난의 대상이 될 악당을 찾아내면 일시적으로 위안을 느끼고 통제감을 회복한다.
- 그러나 이 위안은 일시적이라서 더 큰 위안을 원하게 된다. 장기적으로 이 위안은 상태를 더욱 악화시키지만 우리는 여전히 똑같은 방식으로 단기적인 위안을 찾으려 한다.

자기가 받는 고통이 누군가의 의도 때문이라고 느낄 때는 그 고통의 강도가 더 세진다.

오신자가 믿는 이야기는 여러 가지 이유로 극단적으로 복잡하다.

- 이야기를 만드는 사람에게 있어 이야기가 복잡하다는 것은 더 많은 이야기를 만들어낼 수 있다는 뜻이 된다.
- 규모가 크거나 강도가 센 문제에 있어 복잡한 이야기는 그에 걸맞은 규모나 강도의 원인이 존재한다는 '비례성의 편향'을 충족해준다.
- 이야기가 복잡하면 독특한 지식을 바라는 갈망이 충족되어서, 오신자로 하여금 권력과 통제력을 더 많이 가졌다고 느끼게 해준다.

그 이야기는 증오를 부추길 목적으로 도덕적으로 혐오스러운 주제로 구성된다.

Part 03

이미 그럴 줄 알았다는
착각의 알고리즘

: 인지적 요소와
정보처리 기제의 역기능

What Makes

Rational People

Believe

Irrational Things

Chapter 5

믿고 싶은 진실을
추구하는 탐색

당신을 곤경에 빠뜨리는 것은 당신이 모르는 것이 아니다. 그러지
않으리라고 당신이 확신하는 것이 당신을 그렇게 만든다.
– 마크 트웨인(Mark Twain)*

잘못된 믿음은 어떻게 만들어질까? 특정 정보가 실제로 사실임을
우리는 어떻게 확신할까? 그런 정보 조각을 모아다가 어떻게 그럴듯
한 서사로 만들어낼까? 또 우리는 어쩌다가 자기가 선택한 서사가 진
실이라고 그토록 확신한 나머지, 그에 근거해 자신의 건강이나 국가
의 정치 등과 관련된 중요한 의사결정을 내리게 되었을까? 어쩌다가

---

* 트웨인이 한 말이 아닐 수도 있다. 인터넷에서 찾은 모든 것을 믿을 수는 없다. 이 말은
트웨인이 했다고 널리 알려져 있지만 확실하게 확인할 수는 없다. 여기서 한 가지 흥미
로운 질문을 떠올릴 수 있다. '과연 지금부터 한 달 뒤에도 당신은 마크 트웨인이 맨 처
음에 이 말을 했다고 기억할까?'

그런 서사가 우리에게 그토록 중요해져서, 누가 무엇을 믿는지를 두고 가족과 싸우고 또 친구와 등질까? 어떤 사람이 오렌지색보다 초록색을 더 좋아한다는 이유만으로 그 사람과 인연을 끊을 사람은 아무도 없을 것이다. 그러나 선거를 도둑맞았다는 믿음이나 지구가 평평하다는 믿음은 사람들 사이의 관계를 쉽게 끊어낸다. 사람들이 그런 서사를 자기 것으로 받아들일 때 어째서 자기가 틀렸을 가능성은 전혀 없고 따라서 자기 믿음을 다른 사람들에게 퍼트리는 것이 너무도 당연하고 옳다고 느낄까?

앞에서 우리는 사람들을 잘못된 믿음에 빠지게 만드는 감정적인 경험을 살펴봤다. 스트레스 때문에 자기 주변의 여러 가지 변수를 통제할 힘을 잃고 고통을 당한다고 느끼는 과정과 이런 고통에서 벗어날 방편으로 비난의 대상으로 삼을 악당을 찾는 이유를 살펴봤다. 그리고 이런 대처 전략은 단기적으로는 안도감을 주지만 장기적으로는 사람들을 잘못된 믿음의 깔때기로 끌어들인다는 것을 보았다. 이 지점에서 인지적 요소가 중요한 역할을 한다. 누군가가 스트레스에 떠밀려서 해답의 한 형태로 안도감을 찾으려 하면, 일련의 인지 프로세스가 해당 정보(또는 거짓 정보)를 검색하고 처리하는 방식을 그 사람에게 안내한다. 관련 내용으로 본격적으로 들어가기 전에 주의사항부터 확인하자면, 우선 우리 모두가 어떤 생각을 하고 또 정보를 처리하는 방식의 객관성과 관련해서 몇 가지 불편한 진실을 있는 그대로 바라볼 준비가 되어 있어야 한다. 그래야 오신자의 사고방식을 온전히 이해할 수 있다. 이 장에서는 사람들이 자기만의 이런저런 믿음을 형성하고 또 이를 유지하는 방식에 영향을 미치는 인간적인 인지 **human cognition**의 몇 가지 공통적인 측면을 살펴볼 것이다. 그러나 맨 먼저 거짓 정보의 일반적인 문제와 이것이 오신자의 정신과 어떻게 상호작용을 하는지부터 살펴보겠다.

잘못된 믿음이
거짓 정보를 만날 때

오늘날에는 혹은 이 시대에는, 거짓 정보와 이 정보를 유포하는 채널 특히 소셜미디어를 이야기하지 않고는 잘못된 믿음에 관해 이야기할 수 없다. 불행하지만 깊숙이 상호의존적인 결혼 관계와 마찬가지로 인간 심리의 독특한 약점을 이용하도록 설계된 소셜미디어의 알고리즘에 대해서는 많은 사람이 말했고 또 썼다. 거짓 정보를 퍼트리는 모든 게시글 뒤에는 1장에서 살펴봤던 것처럼 다양한 이해관계가 놓여 있으며, 의도적이든 아니든 간에 이 각각의 의제는 잘못된 믿음이 퍼져나가도록 촉진하는 역할을 한다. 게다가 여기에 더욱 그럴듯한 거짓 정보를 대량으로 생성할 수 있는 첨단 인공지능 도구까지 더해지면 도저히 이 문제를 해결할 가능성이 없어 보인다. 하지만 인간의 정신이 이러한 힘에 취약하지 않았더라면 거짓 정보가 그다지 효과적이지 않았으리라는 점을 기억하는 것이 중요하다. 사실 소셜미디어는 사람들이 정보에 반응하는 방식에 영향을 미치는 잘못된 회로를 활용하도록 구축되었다. 만약 그러지 않았더라면 소셜미디어는 결코 지금과 같은 인기를 끌지 못했을 것이다.

이 책에서 나는 기본적으로 주로 인간적 측면, 즉 우리가 이런 종류의 정보에 취약한 이유를 이해하는 데 초점을 맞추었다. 소셜미디어 기술이 우리를 이용하기 위해 고안한 이미 잘 확인된 여러 가지 방식을 논의하는 데는 굳이 시간을 허비하지 않을 것이다. 그러나 소셜미디어와 인간 정신의 완벽하지 못한 회로는 밀접하게 연관되어 있으며, 소셜미디어 시대에 잘못된 믿음이 만연해진 것은 우연이 아니다.

다음 비유를 놓고 생각해보자. 인간은 지방과 염분과 당분을 갈망하도록 진화했다. 만족의 원천이 충분할 때에는 그 모든 것이 순조로웠다. 예를 들어 지방은 견과류나 씨앗 혹은 가끔 구할 수 있는 육류나 생선에서 섭취할 수 있었고, 염분은 특정 식물이나 해초에서 구할 수 있었고, 또 당분은 과일에서 구할 수 있었다. 인간의 갈망은 생존에 필요한 다양한 영양소를 섭취하도록 도왔다. 그러다가 현대 가공식품 시대가 도래했고 식품의 생산 시스템은 인간의 진화적 취향을 완벽하게 만족시키는 제품을 내놓기 시작했다. 도넛! 프렌치프라이! 햄버거! 패스트푸드 산업의 성공 여부는, 인간의 타고난 갈망을 왜곡해서 장기적으로는 영양가가 없고 건강하지도 않으며 만족스럽지도 않은 식품을 먹도록 우리를 설득하고 단기적으로는 이런 식품을 판매하는 회사의 이익을 극대화하는 데 달려 있다. 음모론을 믿는 사람이라면, 당뇨병 치료제와 혈관 내 콜레스테롤 억제제인 스타틴을 만드는 제약사가 실제로는 사람들의 식습관을 중대하게 바꾸어놓는 음모를 꾸민다고 의심할 수 있다. 또는 관련 문건이나 동영상을 주의 깊게 살펴본 사람이라면, 세계 인구를 줄이기 위한 노력의 일환으로 이런 식습관 재앙을 생각해낸 사람이 바로 빌 게이츠와 일루미나티 그리고 댄 애리얼리라고 의심할 수도 있다.

현대적인 식품과 관련된 이야기에서 분명한 것은, 건강을 유지하며 만성 질환을 피해서 오래 살고 싶은 사람이라면 자기의 식욕과 주변에 널린 식품 사이에서 최선의 타협을 하는 법을 배워야 한다는 점이다. 이런 원칙은 정보와의 관계에도 똑같이 적용된다. 인간의 마음은 세상의 온갖 복잡성을 신속하게 탐색하도록 진화해왔다. 즉 부족과 유대감을 형성하고 또 유지하며, 신념을 확립하고, 의사결정을 신속하게 내리도록 진화했다. 그러한 과정에서 다양한 편견, 지름길, 사각지대 및 기타 단점이 수반되는 불완전한 방식으로도 진화했다. 이 모든 것이 한동안은 괜찮았다. 그러나 인터넷과 소셜미디어가 사람들에게 제공하는 정보가 고도로 가공 처리된 패스트푸드처럼 등장했고, 이 매체는 사람들의 인지적 특성을 이용해서 도넛이 우리 신체에 미치는 해로움보다 훨씬 더 정신에 해로운 수준으로 특정 믿음에 빠지고 특정 행동을 하도록 유혹한다.

소셜미디어를 통해 소통하는 사람이면 누구나 어느 정도는 이 문제에 노출되고 희생된다. 식탁에 감자튀김이 놓여 있으면 자기도 모르게 한두 개는 집어 먹게 되는 것처럼 말이다. (다른 사람은 어떨지 몰라도 적어도 나는 확실히 그렇다.) 유혹으로부터 자기를 보호하기 위해 우리가 무엇을 할 수 있을까?

앤디 노먼Andy Norman은 거짓 정보를 바이러스에 비유하면서 거짓 정보로 인한 감염으로부터 자기를 방어하려면 '예방접종'이 중요하다고 말했다. 물론 이 비유가 완벽하지는 않지만 자신과 자녀를 감염으로부터 보호할 방법을 진지하게 생각하는 것은 확실히 중요하다. 노먼이 제안한 것처럼, 미디어 활용 능력을 높은 수준으로 개발하고 거짓 정보를 만드는 사람들이 활용하는 메커니즘(즉 감정에 호소하기, 과장된 용어 사용, 입증되지 않은 자극적인 일화 동원 등)을 깊이 이해하면 확실히 도움이 된다. 예를 들어 어떤 이야기가 입증되지 않은 것인지, 또는 사람들로 하여금 감정적인 대응으로 치닫게 만들려고 설계된 것인지 인식하는 방법을 배우면 잘못된 정보가 담긴 이야기에 빠져들지 않을 가능성이 높아진다.

그러나 안타깝게도 거짓 정보로부터 자신을 보호하는 예방접종은 한차례만으로는 해결되지 않는다. 꾸준하게 연습해야 한다. 나는 이와 관련해서 동료들과 함께 허위조작 정보 유포자들의 속임수를 알아차리는 방법을 배울 수 있도록 고안한 거짓 정보 게임을 만들어서 실험했다. 이 게임에서는 다양한 게임 속 등장인물(캐릭터)이 진짜 뉴스와 조작된 가짜뉴스를 피실험자들에게 들려준다. 그런 다음에 피실험자들은 두 유형을 구분하고 거짓 정보를 더 매력적으로 보이게 만들고 공유를 유도하기 위해 어떤 전략이 사용됐는지를 알아내는 과제를 수행한다. 예를 들어, 앤 맥도탈이라는 캐릭터는 감정적인 스토리텔링에 의존해서 부정확한 정보를 사람들에게 공유했다. 다음은 그녀가 올린 게시글 가운데 하나이다.

이럴 수가! 여러분, 방금 제 친구가 말하기를, 자기 사촌의 남편에게 조카가 있는데, 그 조카가 홍역 예방접종을 받은 뒤에 끔찍하기 짝이 없는 자폐증 진단을 받았다네요!! 여러분은 이 말을 믿나요? 겁이 난다면 이 내용을 마구 퍼트려주세요!

또 다른 캐릭터인 닥터 포지는 자신의 전문성과(이 전문성은 가짜이다) 과학을(이 과학은 사이비 과학이다) 집중적으로 부각하면서 가짜뉴스를 퍼트린다. 그는 늘 이름 뒤에 이런저런 설명이 붙는 사람을 언급한 게시물을 작성했다. 예를 들면 다음과 같다.

'좋아요'와 공유를 부탁드립니다. 싱 박사(박사 학위가 있는 의사)는 일반 백신의 독성 화학물질에 대한 연구를 거대과학(우주 개발·해양 개발 등과 같이 거액의 자금과 대규모의 조직을 필요로 하는 과학-옮긴이)이 숨기고 있음을 인정한다!

미스틱 맥은 모든 음모론을 다 좋아한다. 그가 올린 게시글은 종종 여러 개의 음모론을 하나로 엮어놓는다. 예를 들면 다음과 같다.

근데 잠깐… 이것은 심각한 문제다. 거대과학과 정부 고위 인사로 구성된 패거리가 수년간 결탁하여 권력을 장악할 목적으로 글로벌 백신 접종 프로그램을 추진해왔다. 이는 자세히 살펴보면 알 수 있다. 정부가 이 음모에 관여했음은 100퍼센트 확실하다.

그리고 알리 내추럴은 자연스러운 것이 좋은 것이라는 자연주의적 오류**naturalistic fallacy**에 의존했다. 그녀는 다음과 같이 주장했다.

의사가 당신이나 당신 자녀에게 백신을 맞히려고 하면 거부하라! 의사라면 응당 신체의 자연치유 능력을 높이려는 노력을 해야 한다. 석류만 먹으면 화학물질 없이도 자연적으로 면역 체계를 보호할 수 있다!

이 게임은 효과가 있었다! 이들 캐릭터 및 그들의 전략을 경험한 뒤에 피실험자는 조작된 정보를 더 잘 식별하게 되었고, 따라서 소셜 미디어에서 거짓 정보를 퍼트릴 가능성도 그만큼 낮아졌다.

우리는 거짓 정보의 본질이 무엇인지 또 이것이 어떤 다양한 형태를 취하는지 배울 수 있고 또 배워야 한다. 그러나 객관적으로 존재하는 '외부의' 문제 그리고 날마다 접하는 거짓 정보나 오해의 소지가 있는 콘텐츠에 초점을 맞추는 것만으로는 충분하지 않다. 이것 말고도 해야 할 일이 있다. 정신 건강에 해로운 것에 왜 사람들이 이끌리는지 알아야 하고, 또 근본적으로 정보의 정크푸드에 취약하도록 만드는 인지적 편견, 구조, 습관 그리고 데이터 처리 알고리즘을 식별하는 방법을 배워야 한다. 우선, 특정한 음모론의 사례를 살펴보고 이 음모론과 이를 접하는 사람들의 정신 사이에서 어떤 식으로 상호작용이 이루어지는지를 자세히 알아보자.

그럴듯한 음모론은
어떻게 탄생하는가

안타까운 사실이지만 음모론의 내적인 작동 원리를 알아보기 위해 선택할 수 있는 사례로는 파충류 인간에서부터 케네디 암살에 이르기까지 무척이나 많다. 우리가 사는 세상에는 없거나 부족한 게 많지만, 음모론은 그럴 가능성이 전혀 없다. 어떤 음모론은 규모가 크고 범위가 매우 넓어서, 서로 전혀 연관이 없을 것 같은 사람 및 사건을 수십 년에 걸쳐서 하나의 이론 체계로 엮어낸다. 이와 반대로 어떤 음모론은 특정한 사례나 장소에 국한된다. 우리가 여기에서 살펴볼 음모론은 규모나 범위가 비교적 작고 간결한 것으로, 코로나19 백신에 작은 입자의 자석이 들어 있다는 음모론이다. 나는 이 자석 음모론을 어떤 지인이 보내준 텔레그램 메시지를 보고 처음 알았다.

"이런 일이 일어나고 있다는 걸 당신은 믿겠는가? 이에 대해서 우리는 뭐든 조치를 취해야 한다. 내 지인들은 자기가 자석 인간이 되었다면서 이 사실을 입증하는 동영상을 보내주었다."

이 놀라운 메시지가 나의 텔레그램에 떴다. 발신자는 잘못된 믿음의 세상을 내게 안내한 사람 가운데 한 명인 마야였다. 나는 오로지 나에게 고함을 지르며 욕을 하고 싶다는 이유만으로 팟캐스트 방송 인터뷰에 나를 불러냈던 또 다른 오신자 때문에 불쾌한 경험을 했을 때 마야를 처음 만났다. 그때 마야는 그 방송이 끝난 뒤에 나에게 전화해서 그 오신자 대신 사과했는데, 그 뒤로 우리는 상대적으로 호의적인 관계로 여러 차례 대화를 나눴다. 그러다가 어느 시점에선가 그녀가 진행하는 팟캐스트 방송에 출연하겠다고 말했는데, 그녀가 이 인터뷰 계획을 게시한 순간 그녀의 텔레그램 채널에는 그녀를 향한 온갖 증오의 말이 폭주했다. 그녀가 나와 대화를 나눈다는 사실 자체를 끔찍하게 여긴 사람들이 항의하고 나선 것이다. 그래서 결국 그녀와의 팟캐스트 인터뷰 방송은 취소되었다. 그런 일이 있고 난 뒤에도 우리는 계속 연락을 주고받았고, 그녀는 실제로 일어나고 있다고 생각하는 일을 언급하는 여러 가지 링크를 내게 보냈다. 그런데 위에서 소개한 그 메시지에 첨부된 링크를 타고 들어가보니, 어떤 사람이 자기가 백신을 접종받은 바로 그 부위에 금속 조각을 붙이고 있는 모습이 담긴 동영상으로 연결되었다. 그 동영상에는 그 놀라운 이야기를 한층 더 확장하는 또 다른 동영상으로 연결되는 링크가 달려 있었다.

그 무렵 마야와 나는 이미 오래 알고 지내는 사이였고, 심지어 직접 만나기도 했었다. 나는 텔레그램에서 그녀의 채널을 팔로우하고 있었기 때문에 그녀가 점점 더 많은 팔로어들에게 공유하는 내용을 지켜봤다. 그래서 그녀가 매우 헌신적인 오신자임을 진작부터 알았다. 시간이 지남에 따라 그녀는 자신의 세계관에 더욱 헌신했고, 오신자의 세계에서 영향력을 발휘하는 인물로 체계적으로 성장하고 있었다. 나중에는 자기가 하는 '연구조사'에 필요한 자금을 팔로어들에게서 크라우드펀딩 방식으로 모았고, 결국 몇 주 뒤에는 전임 상근자 신분의 '소셜미디어 음모론 연구원이자 전파자'가 되었다. 이 모든 것을 알고 있었기에 그녀의 주장을 진지하게 받아들일 생각은 애초부터 없었다. (어쩌면 이것이 내가 가진 인지 편향의 한 가지 사례일지도 모르지만, 때로는 이런 편향 덕분에 하지 않아도 되는 수고를 덜기도 한다.) 그러나 나는 그녀가 왜 그 자석 인간 동영상에 대해서 내 의견을 묻는지 또 그녀가 왜 그 일에 그토록 놀라는지 궁금했다. 사실 솔직히 고백하자면 나도 그 동영상 속 현상이 궁금하기도 했고, 어째서 그런 일이 일어나는지 알고 싶었다. 그래서 해당 링크를 타고 들어갔고 결국 자석 인간 음모론을 알게 되었다. 그리고 지금은 내가 당신에게 그 음모론을 소개하고 있다.

언뜻 보기에 그 동영상은 방송 뉴스처럼 보인다. 헤드라인과 로고가 화면 하단을 가로질러 흐른다. 그리고 도시의 스카이라인이 배경을 채운다. 진행자인 스튜 피터스Stew Peters는 정장 차림을 하고 카메라를 바라보며 당당하게 말한다. 이 모든 점이 전문적이다. 그렇기에 싸구려가 아닌 신뢰할 수 있는 제작물이라는 인상을 준다. 그 시점에서 나는 동영상을 잠시 멈추고 피터스가 어떤 사람인지 검색해본다. 전직 래퍼인 그는 SNS에서 후원금을 노리는 일종의 '현상금 사냥꾼'으로 우익 온라인 미디어에서는 인기가 높았다.

피터스는 용감하고 비극적인 '백신 피해자'가 등장하는 지난주 방송 내용을 시청자에게 상기시킨 다음에 '오늘의' 주제를 소개한다. 그는 사람들이 금속 물체를 자기 몸에 붙이는 동영상이 소셜미디어에 홍수처럼 넘쳐난다고 했다. '홍수'라는 표현은 우연히 나온 게 아니다. 이 표현은 사회과학자들이 '사회적 증거social proof'라고 부르는 것을 활성화한다. 사회적 증거란 의사결정을 하면서 확실한 정보가 없거나 확신이 서지 않을 때 자기 주변에 있는 많은 사람이 취한 선택지를 따라가려는 심리를 말하는데, 피터스는 "이 자석 현상과 관련해서 얼마나 많은 사람이 나에게 이메일을 보내는지 다 읽을 수가 없을 정도이다"라고 주장했다. 피터스는 자기에게 이메일을 보내는 사람들이 "다른 사람, 특히 아이들을 향한 염려"를 용감하게 앞장서서 밝혔다면서 칭찬을 아끼지 않았다.

그다음에는 이런 몇몇 영웅의 증거 동영상이 나왔다. 마야의 친구가 올린 동영상과 비슷하게 금속 물체가 몸에 붙은 것처럼 보였는데, 금속 물체는 대개 동전, 열쇠, 주방용품 등이었다.

그 시점에서 나는 동영상 재생을 중지한 다음에 인터넷에서 더 많은 '증거'를 찾아보았는데, 아니나 다를까 많은 동영상이 이미 떠돌고 있었다. 그 가운데서 나는 아기의 통통한 허벅지에 아이폰이 붙어 있는 동영상을 특히 좋아한다. 이 아이폰은 일반적인 구형 아이폰이지 뒷면에 자석이 내장된 최신 모델이 아니었다! 또 어떤 동영상은 금속 물체가 몸에 달라붙는 모습을, 어떤 영상은 자석이 몸에 달라붙는 모습을(잠깐, 자석은 몸 안에 있는 줄 알았는데?) 보여줬다. 또 어떤 동영상에서는 동전과 은 제품이 몸에 붙어 있었다. (동전은 대부분 자석의 성질이 없는데, 이건 도대체 뭐지?)

이 정도면 《이상한 나라의 앨리스》처럼 유튜브 토끼굴에 충분히 깊이 들어간 셈이다. 다시 피터스의 동영상으로 돌아가서, 그 동영상을 본 사람들은 이제 사회적 증거에 추가할 수 있는 시각적 증거를 가진 셈이다. 처음에는 이것이 비주류 현상처럼 보였고 의료 전문가들도 이런 현상을 백신과 연결하기를 꺼렸다는 점을 피터스도 인정한다. 하지만 이제 더는 그렇지 않다고 말한다. 그러면서 그 모든 의문을 말 끔하게 풀어줄 게스트로 전문가 한 사람을 소개한다.

'전문가'는 마법의 단어이다. 피터스의 게스트는 제인 루비 박사인데, 피터스는 그녀를 제약 연구 분야에 20년 넘게 몸담은 바 있는 국제보건 경제학자로 소개한다. 거기에서 나는 다시 동영상을 중지하고 구글로 제인 루비 박사를 검색해봤지만, 그녀가 의료 분야의 자격증을 가지고 있는지 여부는 확인할 수 없었다.

루비 박사는 자기장을 사용하는 '자기주입법magnetofection(마그네토펙션)'이라는 의료 기술을 설명하면서 펍메드PubMed(미국 국립의학도서관의 저널 데이터베이스-옮긴이), 위키피디아, 정부기관의 웹사이트 등에서 해당 내용을 찾아보라고 권유한다. 이는 매우 중요한 단계이다. 그녀는 자기 주장이 사실인지 사람들에게 직접 확인해보라고 권유함으로써 신뢰도를 높인다. 거짓말을 하는 사람이라면 자신의 주장을 검증해보라고 말하지 않을 것이므로, 이렇게 말하는 그녀가 거짓말을 할 리가 없다는 뜻이 된다!

이 시점에서 사람들은 루비 박사가 제안한 대로 사실 확인을 해볼 수도 있고, 그러지 않을 수도 있다. 직접 확인해보라는 전문가의 권유를 받고서 사람들이 실제로 그렇게 할 가능성은 얼마나 될까? 여러 해 전에 나는 의료 자문 영역에서 이 질문에 관해 연구했었다. 의사가 환자에게 의학적 조언을 한 후 다른 병원에 가서 2차 진료를 받아보라는 제안을 하면 환자들이 어떻게 반응하는지를 조사한 것이다. 2차 소견을 받으라고 제안했을 때 이 의사를 신뢰하는 비율이 더 높았고, 그래서 그들은 의사의 진단을 믿고 굳이 다른 의사를 찾아가서 2차 소견을 받지 않았다. 내 생각에 다른 전문 기관에 가서 직접 알아보라는 제인 루비 박사의 제안도 사람들에게 비슷한 반응을 불러일으킬 것 같다. 그녀는 사실 확인을 해보라고 함으로써 실제로 그런 행동을 할 사람을 줄이는 동시에 더 많은 사람이 자신을 신뢰하게 만들었다.

그렇다면 실제로 확인 작업을 하겠다고 마음먹은 사람은 어떻게 될까? 글쎄다. '자기주입법'은 생소한 기술인데, 나로서는 궁금하기도 하고 조금은 의심스럽기도 하다. 그런데 인터넷으로 검색을 해보면 실제로 이런 용어가 있고, 유전자 치료 분야에서 유망한 기술인 것 같다. 그런데 이걸 아는 사람이 과연 몇이나 될까?

루비 박사는 이런 사정을 분명히 알고 있었다. 그녀는 사람들이 알고 있을 가능성이 없긴 하지만 이미 사실로 밝혀진 모호한 이론을 들이댐으로써 자기의 신뢰도를 더욱 강화한다. 심지어 그녀를 꽤 불신하는 나조차도 이 단계에 들어서면 어쩐 일인지 그녀를 따뜻한 마음으로 대하게 된다. 어쩌면 나는, 생소한 그 기술을 그녀가 안다면 내가 모르는 다른 것도 그녀는 알고 있을 것이라고 직관적으로 결론을 내릴 것이다. 그러고는 이렇게 생각한다.

'그래, 맞아. 루비 박사는 의학 분야의 최전선에 있는 진정한 전문가일지도 몰라.'

자기주입법을 출발점으로 선택하면 현실적이라는 것 말고 다른 강점도 확보된다. 이 단어는 어딘지 모르게 기술적이고 또 인위적인 것처럼 들리는데, 그래서 악당의 손에 들어가면 사람들에게 해를 끼칠 것이라고 상상하기 쉽다.

이렇게 해서 이제 신뢰가 확립되었다. 여기까지 따라온 사람은 루비 박사의 전문성과 지식을 확신할 가능성이 높다. 그러므로 이제부터는 그녀가 하는 모든 말을 일일이 검증하려 들지는 않을 것이다. 바로 이런 점에서 그녀가 사람들에게 일러준 첫 번째 정보가 거짓이 아니고 진실이라는 사실은 매우 중요하다. 이렇게 해서 이제 진실은 거짓으로 변하기 시작하고, 사실은 허구로 바뀐다. 그렇지만 그걸 일일이 확인하는 사람은 아무도 없다. 문제의 그 동영상을 시청하는 사람이 확인 작업을 할 가능성은 거의 없다.

루비 박사는 자성 물질을 구입할 수는 있지만(그녀는 "여기에 무서운 부분이 있습니다"라는 식으로 극적인 멘트를 덧붙인다) 사람에게 사용하도록 고안된 것은 아니라고 말한다. (사실 확인을 해본 결과 이 말은 사실이 아니며, 자기주입법에 대한 임상실험이 사람 대상으로도 많이 수행되었다.) 루비 박사는 이 자성 물질이 코로나19 백신의 일부라고 주장하고 또 그 물질은 '신과 자연이 결코 이물질이 들어가지 않기를 원하는 신체 구석구석으로' 백신을 운반하는 '강제적인 유전자 전달 체계' 역할을 한다고 주장한다. (이 말이 사실인지 아닌지 궁금할 텐데, 이것 역시 사실이 아니다.)

거기까지 말한 루비 박사는 전문성을 포장할 목적으로, 빙글빙글 돌아가는 DNA 나선 구조, 자석, 분자, 뇌, 백신 약병, 백신 주사기의 바늘 등의 다양한 그래픽을 배경으로 해서 온갖 의학 전문용어 및 약어를 쏟아낸다.

그러자 이제는 피터스가 끼어들어 '사실을 확인하고자 하는 사람들에게' 말을 건네며, 백신에 자석 물질이 들어 있다는 주장을 반박하는 질병통제예방센터CDC의 발표문을 소리 내어 읽었다. 이렇게 함으로써 두 가지 목적이 달성된다. 하나는 대립하는 다른 견해를 고려하는 모습을 보임으로써 사람들에게 신뢰를 한층 두텁게 쌓는 것이고, 다른 하나는 많은 사람이 질병통제예방센터에 대해 이미 믿고 있는 것에 관해 게스트인 루비 박사가 목소리를 낼 수 있도록 자리를 깔아 주는 것이다.

"그 사람들이 거짓말을 하고 있다는 말인가요?"라고 피터스가 묻자 루비 박사는 카메라를 정면으로 바라보면서 조금도 망설이지 않고 "예, 그렇습니다. 왜 그런지 그 이유를 아나요? 과거는 현재의 서막이거든요"라고 대답한다. 다소 수수께끼 같은 이 진술을 출발점으로 루비 박사는 질병통제예방센터가 과거에 저질렀던 잘못을 줄줄이 꿰는데, 그 가운데 다수가 이미 사람들이 진실이라고 확신하는 것이다. 그러니까 과거의 그런 잘못이 진실이라면 이번에 새로 발견한 이 자성 물질 관련 현상도 사실일 가능성이 높아진다, 사람들의 마음속에서는.

피터스는 동영상의 마지막 부분에서 게스트인 루비 박사가 얼마나 부지런한지 모른다며 치켜세우는 한편, 안전하고 암호화된 이메일 주소로 연락해서 진실을 찾아나가는 동지이자 팩트체커로 등록하라고 사람들에게 권한다. 피터스의 이 12분짜리 동영상은 완전히 잘못된 이야기를 퍼트리는 데 매우 효과적이다. 사람들을 끌어들여서 신뢰를 얻고, 그다음에는 그들이 자석 음모론을 믿도록 설득하겠다는 목적을 멋지게 수행하도록 설계되어 있기 때문이다.

나는 자석 음모론을 좋아한다. 왜냐하면 전형적인 음모론의 특징을 가지고 있기 때문이다. 전형적인 음모론은 많은 사람에게서 증거를 수집하는 데서부터 시작한다. 이렇게 해서 신뢰가 형성된다. 그다음에는 해당 현상을 직접 보여주는 다양한 동영상이 제시된다. 신뢰는 더욱 높아진다. 동영상 자료가 버젓이 있는데 누가 어떻게 이 증거를 반박한다는 말인가! 그런 다음 공식적인 직함을 가진 전문가가 등장한다. 이 전문가는 몇 가지 진실을 말하고 또 사람들이 이미 진실이라고 믿는 많은 내용을 반복해서 주장함으로써 신뢰를 쌓은 뒤 이 신뢰를 이용해 사람들의 신념 체계에 또 하나의 (거짓) 요소를 도입한다. 그리고 마지막에는 '진실'을 찾아나가는 과정에 함께하자고 요청한다. 이렇게 해서 짜잔 하고 이론 하나가 만들어진다. 아주 작은 진실 하나, 사악한 악당들, 평판 높은 전문가, 사회적 증거, 직접적인 증거가 되는 동영상, 진실을 함께 추구하는 동지가 되자는 요청, 이 모두가 섞여서 아름답게 포장된 이론인 음모론이.

지금 믿는 것은
과연 얼마나 확실한가

당신은 아마도 도대체 어떤 사람이 이런 음모론에 빠질지 궁금할 것이다. 그리고 자신은 결코 그러지 않으리라고 생각할 것이다. 전문가가 내건 직함이나 자격증이 과연 진짜인지 의심할 것이고, 그의 주장을 자세하게 알아볼 것이고(그가 사실 확인을 해보라고 권하지 않더라도), 사람들이 직접 경험한 내용이라면서 찍어 올린 동영상을 의심의 눈으로 꼼꼼하게 살피리라 생각할 것이다. 학교에서 배웠던 물리학의 여러 법칙을 기억해내고는, 그럴 리 없지만 설령 백신에 자석이 들어 있었다고 한들, 백신 주사를 맞은 자국이 있는 팔뚝에 아이폰이 딱 붙어서 떨어지지 않을 정도로 그 자석의 자성이 강력하지는 않을 것이라고 결론 내릴 것이다. (배달 식당의 종이 메뉴판을 작은 자석으로 냉장고에 붙이려다 실패한 경험은 누구나 한 번쯤 해봤으니까.) 코로나19 백신과 관련된 음모론적인 주장에 대해서도 다시 한번 의심하면서 살펴볼 것이다. 아무리 강력한 제약사라도 자연의 법칙을 거스를 수는 없다. 그리고 기업에 대한 정부의 규제가 얼마나 촘촘하고 강력한지 조금이라도 안다면, 제약업계가 세계에서 가장 수익성 높은 산업은 아닐지라도 수십억 달러 규모의 제약사가 FDA 규정을 위반하면서까지 자기 평판을 위험에 빠뜨릴 일은 하지 않으리라는 것을 알 수 있다. 사실 미국의 다른 많은 기업과 마찬가지로 제약사는 연구 및 과학 부서만큼은 아니더라도 거의 비슷한 규모의 감사 담당 부서를 운영하고 있는 것으로 알고 있다.

피터스의 인터넷 방송이 제시하는 잘못된 믿음의 깔때기에는 당신이 아닌 소수의 사람만 빠져든다고 치부하기 쉽다. 그러나 피터스의 이 동영상은 우리가 가지고 있는 이런저런 믿음과 이 믿음을 갖게 된 과정을 살펴보기에 좋은 기회이다. 과연 당신은 백신 속에 자석이 들어 있다는 음모론을 퍼트리는 동영상을 믿고 또 이를 다른 사람에게 공유하는 사람과 많이 다를까? 이에 대해 알아볼 수 있는 간단한 연습문제가 있다.

다음 각 진술을 읽고 당신의 믿음에 따라 '참' 또는 '거짓'에 표시해라. 그런 다음 해당 믿음에 대한 당신의 신뢰도를 0(전혀 믿지 않음)부터 100(완전히 확신함)까지의 점수로 평가하라.

이 시점에서 당신은 새삼스럽게 볼펜을 찾아서 이 연습문제를 풀고 또 답을 적는 과정이 무척 번거롭게 생각될 것이다. 아마도 질문 목록을 쓰윽 훑어보기만 해도 자기가 어떤 답을 했는지 모두 기억할 거라고 생각할 것이다. 그러나 자신 있게 말하지만, 그렇지 않을 것이다. 내 말을 믿어도 좋다. 사람들은 어떤 질문을 보고 실제로 그에 대한 답변을 하지 않았을 때도 자기가 그 질문에 답했다는 인상을 받는다. 그리고 나중에 누군가가 그 문제에 대한 해답을 알려주면 자신이 올바르게 대답했다고 너무도 쉽게 확신한다. 하지만 틀린 대답을 했을 수도 있다. 사람들은 어떤 질문에 대해 자기가 하지도 않은 대답을 했다고 느끼는데, 이런 종류의 사후확신 편향hindsight bias 반응을 피하는 것이 이 연습문제를 푸는 정확한 목적이다. 그러니 볼펜을 들고 다음 각각의 진술이 참인지 거짓인지에 명확하게 표시하고 또 자기 믿음의 신뢰도를 0에서부터 100까지의 숫자로 표시하라.

코로나19는 진짜다 : 참/거짓. 신뢰도(0~100) : _____

5G는 안전하다 : 참/거짓. 신뢰도(0~100) : _____

우주는 빅뱅으로 시작되었다 : 참/거짓. 신뢰도(0~100) : _____

지구는 둥글다 : 참/거짓. 신뢰도(0~100) : _____

홀로코스트는 실제로 있었던 사건이다 : 참/거짓. 신뢰도(0~100) : _____

신은 존재한다 : 참/거짓. 신뢰도(0~100) : _____

이제 각각의 진술로 돌아가서, 각 진술에 대해 한 번에 하나씩 다음 질문을 스스로에게 던져보아라.

나는 그 질문에 대한 나의 대답을 어떻게 믿게 되었을까?

코로나19가 진짜인지 아닌지 : _____

5G가 인체에 안전한지 아닌지 : _____

우주가 빅뱅으로 시작되었는지 아닌지 : _____

지구가 둥근지 아닌지 : _____

홀로코스트가 실제로 있었던 사건인지 아닌지 : _____

신이 존재하는지 아닌지 : _____

나는 그 질문에 대한 나의 대답을 어떻게 확신하게 되었을까?

코로나19가 진짜인지 아닌지 : _____

5G가 인체에 안전한지 아닌지 : _____

우주가 빅뱅으로 시작되었는지 아닌지 : _____

지구가 둥근지 아닌지 : _____

홀로코스트가 실제로 있었던 사건인지 아닌지 : _____

신이 존재하는지 아닌지 : _____

만일 당신이 평균적인 사람이라면, 아마도 자기 믿음에 대한 초기의 신뢰도를 상당히 높게 평가했을 것이다. 그러나 믿음을 갖게 되고 그 믿음을 확신하게 되는 과정을 돌아보게 만드는 후속 질문을 받고 나서는, 자신의 믿음이 처음에 생각했던 것만큼 확고한 기반 위에 있지 않음을 깨달았을 것이다. 아마도 당신은 그 믿음이, 애초에 누군가가 당신에게 제시했던 믿음을 그대로 받아들인 결과임을 깨달았을 것이다. 실제로 당신은 그 믿음을 누구의 간섭도 받지 않은 상태에서 별도로 검증해보지 않았거나, 심지어 자아 성찰조차 많이 해보지 않았을 수 있다. 믿음에 한해서는 신뢰할 수 있는 확고한 출처나 전문가에게 당신이 철저하게 의존해왔음이 의심의 여지가 없다. 당신은 사회적 증거('다들 그렇게 생각한다' 접근법)나 개인의 직접적인 증언('내 친구가 나에게 말했다' 접근법)을 받아들였다. 그렇다고 해서 당신의 믿음이 틀렸다는 뜻은 아니다. 그러나 자신의 믿음 가운데 일부를 지탱하는 기반이 불안하게 흔들린다는 사실을 깨달을 때, 사람들은 그 믿음에 대한 확신이 줄어든다. 그래도 걱정할 필요는 없다. 30분 정도만 지나면 자기 의심의 시간은 끝나고 높은 자신감이라는 초기설정(디폴트) 상태로 돌아갈 테니까.

역사적 사건이나 전 세계적 보건 위기에 대한 모든 믿음에 의문을 제기하자는 말을 하고 싶은 건 아니다. 사람들이 자기가 믿는 모든 것을 더 철저하게 또 열심히 조사하지 않는다고 비난하는 것도 아니다. 온갖 정보로 가득 찬 주변 세상의 복잡성을 처리하기 위해서 사람들이 지름길을 사용한다는 사실을 강조하려는 것뿐이다. 우리는 인간이기 때문에 모든 것을 언제나 의심할 수는 없다. 그래서 몇 가지 기본적인 매개변수를 설정하기 위해 매우 열심히 노력한다. 사람들은 자기가 믿는 것과 믿지 않는 것에 대한 일련의 매개변수를 가지고 있다. 사람들은 신뢰할 수 있는 전문가를 선택하고 또 신뢰할 수 있다고 판단하는 출처를 찾는다. 우리는 모든 의견을 늘 전면적으로 재검토할 수 없다. 날마다 맞닥뜨리는 데이터 홍수로부터 정신을 보호하려면 이런 기본적인 믿음이 필요하다. 이 기본적인 믿음은 방어기제로 작동해서, 무슨 일이 일어나고 있는지 전혀 모른다는 느낌으로 이 세상을 헤매지 않도록 우리를 이끌어준다. 인터넷에서 한층 더 많은 정보를 얻을 수 있게 되면서 우리에게는 더 많은 방어기제가 필요해졌고, 그 결과 우리는 자기가 가진 의견 속에 갇혀버리는 경향이 생겼다.

이렇게 해서 갖게 되는 믿음이 우주의 기원이나 신의 존재 같은 거창한 믿음만은 아니다. 우리는 비록 스스로 채택하긴 했지만 깊이 연구하거나 의문을 제기하지 않았던 온갖 믿음이 인도하는 대로 날마다 행동하고 선택한다. 나를 예로 들어 살펴보겠다. 여러 해 전에 나는 간헐적 단식이라는 논리가 마음에 든다고 판단했다. 그 시점만 해도 그 효과를 입증하는 증거는 많지 않았지만 나는 직관적으로 그 논리가 이해됐고 또 몇몇 친구가 그 방식이 효과가 있다고 말했기에 그들의 판단에 따라 간헐적 단식을 시작했다. 나중에 섭취 열량을 줄이는 다른 접근방식보다 나을 게 없다는 연구 결과가 나왔을 때, 나는 이 새로운 연구 결과에서 오류를 찾으려고 노력하면서 전체적으로는 애초의 의견을 고수했다. (그러면서도 가끔 늦은 밤에 친구들과 어울려서 먹고 마실 때는 내 행동을 합리화하기 위해 내 믿음과 정반대되는 믿음의 증거를 끌어다가 쓴다. 이렇게 말하면서. "확실한 증거도 없는데 굳이 내가 그 믿음의 규칙을 엄격하게 지킬 필요가 있을까?") 간헐적 단식을 시작한 지 벌써 여러 해가 지났지만 이 글을 쓰는 지금도 나는 이 단식법이 좋은지 아닌지 확신하지 못한다. 그러나 이런 상태에서도 간헐적 단식을 계속해나가려고 열심히 노력한다.

믿음은 힘이 세다. 일단 어떤 믿음이 생기면 그에 의문을 제기하기까지 많은 시간이 걸린다. 나의 간헐적 단식 습관을 봐도 알 수 있지만, 사람들은 스스로에게 의문을 품는 힘든 노력을 회피하고 오히려 기존의 믿음을 더욱 강화하려고 든다. 다큐멘터리 영화 제작자 애덤 커티스**Adam Curtis**는 이렇게 말했다.

"세상의 모든 권력은 힘이나 법을 통해서만 작동하지 않는다. 그 권력은 사람들의 머릿속으로 들어가서 그들이 세상을 바라보는 방식을 규정하는 식으로 작동한다. 오늘날의 현대적인 개인주의 시대에도 마찬가지이다."

나는 여기에서 한 걸음 더 나아가 오늘날의 현대적인 개인주의 및 디지털 정보 흐름의 시대에서는 특히 더 그렇다고 말하겠다.

유용한 팁

당신의 믿음이 옳은지 검증하라

자신의 믿음을 조사하기란 말처럼 쉽지 않지만, 고대 그리스의 철학자 소크라테스는 유효성이 이미 입증된 어떤 방법론 하나를 제안했다. 소크라테스의 이 방법론은 가설을 하나 제시한 다음에 이 가설이 옳은지 검증하는 식이다. 여기에는 두 가지 방법이 있다. 하나는 대안이 될 수 있는 설명이 있는지 찾는 것이고, 다른 하나는 그 가설이 반증 가능한지 검증하는 것이다. 예를 들어서 당신이 2020년의 미국 대통령 선거가 외국 배우들에 의해 조작됐다는 가설을 세웠다고 치자. 이때 당신은 스스로에게 다음 질문을 던질 수 있다. "2020년의 그 선거 결과를 다른 식으로 설명할 수 있을까?" 어쩌면 결과 그대로 대다수 유권자가 당선 후보를 선호했을 수도 있다. 당신은 이렇게 물을 수도 있다. "내 가설이 거짓이 되려면 무엇이 필요할까?" 아마도 수없이 많은 재검표와 누가 봐도 확실한 투표 관련 안전 조치가 그 가설을 약화하는 데 도움이 될 것이다. 이런 식으로 소크라테스식 방법론을 빌려다가 쓰면 자기 자신을 심문하면서 스스로를 정직한 상태로 유지할 수 있다. 여기에 한 가지 더 추천하자면, 머리로 생각만 하기보다는 종이에 직접 쓰기를 권한다. 앞에서 살펴본 것처럼, 실제로는 그러지 않고도 머릿속으로 어떤 질문에 대답했다고 자기 자신을 속이기가 너무도 쉽기 때문이다. 종이에 글을 쓰는 행위는 사소하고 단순하지만, 이 행위가 큰 차이를 만든다. 소크라테스식 방법론은 오신자와 대화를 할 때도 사용할 수 있다. 오신자의 가설을 단순히 반박하거나 부정하기보다는 가능한 대안 가설로는 무엇이 있을지, 또 반증 가능성에 대해서는 어떻게 생각하는지 등을 질문하는 게 좋다.

자신의 믿음에 대해 정직하게 의문을 제기하는 또 하나의 유용한 방법이 있다. 중립적인 제3자도 똑같은 결론을 내릴지 스스로에게 물어보는 것이다. "그가 나와 같은 편견을 가지고 있지 않거나, 심지어 해당 주제에 대해 반대되는 견해를 가지고 있다면 어떨까? 그는 뭐라고 말할까? 그는 내가 세운 가설을 어떤 식으로 반박할까?"

가설을 뒷받침하는 정보만을 찾는
편향된 검색

내가 사형되길 바라고, 또 나의 사형 집행인이 되고 싶다고 했던 리처드를 기억하는가? 우리 두 사람의 관계는 처음에는 확실히 좋지 않았다. 하지만 그럼에도 우리는 연락을 주고받는 사이로 남았다. 그는 지능이 높았고 '연구조사'에 대한 그의 헌신은 남달랐다. 그랬기에 오신자들의 머릿속으로 들어가고자 하는 나의 탐구 활동에서 그는 매력적인 안내자였다.

리처드는 스스로를 강력한 엘리트들이 자행한 거짓과 기만의 온갖 촘촘한 음모를 폭로하는 진실 탐구자라고 소개했는데, 내가 보기에 이는 진심이다. 코로나19가 가짜라는 주장은 그가 제기했던 첫 번째 음모론이 아니다. 실제로 그는 여러 해 전부터 다양한 대체 현실을 주장하는 음모론의 지지자였다. 그는 빌 게이츠가 세계보건기구를 통제한다고 믿고, 경제 엘리트들이 연방준비은행이라는 제도를 만들어 운영함으로써 세계 경제를 통제한다고 믿으며, 록펠러 가문이 새로운 세계 질서를 만들기 위해 움직이고 있다고 믿는다. 또한 찰스 맨슨 **Charles Manson**(미국 컬트 지도자이자 연쇄 살인범으로 1960년대 후반 캘리포니아에서 여러 사람을 잔인하게 살해해 악명을 떨쳤다-옮긴이)은 CIA가 했던 엠케이-울트라**MK-Ultra**라는 마인드컨트롤 실험에 참가하는 바람에 연쇄 살인범이 되었다고 믿는다.

코로나19 팬데믹이 처음 시작되었을 때 리처드는 뉴스에서 보도된 내용을 믿었다. 그랬다가 '깨달음'을 얻고는 자기가 지금껏 '잘못된 사람들'(질병통제예방센터, 세계보건기구, 빌 게이츠, 파우치 박사 등)을 신뢰했음을 알아차렸다. 그는 '스스로 연구하기' 시작했다. 그는 '모든 과학 문헌'을 읽고, 이해가 안 되는 부분이 있으면 자세하게 파고들어서 살펴본다고 나에게 말했다. 그 결과 그는 코로나19와 관련된 여러 가지 음모론을 더욱 열정적으로 믿게 되었다. 그는 어떻게 해서 그 방대한 정보의 세계를 탐색한 끝에 그런 결론에 도달했을까? 이것은 사회과학 용어로 '편향된 검색**biased search**'이라고 부르는 흥미로운 사례의 결과이다.

넓은 의미에서 편향된 검색은 사용 가능한 전체 정보 가운데서 일부만을 대상으로 삼는 검색이다. 물론 사람이 완벽하게 편향되지 않은 검색을 한다고 상상하기란 어렵다. 그러므로 편향된 검색을 하나의 연속체로 생각하고 그 검색이 얼마나 편향되었는지를 물어야 한다.

검색에 편향성을 부여하는 요인은 다양하다. 어떤 경우에는 자기가 가장 쉽게 이용할 수 있거나 접근하기 쉬운 정보를 찾을 수도 있다. 마치 가로등 아래에서 열쇠를 잃어버렸기 때문이 아니라 충분히 밝아서 열쇠를 눈으로 확인할 수 있는 곳이 가로등 아래라는 이유로 거기에서 열쇠를 찾는 그 유명한 비유 속의 어리석은 사람이 그렇다. 만일 인터넷에서 검색을 한다면 검색자가 입력하는 특정한 용어나 검색 엔진이 사용하는 알고리즘이나 광고를 신청한 웹페이지의 상단 배치 등으로 인해 검색 결과는 편향된다. 어쩌면 우리는 지금 의도치 않게 특정 데이터나 언어를 무시하는 검색 엔진을 사용하고 있을지도 모른다. 온전하게 대표성을 띠지 않는 검색은 모두 편향된 검색의 한 형태이다.

잘못된 믿음에 관해서는 '확증 편향confirmation bias'으로 알려진 특정 유형의 편향된 검색이 발생한다. 확증 편향은 어떤 가설에서 시작한 다음 해당 가설을 뒷받침하는 정보만 채택하고 그 가설과 모순되는 정보는 배제하거나 평가절하하는 편향된 검색이다.

리처드는 이런 편향의 사례 그 자체이다. 우리가 처음 만났을 때 그는 코로나19가 시민의 기본적인 자유를 빼앗기 위한 정부의 도구라고 확신했다. 그는 폭넓은 연구조사 작업을 수행했지만 이는 자기가 세운 가설을 확증하기 위해서였다.

리처드와 나는 온라인으로 토론을 하곤 하는데, 리처드는 팬데믹이 자신과 친척 지인 및 그들의 자녀에게 미친 끔찍한 영향을 이야기하는 사람들의 동영상 링크를 내게 보냈다. 어떤 것은 한눈에 봐도 집에서 개인적으로 녹화한 것이고, 어떤 것은 한층 더 공식적으로 보인다. 그런데 이 동영상들은 내가 설정한 증거의 기준을 하나같이 충족하지 못한다. 그리고 자기가 얼마나 많은 고통을 겪고 있는지 설명하는 그들의 동영상에는 내가 언급할 만하거나 배울 수 있는 것이 많지 않았다. 그래서 나는 그에게 확실한 데이터와 학술적인 논문만 보내달라고 요청했다.

"당신이 모든 의학 문헌을 읽었다고 주장하니, 거기서부터 시작하면 어떨까요?"

그날 밤 리처드는 '이 정보에는 지금 무슨 일이 일어나고 있는지 이해하기 위해 당신이 알아야 할 모든 것이 포함되어 있다'라는 문구와 함께 수많은 링크를 나에게 보냈다. 언뜻 봐도 그 문건 가운데 다수의 출처가 합법적이고 공식적인 것으로 보였다. 그리고 그가 문건에서 말하는 '전문가'는 학위나 자격을 갖춘 것 같았다. 기관도 진짜인 것 같았고, 잡지도 과학·의학 잡지처럼 보였다.

나는 스스로를 무척 신뢰하는 편이지만, 이런 상황에서는 내 본능을 거슬러서 눈에 보이는 모든 것을 의심해야 한다는 것을 알고 있었다. 바로 그 지점에서 시작해야 했다. 딱 들어맞는 사례를 소개하면 다음과 같다. 내가 열어본 첫 번째 링크는 마국내과외과의사협회AAPS로 연결됐다. 이 단체의 사이트는 그리스 신화에서 의술의 신으로 등장하는 아스클레피오스Asclepius의 지팡이(뱀이 막대를 감고 있는 모양)가 그려진 표준 로고가 있는 여느 의료기관 홈페이지와 비슷해 보였다. 그런데 자세히 알아보니 의학과는 거의 관련이 없는 우익 정치세력의 한 전선이었다. AAPS는 이미 오래전부터 후천성면역결핍증(에이즈)의 존재를 부인해왔고, 낙태와 유방암 사이의 연관성을 과장했으며, 예방접종과 자폐증 사이에 연관성이 있고, 동성애가 기대여

명을 단축시킨다고 주장했다. 훈련되지 않은 사람 눈에 이 사이트에 게시된 논문은 다른 의학 잡지에 실린 논문과 다르지 않아 보이지만, 이 논문은 데이터나 사실에 기초하지 않았다. 그저 단편적인 의견 조각일 뿐이며 온갖 추측으로 가득했다.

그래서 나는 리처드에게 링크의 자료는 과학 잡지가 아니며, 따라서 내가 신뢰할 수 있는 종류의 증거라고 생각하지 않는다고 답장을 보냈다. 그러나 리처드는 내 문제 제기를 받아들이려 하지 않았다. 그저 다음 차례의 정보 조각을 다시 내밀기만 할 뿐이었다. 확증 편향의 전형적인 현상이다. 그는 자기 가설을 뒷받침하지 않는 증거는 모두 무시한다. 그가 내게 보내온 그다음 자료는 2021년 3월과 4월 두 달 동안 이스라엘에서 29~39세 남성의 사망률이 23퍼센트 증가했다고 주장하는 트윗이었다. 그는 이 트윗을 보내고는 이 청년 남성의 죽음이 제1차 코로나 백신 접종 시기와 맞아떨어지는 것으로 보아 코로나 백신이 사망 원인임이 분명하다고 말했다. 그는 또한 이스라엘 보건부의 온라인 데이터베이스 링크도 나에게 보냈는데, 이 데이터는 정확해 보였다. 문제의 두 달 동안에 해당 연령대에서 사망률이 23퍼센트 증가한 것은 맞았다. 그러나 좀 더 자세히 살펴보면 문제의 사망자 수는 두 자릿수 초반의 매우 낮은 절대 수치에 불과하다는 것을 알 수 있다. 숫자가 작을 때는 백분율 증가치로 말하면 증가율이 훨씬 극적으로 보일 수 있다. 어떤 주에 두 사람이 사망했는데 그다음 주에 세 사람이 사망한다면 사망률은 50퍼센트 증가한 것이다! 그리고 이 경우처럼 사망자 수가 열세 명에서 열여섯 명으로 증가하면 사망률이 23퍼센트 증가한 게 된다. 그건 그렇고, 정보를 전달하면서 자신에게 편리한 방식으로 숫자를 설명하는 이 전술은 오신자의 전유물이 아니다. 이 방식은 일반적으로 널리 사용된다. 그래서 통계수치는 때때로 비난을 받는다.

게다가 그 데이터는 다양한 원인으로 인한 사망을 모두 합해서 보고했다. 단 한 차례의 교통사고가 그 통계수치를 극적으로 왜곡할 수 있다. 그 후 나는 사망률 데이터 수치를 (3월과 4월뿐 아니라) 보다 긴 기간에 걸쳐서 그리고 (29~39세가 아닌) 다른 연령대의 집단과 비교해서 한층 더 광범위하게 살펴봤다. 그랬더니 리처드가 염려했던 사망률 폭증은 특정 연령 집단과 특정 기간에 국한된다는 사실이 분명하게 드러났다. 다른 기간이나 다른 연령대에서는 그런 사망률 증가가 나타나지 않았다. 또 리처드가 보냈던 사망률 증가 통계수치와 시간 경과에 따른 일반적인 사망률 변동 사항을 비교했다. 나는 23퍼센트라는 증가율이 통계적으로 일반적인 변동 분포와 구별되는지 살펴봤고, 그 증가 수치가 높은 것처럼 보이지만 그 정도의 변동은 충분히 예상할 수 있음을 다시 한번 확인했다. 또한 이런 특정한 증가 수치는 통계적으로 유의미하지 않음을 확인했다.

나는 리처드가 과학과 통계를 더 잘 이해하는 데 도움이 될 수 있기를 바라면서, 컴퓨터 화면을 위주로 구성한 동영상을 만들어서 이런 분석 내용을 설명하고 또 여러 가지 다른 결과를 짚어줬다. 이번에도 예상과 다르지 않게 리처드는 내 주장에 아무런 대응을 하지 않았다. 그는 자기가 믿는 내용과 모순되는 증거에는 관심이 없다. 오로지 자기 믿음을 뒷받침해줄 증거를 더 많이 찾고 그래서 자기가 이미 믿는 것에 대한 확신이 더욱 강화되기만을 바랄 뿐이다.

사실 우리는 모두 리처드와 조금은 비슷하다. 당신도 예외가 아니다. 내 말을 믿지 못하겠다면, 다음에 소개하는 간단한 테스트로 확인해보기 바란다.

확증 편향을 확인하는 방법, 웨이슨 카드

테이블 위에 다음과 같이 카드 네 장이 놓여 있다고 치자.

[도표-5]   웨이슨 선택 과제의 사례

카드 양쪽 면에는 각각 숫자와 알파벳이 적혀 있다고 한다. 그런데 당신에게는 가설이 하나 주어진다. 그 가설은 다음과 같다. '한쪽 면에 적힌 숫자가 짝수이면 다른 쪽 면의 글자는 모음이다.'

그리고 여기에서 문제가 제시된다. "이 가설을 검증하려면 어떤 카드를 한 장 혹은 그 이상 뒤집어서 확인해야 할까?"

이는 피터 웨이슨Peter Wason이 1966년에 만든 테스트로, 이른바 웨이슨 선택 과제Wason selection task라고 불린다.

자, 당신도 직접 한번 풀어봐라. 당신이라면 어떻게 하겠는가?

사람들은 대부분 숫자 4가 적힌 카드에서부터 시작한다. 카드 뒷면

에 모음이 있으면 그 가설이 참이라는 말이고, 모음이 없으면 그 가설은 거짓이 된다. 이 선택은 일리가 있다. 그다음으로 많은 사람이 문자 E가 적힌 카드를 선택할 것이다. 이 선택은 문제의 가설을 검증할 수 있는 매우 중요한 방법처럼 보인다. 하지만 곰곰이 생각해보면, 이 선택은 '한쪽 면에 적힌 숫자가 짝수이면 다른 쪽 면의 글자는 모음이다'라는 가설이 참이라는 사실을 확인하겠다는 발상에서 비롯되었다. 실제로 이것은 유용한 검증 방법이 아니다. 만일 그 카드의 반대쪽 면이 짝수라면, 이 결과는 가설과 일치한다. 그런데 홀수라면 어떨까? 이때는 문제의 가설에 대해 아무런 말도 할 수 없다. 왜냐하면 그 가설은 숫자 면에 홀수가 적혀 있을 때는 다른 쪽 면이 어때야 하는지에 대해 아무 말도 하지 않기 때문이다.

이 테스트에서 지극히 소수의 사람이 글자 K가 적힌 카드를 뒤집는다. 그러나 실제로는 이 카드가 핵심이다. 이 카드의 다른 쪽 면에 짝수가 적혀 있으면 가설이 거짓이라는 반증이 되기 때문이다. 그러므로 이 문제에서 정답은 숫자 4가 적힌 카드와 글자 K가 적힌 카드를 뒤집는 것이다. 다른 카드는 가설 검증에 아무런 도움이 되지 않는다.

당신도 정답을 맞혔는가? 그랬다면 축하한다. 사고방식이 특출나게 논리적이거나 이 웨이슨 선택 과제를 전에 본 적이 있고, 이 기회를 통해 자신이 대개의 사람보다 훨씬 똑똑하다는 가설을 확인한 셈이다. 그러나 정답을 맞히지 못했다고 해도 실망할 필요는 없다. 당신은 혼자가 아니다. 웨이슨의 원래 실험에서 정답을 맞힌 사람의 비율은 채 10퍼센트도 되지 않았다. 충분히 예상할 수 있듯 웨이슨 선택 과제에 대한 연구논문은 무척 많다. 이 연구는 온갖 뉘앙스와 조건을 달리해서 이루어졌는데, 이는 편향된 검색과 관련해서 많은 통찰을 준다.

웨이슨 선택 과제는 확증 편향, 즉 가설을 반증하기보다는 가설을 뒷받침하는 증거를 찾고자 하는 경향이 인간의 본성임을 확인해준다. 확증 편향은 정보를 검색하는 방법에만 국한되지 않는다. 사람들이 기존 신념이나 가치관을 확인하거나 뒷받침하는 방식으로 정보를 해석하도록 유도하는 한편, 그런 신념이나 가치관에 문제를 제기하는 정보를 회피하거나 무시하도록 유도한다. 세상에 대해 자기가 내린 결론이 실제 사실과 일치하지 않을 때 사람들은 확증 편향을 통해서 그 불일치를 신속하게 합리화할 수 있다. 같은 사람이라도 자신이 지지하는 후보가 패배하면 선거를 도둑맞았고 투표 집계기를 신뢰할 수 없다고 주장하고, 승리하면 민주적 절차를 찬양하면서 투표 집계기를 신뢰할 수 있다고 주장한다. 신문의 주간 별자리 운세를 믿는 사람은 어렴풋하게 비슷한 모든 사건을 태어난 시점을 기준으로 별들이 계획을 마련해뒀다는 증거로 받아들일 수 있지만, 이 사람도 예측과 맞아떨어지지 않는 사건이 생겼을 때는 별자리 운세를 의심하기보다 그 사건 자체를 무시할 수 있다.

리처드가 사망률 통계를 해석할 때 실제보다 사망률을 높게 바라보면서 내가 제시한 설명을 무시했던 이유도 바로 이런 심리적 기제가 작용했기 때문이다. 예방접종과 발병률의 전반적인 감소 사이에 높은 상관성이 존재했지만, 그는 자기 신념과 일치하지 않는다는 이유로 이런 객관적인 사실은 무시했다. 그러면서 2021년 3월과 4월 두 달간의 백신 접종과 29~39세 연령대 남자의 높은 사망률 사이에 존재하는 낮은 상관성을 지나치게 높게 평가하며 강조했다. 왜냐하면 그 상관성이야말로 자기가 사는 세상에서 일어나는 일을 설명하는 그의 기존 정신 모델mental model과 잘 들어맞기 때문이다.

확증 편향은 우리 모두에게 어느 정도까지는 문제를 안긴다. 당신이 가장 최근에 어떤 문제로 친구와 말다툼을 벌인 뒤에 해당 내용을 인터넷에서 검색해 도움을 받으려고 했던 일을 떠올려보라. 이때 가치 중립적인 방법으로 해당 정보를 찾았는가? 당신 관점을 뒷받침하는 증거 위주로만 찾았는가, 아니면 당신 친구의 관점을 뒷받침하는 증거도 똑같은 비중으로 찾았는가? 당신이 좋아하지 않는 어떤 사람을 나쁘게 말하는 소문을 들었을 때 당신이 어떻게 대응하는지 생각해보라. 정말 솔직하게 다음 질문에 대답해보라. 당신 나름의 결론을 내리기 전에 사실 확인부터 하면서 열린 마음으로 소문에 다가서는가, 아니면 그에 대한 당신의 생각이 맞았다면서 그 소문을 '사실이라고 단정'하는가? 아마도 분명 후자일 것이다. 사실은 나도 그렇다. (비록 '오늘의 별자리 운세'는 믿지 않지만!) 이런 심리적 경향은 진실이기를 바라는 어떤 것과 진실일까 두려워하는 어떤 것에 대해 똑같이 강력할 수 있다.

유용한 팁

검색 방식을 바꿔라

우리 대부분이 날마다 검색 엔진을 사용하긴 하지만, 이 도구가 자신의 확증 편향을 얼마나 강력하게 뒷받침하는지는 거의 알아채지 못한다. 검색어를 입력했을 때 검색 엔진이 검색어를 자동완성하면서 선택지를 제시하는 것을 보고 수많은 사람이 당신과 똑같은 질문을 하고 있음을 확인한 적이 있지 않은가? 또한 소중하게

간직한 신념과 관련된 정보를 검색할 때, 입증하고자 하는 내용을 검색란에 입력한 적이 있지 않은가? 당신만이 아니다. 우리 대부분이 그렇게 행동한다. 예를 들어, 백신이 자폐증을 유발한다고 믿는다면 당신은 '백신이 자폐증을 유발한다'라는 문구를 검색란에 입력할 수 있다. 그러면 그 믿음을 확인해주는 콘텐츠가 검색되어 나온다. 그저 어떤 주제에 대해 검색하고 있다고 생각하지만 실제로는 그 주제에 대한 편향된 견해를 검색하고 있는 경우가 너무 많다. 이렇게 해서 우리가 얻는 수많은 결과는 편견을 더욱 확증한다. 확증 편향을 원천적으로 배제하는 검색 엔진이 언젠가는 개발되길 바란다. 하지만 그때가 오기 전까지 우리는 최선을 다해서 확증 편향에 맞서야 한다. 검색란에 자기가 옳다고 믿는 것과 반대되는 내용을 입력하고 검색하라. 위에 들었던 사례를 예로 들자면, '백신은 자폐증을 유발하지 않는다'라고 검색하라는 말이다. 이 두 가지를 모두 검색하면 더욱 미묘하고 포괄적인 검색 결과를 얻을 수 있을 것이고, 그러면 확증 편향을 어느 정도는 막을 수 있다.

혹시 내가
암에 걸렸나 싶을 때

잠에서 깨어나 휴대폰을 쳐다본다. 새벽 2시. 잠기운의 안개가 걷히자 어쩐지 이상한 감각이 느껴졌다. 왼쪽 어깨와 목이 만나는 부분이 저릿한 게 어쩐지 이상하다. 그 부분을 만져보니 감각이 없다. 손가락으로 그 지점을 중심으로 조금씩 크게 동심원을 그리면서 어느 부위까지 감각이 없는지 알아보려고 애쓴다. 그러다가 마침내 신체 부위의 어느 한곳 전체의 감각이 이상하게 무디다는 것을 깨닫는다. 이 느낌이 가슴 아래로, 어깨 위로, 또 등 아래로 퍼져나간다.

이게 뭘까? 이 의문에 내 마음이 즉각 대답한다.

"암이야."

바로 그 순간부터 나는 오로지 암과 관련된 질문만 생각한다. 신체의 어느 부위에 암이 자라면 이런 이상한 느낌이 들까? 목일까? 척수일까? 어쩌면 피부암의 일종일까? 생각은 온갖 신체 부위로 나를 데려간다. 자고 일어나면 그 이상한 감각이 말끔하게 사라지고 없기를 바라면서 다시 잠을 청한다. 그러나 잠은 쉽게 오지 않는다. 그렇게 뒤척이다가 마침내 잠이 든다. 그리고 몇 시간 뒤에 잠에서 깨는데, 아무것도 바뀌지 않았다. 이상한 감각은 그대로고 암에 대한 온갖 염려도 마찬가지이다. 나로서는 이 이상한 감각을 암이 아닌 다른 것으로는 도저히 설명할 수 없다.

나는 암에 걸렸고 이 상황이 행복하게 해결되지 않으리라고 더욱 확신한다. 잠자리에서 일어나기까지의 남은 시간을 온통 악몽에 시달리며 보낸다. 이 느낌은 아침에도 그대로이다. 병원에 가봐야겠다는 생각이 들지만 어떤 병원에 가야 할지는 모르겠다. 피부과에 가야 하나? 정형외과에 가야 하나? 아니면 척추 전문 병원에? 아니면 곧바로 대형병원 응급실로 가야 할까? 개인적으로 알고 지내는 의사에게 먼저 전화를 걸어서 물어봐야 할까?

그러다가 우연히 오른쪽 어깨를 만졌는데 손가락 하나가 흉터에 닿는 순간 잊고 있던 기억이 되살아났다. 여러 해 전에 나는 양쪽 어깨의 피부 아래에 풍선을 넣는 수술을 받았다. 피부가 더 많이 자라나게 하고 또 그렇게 해서 생성된 피부가 화상을 입은 피부 조직을 대체할 수 있도록 하기 위한 일종의 외과 수술이었다. (애초에 그 풍선은 여성 유방 보형물 용도로 설계됐지만, 내가 그 풍선을 화상 부위에 쓰자고 의사에게 말했다. 처음에 의사는 반대했지만 워낙 내 뜻이 완강하자 받아들였다.) 의사는 여섯 달에 걸쳐서 두 개의 풍선을 천천히 그리고 체계적으로 부풀렸다. 내 왼쪽 어깨에 있는 풍선의 용량은 2리터였고, 오른쪽 어깨의 풍선은 1.5리터였다. 이 풍선들이 팽창하면서 건강한 피부의 면적이 점점 넓게 펴지면서 늘어났다. 나중에 의사가 풍선을 제거하면 여분으로 생성된 건강한 피부를 목 위로까지 잡아당겨서 일부 화상 흉터를 대체할 수 있다. 내 몸에서 흉터가 차지하는 비율은 그만큼 줄어들 터였다.

이런 사실을 떠올리면서 오른쪽 어깨의 흉터를 만지는데 거기서도 똑같이 저릿한 감각이 느껴졌다. 그 순간, 몇 년 전에 받았던 그 풍선 이식 수술 뒤로 어깨의 감각이 이상했다는 것을 기억해냈다. 마침내 수수께끼가 풀렸다! 그것은 내가 오랫동안 잊고 있던 문제였다. 애초부터 암은 없었다. 암이라는 절망적인 생각이 떠오르자마자 나는 암이라는 가능성에 집착했고, 그러다 보니 정신이 온통 암과 관련된 생각으로 뒤죽박죽이 되어버렸다. 다른 가능성을 고려하기도 전에 모두 무시해버렸다. 그 이상한 감각을 처음 느꼈을 때 관련된 '모든 가능성'을 펼쳐놓고 살폈더라면 쓸데없이 악몽에 시달리며 잠을 설치지 않았을 것이다. 그런데 그러지 않고 단 하나의 가설만 세운 뒤에 다른 가능성을 차단했다.

이 이야기의 요점은 이렇다. 자기 경험을 해석하는 방법에는 여러 가지가 있지만, 일단 마음을 특정한 한 가지 방향으로 설정하고 나면

(즉 어떤 가설을 세우고 나면) 거기에서 벗어나기는 매우 어렵다.

이와 똑같은 원리를 들어, 잘못된 신념에 사로잡힌 사람들이 백신 부작용이라고 주장하는 것 중 일부를 설명할 수 있다. 내가 방금 말한 일이 백신을 맞은 직후에 일어났다고 치자. 과연 나는 어떤 결론을 내릴까? 저릿한 그 이상한 감각이 백신의 부작용이라고 성급하게 결론 내릴 가능성이 매우 높다. 특히 주사를 왼팔에 맞았는데 왼쪽 어깨와 목이 만나는 부위에서 그런 느낌이 나타났다면 더욱 그렇다. 그리고 만일 내가 그 가설에 만족했다면 아마도 다른 가설은 찾아보려고 하지 않았을 것이다. 실제로 부작용이 예상되면 우리는 부작용을 찾기 시작한다. 그러다 보면 부작용이라고 확신할 수 있는 증상을 찾아낼 가능성이 높다. 부작용을 굳이 예상하지 않아도 되는 때였다면 부작용이라고 믿는 그 증상을 놓고 전혀 걱정하지 않을 것이다. 우리는 그게 무엇 때문인지 기억할 것이고, 그것이 무작위적인 것이거나 전혀 다른 원인에서 비롯되었음을 깨달을 것이다. 그러나 부작용이 예상되면 우리는 그 부작용을 인지 과정의 초점으로 삼는다. 그러면 결국 증상의 심각성을 강화하게 되고, 나아가 해당 증상과 그 원인으로 예상되는 것(이 경우 백신) 사이의 연관성을 만들어낼 수 있다.

돌아보며
여러 개의 점을 연결하기

연관성 만들기란 잘못된 믿음을 강화하는 또 하나의 흔한 인지적 속임수로서, 존재하지도 않는 인과관계의 패턴을 찾는 경향이다. 사람들은 서로 연관이 있는 것처럼 보이지만 실제로는 그렇지 않은 두 개의 사건을 놓고, 과거를 돌아보면서 두 점을 연결하고 그다음에는 사건 A가 사건 B로 이어졌다고 자기 자신에게 확신을 심어준다. 코로나 시대에 많은 사람이 참여해서 여러 개의 점을 하나로 연결했던 흥미로운 사례 하나를 살펴보자. 이는 '이벤트 201'로 알려진 2019년 팬데믹 시나리오-계획 활동을 중심으로 전개되었다.

그것은 우연일 리가 없다. 적어도 마야를 비롯한 많은 사람은 그렇게 말한다. 코로나19가 세상에 모습을 드러내기도 전인 2019년 10월 18일, 게이츠재단과 세계경제포럼은 뉴욕에 있는 존스홉킨스보건안보센터Johns Hopkins Center for Health Security와 공동으로 장차 발생할지도 모르는 팬데믹에 대응할 방안을 모색하는 '모의훈련'을 했다. 이 자리에 참석한 사람들의 명단만 봐도 벌써 의혹부터 제기되고 심지어는 털이 쭈뼛 설 수도 있다. 당신도 그 자리에 내가 함께했는지 혹은 일루미나티가 이 행사를 비밀리에 후원했는지 궁금한가? (미리 말해두자면, 나는 그 자리에 없었고 또 일루미나티의 후원 여부는 나로서는 알 수 없는 일이다.) 그러나 이것이 이야기의 끝이 아니다. 오신자들은 시뮬레이션 대상 전염병을 무엇이라고 생각했을까? 아마도 코로나바이러스로 인한 전염병이라고 짐작할 것이다. 우연의 일치라고 상상하기는 어렵지 않은가? 오신자들은 이런 질문을 던질 수 있다.

"그들이 코로나19를 예측했을 확률은 얼마나 될까? 그들이 이미 코로나19에 대해 알고 있었다는 게 더 이치에 맞지 않을까? 이 '우연'은 코로나19 팬데믹의 설계자로 여겨지는 빌 게이츠가 또 다른 의심의 대상인 존스홉킨스보건안보센터와 손을 잡고 이미 사악한 음모를 진행하고 있었음을 입증하는 증거가 아닐까? 이런 결론이 더 논리적으로 타당하지 않을까?"

코로나19의 첫 환자는 그해 12월이 되어서야 공식적으로 보고되었다. 게이츠와 그의 동료 악당이 처음부터 코로나19를 계획했다는 가설이 참임을 확인하려는 사람들은 '이벤트 201'이야말로 확실한 증거라며 의기양양하게 말했다.

"무슨 일이 일어날지 모르는 상태에서, 실제로 코로나19 환자가 나타나기 직전에 그들이 이런 모의훈련을 할 확률이 통계적으로 얼마나 될까? 불가능하지 않아? 내 말이 맞지?"

틀렸다!

그런 식의 확증 편향 사고방식은 코로나19가 발생하기 몇 년 전부터 이미 그런 행사가 정기적으로 열렸었다는 사실을 고려하지 않는다. 또한 발병 가능성이 높은 후보군에 속하는 전염병 가운데 하나로 코로나바이러스를 선택한 것에 대한 합리적인 설명을 무시한다. 또 과거를 돌이켜보는 과정에서 우리가 이미 믿고 있는 어떤 이야기에 딱 들어맞는 것처럼 보이는 사건 하나를 찾기란 무척이나 쉽다는 사실도 무시한다. 그러나 게이츠재단의 지원을 받아 진행된 수백 건의 다른 행사가 코로나19와 아무런 관련이 없다는 사실은 어떻게 설명하겠는가? 사람들은 이 모든 사실을 설명하려고 노력할까? 물론 그렇지 않다. 이런 태도는 별자리 운세 신봉자가 지난 토요일 칼럼이 예측하지 못한 그 주의 모든 사건을 설명하려고 시도하는 것과 마찬가지다. 확증 편향에 사로잡힌 오신자가 자신의 이야기를 증명하기 위해 과거로 돌아가 이를 뒷받침하는 몇 가지 세부사항을 찾아내기란 어렵지 않다. 그것은 마치 보드게임 클루Clue(1949년에 나온 영국의 고전적인 살인 미스터리 보드게임-옮긴이)에서 카드를 먼저 본 다음에 거기나오는 캐릭터가 병원에서 백신 주사기를 들고 있는 빌 게이츠라고 추측하는 것과 같다!

정신을 컴퓨터로 생각하면 안 되는 이유

사람은 모든 것을 비유적으로 생각하는 경향이 있다. 이는 자신의 정신을 생각할 때도 마찬가지이다. 그것을 설명할 이미지를 찾기 위해 주변 세상을 바라본다. 세상은 시간이 지남에 따라 변하기 때문에 우리가 바라보는 대상도 변하고 또 추론하는 데 사용하는 비유도 변한다. 플라톤은 사람의 정신을 새장에 비유했고, 러시아 작가 블라디미르 나보코프Vladimir Nabokov는 서류 캐비닛에 비유했다. 한편 지그문트 프로이트Sigmund Freud는 고고학적인 발굴에 비유했다. 정신은 종종 액체가 쉽게 새는 용기로도 묘사되었다. 그러나 요즘 사람은 사람의 정신을 고대의 철학자나 시인이나 심리학자가 상상조차 할 수 없었던 물건인 컴퓨터에 비유한다. 컴퓨터가 널리 보급되면서 사람들은 사람의 정신이 컴퓨터처럼 작동한다고 생각하기 시작했다. 이제 사람들은 자신의 정신적 능력을 말할 때 대역폭이니 처리능력이니 하는 컴퓨터 용어를 사용한다. 컴퓨터 비유는 흥미롭지만 모든 비유가 그렇듯이 제한적이기도 하다. 이런 한계는 누군가가 오신자가 되는 과정을 떠올려보면 특히 분명하게 드러난다.

사람의 정신을 컴퓨터에 비유하는 것은 사람이 아무런 감정도 느끼지 않는 인지 기계이고 일시적인 감정 상태는 정신의 작동 방식을 바꾸지 않는다는 가정을 전제로 한다. 컴퓨터는 주식시장이 하락할 때나 주식시장이 상승할 때 변함없이 잘 작동한다. 컴퓨터는 세상이 평화로울 때나 팬데믹으로 야단법석일 때나 똑같이 잘 작동한다. 컴퓨터는 화목한 가족의 집에서나 반목하는 가족의 집에서나 똑같이 잘 작동한다. 바깥 날씨가 좋지 않을 때도 좋을 때와 마찬가지로 잘 작동한다. 그러나 컴퓨터의 정보처리 방식은 우리가 정보를 받아들이고 처리하는 방식과 전혀 다르다. 이 컴퓨터 비유는 사람이 느끼는 스트레스나 동기를 고려하지 않은 것이며 또한 인간이 매우 사회적인 동물이라는 사실을 반영하지 않았다. 이런 요소를 고려하지 않고 정신을 컴퓨터에 비유하면 자신이나 주변 사람의 결정을 올바르게 이해하고 추론하기 어렵다. 어쩌면 불가능할 수도 있다. 이 비유는 사람의 정신이 작동하는 (또는 작동하지 않는) 정말 놀랍고 기발한 방식을 모두 고려 사항에서 제외한다. 그렇기 때문에 이런 식으로 정신을 이해하면 어떻게 누군가가 오신자가 될 수 있는지 이해하기 어렵다. 컴퓨터가 오신자가 될 수 있다고 상상할 수는 없지 않은가! 그러니 이 책의 나머지 여정에서도 우리는 스스로나 주변 사람의 정신을 컴퓨터로 여기지 않도록 노력해야 한다. 인간의 정신과 인간 존재의 그 모든 복잡성과 오류 가능성을 모두 포용하자.

경고 :
점점 이상해지는 상황

이 5장에서 설명한 몇 가지 인지적인 요소 가운데 그 어느 것도 단독으로든 혹은 몇 개가 서로 합쳐져서든 누군가를 반드시 오신자로 만든다고 보장하지 않는다. 그러나 스트레스 넘치는 감정 상태에서 해답을 통해 안도감을 찾고, 확증 편향에 이끌려 악당의 존재를 확인해주는 잘못된 정보를 찾는다면, 누구든 간에 잘못된 믿음에 사로잡힐 가능성이 높다. 인지와 관련된 이야기는 매우 복잡하다. 다음 장인 6장에서는 우리가 스스로에게 진실이 아닌 이야기를 하고 또 그것을 믿도록 스스로를 설득하는 더 복잡한 방식에 대해 살펴보겠다.

Chapter 6

이미 믿는 것만
믿으려 하기

오랜 관찰 끝에 마침내 나는 다음과 같은 결론을 내렸다. 어떤 사람
들은 터무니없는 추론을 하면서 먼저 마음속에 어떤 결론을 내리
는데, 이 결론은 자기가 내린 것이거나 혹은 자신이 전적으로 신뢰
하는 누군가로부터 깊은 인상을 받았기에 인정할 수밖에 없던 것
이다. 스스로 확고하게 붙잡고 있는 생각이든 다른 사람이 제시한
생각이든 간에 이를 뒷받침하는 주장은 아무리 단순하고 어리석을
지라도 즉각적으로 수용되고 박수를 받는다. 반면, 그 생각에 반대
되는 주장은 그것이 아무리 기발하고 결정적이라 해도 경멸과 노
여움으로 내쳐진다. 설령 그 주장이 자기를 아프게 하는 게 아니라
고 해도 그렇다. 열정적인 몇몇은 이성을 잃고는 올바른 주장을 하
는 사람을 적으로 여기고 그들을 제압해서 입을 다물게 하는 일에
서 절대로 물러서지 않는다.

– 갈릴레오 갈릴레이(Galileo Galilei), 〈두 가지 주요 우주 체계에 관한 대화

(Dialogue Concerning the Two Chief World Systems)〉(1632)

누군가가 잘못된 믿음을 가지고 있을 때 그에게 한결 좋고 신뢰할 수 있는 정보를 제공하면서 그의 잘못된 믿음을 바로잡으려고 노력해본 적이 있는가? 어쩌면 당신은 에이즈가 동성애자 커뮤니티를 말살하기 위해 누군가가 고의로 퍼트린 질병이라고 확신하는 이모나 고모에게 그 주장이 가짜임을 폭로하는 기사를 보냈을 수도 있다. 또는 페이스북에서 누군가가 정부가 날씨를 조작하는 기술을 확보하고 있다고 주장해서 댓글을 달아 그와 논쟁을 벌이고 믿을 만한 과학자들의 설명으로 이어지는 링크를 달아준 적이 있을 수도 있다. 또는 직장 동료가 5G를 두려워하면서 너무 늦기 전에 휴대폰 사용을 중지하라고 당신에게 줄기차게 경고할 때 그런 두려움에 아무런 근거가 없다는 설명을 인쇄해서 그 동료의 책상에 놓아둔 적이 있을 수도 있다. 만일 이런 시도를 해봤다면 내가 무슨 말을 하려는지 잘 알 것이다. 그래 봐야 아무 소용이 없다. 거짓 정보는 확실히 잘못된 믿음을 낳는다. 문제가 간단하다면 진짜 정보로 그 사람의 생각을 쉽게 바꿔놓을 수 있겠지만 안타깝게도 실제로는 그렇지 않다.

5장에서 살펴봤듯이, 이미 진실이라고 믿고 있는 것을 검색할 때는 부분적인 정보나 편향된 정보, 혹은 그저 순전한 거짓 정보로 쉽게 유도된다. 이것이 오신자를 만드는 중요한 요소임은 분명하다. 그러나 정보를 검색하는 방식에 국한된 문제라면, 검색 패턴을 개선하기만 하면 잘못된 믿음과 관련된 문제를 쉽게 해결할 수 있다. 한층 더 광범위한 혹은 기존과는 다른 일련의 정보를 노출해주면 된다. 그러면 세상을 바라보는 그들의 주관적 견해가 객관적 현실에 맞춰 빠르게 재조정될 테고, 문제는 해결된다. 하지만 이렇게 쉽게 해결되지 않는다는 걸 당신도 알 것이다. 사람의 마음에는 객관성을 유지하기 어렵게 만드는 또 다른 힘이 있기 때문이다.

누군가가 특정 서사를 믿고자 할 때, 그 서사가 노골적인 거짓이라고 해도 그는 이를 뒷받침하기 위해 자신의 추론 능력을 활용한다. 정말 놀랍지 않은가! 이 장에서는 인간의 인지 구조를 한층 더 깊이 파고들어 알아보고, 또 사람들이 자신이 도달하려는 결론에 다가가기 위해서 증거를 어떤 식으로 의도적으로 왜곡하는지 살펴볼 것이다. 또 실제로 아는 것과 '안다고 생각하는 것'(이는 대개 사람들을 과신으로 유도한다) 사이의 차이, 즉 잘못된 믿음 형성의 핵심 요인에 대해서도 살펴볼 것이다.

하지만 우선, 의도적인 증거 왜곡에 대한 이야기를 꺼냈을 때 그건 다른 사람 이야기일 뿐 자신과는 상관없다고 생각한 사람이 공감할 수 있도록 스포츠를 예로 들어 살펴보자.

원하는 결론에 맞춰 현실을 왜곡하는 동기화된 추론

스포츠를 좋아하는가? 만일 그렇다면, 이 시나리오가 감정에 가하는 충격을 한층 더 실감하기 위해 당신이 좋아하는 스포츠 종목과 구단을 대입해서 상상해보라. 그게 농구라고 치고 이야기해보자. 당신이 가장 좋아하는 NBA 팀과 가장 싫어하는 경쟁 팀이 매우 중요한 플레이오프 경기를 펼치고 있다. 경기 시간은 이제 불과 몇 초밖에 안 남았고, 당신이 응원하는 팀이 1점 차로 이기고 있다. 공격권은 상대 팀에 있고, 그들은 승리를 결정지을 마지막 슛 기회를 노리고 있다.

상대 팀의 최고 슈터가 3점 슛을 쏘려고 한다. 당신 팀의 선수들이 부지런히 움직이면서 상대 팀의 공격을 막고 코트는 그야말로 아수라장이다. 상대 팀 선수가 던진 공이 링 위를 뱅그르르 한 바퀴 돌고는 코트로 떨어진다. 당신 팀의 선수가 공을 잡는다. 당신이 자리에서 벌떡 일어나서 환호성을 지르려는 순간 심판의 날카로운 호각 소리가 함성을 끊어버린다. 당신 팀이 파울을 범했다는 것이다. 이제 상대 팀은 자유투 세 개를 던질 것이다. 시간이 거의 남지 않았으므로 상대 팀이 자유투 세 개 가운데서 두 개만 성공하면 당신 팀은 진다. 그렇게 될 확률이 높다.

스탠드에서 그리고 전국의 수많은 집 거실 소파에서 고함이 터져 나온다.

"그게 왜 파울이야!"

어쩌면 당신은 비명을 지르고 있을지 모른다. 당신 팀을 응원하는 사람들은 텔레비전을 향해서 심판에게 온갖 욕설을 퍼붓고 편파적이라며 비난한다. 당신 측은 선수들 사이의 신체 접촉은 '게임의 일부일 뿐'이라는 논리를 든다. 심판이 왜 제멋대로 경기를 망치느냐고 고함을 지르고, 당신 팀을 응원하는 사람들은 모두 이 논리가 옳다고 믿는다. 그들은 문제의 장면을 몇 번이나 돌려보며 파울이 아니라는 입장을 고수하면서 심판의 편파 판정으로 중요한 경기에서 승리를 빼앗기고 말았다면서 분통을 터뜨린다.

자, 그렇다면 이제 이 시나리오가 반대로 전개된다고 치자. 심판이 휘슬을 불었는데 파울을 범한 건 상태 팀이다. 다른 모든 조건은 동일하다. 자, 이런 상황에서 당신 팀을 응원하는 팬들은 어떻게 반응할까? 또 당신은 어떻게 반응할까? 그것이 파울이라고 확신하고 그 선수가 게임의 규칙을 어떻게 위반했는지 정확하게 설명하는가? 심판이 공정하고 객관적이라고 확신하는가? 심판이 자기 일을 훌륭하게 수행한다고 느끼는가? 게임이 거의 끝나가는 상황에서 심판이 휘슬을 불어 게임을 중단한 상황이 마음에 드는가? 솔직하게 말해봐라. 스포츠 팬은 대부분 이런 이중 잣대를 가지고 있다. 파울이 자기 팀에 유리하게 선언되었다면 모든 것이 공정하고 명확하지만, 자기 팀에 불리하게 선언되면 편파적이다. 그런데 이런 일은 스포츠 팬에게만 국한되지 않는다. 이런 경향성은 인간의 본성이다. 우리는 자기가 보고 싶은 방식으로 사물을 바라보고, 또 자기 견해가 타당함을 입증하는 온갖 그럴듯한 논증을 제시한다. 인지과학 용어로 표현하자면, 우리는 모두 '동기화된 추론motivated reasoning(동기가 부여된 추론)'을 한다. 즉 자기가 원하는 결론에 딱 들어맞는 방향으로 주변의 현실을 왜곡하는 경향이 있다.

동기화된 추론은 삶의 여러 영역에서 작동한다. 이는 스포츠 외에 정치에서도 흔하다. 2016년에 도널드 트럼프가 대통령 선거에 나섰을 때, 그가 하루에 몇 번씩이나 노골적인 거짓말을 하는 게 놀라웠고, 또 수많은 공화당 지지자가 그런 거짓말을 전혀 신경을 쓰지 않는다는 사실은 더욱 놀라웠다. 진실에 대한 명백한 배신 행위가 어떻게 가능한지 무척이나 궁금했다. 그런 모습이 우파 본연의 결함인지 아니면 좌파에서도 그런 모습이 발견되는지 궁금했다. 그래서 그 점을 알아보기로 마음먹었다. 내가 확인한 바에 따르면 2016년 선거는 매우 이념적이었다. 양측은 의료보험, 총기 규제, 낙태 등 중요한 쟁점에 뜨거운 관심을 쏟았다. 공화당 지지자가 정직성에 관심을 두지 않았다는 뜻이 아니고 다른 쟁점에 훨씬 더 관심이 많았다는 말이다. 사실, 그들은 다른 문제에 관심이 매우 커서 그들의 높은 목표를 달성하는 데 도움이 된다면 몇 가지 거짓말쯤은 아무런 문제가 되지 않는다고 여겼다. 게다가 많은 공화당 지지자가 실제로 트럼프의 부정직함을 자신이 지키고자 하는 대의에 그가 헌신한다는 신호로 받아들였다. 그들은 다음과 같이 추론했다.

'그가 이런 거짓말을 거리낌 없이 하는 걸 보면, 대통령이 되고 나서는 우리가 정말로 중요하게 여기는 사안을 밀어붙이는 데 필요한 일은 뭐든 다 할 가능성이 높다.'

물론, 공화당 지지자가 트럼프의 거짓말에 크게 신경을 쓰지 않는 이유와 관련해서 내가 깨달은 바를 우파 친구들에게 말하면 그들은 깜짝 놀라며 손사래를 쳤다. 그러면 나는 그들에게 다음과 같은 질문을 던졌다.

"이런 상상을 해보세요. 민주당 측 지도자가 기후변화, 낙태 권리, 총기 규제 등과 같은 문제를 매우 중요하게 여겨서, 이런 문제와 관련해서 반대편 진영의 유권자를 설득하기 위해 진실을 약간 왜곡한다고 칩시다. 당신은 이런 지도자를 지지할 의향이 있나요?"

진보 진영의 경우도 마찬가지이다. 인정하기에 매우 불편한 사실이지만, 진보 성향의 친구들 대부분은 기후변화, 낙태 권리, 총기 규제 등과 같은 문제가 워낙 중대하기 때문에 진실을 조금 과장하고 왜곡하는 정도는 상관없다고 했다. 지금으로서는 중요한 법안이 통과되어야 하니 어쩔 수 없고, 그 뒤에는 다시 철저한 태도로 돌아가면 된다는 논리였다.

당신이 우파인지 좌파인지는 중요하지 않다. 사람은 누구나 자기가 보고 싶은 색깔로 세상을 바라보는 경향이 있다는 점이 중요하다.

어떤 사람이든 그가 기존에 가지고 있는 의제에 따라서 인지 내용이 달라지고 그래서 어떤 정치 지도자에게 선출될 자격이 있는지, 그 지도자의 도덕적 성격이 바람직한지, 또 과연 목적이 수단을 정당화할 수 있는지 등에 대한 인식이 달라진다.

정직함과 부정직함을 놓고 생각해보면, 재미로 거짓말을 하는 사람은 세상에 많지 않다. 하지만 많은 경우 진실을 말할지, 혹은 옷이나 음식 혹은 전시품을 좋아하는 척해야 할지 타협할 수 있다. 진실을 말해야 할까, 아니면 우리 진영의 정책을 홍보해야 할까? 진실을 말해야 할까, 아니면 권력을 유지해야 할까? 이 모든 경우에 사람들은 거짓말을 즐기는 것이 아니라 다른 것이 더 중요하다고 스스로를 설득하기 위해 노력한다. 욕구의 계층 구조에서 지금 당장은 다른 것이 더 시급하며, 이처럼 한층 더 중요한 목표를 달성하려면 정직함을 포기하는 것이 최선이라고 스스로를 설득한다.

유용한 팁

방어적인 사고방식을 버리고 정찰병이 되어라

다른 사람과 대화할 때, 특히 어려운 대화를 할 때는 자기 것을 지키려는 사고방식으로 일관하기 쉽다. 그러나 이런 사고방식에서 벗어나면 훨씬 생산적으로 대화할 수 있다. 상대방 또한 그렇게 변화하도록 격려하는 것도 유용하지만, 사실 다른 사람의 사고방식을 바꾸기란 자신의 사고방식을 바꾸는 것보다 훨씬 어렵다. 합리적 사고 전문가인 줄리아 갈렙Julia Galef은 자기 것을 지키려고 하는 태도를 '전투병 사고방식soldier mindset'이라고 말한다. 갈렙에 따르면 누군가와 대화를 나눌 때 전투병 사고방식을 채택한다는 것은 추론 과정을 방어 전투의 한 형태로 바라본다는 뜻이며, 이 전투에서 자기의 가치관이 공격을 받아서 위험해지면 방어하기 위해 무슨 짓이든 다 하게 된다. 그렇지만 이런 태도 대신에 '정찰병 사고방식scout mindset'을 가져야 한다고 갈렙은 제안한다. 자기 진영의 영토 방어가 임무인 전투병과 달리 정찰병은 적진을 탐색하고 조사하는 역할을 한다. 그러자면 개방적이고 호기심이 넘치는 마음이 필요하다. 즉 전투병은 눈앞의 위협을 물리치는 데 과도하게 집중해야 하지만 정찰병은 무엇이 진실인지 그리고 세상에 무엇이 있는지에 관심을 둬야 한다는 말이다. 그러므로 잘못된 믿음에 빠지지 않으려면 전투병이 아니라 정찰병이 되려고 노력해야 한다.

어떤 불행한
의사 이야기

코로나19 기간에 나는 오신자들과 사적인 연락을 꾸준히 이어갔는데, 그때의 경험 가운데서도 특히 매력적이라고 여기는 '동기화된 추론' 사례가 하나 있다. 여기에는 앤드루 힐Andrew Hill이라는 불행한 영국 의사와 이버멕틴이라는 구충약이 등장하는데, 앤드루는 앞서 설명한 NBA 경기 시나리오에서의 심판 역할을 병원에서 한다.

나는 이버멕틴이라는 약에 대해서 리처드에게 처음 들었다. 리처드는 이 약을 '노벨상을 받은 약'이라고 했고(이 말은 사실이다) 또 이약과 관련된 정보가 많이 담긴 웹사이트 링크도 보내주었다. 이 링크를 타고 가니 대규모 웹사이트가 나왔는데, 이 사이트는 아스피린, 커큐민, 다이어트, 이버멕틴, 당뇨약인 메트포르민, 바이러스 질환 치료약인 렘데시비르, 비타민 A, B, C, D, 아연 등을 포함해서 코로나19에 대응하는 온갖 '대체' 치료약과 관련된 연구자료를 수집하는 곳이었다. 그런데 이 웹사이트는 온갖 정보를 동원해서 이버멕틴이 저렴하고 안전하며 또 쉽게 접할 수 있는 매우 효과적인 코로나19 치료제라고 선언했다.

나는 다른 웹사이트도 살펴본 끝에 이버멕틴이 주로 동물 치료에 사용되지만 동물만이 아니라 사람에게도 사용되는 중요한 구충제라는 사실을 알았다. 2020년 말, 코로나19가 여전히 위세를 부리며 생명을 앗아갔지만 백신은 아직 정식 승인을 받지 않은 상태여서 많은 사람이 이버멕틴이라는 이 기존 약물이 코로나19에도 효과적이기를 바랐다. 존경받는 임상 연구원이던 앤드루 힐도 그랬다. 그해 10월에 힐은 WHO로부터 연구를 하나 의뢰받았다. WHO는 이버멕틴과 코로나19에 대해서 지금까지 수행된 모든 실험을 메타 분석하고, 여러 연구 결과를 종합해서 통계적으로 분석해달라고 했다. 분석 작업을 진행하는 동안 힐은 이버멕틴의 긍정적인 잠재력을 설명하는 글을 여러 차례 트위터에 올렸고, 그 덕분에 그는 이버멕틴이야말로 아직 승인을 받지 못한 백신의 잠재적 대안이라고 확신하던 오신자들에게 훌륭한 의사로 인정받았다. 오신자들은 의료 자격증과 경력 그리고 이버멕틴에 대한 뜨겁고도 명백한 열정을 지닌 힐이야말로 백신을 따로 맞지 않아도 되는 상황을 열어갈 핵심 인물이라고 생각했다. 그가 이버멕틴을 코로나19 치료제로 승인받으면 바라던 바가 이루어질 터였다.

힐과 그의 동료들은 전 세계에서 진행되었던 스물세 개의 이버멕틴 실험에서 데이터를 수집해서 메타 분석을 했다. 그 결과 나온 연구 보고서는 낙관적이었다. 이버멕틴이 코로나19 사망자를 최대 75퍼센트까지 줄일 수 있다는 결과가 나온 것이다. 그러나 힐을 비롯한 연구자들은 다소 조심스러운 태도를 보이면서, 해당 약물의 승인을 고려하기 전에 먼저 한층 더 큰 규모로 무작위 대조실험을 해서 더 많은 데이터를 확보할 필요가 있다는 결론을 내렸다.

그러나 연구를 진행하는 동안 힐이 트위터에 올렸던 짧은 글에는 이 중요한 주의점이 반영되지 않았기 때문에, 2021년 1월 18일에 전체 메타 분석 결과가 공개되자 이버멕틴 옹호자들은 충격을 받고 분노했다. 그들은 힐이 최종 결론에 주의점을 덧붙여서 보고서 전체 내용을 망쳤다고 비난했고, 또 그가 자기들의 대의에 충성한다고 믿었는데 결국에는 배신했다고 성토했다. 농구 경기장에서 자기들 편이라고 믿어 의심치 않았던 심판이 갑자기 조금 전에 자기가 했던 판정을 번복해서 상대편 팀이 유리해졌을 때와 똑같은 반전의 충격을 힐에게서 받은 것이다. 그들에게는 힐과 관련된 새로운 이야기가 필요했다. 그것도 시급하게. 이렇게 해서 흠잡을 데 없이 완벽한 의학 경력과 연구 성과로 호평을 받았던 힐이 이제는 인류의 복지보다 개인적인 이익을 우선시하는 인류의 반역자라는 비난을 받았다. 힐을 비방하는 사람들은 백신 및 그 밖의 코로나19 치료 신약으로 돈을 벌 목적으로 이버멕틴을 음해하려는 거대 제약사로부터 그가 뇌물을 받았다고 확신했다. 그들은 또 힐이 게이츠재단과 여러 끈으로 연결되어 있음을 강조하면서, 이버멕틴의 승인을 지연함으로써 수백만 명이 피할 수도 있는 죽음을 맞이하게 만드는 '비양심적' 음모에 연루되었다고 주장했다.

그러나 사실 힐의 메타 분석은 제한된 데이터를 고려했을 때 어떤 학술적 분석보다 이버멕틴을 지지했다. 게다가 힐은 오신자들로부터 그 모든 공격을 받는 와중에도 이버멕틴의 전망에 대한 긍정적인 태도를 유지하면서, 이버멕틴이 변혁적인 잠재력을 가지고 있다고 말했다. 보고서가 발표된 다음 날, 그는 〈파이낸셜타임스〉와의 인터뷰에서 그 메타 분석의 결론은 사람들에게 다음과 같이 미리 경고하는 것이라고 말했다. "준비하라. 물품을 구하고, 승인에 대비하라." 그러나 이버멕틴 옹호자들에게는 약간의 지연도 노골적인 배신 행위일 뿐이었다.

오신자들 사이에서 높기만 했던 힐의 인기는 2021년 3월에 또 한 차례 큰 타격을 입었다. 그때 그는 코로나19 백신 1차 접종을 받는 자신의 사진을 트위터에 올렸고, 그러자 겁에 질린 메시지가 홍수처럼 쏟아졌다.

"왜 저런 짓을 했을까?"

"이버멕틴을 복용하면 되는데, 왜 그렇게 하지 않은 거야?"

"게이츠재단으로부터 돈을 받은 거야, 뭐야?"

한편, 런던대학교의 젊은 의과대학생 잭 로렌스Jack Lawrence는 석사 논문을 준비하던 과정에서 이버멕틴을 다룬 연구논문 하나를 접했다. 이집트의 어느 교수가 작성한 그 특별한 논문은 힐이 연구보고서에서 밝혔던 분석 대상 논문 가운데 가장 눈에 띄는 것이었다. 그 논문은 참가자가 무려 600명이나 되는 역대 최대 규모의 임상시험을 다루었는데, 참가자 수가 많았기 때문에 힐이 수행했던 메타 분석에 미친 영향도 컸다. 이 실험의 결과에 따르면 이버멕틴이 사망률을 90퍼센트나 줄였다. 로렌스는 파일 공유 사이트에 암호로 접근이 차단된 채 보관되던 환자의 데이터를 자세히 살펴보고 싶었다. 그는 결국 암호 해킹에 성공했고, 해당 데이터와 관련해서 몇 가지 말썽이 될 만한 쟁점을 발견했다. 예를 들면 사망 환자들과 관련된 데이터가 그랬다. 그런데 두 명의 다른 '데이터 탐정'도 같은 시점에 해당 데이터를 조사하고 있었는데, 이들은 훨씬 더 고약한 사실을 발견했다. 마치 누군가가 동일한 환자의 데이터를 반복해서 붙여넣은 것처럼 똑같은 이름이 여러 차례 목록에 등장했던 것이다. 즉 그 데이터를 바탕으로 해서는 어떤 결론도 내려서는 안 된다는 뜻이었다. 그런데 문제가 있는 건 그 이집트 학자의 논문만이 아니었다. 메타 분석에 사용된 논문을 면밀하게 검토한 결과 데이터 문제는 이버멕틴을 다룬 다른 논문들에서도 발견되었다.

이런 사실이 확인되자 힐은 과학자라면 당연히 해야 할 일을 했다. 문제의 메타 분석을 재검토하고 나선 것이다. 그는 이집트 학자의 논문을 포함해서 신뢰할 수 없는 논문들을 제외하고 다시 분석한 끝에 수정된 결론을 발표했다. 이 결론의 요지는 이버멕틴이 코로나19 치료에 아무런 효과가 없다는 것이었다.

2021년 7월에 이 결론을 담은 보고서가 발표되었고, 앤드루 힐을 향한 증오는 그야말로 폭풍처럼 몰아쳤다. 힐 박사 앞으로 관 사진과 기둥에 매달린 나치 전범 사진이 날아들었고, 본인은 말할 것도 없고 가족을 해코지하겠다는 위협이 줄을 이었다. 오신자들은 심판이 자신에게 파울을 선언했을 뿐 아니라 아예 경기를 상대 팀에게 넘겼다고 느꼈다. 그래서 그들은 심판이 부패했을뿐더러 사악하기까지 하다고 비난했다. 결국 힐은 트위터 계정을 폐쇄해야 했다.

이런 일이 일어나고 몇 달이 지난 뒤에 대규모 무작위 대조시험이 이루어졌고, 거기에서 이버멕틴은 코로나19 치료에 아무런 효과가 없다는 사실이 확인되었다. 그러나 이버멕틴이 코로나19로 죽어가는 사람의 목숨을 구할 수 있다고 확신하는 사람들의 마음은 그 무엇으로도 돌려놓을 수 없었다. 사실, 그 모든 것은 오신자들의 믿음을 구성하는 서사의 한 부분이었다. 오신자들의 잘못된 믿음 속에서 제약사는 자기 이익을 지키기 위해 값싸고 안전한 대안을 의도적으로 폄하하는 사악한 집단일 뿐이었다.

오신자들은 온라인 포럼에서 이버멕틴을 구하는 방법과 관련 정보를 공유했으며, 그들 가운데 일부는 심지어 동물용 이버멕틴을 사용해도 아무런 문제가 없다고 옹호하기도 했다. 그들은 영국 여왕을 포함한 전 세계의 엘리트 인사들은 코로나19에 감염되었을 때 사람들이 보지 않는 곳에서 이버멕틴을 복용한다고 추정했다. 또 그들은 코로나19에 감염되어 병원에 입원했을 때 이버멕틴을 달라고 했고, 거부당하면 화를 냈다. 잘못된 믿음을 온전하게 이해하겠다는 생각으로 오신자들을 만나고 다닐 때, 어떤 남자는 심지어 온라인 공급업체에서 구입했다면서 이버멕틴 한 상자를 나에게 선물하기도 했다. 코로나19가 빠른 속도로 퍼지던 때였는데 그는 내게 당장 그 약을 먹고 몸을 잘 지키라고 충고했다. 나는 그 약이 그렇게나 효과가 있을 것 같지 않다고 말했다. 그러나 그는 내 말을 믿지 않았다. 내가 말은 그렇게 해도 속으로는 이버멕틴이 훌륭한 약임을 잘 알고 있으며 또 지켜보는 사람이 없는 곳에서 그 약을 먹을 것이라고 확신하는 눈치였다.

이 이버멕틴의 이야기는 동기화된 추론의 여러 가지 사례를 제공한다. 우선, 이버멕틴 지지자들은 이 약이 별다른 효과가 없음을 보여주는 논문의 결함 가능성을 극도로 우려했다. 그들이 각각의 논문에 있을 수 있는 방법론상의 여러 잠재적인 문제를 지적하면서 하는 말은 마치 의학계 전문가의 말처럼 들렸다. 그들은 또한 이버멕틴이 코로나19 치료에 도움이 되지 않는다고 주장하는 논문의 연구팀을 상대로 온갖 종류의 이해충돌 가능성을 제시하면서 윤리적인 차원의 문제를 제기했다. 반면에 이버멕틴이 코로나19 치료에 도움이 된다고 주장하는 논문에 포함된 명백하게 틀린 데이터나 그 밖의 모든 결함에는 눈을 감았다. 그들은 또한 이버멕틴이 효과적이라는 의견을 수정하는 것을 피하는 데 도움이 되기만 한다면, 앤드루 힐이든 누구든 간에 개인에 대한 의견이나 평가를 손바닥 뒤집듯 쉽게 뒤집었다. 그들은 미리 정해둔 결론에 도달하기 위해서 모든 수단을 동원했고 또 무슨 이야기든 능숙하게 왜곡했다. 이버멕틴 옹호 단체의 창립자인 테스 로리Tess Lawrie 박사의 간결한 말이 그들의 태도를 명확히 보여준다. (로리 박사는 감염병 전문의가 아니고 산부인과 전문의이다.) 그는 어떤 증거가 제시되면 이버멕틴이 효과가 없다는 사실을 믿겠느냐는 질문을 받고 이렇게 대답했다.

"이버멕틴은 효과가 있다. 이런 나의 마음을 돌려놓을 것은 아무것도 없다."

유용한 팁

부정하기를 주저하라

누군가가 당신에게 거짓 정보를 공유한다고 치자. 이때 그 사람에게 "당신이 방금 말한 X는 사실이 아니다"라고 말하고 싶은 유혹을 강렬하게 느낄 것이다. 상대방의 진술을 반복한 다음에 이를 부정하는 접근법은 직관적으로 보기에 매력적이며, 또 단기적으로는 효과가 있다. 문제는 장기적으로는 효과가 떨어지고 때로는 역효과마저 생길 수 있다는 것이다. 왜 그럴까? 인간이 가진 두 가지 심리적 특성 때문이다. 첫 번째 심리적 특성은 환상의 진실 효과 **illusory truth effect**이다. 어떤 정보(또는 거짓 정보)를 많이 접하면 접할수록 해당 정보가 그만큼 더 강렬하게 뇌에 각인되어서 익숙한 사실처럼, 즉 '끈적끈적하게' 바뀐다. 당신도 경험해봤겠지만, 인간의 이 특이한 심리적 특성을 광고주와 정치인은 놓치지 않는다. 이 기본적인 심리적 특성을 활용하는 전략에 대해서는 나치의 요제프 괴벨스도 유효성을 인정하면서 "거짓말을 충분히 자주 반복하면 진실이 된다"라고 말했지 않은가. 어쩌면 괴벨스가 실제로는 그런 말을 하지 않았는데 환상의 진실 효과 때문에 그가 그런 말을 했다고 모두가 생각하는지도 모른다.

두 번째 심리적 특성은 부정 진술의 두 부분이 머릿속에 따로 저장된다는 것이다. 이는 인간의 기억이 작동하는 방식에서 기인한다. 단기적으로 우리는 그 두 가지를 'X는 사실이다'와 'X는 사실이 아니다'라고 암호화하지만, 시간이 지나면 둘 사이의 연결 강도가 약해진다. 위에서 언급했듯이 환상의 진실 효과는 반복이 중요하고, 이 때문에 'X는 사실이다'라는 진술이 결국 우리 머릿속에서 더 진실로 판별되는 반면 'X는 사실이 아니다'는 크게 무시된다.

이런 관찰을 통해서 우리는 매우 분명한 권고사항 두 가지를 떠올릴 수 있다. 첫째, 애초에 환상의 진실 효과가 생기지 않도록 해야 한다. 이는 오신자가 특정 거짓 정보인 'X는 사실이다'에 너무 많이 노출되기 전에 대안적인 참인 정보를 가지고 그들에게 접근하는 것이 가장 좋다는 뜻이다. 둘째, 'X는 사실이다'에 노출되는 빈도를 줄일수록 좋다. 오신자에게는 대체 서사를 제시하는 접근법이 훨씬 더 낫다. "당신이 방금 말한 X는 사실이 아니다"라고 말하지 말고 "Y는 사실이다. 이것을 입증하는 증거가 있다"라고 말하라. X에 대해서는 아예 언급도 하지 마라.

문제 자체를 부정하는, 해결책 회피

오늘날 흔히 볼 수 있는 한층 더 복잡한 믿음을 설명하는 데 도움이 되는 특별한 형태의 동기화된 추론이 있다. 이 추론을 설명하는 시나리오는 다음과 같다. 기후변화가 실제로 존재하는 문제가 아니라 가짜라고 믿을 가능성이 높은 보수적인 공화당 지지자 집단이 있다고 치자. 당신은 그들 가운데 일부에게 이산화탄소 배출량을 줄이려면 기후변화에 대한 해결책으로 규제와 정부 개입을 강화해야 한다는 내용의 기사를 제공하고는 읽어보라고 했다. 그다음에 "인간 때문에 생겨난 기후변화가 진짜로 존재하는 것일까?"라고 묻고는 그들이 하는 대답을 기록한다. 그리고 이번에는 그들 가운데 다른 일부에게 이산화탄소 배출량을 줄이려면 기후변화에 대한 해결책으로 규제와 정부 개입을 줄이고 한층 더 자유로운 시장을 기반으로 하는 정책을 확대해야 한다는 내용의 기사를 제공하고는 읽어보라고 한다. 그리고 이어서 아까와 똑같이 "인간 때문에 생겨난 기후변화가 진짜로 존재하는 것일까?"라고 묻고는 그들이 하는 대답을 기록한다. 자, 이 경우에 그 두 집단이 하는 대답에 차이가 있을까?

차이가 있다. 트로이 캠벨Troy Campbell과 아론 케이Aaron Kay가 바로 이 시나리오대로 실험을 진행했다. 그런데 그들이 인간이 유발한 기후변화가 21세기 동안 지구 온도를 화씨 3도 이상 올릴 것이라는 과학적 합의에 얼마나 동의하는지 물었을 때 규제 강화 해결책에 초점을 맞춘 기사를 읽은 자칭 공화당원 중 소수만이 이 진술이 사실이라고 생각한다고 응답했다(22퍼센트). 그런데 흥미롭게도, 규제 완화 및 자유 시장을 기반으로 하는 해결책에 초점을 맞춘 기사를 읽은 집단에서는 그 진술이 사실이라고 믿는다고 응답한 비율이 훨씬 높았다(55퍼센트). 이 결과는 '해결책 회피solution aversion'라고 일컬어지는 현상을 보여준다. 간단히 말하면, 어떤 문제에 대해 제안된 해결책이 마음에 들지 않으면 동기화된 추론을 사용해서 애초에 문제가 존재한다는 사실 자체를 부인한다는 뜻이다. 그러니 연구자들이 실험에서 했던 것처럼, 제안된 해결책을 바꿔라. 그러면 그 문제가 현실적으로 존재한다는 사실을 갑자기 더 기꺼이 인정하게 된다. 이 결과는 공화당 지지자라고 해서 과학을 반대하는 것은 아님을 시사한다. 규제와 제한에 초점을 맞춘 표준적인 해결책은 정치적인 가치관이나 이념과 너무 강하게 충돌하지만, 자유시장을 기반으로 하는 해결책은 자기가 가진 이념과 덜 충돌하므로 거부감도 덜하다.

캠벨과 케이는 이런 인간적인 특성이 그들이 공화당 지지자이기 때문에 빚어지는 모습이 아님을, 즉 특정한 정치적인 태도와 아무런 관련 없이 나타나는 결과임을 분명히 하기 위해, 위와 비슷한 실험을 자칭 민주당원을 대상으로도 실시했다. 이번에는 피실험자들에게 폭력 범죄, 특히 가택 침입 같은 '침입자 폭력' 문제에 대해 물었다. 연구자들은 피실험자들에게 그것이 심각한 문제인지를 확인하는 일련의 질문을 던지고, 질문에 대답하기 전에 모집단을 둘로 나누어서 서로 다른 기사를 읽게 했다. 한 집단은 총기 규제법이 강화되면 주택 소유자가 침입자로부터 자신을 방어할 수 없게 된다는 주장(민주당 지지자가 싫어하는 주장)에 초점을 맞춘 기사를 읽었다. 그리고 다른 집단은 침입자가 무장을 해서 더 많은 사망자를 발생시킬 가능성이 높기 때문에 느슨한 총기 규제법이 문제를 악화시키고 있다는 기사(민주당 지지자가 좋아하는 주장)를 읽었다. 그런 다음 연구자들은 피실험자들에게 침입자의 폭력 문제에 대한 일련의 진술에 동의하는지 평가해달라고 했다. 그런데 기후변화 실험에서와 마찬가지로 이 질문은 문제 자체에 관한 것이었지 제안된 해결책에 관한 것은 아니었다. 결과는 일반적인 패턴과 동일하게 나타났다. 즉 일반적으로 총기 규제를 지지하는 민주당 지지자는 자신의 정치적 가치관 및 이념과 충돌하는 느슨한 총기 규제법과 같은 해결책이 제시될 때 침입자 폭력 문제를 부정하거나 최소화할 가능성이 상대적으로 높았다. 반면에 엄격한 총기 규제를 기반으로 하며 자기의 이념과 더 잘 들어맞는 해결책을 제시받았을 때는 문제를 한층 더 심각하게 평가할 가능성이 더 높았다. 요컨대 해결책 회피는 정치적인 진영을 가리지 않고 양쪽에서 모두 나타나는 것으로 보인다.

총기 규제라는 뜨거운 정치적 문제와 관련된 해결책 회피는 최근 몇 년에 걸쳐서 조장된 가장 충격적인 오해 가운데 하나를 이해하는 열쇠이다. 당신도 우파 진영에서 인기가 높은 라디오 진행자 알렉스 존스Alex Jones를 알고 있을 것이다. 존스는 수많은 음모론을 조장하고 퍼트려서 악명을 얻은 인물이다. 샌디훅초등학교에서 일어난 총기난사 사건과 같은 학교 총격 사건이 사실은 배우들이 연기해서 만들어낸 조작이라는 것도 그가 주장하는 음모론이다. 슬픔에 잠긴 유족으로서는 참을 수 없는 주장이다. 그래서 유가족은 존스를 명예훼손 혐의로 고소했고, 2022년에는 10억 달러가 넘는 보상금을 받았다. 이 과정을 지켜보던 많은 사람은 어리둥절했다.

"존스는 왜 그렇게 잔인한 주장, 아무리 봐도 말이 안 되는 주장을 했을까? 게다가 자식이 있는 사람을 포함해 많은 사람이 어떻게 이런 음모론을 지지하고 또 퍼트릴까?"

그러나 해결책 회피라는 렌즈를 통해서 이 문제를 바라보면, 말은 안 되더라도 충분히 이해할 수는 있다. 학교 총격 사건이라는 끔찍한 문제를 해결할 대책으로 (적어도 정치적 좌파에 의해) 제시된 첫 번째 해결책은 총기 규제법을 한층 더 엄격하게 강화하는 것이었다. 그러나 무기를 소지할 권리는 신성하며 어떤 대가를 치르더라도 빼앗길 수 없다고 믿는 사람들로서는(이들은 주로 정치적 우파이다) 이 해결책을 도저히 받아들일 수 없다. 그래서 그들은 문제 자체를 부정하고 나서며 심지어 무고한 어린이들의 비극적인 죽음을 총기 규제 옹호자들이 꾸며낸 사기극이라고까지 말한다.

우리 사회를 계속해서 분열시키는 양극화와 관련된 몇몇 문제에서 진전을 이루려면 해결책 회피라는 개념에 대한 이해가 결정적으로 중요하다. 진보주의자는 보수주의자가 기후변화를 믿지 않는다고 말하는 것을 들을 때 본능적으로 더 많은 정보를 그들에게 들이밀며 강요한다. 예를 들어 '지난번에 내 말을 제대로 듣지 않던데, 지금 또 다른 증거를 말해줄 테니까 잘 들어'라는 식의 태도가 진보주의자의 기본적인 대응 방식이다. 그리고 이런 식의 정보 접근법을 취하는 자유주의자는 대개 기후변화를 인정하지 않는 사람들이 고집스럽게 그 의견을 고수한다는 사실에 깊이 당황한다.

'이 사람들은 데이터와 과학을 믿기나 할까? 적어도 개괄적으로는 이미 확고하게 확립된 객관적인 사실을 어떻게 부정할 수 있지? 그렇게 많은 데이터를 어떻게 거부할 수 있을까?'

그러나 기후변화를 부정하는 사람들과 이야기를 나누다 보면 그들이 과학 자체를 부정하지는 않는다는 사실을 알게 된다. 그들이 좋아하지 않는 것은 기후변화에 대해 제안된 해결책이고 또 그런 해결책에서 빚어질 게 뻔한 결과이다. 예를 들어 그들은 화석연료를 줄이라는 요청이 경제에 미치는 영향을 좋아하지 않기 때문에 기후변화 자체를 부인한다. 다른 사람의 의견을 바꾸고 싶다면 그들의 저항이 어디에서 비롯되는지 한층 더 자세하게 이해해야 한다. 종종 이 저항은, 해결책에 대한 저항이며 동기화된 추론으로 포장된 저항이다. 즉 양측 모두가 더 기꺼이 받아들일 수 있는 해결책이 나타날 때까지 어느 한쪽 진영은 해결책을 쳐다보지도 않을 것이다. 사람들은 흔히 먼저 사실 그 자체에 대해서 동의하고 그다음에 어떤 해결책을 쓸 수 있을지 파악하고 동의해야 한다고 생각하지만, 동기화된 추론이라는 인간의 심리 특성이 작동하면 달리 접근해야 한다. 논리적으로 보이는 그 순서를 뒤집어서 해결책 회피 문제부터 처리해야 한다.

해결책 회피는 논쟁의 여지가 별로 없으며 일상생활에서 흔한 주제에서도 얼마든지 나타날 수 있다. 이런 가정을 해보자. 당신은 초콜릿을 먹으면 어떤 증상이 나타나는 희귀병에 걸렸다. 그래서 의사는 이 질병을 통제하려면 평생 초콜릿을 먹어서는 안 된다고 말한다. 당신은 이 통보를 어떻게 받아들이겠는가? 의사의 말을 믿겠는가, 아니면 초콜릿을 먹지 말라는 그 바람직하지 않은 '해결책'에 직면해서 의사의 진단을 송두리째 부정하지는 않더라도 적어도 의문을 제기하겠는가? 솔직하게 대답해봐라. 아마도 당신은 적어도 한 번쯤은 다른 병원의 다른 의사를 찾아가서 다시 진찰을 받아볼 것이다. 나라도 그렇게 하겠다. 그러나 그 순간에 우리가 그런 판단을 내리도록 등을 떠미는 것은 기본적으로 우리가 초콜릿을 좋아하고, 의사의 해결책을 싫어한다는 사실이다. 그래서 만일 의사가 다른 해결책, 즉 초콜릿을 무제한으로 먹어도 되지만 하루에 한 번 알약을 복용해야 한다는 해결책을 제안한다면 우리는 이 진단과 처방을 기꺼이 받아들일 것이다.

물론 우리는 코로나19의 시련 속에서 이러한 해결책 회피가 역동적으로 작동하는 모습을 지켜보고 있다. 바이러스 자체가 사기라고 확신하는 사람들이 정치적 스펙트럼의 양쪽 모두에 서 있는 것을 우리는 보고 있다. 그들은 내가 이 책에서 소개한 사라, 제니, 브래드, 리처드, 마야, 이브 그리고 그들을 닮은 수많은 사람이다. 이들이 과학을 믿지 않을까? 반드시 그렇지는 않다. 그러나 코로나19 위기에 대응할 목적으로 제안된 해결책은 그들에게 바람직하지 않았다. 의학적인 차원에서 백신이라는 것이 그랬고, 사회경제적인 차원에서 개인의 자유를 제한하는 봉쇄나 격리가 그랬다. 그래서 그들은 동기화된 추론 속에서 다음 단계를 밟아서 문제 자체를 부인했다. 그리고 코로나19가 가짜나 꾸며낸 것이 아니라 현실에 실제로 존재한다는 증거가 아무리 많아도 (예를 들면, 과학적인 데이터를 접하든 지인이 코로나19를 앓고 경험담을 들려주든, 혹은 코로나19에 걸려서 직접 그 병을 경험하든 간에) 이런 것은 그들을 설득해 견해를 바꾸도록 만들지 못한다. 왜냐하면 그들로서는 도저히 받아들일 수 없는 해결책을 받아들여야 하기 때문이다.

유용한 팁

더 나은 해결책으로 시작하라

해결책 회피가 작동하는 원리를 이해하면 갈등을 완화하고 한층 더 생산적인 대화를 이어나가는 데 큰 도움을 얻을 수 있다. 명백한 문제를 무시하거나 부정하는 우리의 놀라운 능력은 사실 제안된 해결책, 심지어 암묵적인 해결책에 대한 저항일 수 있다. 이런 사실을 염두에 두고서, 해결책을 논의 테이블에서 치워버린 상태에서 현재 존재하는 문제 자체에 동의하려는 노력으로 대화를 시작하는 것이 좋다. 예를 들어서, 양측이 서로 다른 방식으로 문제를 해결하더라도 둘 다 '바로 그 문제'에 전념하고 있으며 또 문제를 완화하는 데 신경을 쓰고 있음을 강조하고 확인하는 것으로 대화를 시작하라는 말이다. 훨씬 더 나은 접근법이 있는데, 바로 양측 모두가 거부감을 느끼지 않는 해결책을 제안하며 대화를 시작하고, 실천할 수 있고 효과가 있는 해결책에 대한 두려움이 사라진 후에 비로소 해당 문제의 객관적인 사실을 근거로 양측의 공통점을 찾으려고 노력하는 것이다.

자기 생각에 대한
올바른 혹은 잘못된 인식

앞에서도 살펴보았듯이 사람의 정신은 정보를 수집하기도 하고 의미 형성**sense-making**(사람들이 자기 경험에 의미를 부여하는 심리적 과정-옮긴이)을 하기도 하는 조금은 이상한 도구이다. 그래도 한 가지 확실한 것은 정신이 우리 생각처럼 그렇게 객관적인 도구는 아니라는 점이다. 첫째, 사람의 정신은 포착되는 모든 것을 측정하지 않는다. 즉 어떤 식으로든 편향되어 있어서 어떤 것은 측정하고 어떤 것은 측정하지 않는다. 이는 마치 별은 쉽게 관측할 수 있지만 행성은 관측할 수 없어서 우리가 관찰하는 우주에 대해 편향된 시각을 제시하는 망원경과 같을지도 모른다. 둘째, 사람의 정신은 자신의 기대에 부응해야 한다는 동기에 따라서 나름대로 세상을 열심히 왜곡한다. 망원경 비유를 한 번 더 하자면, 망원경 설계자가 하늘을 부드럽게 스캐닝하는 것처럼 관찰자가 느끼도록 망원경을 만들었지만, 실제로는 행성은 보이지 않도록 차단하고 한 별에서 다음 별로 훌쩍 건너뛰도록 망원경을 설계했다고 상상해보라. 이런 식으로 설계된 망원경은 천체에 대한 정확한 정보를 수집하는 데는 매우 나쁜 도구가 될 것이다. 그런데 사람의 정신이 정보를 수집하고 주변 세상을 이해하는 방식의 이상한 점은 이게 다가 아니다.

앞에서 살펴보았듯이 정신의 질과 객관성 그리고 이것을 바라보는 우리의 인식 사이에는 간극이 존재한다. 그리고 이 간극이 매우 중요하다는 것도 밝혀졌다. 왜 그럴까? 어떤 도구가 부정확하다는 사실을 알고 있다면 그 도구가 아무런 문제가 되지 않기 때문이다. 도구의 부정확성까지 고려해서 최종적인 판단을 내리면 된다. 그러나 평범한 도구나 심지어 나쁜 도구를 가지고 있으면서 그 도구를 좋은 도구로 여기며 계속 사용하다가는 잘못된 길로 들어설 수 있다.

예를 들어, 거실이 얼마나 큰지 측정하고 싶은데 줄자가 없는 사람을 상상해보라. 다행히 이 사람은 자기 손의 한 뼘 길이가 약 9인치라는 걸 안다. 그래서 그는 손을 사용해 거실의 폭을 측정한다. 그러다가 잠깐 딴생각을 해서 14까지 세었는지 15까지 세었는지 헷갈리는데, 그러다가 15부터 세어나간다. 이렇게 해서 거실 폭을 잴 때 그는 이 측정치가 정확하지 않으며, 따라서 정확성이 필요한 판단에서는 이 측정치를 자신이 사용하지 않을 것임을 안다. 그저 대략적인 추정치로만 사용할 뿐이다.

하지만 안타깝게도, 사람의 마음속에서는 전혀 다른 이야기가 진행된다. 생각으로 현실을 측정할 때는 그 척도가 정확하지 않다는 사실을 늘 망각한다. 사람들은 자기 정신이 얼마나 부정확한지 알지 못한다. 그래서 정신을 매우 신뢰한다. 이럴 때 과연 어떤 결과가 빚어질까? 그 과정 끝에 만들어진 결과는 뼘을 측정 도구로 사용해서 설계하고 지은 집만큼이나 엉성하고 형편없을 것이다. 그 집이 설령 흥미롭고 창의적으로 보일지 모르지만, 본인이 원하던 집은 분명히 아닐 것이다. 이 집에 폭풍이 몰아치거나 지진이 일어난다고 상상해보자. 심각한 결과가 빚어질 것이다. 기술적이고 전문적인 용어를 사용하자면, 이것이 바로 '메타인지^{metacognition}'이다. 즉 자기의 인지 과정을 한 차원 높은 관점에서 지켜보는 것이다. 메타인지와 잘못된 믿음 사이의 관계를 계속해서 자세하게 살펴보겠다.

안다고 생각하는 것만큼
정말로 알고 있는가

우리가 실제로 아는 지식과 자기 지식에 대한 확신 사이에 차이가 있을까? 아마도 주제에 따라 다를 것이다. 예를 들어 나는 물리학 분야에서는 거의 아무것도 모르는 게 분명하다. 따라서 물리학 분야에서의 나의 지식 그리고 이 지식에 대한 나의 신뢰 수준은 대체로 일치한다. 가끔 물리학과 관련된 글을 읽기는 하기 때문에 내가 실제로 아는 것보다 조금 더 많이 안다고 생각할지도 모르겠다. 그러나 일반적으로 객관적인 나의 지식과 내 지식에 대한 가정 사이에는 큰 차이가 없다. 나는 물리학과 교수를 찾아가서 끈 이론을 놓고 논쟁을 벌이지는 않을 것이다. 반대로 내가 많이 아는 분야를 예로 들어보자. 나는 부정직함이라는 특성에 대해서 그리고 사람들이 약간의 속임수를 쓰면서도 여전히 심리적인 편안함을 느끼는 메커니즘에 대해서 많은 것을 알고 있다. 이 주제를 놓고 다른 사람과 토론하다 보면 내가 아는 게 무척 많다는 걸 알게 된다. 따라서 이 분야에서도 객관적인 나의 지식과 내 지식에 대한 가정 혹은 신뢰 사이에는 큰 차이가 없다.

그런데 내가 전혀 모르는 분야와 내가 많이 아는 분야 사이에는 또 다른 분야가 있다. 중간 수준의 지식을 가지고 있는 분야이다. 이런 분야에서는 어떤 일이 일어날까? 바로 이 영역이 복잡한 문제가 모습을 드러내는 곳이고, 이런 사실은 이미 연구자들에 의해서 밝혀졌다.

사회과학에서는 내가 다루려고 하는 이 문제를 '더닝-크루거 효과 Dunning-Kruger Effect'라고 한다. 이 개념은 어떤 사람이 가지고 있는 지식과 그 지식에 대한 그 사람의 신뢰도가 반드시 일치하지는 않다는 관찰 내용을 토대로 한다. 조금 더 구체적으로 말하면, 이 효과는 내가 나 자신에 대해서 느끼는 자신감이 어떤 수준인지 확인해준다. 즉 특정한 주제에 대해 많이 알지 못할 때는 자기가 모른다는 사실을 잘 알고, 또 반대로 특정한 주제에 대해 많이 알 때는 자기가 많이 안다는 사실을 잘 안다. 그러나 늘 그렇지는 않다. 어떤 주제에 대해서 조금은 알지만 그다지 많은 것을 알지 못할 때 그렇다. 이럴 때 사람들은 흔히 자기가 실제로 아는 것보다 더 많이 안다고 착각한다. 이럴 때 실제 지식과 그 지식에 대한 확신 사이에는 차이가 존재하고, 이 차이는 위험한 결과를 빚어낼 수 있다. 이때는 무지하면서도 자신의 무지를 깨닫지 못하기 때문에 강한 자신감으로 어떤 행동을 하지만 흔히 이 행동은 커다란 실수로 이어진다. 무식하면 용감하다!

내 경험에 따르면 이런 일은 대학교 1학년 학생들에게서 흔히 일어난다. 1학기와 2학기가 끝나갈 무렵이라면 이들이 특정 과목의 입문 과정을 마쳤을 시점인데, 학생들은 이렇게 생각한다.

'나는 이 강좌를 다 듣고 마스터했다. 더 알아야 할 게 이제는 별로 없는 것 같다. 나는 입문 교과서를 완벽하게 뗐고, 시험에서도 A 학점을 받았다. 나는 이 분야에 관한 한 하나에서부터 열까지 다 아는 것 같다. 나는 이 분야를 완전히 통달했고, 어쩌면 우주를 통달했다고 말할 수도 있다.'

나도 대학생 시절에 뇌 생리학 수업을 들은 뒤에 그런 느낌을 받았다. 학기가 끝났을 때 나는 교재를 통째로 마스터했고 학점도 좋게 받았는데, 그래서 뇌 생리학을 깊이 이해한다고 느꼈다. 만일 그때 누군가가 내게 뇌 생리학 분야에서의 내 지식 수준을 어떻게 평가하느냐고 물었다면 나는 100점 만점에 90점을 주었을 것이다. 그 뒤에 나는 뇌 생리학을 전공하지는 않았지만 가끔 관련 논문을 읽기도 하고 또 연구 프로젝트에 함께하기도 했다. 그때마다 뇌 생리학에 대한 객관적인 지식이 늘어났지만, 해가 가면 갈수록 뇌 생리학 분야에서 내가 알고 있는 지식이 얼마나 얄팍한지가 더욱 분명해졌다. 사실 뇌 생리학 분야의 지식에 대한 나의 자신감은 학부 1학년 과정을 마쳤을 때 가장 높았다. 그 뒤로는 자신감이 해마다 꾸준하게 줄어들었다. 입문 과정을 막 마쳤을 때 내가 느꼈던 과신overconfidence이야말로 더닝-크루거 효과를 만들어내는 기본적인 부조화mismatch이다.

더닝-크루거 효과가 자기 인식에만 국한된다면 별다른 문제가 되지 않을 것이다. 하지만 거기서 끝나지 않는다. 왜 그럴까? 객관적인 지식과 자신감 사이의 간극이 매우 나쁜 결과를 초래할 수 있기 때문이다. 그 간극은 기본적으로 과신을 야기한다. 동기부여에 대해서 실제 자기가 아는 것보다 더 많이 안다고 생각하는 사람은 회사를 창업한 뒤에 직원의 사기를 높이기 위한 인센티브 계획을 설계하지만 결국 의도와 달리 직원의 사기가 떨어질 수 있다. 사람들의 행동 변화에 대해 거의 모르면서도 잘 안다고 생각하는 사람은, 다이어트 효과를 높여주는 앱을 나름대로 고안해서 만들 수 있지만 이 앱은 사람들의 다이어트 행동에 실제로 거의 영향을 주지 못할 가능성이 높다. 또, 바이러스와 면역 체계의 작동 원리를 잘 모르면서 잘 안다고 믿는 사람이라면, 예방접종이나 약물 처방이나 치료법과 관련해서 올바른 증거로 전혀 뒷받침되지 않는 온갖 종류의 결정을 내릴 수도 있다.

더닝-크루거 효과는 18세기의 영국 시인 알렉산더 포프Alexander Pope가 "얕은 지식은 위험하다(선무당이 사람 잡는다)"라고 썼던 내용이 틀리지 않음을 확인해준다. 그런데 사람들은 포프의 이런 경고가 자신에게는 적용되지 않는다고 생각한다. 자기는 '얕은 지식'보다는 조금 더 많이 안다고 생각하기 때문이다. 당신도 그렇지 않은가? 과연 우리는 스스로 안다고 생각하는 만큼 정말 알고 있을까?

설명 깊이의
착각

더닝-크루거 효과와 관련된 또 하나의 기이한 심리적 현상으로 '설명 깊이의 착각illusion of explanatory depth'이 있다. 이에 대해 자세하게 살펴보기 전에 레베카 로손Rebecca Lawson의 연구 작업을 토대로 하는 문제를 하나 풀어보자.

자전거와 관련된 지식

아래의 각 질문에 답하라. 다시 강조하지만 머릿속으로 생각만 하지 말고 실제로 펜으로 표시하라.

질문① 당신은 자전거를 본 적이 있는가?   예 / 아니오

질문② 당신은 자전거 사용법을 아는가?   예 / 아니오

질문③ 당신은 자전거의 작동 원리를 이해하는가?   예 / 아니오

질문④ 당신은 자전거의 작동 원리를 얼마나 잘 이해하는가? _____

(0 = 전혀 모름, 100 = 완벽하게 알고 있음)

질문⑤ 아래의 자전거를 보고 실제 자전거는 어떤 모습이어야 할지 생각해라. 그
런 다음에 프레임과 페달과 체인을 올바른 위치에 그려 넣어라.

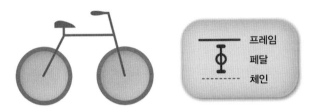

질문⑥ 이제 동일한 질문을 살펴보되 한 번에 한 부분에만 집중해라. 다음 네 개의
그림 가운데 어떤 자전거가 프레임의 일반적인 위치를 보여주는가? (정답
이라고 생각하는 것에 동그라미를 쳐라.)

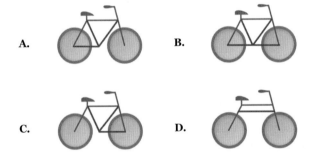

질문⑦ 다음 네 개의 그림을 보면 어떤 자전거가 페달의 일반적인 위치를 가장 잘
보여주는가? (정답이라고 생각하는 것에 동그라미를 쳐라.)

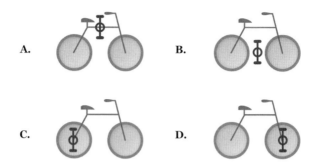

질문 ⑧ 다음 네 개의 그림을 보면, 어떤 자전거가 체인의 일반적인 위치를 가장 잘

보여주는가? (정답이라고 생각하는 것에 동그라미를 쳐라.)

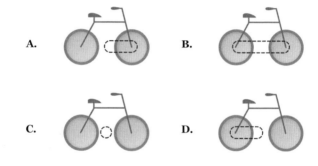

아래의 자전거 그림이 올바른 자전거 그림이다.

당신은 얼마나 정확하게 알고 있었는가? _____

자, 이제 당신은 자전거의 실제 모습이 어떤지 하나의 사례를 알고 있으니, 당신의

점수를 추가하라.

질문⑤의 답에서 프레임이 올바른 위치에 있는가?　　　　　　　(그렇다면 1점)

질문⑤의 답에서 페달이 올바른 위치에 있는가?　　　　　　　(그렇다면 1점)

질문⑤의 답에서 체인이 올바른 위치에 있는가?　　　　　　　(그렇다면 1점)

질문⑥의 답이 맞는가?　　　　　　　　　　　　　　　　　(그렇다면 1점)

질문⑦의 답이 맞는가?　　　　　　　　　　　　　　　　　(그렇다면 1점)

질문⑧의 답이 맞는가?　　　　　　　　　　　　　　　　　(그렇다면 1점)

(총점 : ＿＿ /6점)

여기까지 모두 했다면, 이제 질문③과 질문④를 다시 풀어보자.

업데이트 질문③ 당신은 자전거의 작동 원리를 이해하는가?　　　　예 / 아니오

업데이트 질문④ 당신은 자전거의 작동 원리를 얼마나 잘 이해하는가?　　＿＿＿

　　　　　　　　　　　　　　　　　(0 = 전혀 모름, 100 = 완벽하게 알고 있음)

이 두 가지 질문에 대한 당신의 대답을 아래 표에 적어넣어라.

	문제를 풀기 전의 대답	문제를 푼 뒤의 대답
③ 이해 (예/아니요)		
④ 이해 (0~100)		

당신의 마음은 얼마나 바뀌었는가?　　　　　　　　　　　　　＿＿＿

　　　　　　　　　　　　　(0 = 전혀 바뀌지 않았다, 100 = 매우 많이 바뀌었다)

당신이 이해한다고 생각했지만 지금은 그렇게 확신하지 못하는 것이 당신의 일상 환경에서 이것 말고 얼마나 더 있다고 생각하는가? ＿＿＿

(0 = 내가 이해하는 수준을 과대평가하는 것이 틀림없이 많을 것이다. 100 = 내가 이해하는 수준을 과대평가한 것은 이것 말고 없다)

문제를 풀고 나서 당신은 이 과정에서 많은 것을 깨달았다고 느꼈을지도 모르고, 혹은 그렇지 않을 수도 있다. 당신은 자전거 수리점의 기사일 수도 있다. 어쩌면 당신은 인터넷의 도움을 받았을지도 모른다. 그리고 어쩌면 자전거가 어떻게 생겼는지 눈으로 보고 확인하려고 마당으로 나갔을 수도 있고 창고에 들어갔을 수도 있다. 그렇다면 지금부터는 이와 기본적으로 동일한 접근법으로 통제된 조건 아래에서 진행된 실제 실험에서는 어떤 결과가 나왔는지 살펴보자.

레오니드 로젠블릿Leonid Rozenblit과 프랭크 케일Frank Keil은 '설명 깊이의 환상', 즉 어떤 복잡한 현상을 실제 자기가 아는 것보다 훨씬 더 깊고 정확하게 안다고 직관적으로 느끼는 인간 심리의 특성을 탐구하고 나섰다. 이 연구자들은 먼저 실험 참가자들에게 48개의 일반적인 사물과 과정과 현상의 목록을 제공했다. 여기에는 통조림 따개에서부터 인체의 장기인 간, 복사기, 대통령 선거에 이르기까지 온갖 것이 망라되어 있었다. 연구자들은 피실험자들에게 이 목록을 하나씩 살펴보면서 각각의 항목에 대해서 자기가 알고 있는 수준을 평가하되 최저 1점에서 최고 7점까지 매기라고 했다. 그런 다음 전체 목록 가운데서 연구자들이 선택한 네 개 항목에 대해 각각의 항목이 어떻게 작동하는지 단계별로 자세하게 설명하라고 했다. 예를 들면, 피실험자들은 수세식 변기나 헬리콥터나 재봉틀이 어떻게 작동하는지 자세하게 설명해야 했다.

여기까지 마친 피실험자들은 다시 처음으로 돌아가서, 자기가 방금 자세히 설명하려고 했던 해당 항목을 얼마나 잘 이해하는지 평가했던 점수를 수정했다. (이는 앞에서 당신이 자전거에 대한 이해 수준을 수정했던 것과 똑같다.) 여기에서 연구자들은 한 단계 더 나아갔다. 그 네 가지 항목 각각과 관련된 '진단적' 질문을 피실험자들에게 던진 것이다. 이는 해당 항목의 메커니즘을 실제로 이해하고 있을 때만 정확하게 답할 수 있는 질문이었다. 예를 들어, 해당 항목이 헬리콥터인 경우에는 헬리콥터가 공중 정지 상태에서 순항비행으로 전환할 때의 메커니즘이 무엇이냐고 물었다. 이 추가 질문 과정이 끝난 뒤 피실험자들에게 해당 항목에 대한 이해도 평가 점수를 수정하라고 했다. 그런 다음에는 해당 항목에 대해 전문가가 작성한 설명을 보여준 뒤에 다시 또 자기가 했던 이해도 평가 점수를 수정하라고 했다.

유용한 팁

역설적인 설득

인지 시스템의 놀라운 유연성과 외부에서 들어오는 정보로부터 자신을 신속하게 방어하고 그 정보를 무장해제시키는 놀라운 능력을 고려할 때, 누군가를 설득하는 데 과연 어떤 유형의 설득 방식이 효과적일까? 효과적인 접근법 가운데 하나는 설득하고자 하는 상대방의 의견에 지나칠 정도로 동의하는 것이다. 이때 중요한 점은, 그의 의견에 단순히 동의만 하는 게 아니라 그보다 더 극단적인 관점을 취하는 것이다. 앞에서도 살펴봤지만 사람들은 흔히 어떤 입장을 자신 있게 채택하고는 그에 대해 깊게 생각하지 않고서도 그것의 의미를 잘 안다고 가정한다. 만일 당신이 상대방이 제시한 의견을 그가 받아들이는 것보다 훨씬 더 진지하게 받아들이면, 그의 의견이 얄팍하다는 사실이 드러날 것이다. 예를 들어서 누군가가 제약사는 모두 사악하다고 말하면, 그 사람의 말에 동의하라. 그런 다음 모든 약을 절대로 먹으면 안 된다고 하고 의료보험도 당장 해약하라고 말하라. 누군가가 5G가 위험하다고 말하면, 그의 말에 동의하라. 그런 다음 휴대전화를 모두 버리고 오로지 유선전화만 사용하라고 말하라. 이것만으로는 충분하지 않을 수도 있다. 도시에 설치된 거대한 전파 망원경을 보호하기 위해 와이파이도 없고 휴대전화도 금지된 버지니아의 그린뱅크로 거주지를 옮기는 게 좋지 않겠느냐고 권하라. 그들이 살 집과 관련해서 부동산 정보도 검색해줘라. 첨단기술이 금지된 곳에서 살면 이런저런 불편한 점이야 있겠지만, 그래도 그만한 가치가 있을 것이라고 말하라. 적어도 5G가 우리 모두를 죽일 목적으로 만들어졌다면 확실히 그렇지 않겠느냐고 말하라.

이 접근법은 사람들이 자기의 극단적인 의견이나 입장을 되짚어보게 만드는 데 효과적인 것으로 밝혀졌다.

이 실험의 결과를 보면, 사람들은 처음에는 자기가 안다고 생각하는 지식에 대해 상당히 높은 수준의 자신감을 갖지만 자세히 설명해달라는 요청을 받은 뒤에는 자신감이 떨어지고, 또 특정 항목의 구체적인 메커니즘을 설명하라는 요청을 받은 뒤에는 자신감이 더욱 크게 떨어졌다. 그러나 전문가의 설명을 읽은 뒤에는 자신감이 동일하게(동일하지만 낮게) 유지되었다.

이 결과의 첫 번째 부분은 사람들이 일반적으로 자기가 실제로 아는 것보다 더 많이 안다고 생각한다는 점을 보여준다. 그러나 조금만 구체적으로 생각해봐도 자기가 아는 내용이 얼마나 적고 얄팍한지 금방 깨닫게 된다. 새로운 것을 학습함으로써 자신의 지식이 생각보다 많지 않다는 사실을 알아냈지만, '설명 깊이의 착각'을 탐구하는 실험의 첫 번째 부분에서 연구자들은 피실험자들에게 의도적으로 그어떤 새로운 정보도 제공하지 않았다. 피실험자들에게 자신이 가진 지식과 이해를 조금 더 명확하고 구체적으로 성찰하라고만 했을 뿐이다. 그런데 이렇게 하는 것만으로도 그들이 실제로 아는 것과 안다고 생각하는 것 사이의 간극을 줄이기에 충분했다.

실험 결과의 두 번째 부분, 즉 전문가 설명을 접한 뒤에는 피실험자의 인식에 변화가 나타나지 않는다는 결과는 피실험자가 이 단계에 도달할 무렵에는 자기의 지식이 낮은 수준이라는 인식이 기본적으로 정확하고 또 이 수준은 설령 전문가가 제시하는 설명을 접한 뒤에도 더는 낮아질 수 없음을 보여준다.

이 실험에서 확인된 또 한 가지 흥미로운 사실이 있다. 과신의 수준이 모든 항목에서 동일하지 않다는 점 그리고 눈에 보이지 않는 부품의 비율이 상대적으로 높은 대상일수록(예를 들면 컴퓨터) 과신의 수준이 특히 높아진다는 점이다. 이런 유형의 대상에 대해서는 해당 대상에 대해 잘 안다는 잘못된 믿음을 상대적으로 쉽게 가질 수 있어서 과신의 가능성이 더 높아진다. 자, 그렇다면 이런 사실이 바이러스, 면역 체계, 예방접종, 지구온난화, 5G칩 등과 같이 눈에 보이지 않는 장치나 현상이나 과정에 대해 무엇을 의미하는지 생각해보라. 코로나19와 관련해서는 거의 모든 것이 눈에 보이지 않았었다. 그렇기에 과신이나 설명 깊이의 착각이나 자신감을 유지하는 능력의 수준도 매우 높았을 것이다.

나는 이 실험에서 영감을 받아서 수세식 변기와 관련된 연구실험을 직접 해보기로 마음먹었다. 당신이 이 실험에 참가한 피실험자라고 치자. 당신이 심리실험실에 나타나고, 흰색 가운을 입은 친절한 사람이 당신에게 변기가 어떻게 작동하는지 아느냐고 묻는다. 당신은 "그럼요"라고 대답하고는 자신의 이해 수준을 최저 1점에서 최고 7점까지의 숫자로 평가한다. (피실험자들이 평가한 이해 수준 점수의 평균은 5.1점이었다.) 그리고 이어서 종이와 연필을 주고는 변기가 어떻게 작동하는지 그림으로 그려보라고 한다. 당신이 다 그리고 난 뒤에는 당신이 평가했던 점수를 수정할 기회를 준다. 이 실험에서 사람들은 대개 스스로 자신의 지식을 조금 과신했다고 느꼈고, 변기를 다 그린 뒤에 다시 매긴 자기의 이해 수준 점수는 평균 4.2점으로 떨어졌다. 이어서 피실험자들을 변기를 구성하는 부품이 놓인 테이블로 이동시킨 다음, 이 부품은 모두 새것이고 깨끗한데 이것을 가지고 변기를 조립하라고 말한다. 조립은 그림을 그리는 것보다 훨씬 더 어려운 과제이다. 피실험자들은 한동안 변기 부품과 씨름하고(실제로 변기 조립에 성공한 사람은 아무도 없었다), 그 과정이 끝난 뒤에 그들이 매긴 이해 수준 점수는 평균 2.7점으로 떨어졌다.

변기의 작동 원리를 모른다는 사실이 정말로 중요할까? 지퍼나 재봉틀의 작동 원리는 어떨까? 물론 이런 것이 작동하는 원리를 모른다고 해서 당신의 삶이 나쁜 쪽으로 영향을 받을 일은 별로 없다. 중요한 것은 과신이라는 한층 더 일반적인 문제를 파헤쳐서 진상을 환하게 드러내는 것이다. 자기가 실제로 아는 것과 안다고 생각하는 것 사이에 간극이 있을 때 위험한 일이 일어날 수 있다. 심지어 목숨을 잃을 수도 있다. 내 인생에서 겪은 그런 사례 가운데 하나는 운전 능력에 대한 자신감이다. 인생의 어떤 시점에서 나는 이틀 동안 운전 연수를 받았고, 연수가 끝난 뒤에 운전 능력에 엄청난 자신감이 생겼다. 그런데 딱 두 주 뒤에 교통사고를 당했다. 이 사고는 순전히 과신 탓이라고 나는 확신한다. 실제로 존재하는 지식이나 기술 수준이 아니라 인지된 지식이나 기술 수준을 토대로 어떤 결정을 내릴 때는 반드시 위험한 간극, 즉 주의하지 않으면 빠지고 마는 차이가 발생한다.

유용한 팁

설명 깊이의 착각을 의심하라

누군가와 마주 보고 앉아서 그가 늘 의지하는 잘못된 믿음의 메커니즘이 어떻게 작동하는지 자세하게 설명해달라고 해보라. 또 5G가 사람들의 세포를 정확히 어떻게 변화시키며 또 이것이 주방에 있는 전자레인지의 극초단파와는 어떻게 다른지, X(여기에는 당신이 즐겨 인용하는 지명을 넣어라) 지역에서 일어난 전쟁을 중단시키지도 못하는 조직인 UN이 어떻게 세계를 통제할 수 있는지, 정부가 날씨를 어떻게 정확하게 통제하는지 자세하게 설명해달라고 하라. 이때 중요한 것은, 설명 깊이의 착각을 깨뜨리는 방식을 정확하게 따름으로써 당신과 대화를 나누기 전에 자기가 안다고 생각하던 것만큼 실제로는 알지 못한다는 사실을 그 사람이 깨닫게 만드는 것이다.

그런데 만약 그 사람이 자신의 잘못된 믿음을 드러내기 꺼린다면 어떻게 해야 할까? 혹은 그가 가진 잘못된 믿음이 너무도 뜨거운 쟁점이어서 짧은 시간에 그 문제를 언급하기가 당신에게 부담스럽다면 어떻게 해야 할까? 또 혹은 지난번에 당신이 문제의 그 주제를 화제에 올렸을 때의 논쟁이 너무도 고통스러워서 다시 또 그 힘든 길로 갈 용기나 에너지가 없다면 어떻게 해야 할까? 흥미롭게도 이런 민감성을 관리하며 설명 깊이의 착각을 불식할 방법이 있는 것 같다. 이선 메이어스Ethan Meyers와 그의 동료들이 증명했듯이 한 영역에서 설명 깊이의 착각이 줄어들면 다른 영역에도 영향을 줄 수 있다. 예를 들어 그 연구자들은, 지퍼가 어떻게 작동하는지 안다고 말하지만 실제로는 모른다는 사실을 피실험자들에게 증명해 보이자, 그 뒤에 그들이 눈이 만들어지는 과정에 대해 자기가 알고 있던 지식을 의심하기 시작했음을 확인했다. 건강한 자기 의심의 이런 전이 현상이 매우 강력하게 자리 잡은 믿음에(잘못된 믿음이 흔히 그렇듯이) 얼마나 강력한 빈도나 범위로 발생할 수 있는지는 따로 실험하지 않았다. 하지만 그들이 했던 실험 결과는 이런 일이 얼마든지 일어날 수 있다는 것을 보여준다. 따라서 만일 반려동물에 대한 조 삼촌의 잘못된 믿음을 놓고 얘기를 해봐야 그가 설득될 것 같지 않다면, 후드티의 지퍼를 잠그는 방법처럼 좀 더 평범하고 논란의 여지가 없는 주제에 대한 그의 잘못된 믿음에서부터 이야기를 시작하는 게 좋다.

설득이 항상
효과적이지는 않다

설명 깊이의 착각을 다루는 연구에서 얻은 통찰은 5장에서 만났던 마야를 새삼스럽게 떠올리게 한다. 또 그녀가 자석 음모론을 내게 공유했던 방식도 동시에 떠올려준다. 만약 당신이 마야에게 자석이 작동하는 원리를 얼마나 많이 아느냐고 묻는다면 마야는 뭐라고 대답할까? 매우 많이 안다고 대답할 것이라고 나는 확신한다. 심지어 수수께끼처럼 들리는 '자기주입법'을 잘 이해한다고 주장할 수도 있다. 내가 어떻게 그렇게 확신할 수 있을까? 그것도 자신의 지식을 과신하는 심리 현상을 집중적으로 다루는 바로 이 6장에서? 이는 내가 실제로 그 문제를 놓고 마야와 얘기를 나눈 적이 있으며, 또 그때 내가 기초물리학을 동원해서 그녀의 설명 논리를 반박하고 나섰기 때문이다. 예상한 대로 그녀는 자신의 실제 지식 수준을 과신하고 있었다. 합리적인 사람은 보통 위와 같은 실험에서 자신의 자신감 수준을 하향 조정하지만, 마야 같은 오신자들은 일반적으로 그렇게 하지 않는다. 앞서도 살펴봤지만 그들의 추론은 그들의 믿음으로부터 동기를 부여받는데, 바로 그 때문에 자기 지식을 과신하는 태도를 바로잡기가 훨씬 더 어렵다.

나는 먼저 마야에게 자석의 작동 원리부터 물어봤다. 그녀의 대답에는 상당한 자신감이 묻어 있었다. 그래서 나는 몇 가지 사실을 들어서 반박하고 나섰다. 이를테면 아이폰이나 동전이 몸에 붙어 있게 하려면 백신을 놓는 주삿바늘에 들어갈 수 있는 것보다 훨씬 큰 자석이 필요할 텐데, 이렇게 강력한 자석을 어떻게 주삿바늘로 주입할 수 있겠느냐는 지적 등을 했다. 또 몇몇 동영상에서 인체에 붙어 있는 것처럼 보이는 미국 동전이 실제로는 자석에 들러붙지 않는다는 점도 지적했다. 또 이런 지적도 했다.

"몇몇 동영상이 다른 동영상과 논리적으로 모순됩니다. 자기력은 신체 내부에 있거나 외부에 있거나 둘 중 하나일 수는 있지만 두 곳에 동시에 있을 수는 없어요."

만일 마야가 설명 깊이의 착각을 확인하는 실험에 피실험자로 참여했다면 그리고 그 과정에서 전문가가 자석의 작동 방식을 설명해주었다면, 마야는 분명 해당 지식에 대한 자신의 자신감을 하향 조정했을 것이다. 하지만 마야는 사실 그 자체에는 아무런 관심이 없었고, 그랬기에 그녀는 '다른 사람이 모두 그렇게 생각하니까 그게 맞다'는 식으로 논리의 사회적 증거로 방향을 틀었다.

"내가 직접 봤다니까요? 식기가 마치 자석에 붙듯이 자기 몸에 붙은 사진을 내가 아는 사람이 내게 보내줬다고요!"

자기가 주장하는 이론을 명백하게 깨부수는 매우 확실한 증거가 있음에도 불구하고(사실 음모론 가운데서도 자석 인간 음모론처럼 반박하기 쉬운 음모론은 매우 드물다) 자기 신념을 고수하는 능력은 대단했다. 이는 다시 생각함으로써 설명 깊이의 착각에서 벗어날 수 있는 능력으로 무장한 권투 선수와 동기화된 추론으로 무장한 권투 선수가 경기를 벌이면 후자가 전자를 거뜬하게 이길 것임을 말해준다.

이런 사실을 깨닫고 나는 접근법을 바꾸어서, 내가 그 '증거'를 직접 볼 수 있도록 그 친구와 나를 연결해달라고 마야에게 청했다. 그녀는 그렇게 하겠다고 약속했지만 끝내 약속을 지키지 않았다. 어쩌면, 너무도 명백한 동영상 증거가 있고 또 스튜 피터스와 완벽한 자격을 갖춘 의학 전문가가 제시한 논문이 있는데도 내가 고집을 부리면서 잘못된 생각을 버리지 않는다고 생각하고는, 나를 설득하는 데 자기의 소중한 시간을 더는 낭비할 이유가 없다고 판단했을지도 모른다.

과신과
가짜뉴스

책 앞부분에서 내가 스튜 피터스의 방송이나 AAPS 웹사이트를 설명할 때, 당신은 이것이 전혀 신뢰할 수 없는 출처임을 쉽게 알 수 있다고 생각했을 것이다. 물론 그럴 수도 있다. 혹은 그것이 당신의 과신을 드러내는 것일 수도 있다. 구체적인 사례에 대해 단정하기는 어렵지만, 가짜뉴스와 관련된 사항에서는 과신이라는 문제가 중요하게 작용한다. 벤저민 라이온스**Benjamin Lyons**와 그의 동료들이 뉴스 내용의 진위 판단에 작용하는 과신과 가짜뉴스에 쉽게 넘어가는 취약성 사이의 관계를 밝히기 위해서 대규모 연구조사를 진행했는데, 충격적인 결과가 나왔다. 그 결과는 이랬다. 우선, 미국인 가운데 75퍼센트가 가짜뉴스를 탐지하는 자신의 능력을 과대평가했다(평균적으로 22퍼센트나 과대하게 평가했다). 게다가 사람들에게 현재 진행되는 어떤 사건에 대한 진실한 주장과 거짓된 주장을 구별하라고 했을 때, 자신의 지식을 과신하는 사람일수록 더 많이 실패했다. 이것은 낮은 지식 수준과 높은 과신 수준 사이에 어떤 연관성이 존재한다는 증거이기도 하다. 그런데 더 우려할 만한 사실이 있다. 어떤 사건의 실체를 잘 알지 못하는 사람일수록 소셜미디어에서 허위 콘텐츠를 공유하는 경향이 높았다. 즉 무지한 사람일수록 뉴스 내용의 진위를 판단할 때 자신의 지식을 과신하고, 가짜뉴스에 쉽게 넘어가며, 또 이런 것을 다른 사람들에게 더 많이 퍼트린다.

요약

사람의 정신과 정신이 찾고 또 처리하는 정보 사이에서 벌어지는 일은 단순하지 않고 복잡하다. 우리는 자신이 정보를 객관적으로 받아들이고, 기록하고, 분석하고 그래서 논리적인 결론을 내리는 정보 기계라고 생각하는 경향이 있다. 그러나 이는 전혀 사실이 아니다. 우리는 세상에 쏟아지는 수많은(압도적이기까지 한) 정보를 처리하기 위해서, 매우 복잡하고 때로는 정교하기도 하고 때로는 결함투성이고 또 때로는 완전히 잘못된 일련의 심리적 지름길을 진화적으로 발전시켜왔다. 이런 의미 형성 기제는 매우 유용하다. 그러나 이 기제는 어느 시점부터는 도움이 되지 않고 오히려 방해만 된다. 앞서 살펴본 모든 스트레스에 시달리는 오늘날의 세상에서 우리는 나도 모르는 사이에 편견을 이용하려는 다양한 경로로 전달되는 방대한 정보와 거짓 정보의 바다에 직면하고 있다. 그런데 이게 다가 아니다. 사람의 정신은 자기가 바라는 결론과 맞아떨어지는 이야기를 만들어내는 놀라운 능력을 가지고 있다. 어떤 결론이 마음에 들지 않으면 얼른 다른 이야기의 결론을 만들어낸다는 말이다.

게다가 세상은 너무도 복잡한데도 우리는 지나치게 단순한 설명에 만족한다. 정보를 깊이 있게 처리하지 않고, 그저 무언가를 안다는

'느낌'으로 만족하고 거기에서 더 나아가지 않는다. 이 모든 것 때문에 잘못된 믿음이 만들어진다. 예측하지 못한 스트레스와 통제력을 상실했다는 느낌 같은 감정적인 어려움이 무겁게 쌓이면, 도저히 떨쳐내기 어려운 강력한 신념이 생길 수 있다. 그렇다면 이런 식으로 생각하는 사람은 누구나 오신자가 되고 만다는 뜻일까? 아니다, 꼭 그렇지는 않다. 뒤에서 곧 살펴보겠지만 각자의 성격적 특징이 중요한 역할을 한다. 이런 몇 가지 성격적 특징 때문에 어떤 사람은 잘못된 믿음에 상대적으로 쉽게 빠진다. 다음에 이어지는 7장과 8장에서 이 내용을 자세히 살펴볼 것이다. 그런 다음에는 잘못된 믿음이 어떻게 심화되고 강화되는지 살펴볼 것이다. 이 심화·강화 과정에서는, 사람들이 잘못된 믿음을 퍼트리는 커뮤니티와 음모론에 충성하도록 만드는 사회적인 집단, 그리고 사회적인 요소가 작용한다.

└→ 스트레스가 사람들을 깔때기 안으로 밀어 넣고, 이 문제에 대한 해답을 모색하고 또 자신을 그렇게 만든 원흉인 악당을 찾기 시작할 때 인지적 요소가 그들을 깔때기 안으로 더욱 깊이 끌어 당긴다.

└→ 인간의 인지 구조는 완벽하지 않다. 그래서 거짓 정보에 쉽게 넘어간다. 사람들이 패스트 푸드에 취약한 것도 진화적 차원의 선호 때문이다.

└→ 정보를 찾아 나설 때 확증 편향이 그들을 엉뚱한 곳으로 유도한다. 사람들은 자신의 믿음을 반증하려 하기보다 그 믿음을 확인하려 든다.

└→ 사람들은 일단 어떤 것을 믿으면 그것이 사실이라고 확신하기 위해서 자기 자신을 강하게 설득한다. 이른바 '동기화된 추론'이다. 사람들은 때로 어떤 문제를 풀 수 있는 해결책을 두려워하기 때문에, 문제 자체를 부정한다. 이는 '해결책 회피'라는 심리 현상이다.

└→ 음모론은 사람들의 이런 인지적인 편향을 악용하도록 설계되어 있다.

└→ 이 모든 것은 자신의 사고에 대해 잘못 생각하고 또 문제의 실체에 대한 자신의 이해를 과신하는 방식으로 인해 악화된다.

Part 04

쉽게 잘못된 믿음에 빠지는 사람들의 특징

: 성격적 요소와 개인별 차이

What Makes

Rational People

Believe

Irrational Things

Chapter 7

외계인에게 납치된
사람들의 공통점

> 사람들은 날마다 외계인을 만난다. 이 외계인은 늘 우리에게 뭔가를 주려고 한다. 이 외계인이란 바로 당신과 의견이 다른 사람들이다.
>
> – 윌리엄 샤트너(William Shatner)

고인이 되어버린
사울

나는 사울을 직접 만난 적이 한 번도 없다. 안타깝게도 앞으로도 그를 만날 일이 없다. 하지만 지난 몇 년간 어느 시점에서부터인가 사울은 내 페이스북 피드에 자주 나타났고, 그래서 나는 그를 팔로우했다. 체구가 땅딸막하고 머리가 벗겨진 이 60대 남자가 집 바깥으로 걸어 나가면서 찍은 셀카 사진을 내걸고, 이 세상에서 '실제로 일어나는'

일에 대한 자기 느낌이나 의견을 실제로 존재하거나 가상으로 존재하는 사람들에게 공유하는 모습을 상상해보라. 수많은 날 아침에 나는 페이스북에서 그의 사진과 글을 접했다. 그러다 보니 언제부터인가 나는 그에게 애정을 느꼈다. 이 애정은 이제는 현업에서 은퇴했고 아침마다 우리 집 앞을 지나쳐서 산책하는 이웃 사람, 게다가 호의와 인정이 넘치지만 시간도 많아서 우리 집 울타리 너머로 자기 몸을 쑥 들이민 자세로 자기 인생 철학을 과도하게 설파하는 어쩐지 부담스러운 이웃 사람을 바라볼 때 느낄 수 있는 그런 애정이다.

사울은 내가 개인적으로 눈여겨 보는 오신자들 가운데서도 호감이 많이 가는 부류에 속했다. 타인을 향한 연민과 호의가 넘쳐났지만, 잘못된 방향으로 인도되어 잘못된 믿음을 갖고 있다는 점이 문제였다. 그는 자신을 나이가 많고 지혜로운 부족 장로쯤으로 내세우면서, 자기를 따르는 추종자인 우리가 당연히 그에게 세심한 관심을 기울여주기를 바라는 눈치였고, 그만큼 자기애가 강했다.

그의 동영상 조회 수를 보면 많은 사람이 실제로 그에게 세심한 관심을 기울였다. 나도 그랬다. 물론 내 경우에는 그가 바라던 이유 때문이 아니었지만.

어느 날 아침이었다. 날마다 올라오는 동영상이었지만, 그날따라 사울의 목소리는 무척 진지했다. 그는 5장에서도 언급했던 '이벤트 201'을 주제로 삼고 있었다. 2019년 11월에 존스홉킨스대학교와 세계경제포럼 그리고 게이츠재단이 모두 코로나바이러스를 염두에 둔 팬데믹 모의훈련에 참여했다는 사실을 잘 알 것이라고 운을 뗀 사울은, 코로나19가 플랜데믹plandemic(의도적으로 계획된 팬데믹)임을 증명하는 데 이보다 더 확실한 증거가 어디 있겠느냐고 말했다. 우연의 일치일리가 없다고 했다. 사울은 자기가 보기에 이것은 의도적으로 계획된 팬데믹을 바로 그 사악한 행위자들이 시작했다는 확실한 증거라고 주장했다.

그리고 사울은 자기가 시위하는 모습을 셀프 동영상으로 찍기 시작했다. 그는 코로나와 관련된 규제 조치나 백신에 반대하는 시위를 벌이면서 이 내용을 페이스북에 실시간 동영상으로 올렸다. 시위를 거듭할수록 그는 점점 호전적으로 바뀌었다. 처음에는 말로만 폭력적이었지만 나중에는 경찰에게 주먹질까지 했다. 사울은 이제 아무런 해코지를 하지 않을 것 같은 이웃 사람이 아니라, 길거리에서 마주치기라도 하면 얼른 피해야 할 위험한 미치광이처럼 보이기 시작했다. 그 몇 달에 걸쳐서 바뀌는 그의 모습을 바라보면서 나는 그에게 도대체 무슨 일이 일어났는지 또 어쩌다가 그렇게까지 되었는지 궁금했다. 내가 보기에 코로나19 팬데믹 초기의 몇 달 사이에 그가 매우 중요한 무언가를 잃어버렸고, 이제는 사람들의 관심과 사회적 관계를 찾고 있음이 분명해 보였다. 녹음된 아침 방송과 실시간 시위 동영상 그리고 오신자들의 지도자 역할에 점점 더 열중하는 모습 등으로 보건대 그에게는 사람들의 관심이 절실하게 필요했던 게 분명하다.

어느 시점에서인가 사울이 전혀 예상하지 못했던 일이 생기면서 그의 행동은 공적인 차원에서 인정을 받게 되었다. 폭력 시위를 했다는 이유로 경찰에 체포된 것이다. 경찰서에서 하룻밤을 보내고 나온 뒤에 그는 마치 잭팟을 터뜨린 사람처럼 보였다. 그는 이제 공식적인 범법 기록을 가진 진정한 무법자였다. 그 뒤로 그는 시위를 할 때마다 체포되려고 애썼고, 이런 모습은 늘 동영상에 담겼다. 그는 경찰서에서 하룻밤을 보내고 풀려날 때마다 경찰이 어떻게 자신을 학대했는지를 동영상으로 사람들에게 보고했다. 그는 자신을 세계주의자 무리에 맞서서 자유와 인권을 위해 싸우는 사람, 넬슨 만델라**Nelson Mandela**와 같은 인물로 바라보는 것 같았다.

사울은 계속해서 동영상을 올렸고 나는 그걸 계속해서 지켜봤다. 어느 날 아침 방송에서 그는 노년층의 입원율이 증가했다는 최근 보도에 대해 논평하면서, 그것은 가짜뉴스가 아니고 진짜라고 선언했다. 그러나 그는 해당 보도가 입원율 증가 이유를 잘못 짚었다고 했고, 언론도 모두 그걸 잘 알고 있다고 덧붙였다.

"그렇다면 어떻게 된 걸까?"

이 질문을 던진 뒤에 사울은 코로나19가 시작된 뒤로 노년층이 기술 제품을 사용하는 빈도가 늘어났다는 보고서를 인용했다. 그는 바로 이것이 노년층 입원율 증가의 원인이라고 주장했다. 요컨대, 노인은 면역체계가 약한데, 기술 제품에서 나오는 유해한 방사선이 노년층의 입원율을 높인다는 것이었다. 그러면서 노년층의 입원율 증가는 정부의 온갖 규제 조치와 기술 제품 사용 증가로 인해 일어났지 코로나19와는 아무런 관련이 없다고 주장했다.

어느 날 나는 사울의 동영상을 재생했다. 그런데 그는 평소처럼 산책을 하지도 않았고 시위에 참석하지도 않았다. 나는 깜짝 놀랐다. 그는 산소 호흡기를 단 모습으로 병원 침대에 앉아 있었다. 그는 한눈에도 호흡하기가 힘들어 보였다. 하지만 이런 상태에서도 그는 헌신적인 추종자들에게 실시간 보고를 이어가고 있었다. 그는 자기가 코로나19 양성 판정을 받았고 현재 코로나19 병동에 입원해 있지만, 코로나에 걸린 건 아니라고 주장했다. 그는 며칠 전에 시위하다가 경찰에 체포되었는데, 유치장에 있는 동안에 경찰이 자기 몸에 독극물을 주입했다고 확신했다. 그래서 호흡 곤란 증상을 비롯해서 여러 증상이 나타나고 있다고 설명했다. 그러면서 자기에게 독극물을 주입할 정도라면 경찰도 진실을 은폐하기 위해 필사적이라는 뜻이라고 결론을 내렸다. 그리고 마지막으로, 추종자들을 향해서 싸움을 멈추지 말고 중요한 작업을 계속해나가라고 당부했다.

며칠 뒤에 사울은 그 병동에서 사망했다. 그의 추종자 가운데 과연 몇 명이나 그의 장례식에 참석했는지 그리고 그들이 유가족에게 어떤 환영을 받았는지 나는 모른다. 그러나 그의 페이스북 페이지는 그리움과 존경의 뜻을 밝히는 추모 글과 그가 주장했던 독살에 대한 철저한 조사를 촉구하겠다는 약속으로 가득했다.

그토록 많은 반증이 있었음에도 사울은 어떻게 자신의 믿음을 끝까지 유지할 수 있었을까? 코로나19 양성 판정을 받고 숨도 거의 쉬지 못하는 상황에서도 말이다. 그렇게나 유순해 보이던 사람이 어떻게 경찰에게 그렇게 폭언을 퍼붓고 또 나중에는 주먹질까지 할 수 있었을까? 전혀 관련이 없는 것을 잘못된 방식으로 그토록 창의적으로 하나로 연결하게 만든 힘은 도대체 무엇이었을까? 애초에 그를 오신자로 만든 것은 무엇이며 또 잘못된 믿음을 그토록 강하게 유지하도록 만든 것은 무엇일까?

물론 사울의 마음속에서 실제로 무슨 일이 일어났는지 알기는 어렵고, 또 그의 죽음이 워낙 급작스럽게 일어났기에 우리는 그 어떤 것도 확신할 수 없다. 그러나 나는 오랜 시간 그를 관찰했기에 그의 성격적인 특징이 그 과정에서 중요한 역할을 했다는 것을 알 수 있었다. 우선 그는 다른 사람의 관심과 인정을 끊임없이 필요로 했다. 이는 그가 계속해서 올린 페이스북 라이브 동영상이나 시간이 지남에 따라서 폭력성이 증가한 사실이나 오신자들 사이에서 영향력을 얻기 위해 체포와 투옥을 마다하지 않는 순교자적인 모습을 보였다는 점만 봐도 명백하다. 또 서로 관련이 없고 존재하지도 않는 점들을 하나로 연결하려는 경향이 확연한 독백이 계속해서 이어졌고, 코로나19 진단을 받고도 그 사실을 받아들이지 않는 모습에서도 분명하게 드러난다. 그에게 비판적인 사고가 부족했다는 지적도 할 수 있다. 그런데 과연 이런 특징이 그가 잘못된 믿음에 빠져든 이유를 설명할 수 있을까? 이것만으로는 부족하다. 그러나 이것은 무엇이 사람들을, 우리 중 일부를 잘못된 믿음의 깔때기에 한층 더 취약하게 만드는지 이해할 수 있는 또 다른 중요한 관점을 제공한다.

나는 사울이 (사라, 제니, 브래드, 리처드, 이브, 마야 그리고 우리도 어느 정도는 마찬가지일 텐데) 2020년대 초반에 특이하고 예측할 수 없는 스트레스를 경험했을 것이라고 추측한다. 그 뒤에 사울은 자신에게 닥친 문제에 대한 해답을 찾아 나섰고, 또 비난의 대상으로 삼을 악당을 찾아 나섰을 것이다. 여러 인지적 편견과 특수한 성격적 특징 때문에 그는 순조롭게 잘못된 믿음의 깔때기를 따라 내려갔을 것이다. 7장에서는 성격적인 특징이 수행하는 역할과 그것이 잘못된 믿음을 향하게 만드는 여러 가지 방식을 한층 더 깊이 살펴보려고 한다. 특히 이 장에서는 성격의 구조와 잘못된 믿음에 대한 취약성 사이의 미묘한 상호작용을 살펴볼 것이다.

성격과 관련된
일반적인 단어

누군가를 잘못된 믿음의 구렁텅이에 밀어 넣을 가능성이 상대적으로 높은 성격의 여러 유형을 살펴보기 전에 성격과 관련된 일반적인 단어를 몇 가지 알아보자. 성격을 가장 간단하게 말하면, 어떤 사람이 다른 사람과 구분되도록 하는 특징이며 또 어떤 사람이 그 사람일 수밖에 없도록 해주는 본질적인 특성이다. 성격은 마치 흑백사진에 다양한 색상을 입히는 것과도 같다. 6장까지는 스트레스에 대한 감정적인 반응에서부터 인지적인 편견에 이르기까지 우리 인간이 보편적으로 가지고 있는 공통점에 초점을 맞추었다. 그러나 완전히 똑같은 사람은 없고 또 동일한 상황이나 동일한 정보라 해도 사람에 따라 이에 반응하는 방식이 다르다. 이런 사실을 인정하는 것이 중요하다.

예를 들어, 앞에서 스트레스와 관련된 내용을 살펴보면서 우리는 성격의 구조가 스트레스 경험에 어떤 영향을 줄 수 있고 따라서 스트레스 취약성에도 영향을 줄 수 있음을 확인했다. 두 사람이 동일한 스트레스 요인에 노출된다고 해도 이 둘은 달리 반응할 수 있다. 만일 당신이 나 대신 댄 애리얼리가 되어서 인터넷에서 불타오르는 증오와 음모론의 표적이 되었다면 어떻게 반응할지 상상해보라. 그 증오와 공격성을 나보다 더 강렬하게 느낄까, 아니면 더 가볍게 느낄까? 당신에게 이런 일이 절대로 일어나지 않기를 바라지만, 이런 상황을 한번 상상해보면서 당신이 어떻게 반응할지 그리고 당신이 소중하게 여기는 사람이나 친구 누군가가 어떻게 반응할지 짐작하면서 비교해봐라. 스트레스는 모두에게 해롭지만 이 스트레스가 가져다주는 충격의 정도는 개인마다 다르다는 것을 깨달을 것이다. 스트레스는 분명히 중요한 외부 요인이다. 그리고 스트레스에 대한 민감성은 중요한 개인차로 생각할 수 있다. 세상을 이해하고자 하는 욕구도 마찬가지이다. 이러한 의미 형성 동기는 개인마다 강도가 다르며, 또한 잘못된 믿음의 깔때기에서 중요한 요소이므로 누군가가 다른 사람보다 잘못된 믿음에 상대적으로 더 취약하다는 사실을 설명해주는 부분적인 이유가 될 수 있다.

실직했다든가 가족 가운데 누군가가 질병을 앓는다든가 혹은 코로나 전염병이 유행한다든가 등처럼 개인사 및 일반적인 역사에서 스트레스의 해로운 영향에 더 취약해질 때가 있다. 예를 들어 제니는 사회 전체가 겪는 스트레스와 직장과 가정에서 자신이 처한 독특한 상황에서 비롯된 스트레스를 모두 받고 있었다. 그리고 이 스트레스는 그녀의 특별한 성격 때문에 악화되었고, 그 바람에 잘못된 믿음의 길을 걸어가는 여정이 시작되었다.

성격이라는 요인은 분명 스트레스에 대한 민감성보다 훨씬 더 복잡하고 흥미롭다. 그래서 나는 이번 장과 다음 장에서 성격과 관련된 복잡한 문제 몇 가지를 알아보고자 한다.

성격에 담긴 암호 해독하기 :
특징과 상태

위에서 인용한 사례를 보면 성격의 구조에는 두 가지 유형이 있다. 하나는 '성격적 특징personality traits'이고 다른 하나는 '성격적 상태

personality states'이다. 성격적 특징은 우리가 누군가의 성격을 설명할 때 일반적으로 언급하는 것으로, 예를 들어서 "샐리는 다른 사람에게 공감을 잘하고, 빌은 자기애가 강한 나르시시스트이며, 훌리오는 인색하다"라고 말할 수 있다. 앞에서 소개한 사울의 독특한 성격적 특징에는 약간의 나르시시즘과 존재하지도 않는 온갖 패턴을 바라보는 경향 그리고 독립적으로 존재하는 일을 하나로 엮어내는 창의적인 능력 등이 뒤섞여 있었다. 이런 성격적 특징은 사울이든 누구든, 그가 어디를 가든 무엇을 하든 늘 함께하는 개인적 특성이다. 이 특징은 시간이 지나도 대개 안정적이고 일관되게 유지되기 때문에, 그가 자기 인생에서 맞닥뜨리는 모든 것을 바라보는 안경인 셈이다.

그러나 사람은 일관성을 늘 유지하지는 않는다. 이런 사실을 아는 데는 굳이 심리학 학위까지 필요하지도 않다. 때때로 사람들은 자기가 평소에 늘 드러내는 성격적 특징과 전혀 달리, 즉 '평소 성격과 다르게' 행동하기도 한다. 그러므로 성격적 상태라는 개념은 어떤 사람이나 그의 행동을 설명하는 데 유용한 도구가 된다. 여기에서 상태란 일시적인 성격 변화이며, 이 변화는 특정한 상황에서만 나타나며 짧은 시간 동안 실질적인 방식으로 그 사람을 바꾸어놓는다. 운전할 때 갑자기 욱하고 치밀어오르는 분노를 생각해보라. 누구나 한 번쯤은 이런 경험을 했을 것이다. 당신이 가족을 태우고 안전하게 운전하고 있다고 치자. 그런데 갑자기 누군가가 엄청나게 빠른 속도로 옆 차로를 지나가는가 싶더니 갑자기 당신이 가던 차선으로 불쑥 끼어들어서 하마터면 사고가 날 뻔한 상황이 벌어졌는데, 그 차는 아무렇지도 않게 제 갈 길만 간다면 당신은 어떨까? 그 순간에 당신은 평소와는 조금 다른 사람으로(혹은 전혀 다른 사람으로) 변한다고 나는 장담한다. 만약 그 무모한 차가 다음 신호등에 걸려서 정차한다면 그리고 그 차가 당신 차와 나란히 서 있고 또 그 차의 유리창이 내려져 있어서 그 운전자의 얼굴이 보인다면, 분명 당신은 그 운전자에게 그의 조상과 관련된 좋지 않은 말을 할 것이다. 이처럼 운전을 하면서 치밀어오르는 분노를 경험하는 사람들은 어느 한순간에 자기가 평소와는 전혀 다른 모습으로 바뀐다는 사실에 깜짝 놀란다. 차에 함께 타고 있던 가족은 더욱 놀란다. 내 말이 믿기지 않는다면 가족이든 친구든 누구에게나 가서 이런 갑작스러운 변화의 순간이 없었는지 물어봐라.

이러한 유형의 단기 변화는 성격적 상태, 즉 일시적으로 전혀 딴사람이 되는 상황의 한 사례이다. 만일 운전할 때 늘 완벽한 평정심을 유지하기 때문에 이런 분노에 전혀 공감할 수 없다면, 누군가를 깊고 뜨겁게 사랑하던 때를 떠올려봐라. 당신은 그때 분명 사랑에 취한 나머지 평소와는 사뭇 다르게 행동했을 것이다. 내성적인 성격이었음에도 상대방에게 공개적으로 애정을 표현했을 것이다. 아니면, 평소에는 짠돌이 구두쇠였지만 사랑하는 사람을 위해서 값비싼 선물을 샀을 수도 있다. 긴급 상황이나 자연재해 상황에서도 비슷한 변화가 일어날 수 있다. 평소에 소심하기만 하던 사람이 남다른 용기를 드러낼 수 있고, 소극적이던 사람이 갑자기 사람들을 이끄는 지도자의 역할을 훌륭하게 수행할 수 있다. 이런 수많은 지킬 박사와 하이드 씨 사례에서 우리는 환경의 변화가 '평소 성격과 다르게' 보일 만큼 강력한 방식으로 사람을 일시적으로 바꾸어놓을 수 있음을 알 수 있다.

앞에서 여러 장에 걸쳐서 다루었던 성격 관련 주제는 대부분 상태라는 범주에 속했다. 그렇지만 이 장에서는 주로 성격적 특징을 다룰 것이다. 그렇다고 해서 논의를 오로지 거기에만 국한한다는 뜻은 아니다. 사실 성격의 그 두 가지 구조는 서로 밀접하게 연결되어 있다. 예를 들어, (성격적 특징상) 다른 사람보다 스트레스에 더 민감해서 잘못된 믿음의 깔때기로 걸어갈 가능성이 상대적으로 높은 사람이 있다면, 이는 (성격적 상태를 변화시킬 수 있는) 일시적인 스트레스가 그들이 잘못된 믿음에 빠져들게 할 가능성이 있다는 뜻이기도 하다. 반대로, 일시적인 스트레스가 사람들이 잘못된 믿음에 빠지는 방식을 변화시킨다면, 성격적 특징 때문에 스트레스에 상대적으로 민감한 사람이 그런 영향을 더 많이 받을 가능성이 높음을 알 수 있다.

언급할 가치가 있는 또 한 가지가 있는데, 성격의 개념을 해석하는 방식이다. 어떤 사람의 성격이 X 혹은 Y라는 말을 들으면 우리는 그 성격이 다양한 상황에서 그의 일반적인 행동을 형성한다는 뜻으로 해석하곤 한다. 관대한 사람은 기회가 있을 때마다 관대할 것이고, 창의적인 사람은 무슨 활동을 하든 창의적일 것이고, 자기애가 강한 사람은 어디 가서든 자기중심적으로 행동할 것이라고 생각한다는 말이다. 하지만 그렇지 않다! 성격은 도도하게 흐르는 강 가운데서도 그저 언저리에서 일어나는 작은 흐름과 같은 것일 뿐이다. 어떤 것을 특정한 방향으로 밀어내는 데 힘을 보태기는 하지만 이는 전체 그림의 일부일 뿐이다. 그 작은 흐름은 전체 강물의 흐름에 비해 규모가 작으며 물살의 영향을 받는 해당 물체의 무게, 부력, 모양 등에 따라서 다른 방식으로 작용한다. 예를 들어보자. 나는 한때 익스트림스포츠 선수들을 대상으로 실험을 한 적이 있다. 이들은 자전거를 타고 절벽에서 뛰어내리거나 위태로운 암벽을 기어오르거나 날다람쥐처럼 보이게 만드는 보디슈트를 입고 하늘을 나는데, 한마디로 무모하기 짝이 없는 사람들이다. 이들은 분명 높은 위험을 감수하고 스포츠 활동을 했다. 그러니 성격적 특징 측면에서 위험 감수 수준이 높다고 결론을 내릴 수 있다. 그렇지만 위험을 감수하는 성향이 이들의 일반적인 성향이라고 할 수 있을까? 위험 선호 대상이 스포츠 활동 외의 다른 분야로까지 확장되었을까? 예를 들어 주식시장에서나 직장생활에서, 혹은 개인적인 일상에서 위험을 선호했을까? 이 질문에 대해서 내가 찾은 대답은 '아니요'였다. 다른 영역에서는 그저 다른 사람과 다르지 않게 평범한 수준의 위험만 감수했다. 비록 위험을 감수하는 사람이긴 했지만 스포츠 활동 이외의 다른 모든 분야에서도 위험을 감수하지는 않는다는 말이다.

잘못된 믿음에서 성격이 수행하는 역할이라는 점과 관련해서 이것은 어떤 의미를 가질까? 지금까지 살펴본 모든 요소가 그렇듯이 이또한 복잡한 문제이다. 누군가가 나르시시즘이 심하다고 해서(곧 알게 되겠지만, 내가 나르시시즘을 자주 언급하는 이유는 이것이 잘못된 믿음과 강하게 연결되어 있기 때문이다), 그가 반드시 잘못된 믿음의 깔때기 속으로 굴러떨어질 것이라고 단정할 수는 없다. 나르시시즘 수준이 낮은 사람도 얼마든지 잘못된 믿음에 빠질 수 있다. 결국, 어떤 단일한 성격적 특징이나 심지어 그런 특징 여러 개가 있다고 해도 그 이유만으로 필연적으로 오신자가 되지는 않는다. 잘못된 믿음의 깔때기는 여러 요소로 구성되며, 성격이 중요한 요소이기는 하지만 이 또한 잘못된 믿음이라는 전체의 한 부분일 뿐이다.

오신자를 대상으로 하는
실험의 어려움

성격과 잘못된 믿음의 관계를 연구할 때 주의할 점이 하나 더 있다. 특정 행동을 유도하는 데 있어 성격이 수행하는 역할을 이해하고자 하는 사회과학자라면 보통 세분화된 성격 척도를 사용해서 연구실험을 진행한다. 나는 이 책의 원고를 쓰면서 코로나19와 관련된 음모론을 믿는 오신자들의 성격 연구를 그런 식으로 진행했다. 그런데 실제로 해보니 이 작업은 엄청나게 어려웠다. 나로서는 그러리라고 애초부터 예상했지만, 어떤 형태이든 간에 '기득권층(문제의 음모를 획책함으로써 이득을 보는 사람들을 가리키는 음모론자들의 용어-옮긴이)'을 신뢰하지 않는 사람은 아무리 간단한 연구라고 해도 참여시키기가 결코 간단하지 않다.

잘못된 믿음이라는 이 낯선 세상에서 나는 정신적 인도자라고 생각한 몇몇 사람을 데리고 그 여정을 시작했다. 나와 대화를 나누면서 자기네 세상을 내가 더 잘 이해하도록 도와준 오신자들이 바로 그들이다. 나는 그들에게 내가 진행할 연구 작업을 도와줄 마음이 있는지 물었다. 처음에는 미심쩍은 눈치였지만 곧 마음을 열고 내가 진행하고자 하는 연구 작업의 세부사항에 귀를 기울였다. 나는 그들에게 온라인 설문조사 링크를 이메일로 보냈다. 링크를 타고 가서 열리는 웹페이지는 온갖 음모론의 긴 목록(이에 대해서는 다음 쪽을 참조하라)을 보여준 다음에, 각각의 음모론을 어느 수준으로 믿는지 점수를 매겨달라고 요구했다. 이 목록은 온갖 음모론에 대한 전반적인 믿음의 수준을 측정하기 위해 고안되었다. 그다음에 참가자들에게 외로움,

불안, 사회적 지위, 신뢰, 낙천주의, 마키아벨리즘, 나르시시즘 등 여러 개성적 특징을 측정하는 성격 척도 가운데 적어도 하나 이상에 응답하도록 했다.

나는 여러 음모론에 대해서 각 참가자가 가지고 있는 믿음의 강도 및 몇몇 성격의 점수를 측정한 다음, 어떤 성격적 특징이 잘못된 믿음과 더 강력하게 또는 약하게 연결되는지 따져보고자 했다. 예를 들어, 낙관주의는 음모론에 대한 믿음을 높일까/낮출까, 아니면 아예 아무런 연관성이 없을까 등을 따져볼 수 있다. 낙관주의 대신에 신뢰, 사회적 지위, 지적인 겸손함, 비판적 사고 등을 대입해서 살필 수도 있다.

실험에 사용한
음모론 목록

아래에 나열된 각각의 진술 옆에 0(전혀 사실이 아님)부터 100(확실히 사실임)까지 해당 음모론을 믿는 강도를 숫자로 매긴 다음, 그 모든 값의 평균을 내면 음모론을 바라보는 그 사람의 믿음 수준이 된다.

(   )   코로나19는 애초에 중국이나 미국의 어느 실험실에서 생물무기로 만들어졌다.

(   )   2020년 대통령 선거에서 실제로는 도널드 트럼프가 이겼다.

(   )   미국의 달 착륙은 NASA가 영화 제작 스튜디오에서 연출한 가짜이다.

( ) 다른 질병 사망자도 코로나19 사망자로 분류된다.

( ) 코로나19 바이러스는 조작된 가짜이다.

( ) 코로나19는 사람들이 알고 있는 것만큼 심각하지 않다.

( ) 정부는 외계 생명체의 증거를 은폐한다.

( ) 정부 요원은 UFO나 외계 생명체 관련 증거를 본 사람을 위협하거나 암살한다.

( ) 코로나19 백신의 부작용이 은폐되고 있다.

( ) 지구온난화와 관련된 과학은 이념적인 이유나 금전적인 이유로 만들어졌거나 왜곡되었다.

( ) 국제 엘리트 집단이 세계적인 패권을 창출하겠다는 목표 아래에서 정부와 언론과 산업을 통제한다. 세계은행, UN, 유럽연합, 연방준비제도 등이 그런 목적에 따라 움직이는 조직이다.

( ) 대규모 총격 사건이나 그 밖의 대규모 비극적 사건은 대부분 연출되었으며, 희생자와 그들의 가족은 이 방면의 전문 배우이다.

( ) 9·11 테러 공격은 애초에 세계무역센터 건물을 철거할 목적으로 계획된 일이었다.

( ) 몇몇 유명한 사람의 죽음은 사실 거짓말이다. 다이애나 왕세자비, 마틴 루서 킹 주니어, 노토리어스 비아이지(Notorious B.I.G), 커트 코베인(Kurt Cobain), 모차르트, 존 레넌 등의 죽음이 그렇다.

( ) 화석연료 기업이 전기자동차의 발전을 막고 있다. 또한 정부기관이나 특수 이익집단, 사기성이 있는 발명가들이 영구운동(perpetual motion) 분야의 기술이나 상온 핵융합 기술을 막고 있다.

( ) 애완동물에 이식하는 RFID(무선전자태그) 칩이 비밀리에 사람에게도 널리 이식된다.

(　　) 일루미나티는 계몽주의 시대에 결성된 비밀조직인데, 프랑스혁명도 이
　　　　조직이 주도했다.

(　　) 역사적으로 중요한 사건의 날짜와 구체적인 사실이 의도적으로 왜곡되
　　　　어왔다.

(　　) 정부의 비밀 정책에 따라 비행기가 만들어내는 구름은 화학작용제 또는
　　　　생물학작용제이거나, 아니면 알루미늄과 스트론튬과 바륨의 유독한 혼
　　　　합물이다.

(　　) 사탄을 숭배하는 소아성애자로 이루어진 비밀 도당이 세상을 통제하고
　　　　있고, 도널드 트럼프는 이들과 맞서서 싸운다.

(　　) 역사적으로 백인이 다수였던 국가에서 이민, 인종 간 통합, 낮은 출산
　　　　율, 낙태 등이 장려되는 이유는 백인을 소수자로 만들기 위함이다.

(　　) 세계 인구 가운데 차지하는 비율이 극소수인 OECD 국가가 세계 GDP
　　　　의 대부분을 차지하고, 또 세계에서 가장 부유한 사람들이 전 세계 탄소
　　　　배출량의 절반 이상을 배출한다.

(　　) UN은 아젠다 21/2030 지속가능발전의제에 따라 새로운 세계 질서를
　　　　수립할 것이다.

　잘못된 믿음에 대한 나의 정신적 안내자들은 이 음모론의 목록을
보고는 깜짝 놀라서 내게 다음과 같은 내용으로 답장을 보냈다.
　"당신이 연구하려는 대상이 뭔가요?"
　"설마 나를 놀리려고 장난을 치는 건 아니겠지요?"
　"그 연구가 제대로 수행될지 내가 어떻게 알 수 있나요?"
　리처드는 그들 가운데서 영향력이 가장 큰 사람이었기에 나는 맨
먼저 그를 따로 만나서 얘기를 나누었다. 그 자리에서 리처드는 이렇
게 물었다.

"기득권층을 신뢰하지 않고 당신을 신뢰하지 않고 또 대체로 많은 것들을 신뢰하지 않는 사람들, 이런 사람들을 당신이 연구하려고 한다는 사실을 똑똑히 알고나 있나요?"

"예, 잘 압니다. 그래서 내가 선생님과 접촉했고요. 내가 바라는 건 선생님이 추종자들에게 제가 하는 연구조사에 참여하라고 해주시고, 또 그들이 선생님을 믿고 그렇게 따라주는 겁니다."

"그런데 박사님은 뭘 연구하려고 합니까?"

"나는 인간의 성격적인 구조 전반에 대해서 알고 싶고 또 이것이 정부나 사회에 대한 믿음이 낮은 사람들과 어떤 관련이 있는지 알고 싶습니다. 그런 사람들은 어떤 성격적 특징이 상대적으로 강하고 또 어떤 것이 상대적으로 약한지 확인하고 싶습니다."

나는 내가 하고자 하는 연구의 내용을 최대한 충실하게 설명하려고 노력했다. (사실 나는 성격적 특징과 음모론에 대한 믿음 사이의 연관성을 연구하고 싶었다. 그러나 그 연구의 틀을 최대한 긍정적으로 보이게 하고 싶었고 또 그렇게 노력했다.)

"내가 보기엔 당신이 우리를 놀리려는 것 같은데…."

리처드는 의심을 거두지 않았다.

"전혀 아닙니다. 신뢰 수준이 낮은 사람들에게는 어떤 성격적 특징이 두드러지는지 알고 싶은 겁니다. 그리고 이 성격적 특징이 반드시 나쁜 건 아니에요. 그냥 개성의 어떤 특징일 뿐입니다. 정말 약속하지만, 나는 어떤 판단을 내리려는 게 아니라 그저 측정을 하려는 것뿐입니다. 음모론을 두고 어떤 사람은 많이 믿고 어떤 사람은 적게 믿는데, 무엇이 이런 차이를 만들어내는지 궁금하지 않나요? 당신은 그게 뭔지 알고 싶지 않나요? 바로 이 궁금증을 풀어줄 연구 기회가 지금이라는 말입니다."

'연구'라는 한마디가 마법의 단어였다. 이 단어는 리처드에게 동기를 부여하는 나의 비밀무기였고, 이 무기가 발휘한 효과를 나는 흐뭇하게 지켜봤다. '연구 작업'과 관련된 그의 말을 듣고 난 다음에 나는, 진짜 연구자와 함께 진짜 연구를 할 기회를 그가 거절하지 않을 것이라는 확신이 들었다.

"그런데 내가 그 결과를 어떻게 믿을 수 있죠?"

그의 질문에 나는 이렇게 대답했다.

"당신이 나와 함께 이 연구에 참여해서 연구 작업을 공동으로 진행하는 게 어떻습니까? 그래서 연구 결과를 공동으로 발표하면, 당신은 논문의 공동저자가 됩니다. 그리고 당신이 연구 결과를 신뢰할 수 있도록, 선생님이 온라인 데이터베이스에 접근해서 모든 데이터를 확인할 수 있도록 해드리겠습니다. 어떻습니까?"

그러자 리처드는 접근법을 바꾸어서 다른 방식으로 발을 빼려고 했다. 나를 도와서 그 연구에 참여하면 자기 집단에서 자신의 평판이 나빠질 텐데, 굳이 그런 위험을 부담하고 싶지 않다고 했다. 이것은 그가 예전에도 한 번 써먹었던 수법이다. 그때는 우리가 서로 알고 지내기 시작한 지 약 1년쯤 되던 무렵이었는데, 그는 내가 악당의 일원이라고 더는 생각하지 않는다고 인정했다. 그래서 나는 그에게 그 사실을 공개적으로 선언해달라고, 적어도 그의 영향력이 미치는 집단 안에서만큼은 그렇게 해달라고 부탁했다. 그러자 그는 미안해하면서, 그랬다가는 자칫 자기가 속한 공동체 내에서의 자기 지위가 흔들릴 위험이 있으며 또 나를 비호하는 행동을 했다가는 자기로서는 도저히 감당하기 어려운 사회적 비용이 발생할지도 모른다는 이유를 들어 거절했다. 그리고 지금도 그는 똑같은 이유를 대면서 내가 하는 연구조사를 도울 수 없다고 했다. 그런데 이번에는 미안해하는 기색이 전혀 없었다.

다른 오신자들과도 접촉했지만 성과는 없었다. 그래서 다른 방법을 시도해야 했다. 다양한 성격 유형과 음모론에 대한 일반적인 믿음 사이의 상관성을 드러내겠다는 나의 열망은 여전히 강렬했다. 그래서 비현실적인 희망과 지나친 자신감으로 무장한 나는 듀크대학교 내에서 내가 운영하는 고급통찰센터Center for Advanced Hindsight의 니나 바트만Nina Bartmann과 셰이-앤 맥도널드Shaye-Ann McDonald와 함께 이 프로젝트를 시작했다. (곧 밝혀지지만, 동기화된 추론과 과신이라는 심리적 편향에 대한 지식이 많은 사람이라고 해서 이런 편향에서 자유롭지는 않다.) 우리는 우선 데이비드 아이크의 웹사이트에서부터 시작했다. 참고로 아이크는(흥미롭게도 그는 나와 생일이 같다) 한때 프로 운동선수이기도 했고 스포츠 방송인이기도 했다. 그런데 어느 시점에서부터인가 그는 이 세상에는 차원을 이동하는 파충류 종족이 있는데 아르콘Archon이라는 이 종족이 지구를 지배한다고 믿기 시작했다. 아이크의 말에 따르면 아르콘은 인간의 모습과 파충류의 모습을 자유롭게 오가는 유전자 변형 인간-아르콘 하이브리드 종족을 만들었다. 그는 이 하이브리드종이 전 세계를 통제하고 새로운 세계 질서를 구축하기 위해 많은 직종에서 권력의 상층부를 장악하고 있다고 주장한다. 반갑게도 아이크의 웹사이트는 우리가 수행하는 연구에 도움이 되는 장치를 마련해두고 있었는데, 우리가 그 사이트의 광고 영역을 사기만 하면 사이트 방문자들에게 우리 광고를 보여줄 수 있었다. 그래서 우리는 광고를 샀다. 광고를 사는 데 수천 달러를 지출하고는 설문조사에 참여할 사람 여섯 명을 확보했다. (오타가 아니라 정확하게 여섯 명이 맞다.) 우리는 레딧**Reddit**에서도 비슷한 경험을 했는데 이때는 참가자가 여덟 명이었고, 도널드 트럼프의 사회관계망인 트루스소셜**Truth Social**에서는 참가자가 일곱 명이었다. 확실히, 내가 가졌던 과신이 문제였고 그 바람에 비용이 많이 들어갔다.

오신자에 대한 연구를 수행하는 데 따르는 이런 어려움은 나 혼자만 겪는 문제가 아니다. 음모론자와 오신자를 주제로 다루는 거의 모든 연구 작업은 이런 어려움에 맞닥뜨린다. 그 결과 이 분야 연구의 대부분은 극단적인 잘못된 믿음이 아니라 보통 혹은 그 이하 수준의 잘못된 믿음에 초점을 맞춘다. 이 경우에 왜 문제가 되는지는 [도표-7]을 보면 알 수 있다. 가로축에서는 음모론에 대한 믿음의 강도가 0에서 100까지로 표시되고, 세로축에서는 특정한 성격적 특징(자신의 직관을 신뢰하는 경향)이 역시 0에서 100까지로 표시된다.

이 연구가 가장 바람직하게 이루어질 수 있으려면, 표본이 가로축의 0에서 100까지 골고루 분포해야 한다. 즉 어떤 사람은 음모론을 믿는 신뢰의 강도가 매우 낮고 어떤 사람은 중간이고 또 어떤 사람은 매우 높아야 한다. 만일 그런 경우라면 A형과 같은 분포가 이루어질 것이다. 이 분포에는 자기의 직관을 믿는 경향과 음모론을 믿는 강도 사이에 매우 뚜렷하고 강력한 상관성이 드러난다.

하지만 내가 오신자에게 다가갈 때 부담할 수밖에 없었던 것과 똑같은 어려움을 이 연구자들도 경험했다면 어떨까? 음모론에 대한 신념이 강한 사람은 빠지고 신념이 약하거나 중간 정도인 사람만 연구조사에 피실험자 표본으로 참가한다면 어떻게 될까? 이런 경우에 연구자들에게는 전체 가운데 일부만으로 왜곡된 표본이 노출된다. [도

가장 극단적인 의견을 가진 이들이 연구에 참여하지 않은 경우, 두 변수 사이의 관계를 연구할 때 겪는 어려움을 보여주는 예시이다. A의 결과는 표본이 음모론에 대한 믿음의 전체 범위에 걸쳐 있을 때의 상관성을 나타낸다. B의 결과에서 음영 처리된 직사각형은 음모론에 대한 믿음이 낮거나 중간인 표본만 참가했을 때 결과가 어떻게 보이는지를 나타낸다. 믿음의 강도가 매우 높은 표본이 참여하지 않았을 때의 결과는 B처럼 나타난다.

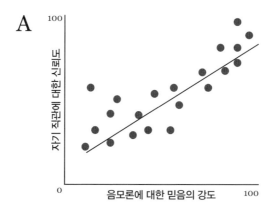

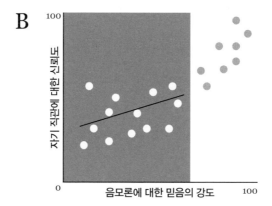

표-7]에서 B 결과의 음영 처리된 사각형 부분이 여기에 해당된다. 이 경우는 가로축과 세로축의 범위가 잘리고, 따라서 어떤 사람의 직관에 대한 신뢰와 음모론적 믿음 사이의 관계를 온전하게 이해할 수

없다.

이러한 어려움에도 불구하고 성격을 이해하는 것은 잘못된 믿음을 전반적으로 이해하는 데 있어 중요한 요소임은 분명하다. 따라서 우리는 이런 유형에서 발생할 수 있는 연구의 어려움을 인지하고, 성격이 잘못된 믿음의 깔때기에서 중요한 요소 가운데 하나임을 인정하며, 또 그 과정에서 성격이 수행하는 역할을 이해하기 위해 최선을 다해야 한다.

내가 가장 좋아하는
잘못된 믿음

위에서 설명한 애로점을 고려해서 잘못된 믿음의 깔때기에서 성격이 어떤 역할을 하는지 탐색하는 옆길로 가보려 한다. 이 길은 내가 좋아하는 잘못된 믿음을 설명할 수 있는 기회이기도 한데, 다음 시나리오를 상상하며 읽어주기 바란다.

한밤중이다. 갑자기 당신은 잠에서 깨어나고, 꼼짝도 하지 못하는 상태라는 사실을 알고는 놀란다. 팔다리는 꽁꽁 얼어붙은 듯 움직일 수 없고, 가슴에 엄청난 압박이 가해져서 숨쉬기가 힘들다. 소리치고 싶어도 입이 열리지 않고 소리를 내지도 못한다. 이런 마비 상태에서도 당신의 감각은 여전히 살아 있다. 몸 전체에서 따끔거리는 감각이 느껴진다. 마치 전기가 통하는 것 같다. 이 감각이 얼마나 강렬한지 마치 몸 전체가 침대 위로 붕 뜨는 것 같다. 침실의 낯익은 가구들이 금방이라도 눈에 들어올 것 같은데, 온통 환하게 켜져서 번쩍거리는 조명만 주변에 가득하다. 당신은 지금 이게 꿈이 아닌가 하고 생각한다. 그러나 쿵쾅거리는 심장을 보면 깨어 있는 게 분명하다. 그리고 당신은 두 눈을 크게 뜨고 눈동자를 좌우로 굴려서 그 장소가 어디인지 확인하려고 한다. 그리고 아무리 노력해도 그 끔찍한 경험에서 벗어날 수 없다. 윙윙거리는 소음이 방을 가득 채우고 있다. 그런데 무엇보다도 무서운 점은, 기형적인 형상의 여러 그림자가 당신이 누운 침대 주변에 모여 있는 모습이 보인다는 사실이다. 그들은 당신의 신체를 집중해서 바라보며 뭔가를 탐구하고 있고, 난생처음 보는 도구를 동원해서 당신의 신체를 헤집고 살피지만 당신은 그저 무기력하기만 할 뿐이다. 그러다가 더는 그 무서운 감각과 공포를 견딜 수 없다고 느끼는 순간 그 모든 게 사라진다. 기이한 형상의 생물체도 사라지고 조명도 사라지고 없다. 당신은 익숙하고 부드러운 당신 침대에 착 가라앉은 상태로 누워 있다. 이제 당신은 손과 발을 의지대로 움직일 수 있다. 당신은 벌떡 일어나서 불을 켠다. 모든 게 평소와 다름없이 정상이다.

이런 일이 일어난다면 당신은 뭐라고 생각하겠는가? 아마도 이게 다 꿈이었다고 판단할 것이다. 그렇지만 다른 결론을 내릴 수도 있다. 외계인에게 납치되었다가 돌아왔다고 말이다. 이 말이 너무도 터무니없어서 웃음이 나오는가? 그러나 놀라지 마라. 정말 많은 사람이 실제로 그렇게 믿는다. 이 잘못된 믿음에서 특히 이상한 점은, 외계인에 의해 납치되었다가 돌아왔다고 믿는 사람은 모두 위에서 묘사한 것과 매우 비슷한 이야기를 한다는 사실이다. 진술이 일치하는 세부적인 사항으로는 몸을 움직일 수 없다는 점, 몸 전체에 전류가 흐르는 듯한 따끔거리는 감각, 공중에 붕 떠 있는 느낌, 윙윙거리는 소음, 환하게 켜져서 번쩍거리는 불빛 그리고 가장 놀랍게는 침대 근처를 맴돌며 자기 신체를 살피던 외계인의 모습 등이 있다. 이런 경험을 한 사람은 흔히 자기가 외계인의 우주선으로 순간이동이 되어서 침습성 의학실험을 받은 뒤에 다시 원래대로 집으로 돌아왔다고 믿는다.

언뜻 보면 이 사람들이 말도 안 되는 헛소리를 한다고 무시하는 게 맞을 것 같다. 그런데 이렇게 말하는 사람이 워낙 많고 또 그들이 했다는 경험이 모두 비슷한데, 정신 건강을 평가하면 모두 정상으로 나온다. 그리고 마지막이자 가장 중요한 점은, 그들을 보고 미쳤다고 말할 수는 있지만 그렇게만 말해서는 실제로 무슨 일이 일어나고 있는지 이해하는 데 전혀 도움이 되지 않는다는 사실이다. 그냥 그렇게 치부해버리면 그들에게서 뭔가를 배울 기회를 놓친다. 많은 경우, 극단적인 경험을 연구하면 일상적인 경험을 새로운 차원에서 조명하는 기회를 얻을 수 있다. 예를 들어, 마라톤 선수와 산악인이라는 평범하지 않은 사람들을 연구함으로써 우리는 고통이나 동상 따위와는 거리가 먼 평범한 인간의 동기에 대해 많은 것을 배울 수 있다. 나도 개인적인 삶에서 이런 경험을 했다. 나는 불의의 사고를 당한 뒤에 병원에 입원해서 여러 극한 상황을 경험했는데, 그 덕분에 고통과 학습된 무기력과 공포 등을 일상생활에 적용해서 바라볼 수 있었다.

외계인에게 납치되었었다고 주장하는 사람들의 이야기로 돌아와서, 일반적인 잘못된 믿음 그리고 잘못된 믿음과 성격의 관계에 적용할 수 있는 뭔가를 그들의 경험에서 배울 수 있을까? 이 질문에 대한 대답은 '그렇다'이다.

수전 클랜시Susan Clancy가 이끄는 연구자 집단은 외계인 피랍자들이 묘사하는 일반적인 경험을 조사했다. (내가 수전을 만났을 때 수전은 그들이 '외계인에게 납치되었다고 믿는 사람들'이 아니라 '외계인 피랍자'라고 불리기를 바란다고 말했다.) 연구자들은 그들이 설명하는 경험(따끔거리는 전기적인 자극, 공중에 붕 떠 있는 느낌, 윙윙거리는 소음, 번쩍거리는 불빛 그리고 침대 근처를 맴도는 외계인의 모습 등)이 '수면 마비sleep paralysis(가위눌림 현상)'라는 생리적 상황에 대한 묘사와 매우 비슷하다는 사실을 알아차렸다.

수면 마비란 무엇일까? 꿈을 꿀 때(급속안구운동rapid eye movement 또는 REM 수면으로 알려져 있다) 사람의 뇌는 활발하게 활동하면서 다음과 같은 다양한 행동을 하도록 신체에 명령을 보낸다. 앞으로 걸어가라. 허리를 굽혀 꽃을 꺾어라. 칼을 뽑아 들어라. 차 위로 뛰어올라라. 악당의 얼굴에 주먹을 날려라. 하늘을 날아라! 그렇다면 왜 사람은 REM 수면 중에는 뇌의 명령을 받고도 보통 그 명령을 실제로 실행하지 않을까? 왜 침실을 뛰어다니지도 않고 창밖으로 뛰어내리지도 않을까? 왜냐하면, 다행히도 인체는 그런 위험한 상황을 예방하는 방향으로 적응해왔기 때문이다. REM 수면 중에는 기본적으로 뇌와 신체 사이의 연결성이 끊긴다. 이때는 신체가 뇌의 신호에 반응하지 않는다는 뜻이다.

그러나 때로는 모든 게 계획대로 작동하지 않기도 해서, 신체를 마비시키는 메커니즘이 여전히 활성화되어 있는 상황에서 뇌가 REM 수면에서 깨어나기도 한다. 이런 경우, 아주 짧은 시간 동안 그 사람은 잠에서 어느 정도 깨어 있긴 하지만 신체를 움직일 수는 없다. 이때 사람들은 외계인 피랍자가 경험한다는 바로 그 느낌(따끔거리는 전기적인 자극, 공중에 붕 떠 있는 느낌, 윙윙거리는 소음, 번쩍거리는 불빛 그리고 침대 근처를 맴도는 외계인의 모습 등)을 경험한다.

흥미롭게도 오래된 과거에 또 다른 문화권에서는 이런 환각 경험이 제각기 다른 형태를 띠고 나타났다. 사람들은 악마나 마녀나 유령이 자기 가슴을 타고 앉아서 꼼짝 못 하게 한다고 보고했다. 확실히 그 사람들은 자기가 속한 시대 및 문화권과 관련된 이미지를 묘사하는데, 이 이미지는 자신의 경험에 대한 해석이 반영된 결과이다.

여기까지 확인했으면, 연구자들이 외계인 피랍자의 수수께끼를 풀고 승리했다고 선언할 수도 있다. 외계인 피랍자가 진술하는 피랍 경험이 수면 마비와 믿을 수 없을 정도로 비슷하므로, 수면 마비를 경험한 사람들이 외계인에게 납치되었다고 착각했다고 볼 수 있으니 말이다. 그런데 이렇게 쉽게 끝이 날까? 아니다. 왜 그럴까? 수면재단 Sleep Foundation에 따르면 전체 인구 가운데 최소 8퍼센트가 어느 시점에서든 수면 마비를 경험하지만(스트레스는 수면 마비 발생 가능성을 높인다), 이들 가운데 대다수는 자기가 외계인에게 납치되었다가 풀려났다고 주장하지 않는다. 왜 이렇게 다를까? 자기가 했던 경험을 외계인에게 납치된 것으로 해석하는 사람과 전날 잠자리에 들 때와 똑같은 믿음과 세계관을 가지고 살아가는 사람을 무엇이 갈랐을까? 이 질문에 대한 대답을 찾는 과정에서 상황은 다시 흥미로워진다. 그리고 이는 성격과 잘못된 믿음 사이에 존재하는 상관성으로 되돌아갈 수밖에 없는 이유이기도 하다.

수전이 지휘하는 연구자 집단은 어떤 사람이 외계인에게 납치되었다고 확신하는 데 기여했을 수도 있는 몇 가지 주요한 성격적 차이를 조사했다. 연구자들은 일단 두 개의 광고로 시작했다. 하나는 사람들에게 그저 기억 연구 집단에 등록하라고 요청하는 광고였고(이렇게해서 구성된 집단이 통제집단이다), 다른 하나는 외계인과 접촉했거나 외계인에게 납치된 적이 있는 사람들에게 기억 연구 집단에 참여하도록 요청하는 광고였다. 이렇게 해서 통제집단과 외계인 피랍자 집단이라는 두 집단이 만들어졌다. (원래의 논문에는 외계인 피랍자들도 여러 유형으로 나뉘었지만, 이는 지금 우리가 하는 논의에서는 따로 구분할 만큼 중요하지 않다.)

이렇게 두 집단이 설정되고 나면 개인적인 편차를 연구할 준비가 끝난다. 우선 연구자들은 결함이 있는 기억의 특정한 측면을 조사했다. 물론 모든 사람이 때때로 불완전한 기억을 경험하지만, 잘못된 기억에 빠지는 특별한 경향의 강도는 사람에 따라 개인차가 있다. 즉 잘못된 기억의 몇몇 측면을 성격적 특징으로 여길 수 있다는 말이다. 연구자들은 기억과 관련된 이런 특성이 외계인에게 납치되었다고 주장하는 사람들에게서 더욱 두드러지게 나타나는지 알고 싶었다.

자, 이제 당신이 이 실험에 참가했다고 치자. (당신이 외계인에게 납치된 적이 있다고 믿는지 아닌지 모르므로 지금은 그냥 참가자라고만 가정하겠다.) 실험실에서 실험 진행자가 당신에게 일련의 지침을 제시한다. 첫 번째 과제로, 당신에게 주제별로 연결된 단어의 목록 20개를 들려준다. 각 목록에는 3~15개의 단어가 포함되어 있으며, 이 단어는 3초 간격으로 확성기를 통해 재생된다. 실험 진행자는 나중에 단어를 기억해서 말해야 하므로 집중하라고 말한다. 하나의 단어 목록이 재생된 뒤에는 간단한 수학 문제 네 개를 풀어야 한다. 예를 들어 '16+52는 얼마일까?'와 같은 문제이다. 이 수학 문제를 다 푼 뒤에는, 조금 전에 들었던 단어 목록에서 기억하는 모든 단어를 적어야 하고, 시간은 90초가 주어진다. 그런 다음에 다시 다음 목록이 재생되고 또 간단한 수학 문제 네 개를 푼다. 그리고 다시 해당 목록에서 기억이 나는 단어를 쓴다. 이런 식으로 20개의 단어 목록을 모두 거친다.

단어 목록 가운데 하나를 예로 들면 다음과 같다.

신맛, 사탕, 설탕, 쓴맛, 좋다, 맛, 치아, 멋지다, 꿀, 소다, 초콜릿, 심장, 케이크, 타르트, 파이

20개의 목록에는 총 180개의 단어가 들어 있다. 이때 당신은 과연 자신이 몇 개나 정확하게 기억했을까 하는 데 관심의 초점을 맞춘다. 이는 기억력을 측정하는 척도로서 꽤 흥미롭다. 그러나 이 연구실험이 관심을 기울이는 대상은 올바른 기억이 아니라 잘못된 기억이다. 기억이 우리에게 어떤 속임수를 쓰는지 그리고 사람에 따라서 그 속임수의 강도가 달라질 수 있는지 하는 것이 탐구 주제이다. 구체적인 척도는 참가자들이 잘못 기억한 단어, 즉 목록에 제시되지 않았지만 마치 제시되었던 것처럼 기억하는 단어의 수였다. 예를 들어, 위의 목록을 듣고 '시럽'이나 '쿠키'라는 단어를 적었다면 해당 단어는 목록에 없으므로 잘못 기억한 단어이다. 공식적으로는 이것을 '거짓 회상false recall'이라고 부른다.

거짓 회상은 연구자들의 관심을 끌었던 기억 실수의 유일한 유형이 아니다. 연구자들은 '거짓 인식false recognition'에도 관심이 많았다. 이것을 시험하는 방법은 다음과 같다. 앞에서 설명한 것처럼 20개의 목록과 관련된 과정을 모두 거친 뒤에 총 80개의 단어가 담긴 마스터 목록을 실험 참가자에게 제시한다. 이 가운데 40개는 앞에서 나왔던 단어이고, 나머지 40개는 앞에서 나오지 않았던 단어이다. 실험 참가자는 이 80개 단어를 하나씩 살펴보면서 각각이 앞에서 제시되었던

목록에 나왔었는지 혹은 그렇지 않은지 표시해야 한다. 이 과정이 모두 끝나면 연구자에게는 잘못된 기억에 대한 또 하나의 척도가 생긴다. 그것은, 어떤 단어를 제시받았을 때 이전에 본 적이 없지만 본 것처럼 느끼는 단어의 수로 표시되는 거짓 인식이다.

간단히 말해서, 잘못된 기억에 대한 서로 다르지만 관련이 있는 두 가지 척도가 있는데, 두 가지 모두 자기가 보지 않았으면서 보았다고 착각하는 단어의 빈도를 정량화한다. 거짓 회상은 잘못된 기억 검색에만 기반을 두지만, 거짓 인식은 어떤 페이지에 적힌 단어에 대한 반응을 기반으로 하며 여기에서는 기억 검색이 필요하지 않다.

그래서 결과는 어땠을까? 거짓 회상과 거짓 인식의 비율은 외계인 피랍자 집단에서 훨씬 더 높았다. 외계인 피랍자 집단에서는 거짓 회상이 약 두 배 높았고, 거짓 인식은 약 50퍼센트 더 높았다. 종합해보면, 외계인 피랍자들은 경험하지 않았으면서도 자기 기억에 남은 단편을 더 많이 떠올렸음을 알 수 있다. 다르게 말하면, 자기가 경험한 것과 경험하지 않은 것을 구분하는 데 어려움을 더 많이 겪는다는 말이다. 퍼즐의 이 특별한 조각은, 꿈속의 온갖 이미지와 이상한 감각이 하나로 뒤섞인 수면 마비 상태를 경험하고 깨어난 사람은 거짓 요소가 포함된 경험을 (이 경험조차도 자기가 실제로 기억하고 경험한 것의 일부라고 느끼면서) 조작해낼 수 있음을 설명하는 데 도움이 될 수 있다.

이것만 보면 외계인 피랍자와 관련된 조사를 더는 할 필요가 없어 보인다. 관련된 모든 수수께끼가 다 풀린 것 같다. 그러나 그 연구자들은 기억에만 그치지 않았다. 그들은 계속해서 개성과 성격이 다른 요소에 대해서도 파고들었다. 그들이 했던 연구실험이 잘못된 믿음이라는 한층 더 폭넓은 현상을 탐구하는 우리에게 도움이 되는 이유도 바로 여기에 있다. 그러나 그 연구를 살펴보기 전에 먼저 잘못된 기억이라는 주제를 좀 더 파고들어보자.

잘못된 기억의
현실적인 위험

앞서 설명한 것과 같은 혼란스럽게 뒤섞인 기억이 일상생활에서는 어떤 역할을 할까? 그리고 그런 거짓 기억은 어떻게 사람들을 잘못된 믿음의 깔때기로 이끌까? 이는 중요한 질문이다. 우선 내가 제이미라는 여성과 나누었던 대화를 소개하겠다.

코로나19 백신 부작용을 경험했다고 주장하는 사람들로부터 증언을 수집하는 매우 영향력 있는 집단이 있었는데, 제이미는 이 잘못된 믿음 집단을 이끄는 지도자였다. 그녀는 내게 근육 문제부터 사망을 유발하는 만성 질병에 이르기까지 코로나19 백신과 관련한 끔찍한 부작용을 고발하는 증언 5,500건을 자기가 수집했다고 말했다. 그녀는 이 증언을 수집했을 뿐 아니라 이를 사람들에게 알리고 또 가능한 모든 곳에 배포했다. 그녀는 코로나19 백신의 부작용이 실제보다 훨씬 더 심각하고 또 만연해 있다고 사람들이 믿게 만들고 있었다. 나는 또 그녀가 사람들에게 보고하는 내용 가운데는 백신이 직접적인 원인이 되어서 발생한 게 아니고 팬데믹의 시대를 살아가는 데서 비롯된 부작용(늘어난 식사량과 식사 시간, 늘어난 외로움, 높은 스트레스, 무기력 등)까지 모두 포함되어 있다고 생각했다.

그러나 제이미와 대화를 나눌 때 나는 그녀가 하는 활동에 문제를 제기하고 그녀 때문에 어떤 피해 사항이 빚어지는지 지적하겠다는 의도가 전혀 없었다. 나는 그녀가 어쩌다가 그 일을 하게 되었는지 알아보고 싶었다. 무엇이 그녀로 하여금 잘못된 믿음에 빠져들게 만들어서 그토록 많은 개인 시간을 들여서 백신의 부작용을 기록하고 또 관련 정보를 배포하게 되었는지 알고 싶었다. 코로나 발생 이전에 그녀는 마케팅 동향을 분석하는 첨단 기술회사에서 일했다. 어딜 봐도 그녀는 기득권층에 속하는 사람이었다. 하지만 그로부터 불과 2년밖에 지나지 않은 지금, 그녀는 코로나19 백신 및 그 부작용을 이야기하는 가짜뉴스를 매우 극단적으로 퍼트리는 오신자 가운데 한 명이 되어 있었다.

"어떻게 하다가 여기에 이르렀나요? 당신이 취했던 맨 처음 행동은 무엇이었나요?"

나는 또한 그녀에게 세상 일이 눈에 보이는 것과 달리 심각하다고 걱정할 수밖에 없게 만든 최초의 '위험 신호'가 무엇이었는지 또 그것이 구체적으로 어떤 것이었는지 설명해달라고 했다. 팬데믹 초기에는 그녀도 다른 사람들과 마찬가지로 어서 빨리 백신 사용 승인이 떨어져서 사람들을 구하길 기다렸다고 했다. 그리고 아무리 짧아도 그 과정에 몇 년은 걸릴 것으로 예상했는데 기간이 단축되어 무척 기뻤다고 했다. 백신이 승인되자마자 그녀는 FDA 웹사이트에 접속해서 관련 내용을 읽었다. 그런데 그 내용이 그녀를 걱정의 구렁텅이로 몰아넣었다. FDA의 백신 임상시험 수행 방식에 몇 가지 문제가 있다고 본 것이다. 그녀는 특히 보고되지 않고 버려진 통제집단에 대해 걱정했다. (하지만 그녀의 이런 주장을 뒷받침할 만한 증거를 나로서는 도저히 찾을 수 없었다. 그녀의 걱정에는 현실적인 근거가 없었다.)
그리고 바로 그 순간, 그녀는 문제의 그 백신은 자신이 바라고 기다리던 백신이 아니라고 판단했다.

나는 그녀의 기억을 조금 더 파고들었다.

"FDA 웹사이트에서 그 모든 정보를 읽은 게 정확히 언제였습니까? 그리고 과거에도 FDA에서 배포한 정보를 읽어본 적이 있을까요?"

그러자 그녀는 자신 있게 대답했다.

"FDA가 백신 승인을 발표한 날에 읽었습니다. 모든 게 그들이 제시한 문서에 다 들어 있었어요."

나는 그 웹페이지의 링크를 보내달라고 했는데, 제이미는 그 링크를 보내지 않았다, 끝내.

"그리고 그다음에는 무슨 일이 일어났습니까?"

"며칠 뒤에 유명한 의사가 하는 강의를 들었어요. 그 분야의 전문가로 백신이나 백신의 부작용을 훤하게 꿰는 분이셨지요. 그런데 이분이 화이자의 방법론을 꼼꼼하게 분석하면서, 그 백신의 임상시험에 결함이 있고 또 실제로 검사를 하지도 않고 예상된 결과가 나오도록 온갖 수법을 들여 시험을 설계했다고 했습니다."

"그 의사가 나 몰라라 하고 내팽개친 통제집단에 대해서도 언급했습니까?"

"예, 그분이 지적하시길, 통제집단이라는 건 애초에 없었고, 그나마 올바르게 만들어진 통제집단 하나는 분석 대상에서 제외되었다고 했습니다."

나는 계속해서 그녀의 기억을 재촉했다.

"당신은 문제의 그 FDA 문서에서 버려진 통제집단에 대한 내용을 읽었습니까? 아니면, 백신의 그 모든 결점 및 문제점 그리고 버림받은 통제집단에 대한 정보를 모두 그 의사에게서 들었습니까?"

그러자 제이미는 혼란스러워했다.

"기억이 안 나요. 아마 둘 다가 아니었을까 싶네요."

이는 앞에서 살펴보았던 일종의 기억 혼란으로, 실제로 일어나지 않은 일(화이자 백신 승인과 관련된 FDA 문서에서 버려진 통제집단에 대한 내용을 읽었다)을 실제로 일어난 일(연구조사 작업에 어떤 결함이 있을 수 있다고 누군가에게 들었다)과 혼동하는 것이다. 내가 추측하기로는, 제이미는 FDA 사이트에 게재되었던 보고서 원본을 읽지 않은 것 같다. 비록 문서를 읽고 문제를 파악했다는 그녀의 기억이 마치 그 문서를 처음부터 끝까지 정독했던 것처럼 생생하지만 말이다. 그녀는 강의를 했던 그 의사의 몇 가지 주장을 듣고는 거짓 기억을 만들어냈다. 이 기억은 외계인 피랍자에게서 볼 수 있는 바로 그런 부류의 잘못된 기억이다.

이것이 심각한 문제가 될 수밖에 없는 이유는, 자기 기억을 잘못 회상하고 또 그 기억을 무조건 신뢰하는 심리적 경향이 심리실험실 안에서의 단어 목록에 국한되지 않기 때문이다. 외계인 피랍자에게서도 볼 수 있듯이 그 문제는 개인의 생명이나 명예에 심각한 피해를 주는 사건으로 확대될 수 있다. 제이미의 경우에서처럼 백신의 효과나 부작용과 관련된 중요한 사실로 확장될 수도 있다. 그리고 제이미는 오신자 공동체 내에서(이 공동체는 정보를 수집하고 전파하는 허브이다) 존경받는 인물 가운데 하나가 되었기 때문에, 그녀의 잘못된 기억으로 빚어지는 부정적인 영향의 여파는 훨씬 더 커졌고 본인은 말할 것도 없고 그녀의 말을 듣는 사람들에게까지 파괴적인 결과를 안겨주었다.

친구들이 맞닥뜨린 위험을 평가하라

성격은 바꾸기 어렵다. 그러므로 자기 주변에 있는 사람들의 성격을 인식한 다음, 특히 잘못된 믿음의 깔때기에 빠지기 가장 쉬운 사람들에게 특별한 주의를 기울이는 것이 중요하다. (어떤 성격적 특징을 가진 사람이 특히 취약한지는 다음 장에서 더 많은 사례를 살펴볼 것이다.) 이러한 성격적 특징이 있는 사람들과의 우정을 피하라고 권하는 게 아니다. 사람들을 취약하게 만드는 성격적 특징은 다른 한편으로는 매우 긍정적일 수 있다. 나르시시즘이나 잘못된 기억을 하는 경향 등은 대체로 부정적이다. 그러나 창의적인 사고방식으로 서로 관련이 없는 것들을 연결하는 능력이나 의심하는 경향 등은 많은 경우에 유용하며 심지어 바람직할 수도 있다. 스트레스와 같은 다른 요인이 사람을 잘못된 믿음의 깔때기 아래쪽으로 안내하기 시작할 때만 그런 특징이 비로소 한층 더 부정적인 방식으로 작동하기 시작한다.

따라서 만일 당신이 소중하게 여기는 사람이 잘못된 믿음의 깔때기로 떨어지기 쉬운 성격적 특징을 가지고 있는 것처럼 보인다면, 그에게 특별히 주의를 기울이고 그가 그 깔때기에 떨어지지 않도록 애써야 한다. 이런 개입은 빠를수록 좋다.

외계인 피랍자의 성격을
심층 분석해보면?

앞서 잘못된 기억을 하기 쉬운 성격적 특징을 가진 사람이 잘못된 믿음에 상대적으로 더 취약함을 확인했다. 하지만 다른 개성적 특징은 어떨까? 외계인 피랍자를 연구하는 연구자들은 심리학 실험 참가자들에게 다양한 성격 척도를 추가로 작성하게 했다. 이 연구자들은 외계인에게 납치되었다고 믿는 사람들 사이에 어떤 종류의 개성과 성격이 나타나는지 알아내고자 했다. 이 실험에서 다음 세 가지의 주요한 성격적 특징이 부각되었다. '마술적 사고magical ideation'와 '흡수에 대한 개방성openness to absorbing' 그리고 '지각적 일탈perceptual aberration'이다. 일반적으로 이러한 성격적 특징은 사람들이 비전통적인 인과관계를 믿는 정도, 정신적 이미지와 환상에 상대적으로 쉽게 흡수되는 정도, 쉽게 최면에 걸리는 정도 그리고 특정한 사람이 특별한 힘을 가지고 있다고 믿는 정도를 측정한다. 다음은 이런 유형의 성격 평가 도구의 몇 가지 사례이다. 당신도 직접 시험해볼 수 있다. 각 질문에 대해서 0(나를 전혀 설명하지 않음)부터 100(나를 매우 잘 설명함)까지 점수를 매겨라. 답변의 평균값이 높을수록 이러한 일반적인 성격적 특징에 대한 점수가 높은 것이다.

(   )   누가 나에 대해 어떻게 생각하는지만 보고서도 그 사람을 알 수 있다.

(   )   가끔 보도의 갈라진 틈을 밟는 것이 두렵다.

(   )   '오늘의 운세'가 우연이라고 하기에는 너무 자주 들어맞는다.

(   )   집에 돌아왔을 때 집에 아무도 다녀간 사람이 없는데도 물건의 위치가 달라진 것처럼 보일 때가 있다.

(   )   13이나 7과 같은 숫자에는 특별한 힘이 깃들어 있다.

(   )   상점의 진열창에 물건이 배치된 모습을 보고 누군가 나에게 메시지를 전한다고 느낀 적이 있다.

(   )   부적은 효과가 있다.

(   )   단순히 나쁜 생각을 하는 것만으로도 누군가에게 해를 끼칠 수 있다.

(   )   나는 때때로 눈에 보이지는 않는 악한 기운을 내 주변에서 느끼곤 한다.

(   )   어떤 사람이 나를 보거나 만질 때 때때로 에너지를 얻거나 잃는 느낌을 받는다.

(   )   때때로 나는 나쁜 기운을 털어내기 위해 작고 특정한 의식을 수행한다.

(   )   생각을 너무 많이 하면 내 생각 때문에 어떤 일이 일어날지도 모른다는 느낌을 받은 적이 있다.

이상의 질문에 대한 나의 평균 점수 : _____

그렇다면 이 모든 연구가 우리에게 말해주는 것은 무엇일까? 종합하면, 이것은 현실에 있는 닻(즉 현실에서 실제로 수면 마비를 경험한 일)에서 시작되는 흥미로운 메커니즘이 존재한다는 것이다. 그 메커니즘은 몇몇 사람이 수면 마비를 경험할 때 느끼는 스트레스와 그 복잡한 경험을 외계인 납치라는 기억으로 바꾸어놓는 몇 가지 성격적 특성에 자극을 받는다.

외계인 피랍자를 대상으로 한 이 연구의 결과는, 이전에는 말도 안

되는 것처럼 보이던 것을 설명해주는 명확한 메커니즘을 제공하기 때문에 매우 중요하다. 이 연구가 모든 외계인 피랍자에게 녹색의 덩치 작은 외계인이 자기 침실에 나타난 적이 없음을 확신시켜주었을까? 아니다. 사람들은 자신의 잘못된 믿음에 집착한다. 오신자를 미몽에서 깨어나게 만들려면 연구조사로 뒷받침되는 합리적인 설명 이상의 어떤 것이 필요하다. 그러나 잘못된 믿음이라는 현상을 이해하는 데 관심이 있는 우리에게는 이 연구가 많은 것을 깨우쳐준다. 그리고 그 이야기는 여기서 끝나지 않는다. 지나온 여러 해에 걸쳐서 점점 더 많은 연구자가 모든 종류의 올바른 믿음 및 잘못된 믿음과 관련이 있는 모든 종류의 성격적 특징을 조사하기 시작했다. 이에 대해서는 다음 장에서 살펴보겠다.

Chapter 8

잘못된 믿음의 깔때기에서
성격은 어떤 역할을 하는가

인간은 패턴을 추구하는 동물이다. 인간은 이론이 아예 없는 것을
참지 못해서, 차라리 나쁜 이론이나 음모론이라도 찾는다.

– 크리스토퍼 히친스

여름날 오후 들판에 누워서 하늘에 뜬 구름을 멍하니 바라본 적이
있는가? 그랬다면 아마도 당신은 이내 머리 위에서 무슨 일이 일어나
고 있는지를 설명해줄 어떤 이야기를 찾기 시작했을 것이다.

"이 작은 구름은 이렇게 귀엽고 행복한데, 어쩌자고 저 큰 구름은
작은 구름을 못살게 굴까? 도망쳐라, 도망쳐! 왜 다른 구름은 이 작은
구름을 돕지 않을까? 걱정도 되지 않나 보지? 아, 저기 저 구름은 친
구일 수도 있겠군. 그렇지, 친구를 도우러 와야지. 아냐, 그렇게 걱정
하지 않아도 돼. 저 작은 구름은 영리해서 혼자서도 잘 달아나니까."

이런 식으로 이야기를 꾸며본 적이 없는가? 그런 적이 있다고 해서

부끄러워할 필요는 없다. 그런 사람이 당신 혼자는 아니니까 말이다. 당신의 이런 경험은 존재하지도 않는 패턴을 포착하는 인간의 매우 흔한 경향성이다. 이것을 작가이자 잡지 〈스켑틱Skeptic〉의 발행인인 마이클 셔머Michael Shermer는 '패턴성patternicity'이라고 부른다. 7장에서 살펴본 잘못된 기억의 경우와 마찬가지로, 어떤 사람은 특히 스트레스를 받을 때 다른 사람보다 패턴성이 두드러진다. 이런 점에서 패턴성은 인간 본성의 일반적 특성이자 성격적 특징이기도 하다. 성격적 특징으로서의 패턴성을 자세히 살펴보기 전에, 먼저 일반적인 인간 특성으로서의 패턴성부터 살펴보자.

어쩌면 당신은 풀밭에 누워 구름을 바라보는 따위의 한가한 일은 하지 않는 사람이라서 앞에서 든 사례에 공감하지 않았을 수도 있다. 만일 그렇다면, 내가 다른 연구자들과 함께 MBA 학생들을 대상으로 수행했던 다음 연구실험 경우는 어떤지 살펴보기 바란다. 우리는 이 학생들에게 주식시장 게임을 시켰다. 그들에게 주식시장이 방금 문을 닫았다고 상상하라고 한 다음, 어느 종목의 그날 하루 주가 움직임을 보여주었다. 오르기도 했고 내리기도 했다. 그런 다음 우리는 전직 헤지펀드 매니저이자 더스트리트닷컴의 공동창업자인 짐 크레이머Jim Cramer처럼 자신만만한 유형의 애널리스트가 해당 종목에 대해 분석한 내용을 그들에게 보여주었다. 그런데 여기에는 이 연구실험에서 중요한 점 하나가 놓여 있다. 애널리스트는 피실험자 중 절반에게는 주가가 왜 그렇게 움직였는지 X라고 설명했고, 나머지 절반에게는 X와 반대되는 이유를 제시했다. 예컨대 한쪽에게는 "IBM의 주가가 올랐는데, 방금 IBM이 자사주 일부를 매수했고 이 소식에 시장이 긍정적으로 반응했기 때문이다"라고 말하고, 다른 쪽에는 동일한 주가 움직임을 두고 "IBM의 주가가 올랐는데, 방금 IBM이 자사주 일부를 매도했고 이 소식에 시장이 긍정적으로 반응했기 때문이다"라고 말했다.

이 과정은 많은 피실험자를 대상으로 여러 종목의 주식 및 주가 동향의 추후해석 이야기를 동원해서 여러 차례 반복되었다. 그런 다음에 MBA 학생인 이 똑똑한 피실험자들에게 그 이유가 얼마나 타당한지 평가하라고 했다. 자, 과연 어떤 일이 일어났을까? 그들은 모두 X라는 이유와 X가 아니라는 이유 둘 모두의 논리에 똑같이 깊은 인상을 받았다. 물론, 시장이 마감된 직후에 흔들리지 않는 자신감으로 주가의 변동 추이를 설명하는 주식시장 전문가를 풍자하기란 어려운 일이 아니긴 하지만 여기에서는 그게 중요한 게 아니다. 중요한 것은 사람들의 마음이 늘 어떤 이야기를 찾고 있다는 사실이다. 특정 분야의 전문가만이 아니라 우리 모두가 그렇다. 어떤 이야기(IBM이 자사주 가운데 일부를 매수한다)가 만들어지기 시작하는 순간, 우리는 그 이야기를 비판적으로 생각하는 대신에 그 이야기에 들어맞는 다른 요소를 계속해서 찾는다. 예를 들면 자기가 점찍은 작은 구름은 귀엽고, 그 뒤에 있는 커다란 구름은 사악하다는 식으로. 사람의 정신은 어디에서든 늘 이야기를 찾으려고 한다. 정신이 이런 식으로 작동한다는 사실에서 몇 가지 매우 중요한 이점이 발생한다. 우리는 연관성을 찾기 위해 태어났고, 이런 태도는 우리가 세상에 대해 배우는 방식이기도 하다. 예를 들어서 우리는 어떤 패턴을 바라보고는 특정한 인과관계의 가능성을 의심하고 또 새로운 인과관계의 가능성을 발견한다.

이것이 바로 과학과 기술이 우리를 발전시키는 방법이다. 누군가가 한동안 방치되었던 세균 배양 접시와 효모 사이의 연관성을 알아차렸고, 그 덕분에 인류는 항생제를 손에 넣었다. 누군가가 화학작용제인 메클로레타민이 DNA에 결합하고 두 가닥을 교차 연결하며 세포 복제를 방지한다는 사실을 깨달은 덕분에 이제 인류는 폐질환, 호지킨병, 비호지킨 림프종과 싸우는 데 사용되는 화학요법 치료제를 갖게 되었다. 연구자들은 고혈압과 관상동맥 심장질환과 관련된 흉통인 협심증 치료에 유용할 것이라고 믿고 실데나필 구연산염을 만들었는데, 이 약제의 부작용에 주의를 기울인 끝에 비아그라가 탄생했다. 이런 사례는 또 있다. 프랑스 어느 지역의 와인 재배자는 자기 지역의 와인을 부르고뉴 와인과 동등한 품질로 만들려고 노력했지만 추운 겨울 날씨 때문에 발효 과정이 일찍 멈춰버리는 바람에 애초의 목표는 실패로 돌아갔다. 그러나 그들은 뭔가 흥미로운 일이 일어나고 있음을 알아차렸고 결국 새로운 종류의 와인을 만들었고, 이 와인의 이름을 자기 지역명을 따서 샴페인이라고 불렀다.

주식시장 실험에서 분명하게 드러난 또 하나의 사실이 있다. 존재하지 않는 패턴을 바라보고 여러 개의 점을 특정한 규칙에 따라서 연결하는 능력에는 상당한 대가가 따른다는 점이다. 바로 때때로 존재하지 않는 연관성을 발견하는 것이다. 그리고 그 연관성이 존재한다고 너무도 강력하게 확신하곤 하는 바람에 그렇지 않다는 모든 증거에도 불구하고 그 연관성을 계속해서 주장한다.

패턴을 찾는 인간의 성향이 분명하게 존재한다는 사실을 확인했으니, 이제는 개인차에 대해 살펴보겠다.

"사람에 따라서 패턴을 파악하는 능력이 달라지는 이유는 무엇일까? 특히 패턴이 존재하지도 않는 상황에서는 그런 경향이 두드러지게 나타나는데, 그 이유가 무엇일까? 음모론적 사고와 존재하지 않는 패턴을 바라보는 것 사이에는 어떤 연관성이 있을까?"

바로 이런 의문을 풀려고 얀-빌헬름 반 프로이엔Jan-Willem van Prooijen과 카렌 더글러스Karen Douglas와 클라라 드 이노센시오Clara De Inocencio가 실험에 착수했다. 그들이 했던 실험 가운데 하나를 소개하면 다음과 같다. 연구자들은 피실험자들에게 100번의 동전 던지기 결과를 '앞면'은 Hhead로 '뒷면'은 Ttail로 표시해 무작위로 제시했다. 예를 들면 'HTHTHHTTHHHTTHTHHTTT…T' 같은 식이었다. 그런 다음 피실험자들에게, 이 배열이 무작위적이라고 생각하는지, 아니면 미리 정해져 있다고 생각하는지 표시하라고 했다. 그 결과는 각각의 피실험자에게 존재하지 않는 패턴, 즉 패턴성을 보는 정도의 점수로 환산될 수 있었다.

연구자들은 또한 피실험자들에게 많은 질문을 하면서 대답을 요구했는데, 그 질문에는 에너지 음료인 레드불Red Bull과 관련된 일련의 가공된 '사실'이 포함되어 있었다. (연구자들은 피실험자들이 해당 진술에 대해 사전 믿음prior belief을 가질 가능성을 최소화할 목적으로 레드불 상품을 선택해서 이야기를 꾸며냈다.) 그리고 피실험자들에게 각각의 진술이 어느 정도로 사실이라고 생각하는지 적어 내라고 했다.

자, 당신도 직접 시도해보기 바란다. 다음의 각 진술에 대해 0(전혀 사실이 아님)부터 100(확실히 사실임)까지의 척도를 사용해 사실이나 거짓의 가능성을 표시하면 된다.

(   )   레드불에는 이 제품을 다시 찾게 만드는 불법 물질이 포함되어 있다.

( )　레드불의 발명 특허를 가진 기업은 식품 관리자의 입을 막기 위해서 해마다 천만 유로를 지불한다.

( )　레드불 캔이 화씨 104도(섭씨 40도)까지 데워지면 건강 위협 물질이 방출된다.

( )　레드불 TV 광고의 잠재의식 메시지는 소비자로 하여금 레드불이 자신을 건강하게 만들어준다고 믿도록 설계되었다.

( )　"레드불은 당신에게 날개를 줍니다"라는 슬로건이 사용된 이유는 동물실험 과정에서 쥐에게서 미미한 날개가 자라났기 때문이다.

( )　레드불을 정기적으로 섭취하면 도파민 수치가 높아져 장기적으로는 몸에 해롭다.

( )　처음에 레드불은 미국에서 미성년자에게 불법이었다. 그래서 이 제품이 나중에 미성년자에게도 합법이라는 판정이 내려진 사실에 의문이 제기되었다.

( )　스포츠 광고는 레드불이 건강에 좋다는 인상을 준다.

( )　레드불에서 발견된 '테스티쿨루스 타우루스' 추출물에는 알려지지 않은 부작용이 있다.

이상의 질문에 대한 나의 평균 점수 : _____

　그런 다음 연구진은 각 피실험자의 응답을 평균해서 '레드불 음모론 점수'를 만들었고, 이 점수와 패턴성 점수 간의 상관관계를 조사했다. 예상했겠지만(때때로 우리 정신이 패턴을 계속해서 찾을 때 이는 우리를 올바른 방향으로 인도한다), 연구진은 상당한 수준의 상관성을 발견했다. 이는 레드불을 더 의심하는 사람들로 대표되는 신뢰도가 낮은 사람들(누구든, 무엇이든 덜 신뢰하는 듯한 사람들)이 무작위 동전 던지기에서처럼 패턴이 아예 존재하지도 않는 곳에서 패턴을 발견할 가능성이 높다는 사실을 보여준다.

더 일반적으로 말하자면, 이 결과는 패턴이 존재하지 않는 곳에서 패턴을 바라볼 가능성이 상대적으로 높은 정신은 의심의 수준이 높은 정신이라는 뜻이기도 하다. 그러나 이런 성격적 특징을 가진 사람을 딱하게 여기기 전에 분명하게 해둘 점이 있다. 존재하지 않는 패턴을 바라보고 또 상대적으로 의심을 많이 하는 것은 그 자체만 놓고 보면 나쁘지도 좋지도 않다. 긍정적이거나 부정적인 영향은 오직 그런 인식을 바탕으로 해서 사람들이 내리는 결정에서 나올 뿐이다. 그리고 무엇이 좋고 무엇이 나쁜지 즉각적으로 명확하게 알 수 없을 때도 있다.

나의 증조할머니 미나를 예로 들어서 설명하겠다. 이분은 자기 주변의 모든 것에서 패턴을 발견하는 매우 의심이 많은 사람이었다. 할머니는 늘 끔찍한 일이 곧 일어날 것이라고 확신했고, 나중에는 가족이 모두 곧바로 짐을 싸서 다른 나라로 이주해야 한다고 주장했다. 그것도 두 번씩이나 그랬다! 그래서 결과적으로 좋았을까, 아니면 나빴을까? 자세한 내용을 설명하자면 다음과 같다.

증조할머니는 1890년에 러시아에서 태어났다. 1917년에 러시아 혁명이 시작되자 증조할머니는 증조할아버지를 겁에 질리게 만들어서 함께 러시아를 떠났다. 그래서 두 분이 어디로 갔느냐 하면, 독일로 갔다. 하고 많은 곳을 두고 하필이면 독일이었다. 그로부터 몇 년 뒤에 히틀러가 권력을 잡자 증조할머니는 공포에 휩싸였다. 그리고 그 날로 가족을 설득해서 가지고 있던 모든 것을 챙겨 밤사이에 독일을 떠났다. 나치 치하에 계속 머물렀다가는 가족이 모두 목숨을 잃었을 수도 있었다. 그렇게 증조할머니는 두 번이나 자기 주변 가족의 목숨을 구했다. 늘 의심의 눈빛을 반짝였던 할머니의 높은 패턴성은 정말이지 축복이었다. 그러나 공정하게 말하자면, 사랑하는 나의 증조할머니와 관련된 이야기는 한층 더 복잡한데, 할머니가 가졌던 그 패턴성은 모든 측면에서 축복은 아니었다. 그럼에도 이런 성격적 특징이 어떻게 또 어떤 목적으로 사용되는가에 따라서 결과가 긍정적일 수도 있고 부정적일 수도 있다. 나로서는 증조할머니의 패턴성과 의심이 개인적으로 무척 고마울 따름이다. 그러나 동시에, 증조할머니와 비슷한 패턴성과 의심을 품고 나더러 코로나 사기꾼이라고 비난하는 사람들에 대해서는 매우 화가 난다.

의심과 패턴성에 대해서 마지막으로 한 가지 더 언급할 게 있다. 이 둘 가운데서 어느 것이 다른 것을 유발하는지는 알기 어렵다는 점이다. 의심이 많은 사람이 잠재적인 위협을 계속 찾고, 그 결과 온갖 곳에서 패턴을 보는 것일까(의심→패턴성)? 아니면 주변의 패턴, 특히 다른 사람이 보지 못하는 패턴을 보는 사람이 결과적으로 의심을 더 많이 하게 되는 것일까(패턴성→의심)? 뭐라고 딱 부러지게 말하기는 어렵고, 양쪽 모두일 가능성이 높다. 어쨌거나 분명한 사실은 이 두 가지 특징이 함께 작용해서 사람들을 잘못된 믿음의 깔때기로 밀어 넣는다는 점이다.

스트레스는 어떻게
패턴성을 높이는가

우리는 패턴성과 의심이 사악한 동맹을 맺어서 사람들이 잘못된 믿음의 깔때기로 나아가는 여정을 가속하는 데 중요한 역할을 한다는 점을 확인했다. 그런데 중요한 사실이 하나 있다. 패턴성과 의심의 잠재력을 부추겨서 더욱 강력하고 또 위험하게 만드는 다른 힘이 존재한다는 사실이다. 이 힘은 무엇일까? 앞에서 스트레스에 관해 다루었던 내용을 되짚어보면 이런 힘 가운데서도 가장 중요하다고 꼽을 수 있는 것이 통제력 부족인데, 이 또한 패턴성을 높인다.

통제력 부족과 패턴성 사이의 연관성을 탐구할 목적으로 제니퍼 위트슨**Jennifer Whitson**과 애덤 갈린스키**Adam Galinsky**는 몇 가지 흥미로운 실험을 했다. 이 연구자들은 주변 환경의 여러 요인으로 '객관적으로' 통제 불능 상태에 있을 때 사람들이 지각적인 통제감**perceptual sense of control**까지도 회복하려고 노력할 것이고, 무작위로 흩뿌려진 점들에서 어떤 사악한 음모를 읽어내고 또 미신을 받아들이는 등의 행위를 통해 그렇게 하리라고 예상했다. 연구진은 논문에서 실험적 증거를 설명하기 전에 통제력 부족과 패턴성 사이의 일반적인 연관성을 뒷받침하는 몇 가지 흥미로운 자연 관찰 내용을 나열했다. 예를 들면 다음과 같은 내용이다. 브리노슬라프 말리노프스키**Bronislaw Malinowski**는 과학과 종교에 관한 고전적인 저서에서 트로브리안드 제도(파푸아뉴기니에 속한다-옮긴이)의 여러 부족과 그들이 고기잡이를 하며 행하는 의식 절차를 설명했다. 이들 부족이 어업을 하는 환경은 심해 어업과 연안 어업으로 나눌 수 있다. 누구나 예상할 수 있듯 심해 어업은 결과를 예측하기가 훨씬 더 어렵고 또 기상 조건에 따라서 조황이 크게 달라지기 때문에 어부들에게 통제감 상실의 느낌을 더 많이 안겨준다. 반면에 연안 어업은 예측하기가 상대적으로 쉽고 변화가 적어서 어부들로서는 통제감을 더 많이 느낄 수 있다. 자, 그렇다면 이 둘 가운데 어느 쪽에서 어업과 관련된 의식 절차가 많을지 추측해보라. 아마 당신은 심해 어업을 선택했을 텐데, 맞다. 예측 불가능성이 커질수록 통제력이 그만큼 더 필요해지므로 어부들은 통제력 부족에 대응하기 위해서 미신적인 의식에 더 많이 의지한다.

조금 더 재미있는 사례도 있다. 이 사례는 파벨 시모노프Pavel Simonov와 그의 동료들에게서 나왔는데 이들은 누구나 극도의 통제 불능 상태를 떠올릴 만한 활동인 스카이다이빙을 연구 대상으로 삼았다. 그리고 스카이다이버들이 무작위적으로 놓인 점들의 분포에서 특정한 이미지를 포착하는 빈도가 상대적으로 높다는 점을 실험을 통해서 확인했다. 이는 우리가 이미 알고 있는 사실과 다르지 않다. 통제감 부족과 패턴성 사이의 연관성을 지지하는 또 다른 증거가 있는데, 스카이다이버들은 특히 비행기에서 뛰어내리기 직전에, 즉 통제감이 매우 부족해서 스트레스가 폭발하는 순간에 더 많은 패턴을 보는 것으로 드러났다.

미신적인 의식 절차가 많은 스포츠 종목으로는 무엇보다도 야구를 먼저 꼽을 수 있다. 야구계에는 잘 알려진 미신이 많다. 예를 들면 연승을 이어가고 있을 때는 유니폼을 세탁하면 안 된다거나, 필드 안으로 들어가거나 거기에서 나올 때는 파울 라인을 밟으면 안 된다거나, 경기 당일에는 섹스를 하면 안 된다거나, 타자가 타격 전에 배트로 특정한 기호를 그려야 한다거나, 자신에게 특별히 행운을 가져다주었던 배트와 장갑을 계속 사용해야 한다거나 하는 것 등이 그렇다. 특히 흥미로운 것은 인류학자인 조지 그멜치^{George Gmelch}가 야구 선수들에 대해 관찰했던 내용인데, 예상 밖의 상황이 많이 일어나는 포지션의 선수들은(예컨대 투수와 타자) 트로브리안드 제도의 심해 어부들과 비슷하게 미신을 많이 믿는 반면에 돌발 상황이 많지 않은 포지션의 선수들은(예컨대 외야수) 미신을 상대적으로 적게 믿는다.

실험실에서의 실험 내용이 자연에서 일어나는 일만큼 재미있기는 매우 어렵다. 그러나 위트슨과 갈린스키는 자신들의 연구실험을 최선을 다해 흥미롭게 만들었다. 그들의 실험을 재현해보자. 자, 당신은 지금 그들이 하는 실험에 피실험자로 참가했다. 첫 번째 과제는 이렇다. 실험 진행자가 당신 앞에 놓인 컴퓨터가 어떤 개념 하나를 선택했다고 말해준다. 그 개념이 무엇인지 당신은 알지 못하고, 당신은 열 차례의 시도 안에 그것이 무엇인지 맞춰야 한다. 당신으로서는 상당히 스트레스를 받을 수도 있는 상황인데, 이 실험의 유일한 목표는 당신이 내리는 직관적인 판단을 이해하는 것이라는 실험 진행자의 말을 듣고 긴장을 풀고 시작 버튼을 누른다.

열 번 가운데 한 번씩 시도할 때마다 컴퓨터는 두 개의 모양을 보여주는데, 하나는 화면 오른쪽에 나타나고 다른 하나는 왼쪽에 나타난다. 당신은 당신이 알아내고자 하는 개념에 속한다고 생각하는 것을 그 둘 가운데서 선택하면 된다. 열 번의 시도가 모두 끝나면, 컴퓨터가 다음 개념을 선택하고 총 다섯 개의 개념에 대해 50번의 시도를 반복하게 된다.

이 사람들은 통제집단에 속하는데 이들에게는 스트레스가 전혀 주어지지 않는다. 반면, 이 실험의 실험집단은 통제력이 부족한 상태에서 스트레스를 받으면서 주어진 과제를 수행해야 한다. 예컨대 이런 식이다. 이때는 실험 진행자가 당신의 직관적인 판단에 관심이 있다는 설명을 하면서 당신의 마음을 편안하게 만들어주는 따위의 배려를 전혀 하지 않는다. 대신 그는 당신에게 주어지는 선택지에는 정답과 오답이 있는데 당신의 과제는 정답을 선택하는 것이라고 말한다. 또 당신이 선택한 답이 정답인지 오답인지 컴퓨터가 알려줄 것이며, 이 피드백은 다음 차례의 추측에 도움이 될 것이라고 말한다. 자, 이런 상황이 벌써 당신에게 스트레스를 주지 않는가? 그런데 이게 다가 아니고 상황은 더욱 악화된다. 당신이 모르는 사실이 있는데, 실제로는 그런 개념이라는 건 애초에 없고 패턴은 무작위로 선택되며 또 컴퓨터가 제공하는 피드백도 마찬가지이다. 당신이 정답을 선택했다는 피드백을 들을 확률은 50퍼센트이고 오답을 선택했다는 피드백을 들을 확률도 50퍼센트이지만, 이 가운데 어느 것도 문제의 개념을 파악하는 데는 아무 도움이 되지 않는다. 왜냐하면 원래 그런 개념은 없었기 때문이다! 한 차례씩 시도할 때마다 당신의 패배감과 좌절감과 혼란은 더욱 커진다. 이것은 당신의 잘못이 아니지만 당신은 이런 사실조차 알지 못한다. 기본적으로 컴퓨터가 당신을 가스라이팅하는 상황이다.

이 과제가 끝나면 다음 과제가 제시된다. 이 과제는 시각적 인식 과제로 모든 피실험자에게 동일하게 제시된다. 당신에게 제시되는 일련의 그림은 형상을 파악하기 어려울 정도로 선명하지 않은 '눈으로 뒤덮인 것 같은' 디지털 그림이다. 이 그림 속에 어떤 형상이 있다고 하더라도 쉽게 알아내기 어려울 정도이다. 그 각각의 그림 안에 있는 형상이 무엇인지 식별하거나, 만약 그런 형상이 없다면 그런 게 없다고 판정하는 것이 과제이다.

당신도 예상했겠지만, 이 두 과제를 한 가지 실험에 함께 배치한 데는 이유가 있으며 과제의 순서는 매우 중요했다. 이 실험의 전체적인 목표는 첫 번째 과제를 거치면서 줄어든 통제력이 두 번째 과제에서 (심지어 아무런 패턴이 존재하지 않는 경우에서조차도) 패턴을 확인하면서 통제감을 회복하는 데 어떤 영향을 미치는지 알아보는 것이었다. 이 실험에서 피실험자가 느끼는 통제감은 확연히 줄어들었다. 그러나 이 감소 폭은 코로나19, 심각한 질병, 실직 등과 같은 실제 상황에 맞닥뜨렸을 때의 통제감 감소 폭에 비하면 미미할 정도라는 사실이 중요하다. 이처럼 상대적으로 가벼운 수준의 통제감 감소가 과연 어떤 의미 있는 영향을 줄 수 있을지 확인하는 것이 중요하다. 과연 영향을 미쳤을까? 당연히 그랬다! 우리에게 통제감은 매우 중요해서, 이것이 조금만 흔들려도 큰 영향을 받는다. 인지된 통제력 수준이 낮은 피실험자들은 눈으로 뒤덮인 것처럼 선명하지 않은 이미지의 그림에서 어떤 형상을 볼 가능성이 훨씬 높았다. 개념 과제를 수행하던 도중에 도무지 내용을 파악할 수 없어서 스트레스를 느꼈던 피실험자들은 예전처럼 자기가 세상을 잘 이해하고 있다는 느낌을 되찾고 싶은 욕구를 느꼈다. 그래서 그들의 정신은 더욱 열심히 일했고, 그 결과 전혀 존재하지 않는 어떤 형상을 만들어냈다.

위트슨과 갈린스키는 이 주제를 더 자세히 탐구하기 위해 다른 여러 실험을 했는데, 그 가운데는 통제력 수준이 낮았던 개인적인 경험을 회상한 피실험자일수록 미신을 믿는 경향이 강해진다는 사실을 보여주는 것도 있었다. 그 실험은 전반적으로 사람의 정신이 패턴을 늘 검색하는 의미 형성 기관이며 따라서 사람은 누구나 패턴을 본다는 것을 입증한다. 그러나 낮은 수준의 통제감을 느낄 때, 사람들은 자기가 속한 세상을 더 잘 이해하고자 하는 마음에 세상에 있을 수도 있는 이런저런 패턴을 열심히 찾아 나선다.

직관에 대한
신뢰와 과신

"처음부터 뭔가 잘못되었다는 걸 알았어요, 그냥 느꼈어요."

코로나19 팬데믹이 시작된 지 약 2년 반이 지난 2022년 7월, 제니는 추종자들에게 보내는 메시지의 문을 그렇게 열었다. 그 시점은 제니가 코로나에 따른 제한조치 및 백신에 맞서 싸우는 노력에서 벗어나 오신자들 사이에서 리더십을 확립하려던 때였다. 그 목적을 달성하기 위해서 그녀는 자기 직관의 힘을 크게 강조했다. 그녀가 게시한 포스트의 내용은 이랬다.

"나는 심리학과 신경언어프로그래밍(NLP)에 대한 사전 경험이 많았는데, 뭔가 잘못되었다는 느낌이 들었다. 우선 각종 제한조치와 규칙이 그랬고, 그다음에는 뇌로 전달될 깨끗한 공기와 산소를 차단하기 위해서 사람들에게 착용하게 한 누더기가 그랬고, 실험적인 코로나19 백신이 그랬다. 정확히 어떤 느낌인지는 모르겠지만, 어쩐지 그느낌은 매우 강력했고, 그 누구도 그런 실험적인 약을 복용하면 안 된다는 것을 알았다. 나는 내가 옳다고 느낀 것을 따르리라고 스스로를 믿었고, 여러분 가운데 어떤 사람들도 그렇게 했다. 한 번만 흔들어도 잠에서 깨는 사람이 있고, 두 번 세 번 흔들어야 잠에서 깨는 사람도 있다는 걸 안다. 하지만 우리는 모두 자기 감정이 무엇인지 잘 알고 있으며, 또 자기가 아는 것을 신뢰한다. 우리가 아는 것이 진실이 아니라고 말할 수 있는 사람은 아무도 없다.”

외부 데이터는 완전히 무시한 채 내면적인 확신을 하는 이러한 유형은 오신자 중에서도 일반적이다. 그들의 이상한 세상을(그리고 추종자들의 더 이상한 세상을) 이해하기 위해 내가 귀를 기울였던 가짜 건강 전문가 한 명은 자신의 추종자들에게 신체의 여러 가지 자가 치유 방식 그리고 현대 의학의 위험성에 대해 자기가 하는 말은 굳이 전문가나 의사나 생물학자가 되지 않아도 얼마든지 쉽게 알아들을 수 있다고 했다. 그저 자기 자신이 하는 말에 귀를 기울이면서 직관적인 이해를 신뢰하기만 하면 된다고 했다. 자기가 ‘진화 점성술’ 전문가라고 주장한 다른 여성은 ‘내면 안내 시스템inner guidance system’을 신뢰하는 방법을 배우려면 합의를 믿는 무리로부터 충격적인 방식으로 떨어져나와야 한다는 말을 휴대폰 카메라 앞에서 눈 한번 깜박이지 않고 했다. ‘합의를 믿는 무리’란 정부, 전문가, 유명인, 주류 언론 등을 줏대 없이 무턱대고 신뢰하는 사람이라고 했다. 이런 주장을 하는 사람은 뉴에이지(20세기 말에 나타났으며 새로운 시대적 가치를 추구하는 영적인 운동 및 사회 활동, 문화 활동, 뉴에이지 음악 등을 종합해서 부르는 용어-옮긴이) 소셜미디어 인플루언서만이 아니다. 도널드 트럼프는 제시된 데이터보다 직관을 더 믿었는데, 이것을 그는 상식, 예감, 본능적인 촉 등으로 불렀다. 트럼프가 이와 관련해서 〈워싱턴포스트〉에서 했던 다음 발언은 유명하다.

“나에게는 직감이 있다. 그리고 내 직감은 때때로 다른 사람의 뇌가 나에게 말해줄 수 있는 것보다 더 많은 것을 말해준다.”

(분명한 사실이지만, 사람들은 때로 자신의 직관을 매우 확신한다. 이 직관이 가리키는 방향이 지금 당장 의지할 수 있는 자료가 가리키는 방향과 정반대일 때조차도 그렇다. 그러나 사람들은 자기 의견을 큰 소리로 말할 수 있을 만큼 늘 그렇게 자신감에 차 있지는 않다. 또 희망사항이긴 하지만, 자기의 직관을 토대로 해서 아무런 의심 없이 행동하지는 않는다.)

이런 종류의 온갖 진술을 접하다가 나는 어느 날 밤에 심지어 내가 강의하는 수업에서 C학점을 받은 학생이 나타나는 악몽을 꿨다. (이런 악몽은 사실 이 책의 원고를 준비하면서 맞닥뜨릴 수밖에 없는 일종의 직업재해인 셈이다.) 꿈에서 이 학생은 자기 점수가 터무니없이 낮다면서 자기는 내면적으로는 A학점을 받은 것처럼 느낀다고 말했다. 나는 정신이 번쩍 들었다.

지적 겸손과 잘못된 믿음의 상관관계

제니, 점성술 전문가, 도널드 트럼프, 내 꿈에 나타났던 학생 등이 드러낸 이 경향성은 과학적으로 들리는 여러 가지 이름으로 불린다. 예전에는 '직관적 사고intuitive thinking'라고 불렸는데, 지금 유행하는 용어는 '지적 겸손intellectual humility'이다. (앞에서 언급한 여러 경우를 전제로 해서 더 정확하게 말하면, 지적 겸손의 '부족'이다.) 지적 겸손은 정치적으로 훨씬 올바른 것처럼 들리지만 도덕적 판단이 개입된 것처럼 들리기도 한다. 이 용어의 기본적인 개념은 지적 겸손의 수준이 높은 사람은 자신의 신념이나 의견이 틀렸을 수도 있음을 상당한 정도로 인정한다는 것이다.

솔직히 말해서 사람은 누구나 자본을 투자하는 최선의 방법이 무엇인지, 투표를 할 올바른 정당이 어느 쪽인지, 자녀를 양육하는 올바른 방법이 무엇인지, 더 나은 휴대폰이 무엇인지, 최적의 식단이 무엇인지 등을 잘 안다고 자부한다. 전 세계 사람이 다 그렇다. 그런데 6장에서 언급했듯이 우리에게 이 같은 높은 수준의 자신감은 종종 필요하지 않다. (더닝-크루거 효과와 설명 깊이의 착각을 기억하는가?) 지적 겸손의 수준이 높은 사람도(사실 자기가 지적 겸손 수준이 높다고 생각하지 않는 사람이 어디 있을까) 아마 동일한 기본적인 믿음을 갖고 세상을 살아가겠지만, 그 믿음을 바꾸는 데는 덜 확신적이면서 더 개방적인 태도를 지닌다.

이를 염두에 둔다면, 지적 겸손이 전반적인 사고방식을 어떻게 설명하는지 또 삶의 여러 측면과 수많은 판단 및 결정에서 드러나는 성격적 특징을 어떻게 설명하는지 알 수 있다.

당신의 지적 겸손 수준을 파악하는 방법을 소개하면 다음과 같다. 포괄적 지적 겸손 척도Comprehensive Intellectual Humility Scale에 따른 다음 진술을 읽어보고 0(전혀 동의하지 않음)에서부터 100(전적으로 동의함)까지의 척도로 점수를 매겨라. 어쩐지 모순적이라는 느낌이 들긴 하지만, 어쨌거나 이 점수가 높으면 지적 겸손 수준이 높다는 뜻이다.

(　　) 　내 생각은 대체로 다른 사람의 생각보다 낮지 않다.

(　　) 　대체로 다른 사람이 나에게 배우는 것보다 내가 다른 사람에게 배우는 게 더 많다.

(   )   내가 어떤 믿음을 정말로 확신하더라도 내 믿음은 틀릴 가능성이 있다.

(   )   대부분의 주제에 대해서, 전문성에 관한 한 나는 내가 가진 지식에 의존 하기보다는 다른 사람이 하는 말에 귀를 기울인다.

(   )   중요한 주제에 대해서조차도 나는 다른 사람이 가진 관점에 흔들리는 경향이 있다.

(   )   때때로 누군가가 내가 틀렸음을 입증할 때 나는 나에게 중요하던 의견 조차도 바꾸었다.

(   )   타당한 이유가 있다면 중요한 문제에 대한 내 입장을 얼마든지 바꿀 수 있다.

(   )   설득력 있는 이유가 있다면 내 의견을 얼마든지 바꿀 수 있다.

(   )   중요한 결정을 내리는 데 있어 내가 결정하는 방식과 다른 방식이 있을 수 있음을 인정한다.

(   )   다른 사람의 관점을 듣고 중요한 의견을 바꾸는 경우가 종종 있다.

(   )   나는 중요한 주제에 대해 제각기 다른 생각을 환영한다.

(   )   나는 중요한 주제에 관해 나와 의견이 다른 사람도 깊이 존경할 수 있다.

(   )   나는 나와 의견이 다른 사람에게도 바람직한 모습이 있음을 알아본다.

(   )   중요한 어떤 점에 대해서 누군가가 내 의견에 동의하지 않는다고 하더 라도 나는 공격을 받았다고 느끼지 않는다.

(   )   나는 내 마음에 쏙 드는 주제에 대해 다른 사람들이 내게 동의하지 않는 다고 해도 위협을 느끼지 않는다.

(   )   나는 동의하지 않는 의견도 들을 준비가 되어 있다.

(   )   마음에 쏙 드는 주제에 대해 다른 사람이 나와 의견이 다르다 해도 나는

괜찮다.

(   )   지적 겸손에 대한 척도가 주어졌을 때, 마음속 깊이 내가 겸손한 지식인 가운데 한 명이라는 사실이 밝혀지기를 바랐지만, 그럼에도 내 대답을 과장하고 싶은 충동을 억누를 수 있었다. (이 항목은 척도의 한 부분은 아니고, 그저 당신이 충분히 주의를 기울이고 있는지 점검하는 테스트일 뿐이다.)

이상 열여덟 개 질문에 대한 평균 점수 : _____

일반적으로 지적 겸손 척도에서 높은 점수를 받는 사람은 자기가 가진 믿음이 잘못되었을 수도 있다고 믿을 가능성이 상대적으로 높고, 자기 앞에 제시된 증거의 강도에 더 주의를 기울이고 사람들이 자신에게 동의하지 않는 이유에 대해 더 관심을 기울이고, 또 자기 의견과 반대되는 의견에 더 많은 관심과 시간을 투자할 가능성이 높다. 이뿐 아니다. 지적 겸손 척도가 높은 사람은 다른 사람의 의견을 들을 때 개방적이며, 설득력 있는 이유가 제시되면 자기 신념이나 의견, 행동을 재고할 가능성이 더 높다. 요컨대 그들은 기본적으로 자기 의견에 대해 유연하기 때문에 기존의 의견에 덜 매달리고, 또 자기의 의견이 애초에 잘못되었을 수도 있다는 설득의 문을 쉽게 통과한다. 물론 대부분의 경우와 마찬가지로 지적 겸손도 때로 너무 지나칠 수 있다. 다들 저 잘났다고 확신하는 과신에 시달리는 우리 사회에서 지적 겸손의 수준을 높이면 큰 도움이 된다는 것은 놀라운 일이 아니다. 그러나 한편으로 우리는 윌리엄 버틀러 예이츠William Butler Yeats가 시 〈재림The Second Coming〉에서 "선한 사람은 아무런 신념이 없는데, 악한 사람은 열정적인 격정으로 가득 차 있다"라고 했던 세상에서 살아가다가 죽기를 바라지 않는다. 우리는 이 구절을 마음에 새기고, 겸손과 확신을 양 끝으로 하는 믿음의 스펙트럼에서 적절하게 균형을 잡는 지점을 목표로 삼아야 한다.

지적 겸손과 음모론적 사고 사이의 상관성은 어떨까? 당신도 지금은 쉽게 예상하고 또 샤우나 보우스Shauna Bowes와 그녀의 동료들이 경험적으로 보여주었듯이, 음모론에 대한 믿음의 강도는 지적 겸손과 반비례한다. 즉 지적 겸손 척도가 높은 사람은 온갖 음모론적 사고, 가짜뉴스, 거짓 정보, 유사 과학 등을 믿지 않을 가능성이 높고, 반대로 지적 겸손이 낮은 사람일수록 그런 것을 믿을 가능성이 높다.

오신자를 이해하기 어렵고 복잡하게 만드는 요소 가운데 하나는 그들이 지적 겸손을 드러내는 듯 말할 때가 많다는 점이다. 오신자와 대화를 나눌 때 종종 다음과 같은 말을 들었는데, 이는 무척이나 흥미롭다. (물론 짜증이 나기도 하고 걱정이 되기도 하지만 말이다.)

"나는 마스크가 세균 확산을 줄이지 않는다고 말하는 것이 아니라, 그렇다고 보기에는 아직 데이터가 충분하지 않다고 말할 뿐이다."

"나는 정부가 9·11 테러를 계획했다고 말하는 것이 아니라, 그저 제트 연료가 강철을 녹일 수 없다는 사실을 강조할 뿐이다."

"나는 백신이 사람들의 DNA를 바꾸어놓는다고 말하는 것이 아니라, 그저 모든 게 확실해질 때까지 기다릴 필요가 있다고 생각할 뿐이다."

"나는 달 착륙이 명백하게 사기였다고 말하는 것이 아니라, 그저 그 영상을 당신이 자세히 살펴봤는지 물어볼 뿐이다. 스튜디오에서 연출되었을 수도 있다는 말이 뭔가 설득력 있지 않나?"

"당신에게도 어떤 이론이 있고 내게도 어떤 이론이 있는데, 왜 우리가 당신의 이론이 내 이론보다 더 정확하다고 가정해야 하나?"

물론 위 진술은 진정한 지적 겸손이 반영된 것이 아니라 그저 그런 척하는 태도일 뿐이다. 이렇게 말하는 사람들은 다른 의견에 열려 있는 것처럼 보이려고 노력하며 또 지적으로 정직한 토론을 한다는 인상을 주려고 애쓴다. 그들은 토론에 관심조차 없다는 사실을 감출 목적으로 지적 겸손의 언어를 끌어다가 쓴다. 만약 당신이 이런 대화에 참여하고 있다면, 그동안 들인 노력에 연연하지 않고 그냥 손을 털고 떠나라. 내가 해줄 수 있는 조언은 이게 전부이다. 단, 그들의 심리가 어떻게 작동하는지 궁금하고 그래서 더 알고 싶은 경우라면 다르다. 이런 경우에는 토론 주제가 아니라 상대방이 어쩌다가 지금의 믿음을 갖게 되었는지 이해하려고 노력하라.

이 시점에서 당신은 아마도 자신의 지적 겸손 수준이 높기 때문에 잘못된 믿음에 빠져들 위험은 없다고 생각할 것이다. 하지만 그렇지 않다. (사실은 누구나 잘못된 믿음에 빠져들 수 있음을 인정하는 것이야말로 지적 겸손이 반영된 태도일 것이다.) 중언부언하는 느낌이 없잖아 있지만, 그래도 우리가 살펴보았던 다른 많은 성격적 특징과 마찬가지로 낮은 수준의 지적 겸손과 잘못된 믿음 사이의 상관성은 강력하긴 해도 그 크기만으로만 따지면 중소 규모밖에 되지 않는다는 점을 강조하고 싶다. 낮은 수준의 지적 겸손이 음모론적 사고에 대한 취약성에서 중요한 구성 요소이긴 해도 이것만으로 그 취약성이 완성되지는 않는다는 뜻이다. 지적 겸손의 수준이 낮다고 해서 반드시 오신자가 된다고 단정할 수는 없다. 보우스와 그녀의 동료가 했던 연구실험이 밝힌 또 한 가지 사실이 있는데, 나르시시즘이 음모론적 사고와 관련이 있다는 점이다. 여기에 대해서는 이 장의 뒷부분에서 다시 설명하겠다.

지적 겸손을 실천하라

"성공할 때까지 속여라"라는 옛말은 지적 겸손을 키우는 데 유용할수 있다. 대화할 때 당신이 하는 말에 특정 문구를 삽입하는 것이좋은 출발점이 될 수 있다. 예를 들어서 "잘 모르겠다", "내가 틀렸을 수도 있다", "이 주제에 대해서는 조금 더 알고 싶다", "내가 아는한에는" 등과 같은 표현을 구사하라. 처음에는 당신도 이런 습관의효용을 믿지 않을 수 있다. 그러나 이런 말은 자신이 스스로 생각하는 것만큼 많이 알지 못한다는 사실을 일깨워주는 역할을 할 수 있으며, 또한 대화의 전반적인 분위기를 바꿔서 상대방이 지적 겸손에 물들도록 할 수 있다.

지적 겸손을 키우는 또 하나의 방법은 가끔 자신의 확신과 반대되는 의견을 갖고서 자기 자신을 상대로 최선을 다해 논쟁하는 것이다. 이 접근법의 한층 더 강력한 버전은 이런 주장을 친구들 앞에서공개적으로 하는 것이다. 그러나 이 방법이 너무 부담스럽다면 처음에는 혼자서 시작할 수 있다.

테넬 포터Tenelle Porter와 카리나 슈만Karina Schumann은 지능에 대한'성장 사고방식 태도'를 취하는 또 다른 접근법을 실험했다. 이 실험에서 지능을 시간이 지남에 따라 개선될 수 있는 심리적 구조로바라보도록(즉 성장 사고방식을 갖도록) 장려받은 참가자 집단은지능이 시간이 지나도 바뀌지 않는 것으로 생각하도록(즉 고정 사

고방식을 갖도록) 장려받은 받은 참가자 집단 비해 더 높은 수준
의 지적 겸손을 보였고, 다른 의견에서 교훈을 얻는 데 더 개방적
이었다.

인지반응검사 :
직관과 의사결정에 관하여

지적 겸손의 일반적인 내용과 관련해서 흥미로운 측정 방법이 하
나 더 있다. 셰인 프레더릭Shane Frederick이 인지반응검사CRT라고 이름
붙인 것인데, 기초적인 CRT에는 세 가지 간단한 수학 문제가 포함되
어 있다. 예를 들면 다음과 같은 문제인데, 이 질문에 빠르게 대답해
봐라.

배트 하나와 공 하나의 가격을 합하면 1.1달러(1달러 10센트)이다. 배트는 공보다 1달
러 더 비싸다. 공의 가격은 얼마일까?

• 빨리 대답해라, 정답은? _____

당신은 혹시 "10센트!"라고 말했나? 틀렸다. 하지만 이렇게 틀리는
사람이 당신 혼자는 아니다. 가장 먼저 떠오르는 대답이 10센트이긴
하지만 정답은 아니다. 1.10달러와 1.00달러라는 두 개의 숫자가 머릿
속에 맴돌 때 당신의 직관은 '10센트'라고 대답하도록 당신을 자극한
다. 어떤 사람은 그 직관적인 대답을 그대로 받아들이지만, 또 어떤

사람들은 그것이 정답인지 확인한다. 검산하는 과정을 거쳤다면, 아마도 다음과 같은 사고 과정을 거쳤을 것이다.

'흠, 일단 0.10달러가 정답인 것 같은데 확인을 해봐야겠다. 공이 0.10달러이고 배트가 공보다 1.00 더 비싸다면 배트의 가격은 1.10달러가 되고, 공과 배트의 가격을 합하면 0.1+(1+0.1)=1.2! 1.10달러가 아니라 1.20달러가 된다! 그렇다면 0.10달러는 정답이 아니다! 배트와 공을 합친 가격이 0.10달러만큼 더 싸야 한다. 그렇다면 공은 0.05달러이고 배트는 1.05달러일까? 정답인지 검산해보자. 0.05+(1+0.05)=1.1! 맞네. 공과 배트의 가격은 각각 5센트와 1달러 5센트이다. 자, 이것이 내가 제시하는 최종 답이다.'

CRT의 핵심은 이 검사에 동원되는 문제가 원하기만 한다면 누구나 올바르게 풀 수 있는 일종의 산수 문제라는 점이다. 그렇다고 해도 산수 실력을 검사하자는 건 아니다. 이 검사는 피검자가 자신의 초기 직관을 신뢰하는 수준이 어느 정도인지, 또 그 직관을 검사하고 확인하는 과정을 거치지 않은 채로 직관이 의사결정에 어느 정도나 개입하도록 허용하는지를 검사하는 것이다.

다음은 CRT의 또 다른 질문이다. (당신도 정답이라고 생각하는 것을 적은 다음, 다음 페이지 하단을 보고 정답이 맞는지 확인해라.)*

다섯 대의 기계로 다섯 개의 위젯을 만드는 데 5분이 걸린다면, 100대의 기계로 100개의 위젯을 만드는 데는 얼마나 걸릴까?

답 : _____

호수에는 수련의 잎으로 덮인 부분이 있다. 이 부분의 면적은 날마다 두 배로 늘어난다. 수련이 호수 전체를 덮는 데 48일이 걸린다면 호수의 절반이 덮이기까지는 얼마나 걸릴까?

답 : _____

이 시점에서 당신은 CRT가 과연 음모론적 사고에 대한 믿음을 예측할 수 있을지 궁금할 것이다. 논리적으로만 보면 그럴 것 같다. 어떤 사람은 자신의 직관을 깊이 신뢰한다. (이 장 앞부분에서 소개했던 제니의 다음과 같은 말을 기억하는가? "우리가 아는 것이 진실이 아니라고 말할 수 있는 사람은 아무도 없다.") 첫 번째 CRT 질문에 10센트라고 대답하는 사람과 마찬가지로 어떤 사람은 자기의 직감과 직관을 확신해서 자신이 낸 답이 맞는지 아닌지 확인조차 하지 않는다. 바로 이 일반적인 가설을 고든 페니쿡Gordon Pennycook과 데이비드 랜드David Rand가 검증하고 나섰다. 그리고 당신도 충분히 예상하듯이, 이 연구진은 CRT 점수가 낮을수록(즉 직관적인 답변을 더 많이 신뢰하고 또 확인 과정을 거치지 않을수록) 음모론적 믿음의 수준이 한층 더 높아진다는 사실을 확인했다.

인생을 좌우하는
의사결정의 기술

어떤 사람이 인생에서 성공을 거두느냐 여부는 대체로 그가 자기 주변의 정보를 받아들인 다음 이를 얼마나 올바르게 결합해서 올바

---

* 이 두 공짜 문제에 대한 정답은 100공짜 24원짜리 내통지 두 통과 5원과 47원이다.

른 결정을 내리느냐에 달려 있다. 실제로 인생의 많은 부분은 좋은 결정이나 나쁜 결정을 내린 결과로 생각할 수 있는데, 이처럼 의사결정은 우리가 하는 거의 모든 일에서 고려할 수 있는 관점이다. 이것이 바로 이미 앞서 살펴보았던 몇 가지 주제를 굳이 여기에 따로 떼어 의사결정이라는 관점에서 살펴보는 이유이다. 어떤 사람이 내리는 의사결정은 그의 성격과 어떤 관련이 있을까? 물론 여기에는 개인차가 많이 존재한다. 사람에 따라서 이 방면의 기술이 뛰어날 수도 있고 부족할 수도 있다.

아침에 몇 시에 일어날지, 아침에 알람 소리를 듣고 바로 일어날지 말지, 양치질에 얼마나 많은 시간을 들일지, 몸무게를 잴지 말지, 약을 규칙적으로 복용할지 말지, 아침으로 무엇을 먹을지 등과 관련해서 올바른 결정을 내리는 능력을 나타내는 성격적 특징이 인생의 전반적인 성공에 얼마나 중요한 역할을 할 수 있는지는 쉽게 알 수 있다. 또 인생에는 중대하게 내려야 하는 의사결정이 있다. 누구와 결혼할지, 어떤 집을 살지, 아이를 몇 명 낳을지, 시댁/처가와는 얼마나 멀리 떨어져 살지, 퇴직금을 어디에 투자할지, 누구에게 얼마나 많은 돈을 유산으로 남겨야 할지 등이 그렇다.

보통 어떤 결정을 내릴 때 선택지의 모든 장단점을 고려하고 이를 최적의 방식으로 조합해서 신중하게 선택에 도달하는 경우는 거의 없다. 장단점을 모두 적는다고 해도 그저 모든 요소를 고려하는 척하는 경우가 많다. 대부분의 경우 우리는 휴리스틱**heuristics**에 의존해서 빠르게 결정을 내린다. 휴리스틱이란 무엇일까? 한마디로 하자면 지름길이다. 모든 것에 대해 완벽하게 신중한 결정을 내리려면 많은 시간과 노력을 들여야 하는데, 휴리스틱은 최상의 결정을 내렸다는 확신을 당사자에게 심어주면서도 한층 더 빠르게 또 대체로 괜찮은 결정을 내리게 해준다. 예를 들어 자전거 가게에 가서 자전거 두 대를 살펴본다고 치자. 해당 자전거의 상세한 정보를 담은 목록은 무척이나 길고 복잡하다. 게다가 거기에 적힌 온갖 용어를 자기가 정확하게 알고 있는지조차 모르겠다. (예컨대 당신은 카세트나 변속기나 슈레더가 뭔지 알고 있는가?) 자, 이런 상황에서 어떤 자전거를 구매할지 어떻게 선택할까? 우선 귀에 익은 브랜드를 떠올리고, 그 브랜드의 자전거를 선택한다. 아니면 그보다 더 비싼 자전거를 찾는다. 이렇게 해서 15분 안에 결정을 내리고, 또 자기가 내린 결정에 상당히 만족해한다. 바로 이런 것이 휴리스틱이다. 의사결정의 품질에 대해서는 어느 정도의 희생을 감수하더라도 빠르고 간편한 결정을 내리게 해주는 임시변통적인 의사결정 메커니즘이다. 물론 휴리스틱이 의사결정의 품질을 지나치게 훼손하지 않고도 빠른 결정을 내릴 수 있게 해주기도 하지만(예를 들어 특정 자전거 브랜드가 그 자전거의 가치를 잘 반영하는 경우), 때로는 말썽의 원인이 되기도 한다(예를 들어서 비싼 물건일수록 좋은 물건이라고 생각할 때).

휴리스틱은 모든 사람이 사용하는 의사결정 지름길이지만, 특정한 사람이 휴리스틱을 상대적으로 더 많이 사용해서 이득을 보기도 하고 손해를 보기도 한다는 점에서 보자면 이는 성격적 특징과도 연관이 있다. 휴리스틱과 성격적 특징과 잘못된 믿음의 깔때기로 빠져들기, 이 셋 사이에 존재하는 연결성의 표본으로서 '결합 오류conjunction fallacy'와 '착각의 상관illusory correlations'과 '사후확신 편향'이라는 세 가지 유형의 의사결정 오류를 고려해볼 수 있다. 이 셋은 완전한 목록은 아니고, 그저 의사결정과 개인의 믿음에 대한 전반적인 사항을 설명하기 위한 것일 뿐이다.

결합 오류

이 오류의 가장 잘 알려진 사례는 아모스 트버스키**Amos Tversky**와 대니얼 카너먼**Daniel Kahneman**이 만든 것으로, 두 사람이 했던 심리 실험은 다음과 같은 설명을 피실험자에게 제시하는 것으로 시작된다.

린다는 31세이고 독신이며 솔직하고 매우 똑똑하다. 철학을 전공했으며, 학생 시절에는 차별과 사회 정의 문제에 깊은 관심을 가졌고, 반핵 시위에도 적극적으로 참여했다.

자, 이 정도면 당신도 린다에 대해 어느 정도 알게 되었을 것이다. 그렇다면 다음 두 가지 가운데서 린다를 보다 더 잘 설명하는 것, 다시 말해서 린다를 정확하게 설명할 확률이 높은 진술을 선택해서 동그라미를 쳐라.

1. 린다는 은행원이다.
2. 린다는 은행원이며 페미니스트 운동에 적극적으로 참여하고 있다.

이때 사람들은 대부분 2번을 선택한다. 그러나 통계적 관점에서 보자면, 서로 다른 두 가지 사건이 동시에 발생할 확률은 둘 가운데 하나가 단독으로 발생할 확률보다 작거나 같아야 한다. 화장실의 두루마리 휴지가 심을 드러내는 바로 그 순간에 번개가 당신의 집을 때릴 확률을 생각해보라. 이 두 사건이 동시에 발생할 확률은 둘 가운데 하나의 사건이 따로 발생할 확률보다 낮다.

과연 어떤 심리적 과정 때문에 사람들은 이런 실수를 저지를까? '대표성 휴리스틱representativeness heuristic' 때문이다. 사람들은 대개 확률에 대해서는 생각하지 않는다. 확률을 생각하라는 말을 듣고도 그렇게 하지 않는다. 너무 어렵기 때문이다. 그래서 어떤 선택지가 자기가 아는 정보와 가장 잘 맞는지만 따진다. 그런데 1번 설명은 린다에 대해서 알고 있는 정보와 맞아떨어지지 않는 것 같다. 2번 설명은 비록 확률이 낮긴 하지만 더 적합한 설명인 것 같다. 린다를 한층 더 높은 수준으로 대표하는 것처럼 느껴진다. 결합 오류와 성격적 특징과 잘못된 믿음 사이에 어떤 관련성이 존재할 가능성은 없을까? 로버트 브라더턴Robert Brotherton과 크리스토퍼 프렌치Christopher French 그리고 닐 다그날Neil Dagnall과 그의 동료들은 특정한 부류에 속하는 사람이 결합 오류에 상대적으로 더 취약하며 또 이런 사람이 오신자가 될 가능성이 상대적으로 높다는 사실을 발견했다.

착각의 상관

우리 주변에서는 많은 것이 변하는데 그 변화를 함께 관찰할 때 우리는 자연스레 그것들이 서로 연결되어 있다고 생각한다. 때로는 그것들이 실제로 함께 변하지 않는데도 함께 변한다고 생각하기도 한다. 이것이 '착각의 상관'이다. 예를 들어보자. 우리가 젊은 사람이 더 이기적이라고 생각하거나 비타민을 복용한 후 더 활력이 넘친다고 느끼는 것은 그것이 사실이기 때문이 아니라 젊은 사람을 볼 때나 비타민을 복용할 때 특별한 관심을 기울이고 색다른 기대를 품기 때문이다. (분명히 말하지만, 젊은 사람일수록 이기적이라거나 비타민을 복용하면 활력이 넘친다고 주장하는 게 아니다.) 핵심은 사람들이 존재하지도 않는 패턴을 바라본다는 것이다. (그렇다, 이 주제는 앞에서도 여러 차례 언급했지만, 그 자체로서만이 아니라 휴리스틱을 구성하는 전체의 한 부분으로서 이해하는 것도 중요하다.)

착각의 상관과 잘못된 믿음 사이에 어떤 상관성이 존재할 가능성은 없을까? 마이클 셔머가 지적했듯이 착각의 상관에 취약한 사람은 오신자가 될 가능성이 상대적으로 높다.

사후확신 편향

이 편향의 이름이 모든 것을 설명한다. 이 편향은 '이미 진작부터 잘 알고 있던 느낌'을 말한다. 예를 들어보자. 내가 당신에게 5년 전으로 돌아가서 당시의 당신 의견을 토대로 해서 내가 하는 몇 가지 질문에 대답하라고 한다고 치자. 그렇다면 5년 전에 당신은 테슬라가 포드보다 수익성이 좋아질 거라고 생각했을까? 2022년에 러시아가 우크라이나를 침공할 가능성은 얼마나 된다고 생각했을까? 그때는 5년 안에 전 세계를 얼려놓을 팬데믹이 발생할 확률이 얼마나 된다고 생각했을까? 물론 지금 우리는 이런 사건이 실제로 일어났고 또 그 결과가 어떤지 알고 있다. 그렇기 때문에 5년 전에도 어느 정도는 정답에 가까운 대답을 했으리라고 느끼게 된다. 바로 이것이 '사후확신 편향'이다. 구체적인 사례를 보면 사람들이 이런 편향에 얼마나 쉽게 빠지는지 알 수 있다.

나는 듀크대학교 안에서 내가 운영하는 연구소의 이름을 '고급통찰센터'라고 명명했다. 이 이름을 선택한 이유는 내가 연구자로 경력을 이어가던 초기에는 연구 결과를 사람들에게 설명하고 나면 너무도 당연한 결과 아니냐면서 흔히들 놀랍지 않다는 반응을 보였기 때문이다. 아무도 내 앞에서 대놓고 그런 말을 하지는 않았지만, 그들의 말투에는 '그렇게 뻔한 것을 공부하는 데 굳이 소중한 시간을 들일 필요가 있느냐?'는 핀잔이 녹아들어 있었다. 그랬기에 나에게 이 이름은 사람들에게 사후확신의 위험성을 경고하는 방법이었다. 또한 사후확신의 위험, 즉 돌이켜보면서 자기가 인간 행동에 대한 특정 사실을 진작부터 알고 있다고 확신하게 되는 위험에 대해 나 자신과 우리 팀에 상기시키고 싶었기 때문이기도 했다. 사후확신 편향은 아주 기본적인 편향이며 또한 극복하기 어려운 편향이기도 하다. 그렇기에 나는 내 연구센터의 명칭이 그런 역할을 하기에는 충분하지 않다고 생각하지만, 그래도 어느 정도는 도움이 되지 않나 싶다.

그런데 내게는 사후확신 편향에 맞설 수 있는 두 가지 요령이 있다. 첫째, 나는 일반적으로 사람들이 실험에서 '무엇을 하는지'에 대한 데이터뿐 아니라 그들이 실험 결과가 어떠하리라고 '예측하는지'에 대한 데이터도 수집한다. 예를 들어 저축을 장려하기 위해 실험을 진행 중이고 어떤 조건에서 저축률이 높아지는지(실제 행동) 실험한다면, 다른 집단의 사람들이 저축률이 높아질 것으로 예상하는 조건(사람들의 예측)도 기록해둔다. 우선 나는 '예측' 결과를 피실험자들에게 제시한다. 그러면 사람들은 (사후확신 편향이 작동한 덕분에) "그래, 나라도 당연히 그렇게 했을 거야"라고 스스로에게 말한다. 그런 다음 나는 실제 결과를 사람들에게 보여주는데, 이 결과는 흔히 사람들이 예측했던 결과와는 다르다. 그러면 (잘못된) 결과를 처음부터 알고 있었다고 스스로 확신했던 사람들은 사후확신 편향을 다시 사용할 수 없게 되어서 당황하곤 한다. 이런 종류의 예측 연구가 미리 확보되지 않았을 때는 다른 접근법을 사용하는데, 예컨대 사람들에게 특정한 사건의 결과가 어떻게 나올지 예상하는 투표를 요청한다. 이때 누군가가 손을 들어 잘못된 결과에 동의하면, 적어도 그 특정 질문에 대해서는 사후확신 편향과의 싸움에서 승리한 셈이 된다.

사후확신 편향과 잘못된 믿음 사이에 어떤 상관성이 존재할 가능성은 없을까? 셔머도 지적했듯이 사후확신 편향에 취약한 사람은 오신자가 될 가능성이 상대적으로 높다.

물론 의사결정 오류와 휴리스틱은 이 외에도 많은데, 여기서 나의 관심은 앞에서도 말했듯이 완전한 목록을 작성하는 게 아니다. 그보다는 오히려 잘못된 믿음에 빠져들 가능성을 높이는 의사결정 편향의 여러 유형을 관찰하는 것이 더 중요하다. 그 유형들로는 어떤 것이 있을까? 여기에는 낮은 수준의 통계적 추론(결합 오류)과 존재하지도 않는 패턴을 보는 높은 수준의 경향(착각의 상관) 그리고 자신이 이미 진작부터 어떤 것을 줄곧 알고 있었다는 식으로 직관을 신뢰하는 높은 수준의 경향(사후확신 편향) 등이 포함된다. 이런 유형의 의사결정에 대해 생각해봄으로써 다른 의사결정 휴리스틱을 살펴보고 또 이것이 잘못된 믿음의 깔때기로 빠지기 쉬운 경향과 관련이 있는지 생각해볼 수 있기를 바란다.

나르시시스트들의
이야기

나르시시즘 척도는 나르시시스트와 그렇지 않은 사람을 가르는 특정 점수로 표시되지 않는다. 다른 모든 성격 척도와 마찬가지로 이것 역시 일종의 스펙트럼으로 존재하는데, 스펙트럼상에서 오른쪽으로 조금 더 치우치면 자기애가 그만큼 더 강하다는 뜻이다. 사람에 따라서 나르시시즘 척도에서 높은 점수를 받기도 하고 낮은 점수를 받기도 한다. 당신은 가족이나 친구를 떠올리면서 그들에 대해 당신이 아는 지식을 동원해서 각각에게 0(전혀 자기애적이지 않음)부터 100(매우 자기애적임)까지의 척도로 점수를 매길 수 있다. 잠깐만 시간을 내서 당신 주변 사람 몇 명의 점수를 한번 매겨봐라.

다 매겼는가? 그런데 이상하게도, 나르시시즘의 정확한 정의조차 모르면서 당신은 그들에게 매긴 점수에 대해 상당한 수준으로 확신했을 것이다. 내 말이 틀렸는가?

여기에서 잠깐, 불필요한 오해를 차단하기 위해서 공식적인 심리 진단 매뉴얼인 《정신장애진단 및 통계편람Diagnosing the Diagnostic and Statistical Manual of Mental Disorders》 5판(DSM-5)을 토대로 해서, 자기애성 성격 장애Narcissistic Personality Disorder, NPD의 간략한 정의를 소개하면 다음과 같다.

이것은 광범위하면서도 만연한 패턴이다. 과도한 찬양을 필요로 하고 또 요구한다. 자기가 중요한 인물이라고 느낀다. 자기의 업적과 재능을 과장한다. 이렇다 할 업적이 없으면서도 남이 자기를 탁월한 존재로 인정하기를 기대한다. 끝없이 성공할 것이라는 착각에 사로잡혀 있다. 특권의식을 가지고 있다. 공감하는 마음이 부족하다. 자기 목적을 달성하기 위해서 다른 사람을 이용한다.

아마도 당신은 이 정의를 읽으면서 나르시시즘에 대해 이미 갖고 있던 일반적인 생각과 일치한다고 생각할 것이다. 그러나 정의를 다 읽고 나니 이 문제가 예전에 생각했던 것보다 훨씬 더 심각하게 느껴질 수 있으며, 또 그래서 아까 가족이나 친구에게 매겼던 점수가 너무 높다고 생각해서 낮추고 싶은 마음이 들지도 모른다. 그러나 우리는 지금 스펙트럼을 놓고 이야기하고 있으며 앞서 인용한 정의는 극단적인 성격 장애에 대한 설명임을 명심하라. 이 섹션 전체에 걸쳐 '나르시시즘'이라는 일반적인 용어가 사용되지만, 나르시시즘 척도에서 극단적인 수준에 해당하는 성격 장애 환자는 논외로 한다는 점에 유의하라. 우리가 논의하는 대상은 나르시시즘 측면에서 표준보다 조금 더 높은 점수를 받은 사람이라는 뜻이다. 친구와 가족을 나르시시즘의 스펙트럼 위에 배치했을 때, 다른 사람보다 조금 더 오른쪽 위치에 놓인 사람들만을 대상으로 한다는 말이다. 그들은 사랑스럽고 똑똑하고 관대할 수 있지만 그럼에도 나르시시즘 척도에서는 다소 높은 점수를 받는 사람이다.

나르시시즘은 오신자가 되는 과정과 어떤 관련이 있을까? 이 둘 사이에는 연관성이 있을까? 내 경우, 내가 아는 오신자를 놓고 생각하면서 비로소 나르시시즘과 잘못된 믿음이 손을 잡고 나란히 걸어가는 방식이 무엇인지 이해하기 시작했다. 어쩌면 내가 허황한 이야기를 지어내는지도 모르지만, 적어도 내가 이해하는 연관성은 다음과 같다.

어떤 나르시시스트 한 사람을 머리에 떠올려라. 그는 자기가 위대하다는 생각을 끊임없이 강화한다. 그런데 이 사람이 어느 날 아침에 일어나서 뭔가가 잘못되었다고 느낀다. 어쩌면 이 세상 어딘가에서 전쟁이 발발했고 그래서 모두가 그 일로 바쁠 수도 있다. 어쩌면 달 착륙이 있었을 수도 있고 그래서 모든 사람이 그 사건이 인류에게 얼마나 놀라운 성취인지 모른다고 떠들 수 있다. 어쩌면 그에게 소중한 사람이 해고당한 뒤에 이 사람에게 화풀이를 했을 수도 있다. 어쩌면 코로나 팬데믹 때문에 원격수업을 듣는 자녀가 이 사람을 잠시도 가만두지 않고 온갖 질문을 해댈 수도 있다. 이런 일이 진행되면서 우리의 나르시시스트는 자기가 마땅히 받아야 할 적절한 수준의 감사와 존경을 받지 못하고 있다고 느낀다. 뭔가 매우 잘못되었다는 느낌이 드는데, 자기에게는 분명히 아무런 잘못이 없으므로(나르시시즘과 나르시시스트는 원래 그렇다), 그들은 비난을 받아 마땅할 대상을 찾는다. 다행스럽게도 자기가 받아야 할 관심과 인정을 받지 못하게 한 책임이 있는 사람 혹은 어떤 것을 찾아낸다.

그런데 이 이야기는 여기에서 끝나지 않는다. 스트레스에 대해서는 이미 앞에서 여러 번 언급했는데, 잘못된 믿음의 깔때기 측면에서 보자면 스트레스와 나르시시즘은 위험한 혼합물을 만들어낸다. 앞에서도 말했듯이 스트레스는 우리 모두에게 부정적인 영향을 미치며, 현실에서 진행되는 문제에 대한 답을 찾고 통제감을 회복하고 싶은 깊은 욕구를 불러일으킨다. 나르시시스트에게는 이러한 필요성이 특히 뚜렷하게 나타난다. 우리는 이 두 가지 힘이 서로를 증폭시켜서, 높은 스트레스와 높은 나르시시즘이 하나로 결합해 매우 높은 수준의 불편함을 일으킨다고 생각할 수 있다. 스트레스를 받은 나르시시스트는 일반적으로 무슨 일이 일어나고 있는지, 특히 자신이 받는 관심 부족을 설명하려는 강한 욕구를 느끼며, 그런 필요성 때문에 잘못된 믿음의 깔때기로 걸어 들어갈 가능성이 한층 더 높다.

나르시시스트를 돌보아라

주변에 혹시 나르시시즘 성향이 통상적인 수준보다 조금 더 높다고 생각되는 사람이 있는가? 그렇다면 그들에게 사랑과 인정과 격려를 아주 조금만 더 베풀어라. 또 그들이 당신에게 어떤 존재인지 알려주고 또 그들이 한층 더 큰 공동체 안에서 수행하는 역할이 무엇인지 알려줘라. 혹은 그냥 안아주기만 해도 된다. 이렇게 하면 관심을 받고 싶은 마음이 좌절된 탓에 결국 잘못된 믿음이라는 엇길로 빠져드는 것을 막을 수 있다.

요약

우리를 잘못된 믿음의 깔때기로 끌어들이는 수많은 메커니즘은 인간의 공통적인 특성이다. 그러나 모든 사람이 동일한 수준으로 취약하지는 않다. 사람은 모두 서로 다르니 당연하다. 개인적 차이, 즉 개성과 성격은 우리가 여기에서 살펴보았던 모든 편향에 각자가 얼마나 취약한지를 결정하는 역할을 한다. 성격에 따라서 그 사람의 취약성 정도가 결정된다는 말이다. 개인 간 차이 그리고 특정한 성격적 특징(패턴성, 자기의 직관을 신뢰하는 강도, 의사결정과 관련된 편견, 나르시시즘 등)이 그 차이를 결정한다. 이런 점을 염두에 두고 잘못된 믿음의 깔때기를 구성하는 마지막 요소인 사회적 요소를 다음 장에서 계속해서 살펴보자.

개인별 차이라고 두루뭉술하게 이해되는 개성과 성격은 사람에 따라서 잘못된 믿음에 취약한 이유를 설명하는 데 있어 중요한 역할을 한다.

오신자를 대상으로 하는 성격 연구는 매우 어렵다. 왜냐하면 이들이 연구자의 동기를 본능적으로 불신하기 때문이다. 그래도 이들에게서는 몇 가지 공통적인 특징이 관찰된다.

잘못 기억하는 경향이 강하고, 거짓 회상과 거짓 인식의 함정에 쉽게 빠지는 사람은 잘못된 믿음에 취약하다.

실제로 아무런 패턴이 없는 곳에서 패턴을 보는 경향은 잘못된 믿음과 관련이 있다.

자기 직관에 대한 지나친 신뢰는 잘못된 믿음과 관련이 있다.

의사결정 편향(결합 오류, 착각의 상관, 사후확신 편향)이 오신자에게서 두드러지게 나타난다.

나르시시즘은 잘못된 믿음에서 중요한 역할을 한다.

성격은 쉽게 바꿀 수 없지만, 잘못된 믿음과 어떠한 상관관계가 있는지 알면 위험 요소를 파악하는 데 도움이 될 수 있다.

Part 05

우리에게
허황된 이야기가
그들에게 믿음이 되는 이유

: 사회적 요소와 부족주의

What Makes

Rational People

Believe

Irrational Things

Chapter 9

따돌림과 소속감 그리고 잘못된 믿음

사회적 따돌림을 당한 사람이 이에 대응하는 방식은 두 가지이다. 하나는 더 좋은 사람이 되고 더 순수해지며 또 더 친절해지기로 결심하는 것이고, 다른 하나는 더 나쁘게 행동하고 세상을 향해 대들며 또 더 나쁜 짓을 하는 것이다. 후자는 낙인찍기 행위에 대한 가장 일반적인 반응이다.

– 존 스타인벡(John Steinbeck), 《통조림공장 골목(Cannery Row)》(1945)

인간의 특징 가운데 하나는 본질적으로 사회적이라는 것이다. 이 특징은 종으로서나 개인으로서나 우리 본성 가운데서도 깊은 곳에 놓여 있다. 우리는 셀 수 없이 많고 또 서로 겹치는 크고 작은 사회적 집단의 구성원으로서 세상을 살아간다. 가족 구성원, 친구, 학교, 커뮤니티, 종교 단체, 스포츠팀, 동호회, 회사, 정당, 민족국가 그리고 또 오늘날의 수많은 온라인 집단과 사회관계망 등이 모두 그런 사회적 집단이다. 우리의 정체성과 행동과 믿음은 평생에 걸쳐서 주변 사람들에 의해 형성된다. 따라서 우리 가운데 어떤 사람이 기존의 믿음을 버리고 잘못된 믿음의 깔때기로 빨려 들어갈 때 사회적 요소가 중요한 역할을 한다는 것은 결코 놀라운 일이 아니다.

나는 잘못된 믿음을 질서정연하게 탐구하기 위해 네 번째 범주로 사회적 요소를 제시한다. 그러나 실제로 사회적 요소는 다른 모든 요소와 상호작용하며, 또 종종 어떤 사람이 잘못된 믿음의 깔때기로 걸어 들어가는 모든 단계에서 작용한다. 넓은 의미에서 보자면, 이 사회적 요소는 각자 독립적으로 존재하는 세 개의 과정과 관련이 있는 것으로 파악할 수 있다.

첫 번째는 매력을 발산해서 사람들이 잘못된 믿음의 깔때기로 첫발을 내딛도록 유도하는 과정이다. 두 번째는 사람들을 잘못된 믿음의 깔때기에 계속 남아 있게 만드는 과정이다. 그리고 10장에서 살펴볼 세 번째 과정은 사람들이 속도를 높여 잘못된 믿음의 깔때기 아래로 굴러떨어지고, 그 믿음의 하위문화에 한층 더 열심히 참여하게 만드는 과정이다.

최초의
사회적 매력

사회적 메커니즘의 첫 번째 부분인 '매력'은 사람들을 잘못된 믿음의 깔때기로 끌어들인다. 이 첫 번째 과정은 사회적 소속감을 바라는 인간 내면의 깊은 욕구 그리고 소속감을 느끼지 못할 때 받는 심리적

타격으로 촉진된다. 혹시 학교에 다니던 어린 시절에 멋지게 보이던 아이들과 함께 어울리고 싶었지만 기피 대상이 되었다거나, 친구들끼리 축구를 하려고 편을 나누는 과정에서 맨 마지막까지 뽑히지 않고 남을까 봐 걱정한 적이 있는가? 혹은, 남에게 인정받고 싶은 마음에 담배를 피운다거나 반 친구를 놀린다거나 하는 등의 내키지 않는 일을 한 적이 있는가? 성인이 된 뒤에 직장 동료가 회식 자리에 당신을 불러주길 바라는 마음에 동료가 싫으면서도 억지로 좋아하는 척한 적이 있는가? 혹은 소셜미디어에 글을 올렸는데 딱 한 사람, 당신의 어머니만 '좋아요'를 눌러서 언짢았던 적이 있는가? 만일 그렇다면 당신은 소속감을 바라는 너무나 인간적인 욕구와 사회적 배척(따돌림)에 대한 두려움을 잘 알고 있을 것이다. 사회과학이 이미 밝혀낸 사실이지만, 사회적 요소는 강력한 힘을 발휘한다. 이를 구체적으로 분석하는 몇 가지 연구에 대해서는 조금 뒤에서 살펴보기로 하고, 우선 소속감과 따돌림이라는 서로 반대되는 두 힘이 잘못된 믿음의 깔때기로 막 진입하는 사람에게 어떤 식으로 영향을 미칠지 상상해보자.

클로에라는 젊은 여자가 있다. 이 사람은 이 세상의 상태에 대해 스트레스와 불안을 느낀다. 또 어쩌면 개인적인 생활에서도 어려움을 겪고 있을 수도 있다. 클로에는 늘 정부를 의심해왔고(충분히 그럴 만한 이유가 있다고 그녀는 말한다), 또 코로나19 팬데믹 기간에 정부가 발표한 모든 규제 및 제한조치가 혼란스럽고 실망스럽다고 생각한다. 그러던 어느 날 그녀는 친구의 친구가 페이스북에 공유한 동영상을 봤는데, 이 동영상은 정부가 존 F. 케네디 대통령 암살에 대한 모든 진실을 대중에게 알리지 않았다는 내용을 담고 있다. 호기심이 생긴다. 어린 시절에 학교에서 케네디에 대해서 배운 뒤로, 케네디는 그녀가 그동안 경험한 그 모든 대통령보다 더 계몽적인 정신이 넘치는 지도자라고 늘 생각해왔다. 그녀는 그의 청춘과 이상주의에 이끌렸고, 또 그가 더 오래 살면서 국가에 더 근본적인 변화를 일으키지 못했다는 사실을 슬퍼한다. 그녀는 그 뒤로 케네디 관련 동영상을 더 많이 봤고, 학교에서 배워서 지금까지 진실이라고 믿어온 케네디 관련 서사에 의문을 품었다. 케네디가 암살되었을 때 그녀는 아직 태어나지도 않았지만, 그녀의 부모는 어린 시절부터 잊지 못하던 그날을 자주 입에 올렸고 또 많은 미국인이 그렇듯 그 끔찍한 소식을 들었을 때 자기가 어디에 있었는지 정확하게 기억했다. 이제 클로에는 자기 부모와 학교 교사가 뉴스에 나오는 '공식적인' 버전, 즉 진실을 은폐한 버전을 반복하고 있는 건 아닐까 하고 의심한다.

"어쩌면, 케네디의 진보적인 사상을 좋아하지 않는 CIA나 보수 세력의 음모 때문에 그가 죽임을 당한 것은 아닐까?"

클로에는 음모론을 친구나 가족 앞에서 몇 차례 언급하기도 한다. 사람들은 어색하게 웃곤 했는데, 어떤 사람은 그녀를 가볍게 놀리기 시작한다.

"그럼 어떡해? 이제는 전파를 차단하기 위해서 은박지 모자를 쓰고 다녀야 해?"

친구나 가족의 놀림은 그다지 심하지 않았을지 몰라도, 클로에가 받아들인 충격은 그들이 의도했던 것보다 훨씬 더 강렬했다. 아무도 그녀에게 무례하게 굴거나 그녀의 전화를 일부러 받지 않는 따위의 행동을 하지 않지만, 그녀는 자기가 더는 예전처럼 그들과 완전히 같은 곳에 속해 있다고 느끼지 못한다. 비록 처음에는 아주 작은 느낌이긴 했지만. 그러나 다른 한편으로 그녀는 온라인에서 자기와 똑같은 생각을 하고 또 서로를 격려하는 사람, 즉 그녀의 걱정을 무시하지도 않고 뒤에서 놀리지도 않는 사람들을 만나고 있다.

이 경우, 클로에가 어떻게 자신의 사회적 에너지의 발산 방향을 바꾸기 시작했는지 쉽게 알 수 있다. 그녀는 가족과 친구로부터 떨어져 나와 겉돌고 있으며, 다른 한편으로는 가족과 친구가 그녀를 놀리는 원인이자 그녀가 불안하게 여기는 문제를 두고 그녀를 격려해주는 사람들과 더 많은 시간을 함께 보낸다. 이처럼 막 형성하기 시작한 믿음을 함께 나누는 사람이 모여 있는 집단에 매력을 느끼고 이끌리는 것은 얼마든지 이해할 수 있는 일이다. 게다가 그 집단에서 그녀는 소속감을 보장받는 일종의 사회적 지원도 받을 수 있으니 충분히 그럴 만하다.

그리고 이제 클로에는 양쪽에서 끌어당기는 줄다리기의 가운데 자리에 서 있다. 한쪽에서는 가족과 친구가 줄을 끌어당기고, 다른 쪽에서는 그녀가 최근에 만난 오신자들이 줄을 끌어당긴다. 잘못된 믿음의 깔때기로 들어서기 전만 하더라도 가족과 친구가 그녀를 끌어당기는 힘은 매우 강했고, 반대편 존재는 아예 있지도 않았다. 그러나 이제 잘못된 믿음의 깔때기로 들어서면서(즉 스트레스를 느끼고, 힘든 일을 겪고, 또 새롭고 흥미로운 거짓 정보에 노출되면서), 그녀와 오신자 사이에 밧줄이 등장한다. 이 시점에서 그녀는 가족과 친구가 자신을 비웃거나 무시할 때 따돌림을 당한다는 느낌을 받았기에, 그쪽에서 끌어당기는 힘은 이미 상당히 약해졌다고 느낀다. 그녀가 인식하는 따돌림의 느낌은 분명 부풀려졌을 테지만, 그럼에도 강력한 영향을 발휘한다. 그리고 그녀는 고통을 덜 느낄 수 있는 쪽으로 자기 몸이 기울고 있음을 깨닫는다.

그녀는 새로 사귄 친구들을 만날 때마다 자기가 똑똑하고 독립적이며 반체제적인 사람이라고 느낀다. 그녀는 그들과 어울리며 증인 조작, 의심스러운 죽음, 증거 위조, 발사된 총알의 궤적 등과 같은 주제로 대화를 나누기 시작한다. 그녀는 자기가 역사와 탄도학에 대해 그렇게 많은 것을 배우게 되리라고 예전에는 상상도 하지 못했다. 그녀는 자기가 다른 사람들이 모르는 사실을 많이 알고 있으며, 또 진실을 제대로 아는 몇 안 되는 사람 가운데 한 명이라고 생각한다. 이런 내용은 그녀에게 이상하게도 설득력이 있다. 클로에와 오신자들의 관계는 강화되고, 그녀는 가족과 친구에게서 잃었다고 느끼는 사회적 지원을 보상받을 방편으로 오신자들과의 사회적 관계에 의지한다. 그녀의 잘못된 믿음이 더욱 확고해지면서 가족과 친구는 그녀에게서 더욱 멀어진다. 이제 그들은 그녀에게 노골적으로 적대감을 드러낸다. 그들은 케네디의 죽음을 이야기하는 그녀에게 짜증을 내고 진저리를 치며, 그녀가 공유하는 인터넷 자료에 불쾌감을 표한다. 그들은 이제 그녀와 함께 시간을 보내고 싶어 하지 않고 그녀의 주장을 듣고 싶지 않다.

인터넷 시대에 이 과정이 어떻게 전개될지 또 클로에가 새로운 사회관계망의 우주에서 얼마나 빨리 자기 자신을 찾을 수 있을지 쉽게 상상할 수 있다. 그녀가 인터넷에 올리는 게시글과 의견은 친구나 가족으로부터 점점 더 외면받지만 오신자들로부터는 점점 더 많은 '좋아요'와 지지 댓글을 받는다. 그러면서 그녀는 천천히 바뀐다. 그녀는 새로운 친구들에게 더 많은 관심을 쏟고, 또 그 친구들이 사회적인 관심으로 보상해주는 활동을 함께하는 데 더 많은 시간을 쏟는다. 소셜미디어가 이 과정에 속도를 더했을 수도 있지만 이 과정 자체는 온라인만의 산물이 아니다. 비록 훨씬 약하고 느리긴 해도 대면 관계가 이루어지는 오프라인 세상에서도 충성 대상을 바꾸는 이런 과정은 얼마든지 일어날 수 있다. 인터넷 시대가 아닌 다른 시대였다고 해도 클로에가 새로운 사람을 사귀고 새로운 발상이나 이론에 노출되는 과정은 분명히 진행됐을 것이다. 비록 그 속도가 느리긴 했겠지만. 예를 들어서 그녀는 가족이나 친구가 자주 가지 않는 술집이나 교회에 죽치고 앉아서 보내는 시간이 늘어났을 수 있다.

아주 사소한 따돌림도 극심한 고통을 부른다

배척, 즉 따돌림을 당하는 느낌sense of ostracism은 사회과학자들이 꾸준히 다뤄온 연구 주제인데, 이 연구가 어떻게 시작되었는지 하는 이야기는 그 자체로도 흥미롭다. 이 이야기는 일상생활 속의 경험에 그리고 우리 환경이 새로운 통찰의 풍부한 원천이 되는 방식에 세심한 주의를 기울이는 것이 얼마나 유용한지를 새삼스럽게 일깨워준다.

사회과학자 키플링 윌리엄스Kipling Williams가 어느 날 공원에서 반려견을 산책시키고 있었다. 그가 느릿하게 발걸음을 떼고 있는데, 장난감 원반이 어딘가에서 날아와 그의 발치에 떨어졌다. 그는 그걸 집어 들고 놀이를 하던 두 사람 중 한 명에게 던졌다. 그러자 그 남자는 씨익 웃으면서 원반을 다시 그에게 던졌다. 그렇게 해서 윌리엄스는 어쩌다 보니 그들과 원반던지기 놀이를 하게 되었다. 원반이 그렇게 몇 번 왔다 갔다 했는데, 그 두 사람은 어느 시점에선가 원반을 더

는 윌리엄스에게 던지지 않고 자기들끼리만 던지며 놀았다. 그 순간
에 윌리엄스는 상실감과 소외감을 느꼈다. 그는 반려견과 함께 다시
산책을 이어가면서 자기가 이 사소한 일에 그토록 크게 실망했다는
사실을 떠올리며 새삼스럽게 한 번 더 놀랐다. 어쨌거나 그 둘과 그는
모르는 사이였고 그들이 그에게 빚진 것도 없었고, 게다가 그는 애초
에 원반던지기 놀이에 관심도 없지 않았던가. 그럼에도 원반던지
기 놀이에서 따돌림을 당했다고 상처를 입다니…. 이게 그렇게나 중
대한 일인가?

이 경험에서 영감을 얻은 윌리엄스는 그날 공원에서 받았던 느낌
을 연구하기로 마음먹었고, 그 느낌을 따돌림이라고 특정했다. 그리
고 이와 비슷한 경험을 만들어내는 심리학 실험 하나를 고안했다.
이 실험에서는 실험 진행자가 피실험자 세 사람에게 실험이 시작될
때까지 기다리라고 말한다. 그런데 이 세 명 가운데 두 명은 다른 한
사람에게 정체를 드러내지 않았지만, 사실 윌리엄스의 지시에 따라
서 실험을 진행하는 사람들이었다. 이 두 사람은 무료한 시간을 때
우기라도 하려는 듯 땅에 떨어져 있던 공을 집어 들고 던지기-받기
놀이를 한다. 이렇게 해서 세 사람은 공을 던지며 시간을 보내는데,
세 번째 사람은 이것이 실제 실험의 일부라는 사실을 전혀 모른다.
통제집단에서는 이 세 번째 사람이 주어진 시간 내내 다른 두 사람
과 함께 똑같이 공을 받고 또 던진다. 그런데 실험집단에서는 조건
을 다르게 해서, 이 세 번째 사람이 처음에는 몇 번 공을 받았지만 그
뒤로는 다른 두 사람이 자기들끼리만 공을 주고받아서 그 놀이에서
따돌림을 당하는 느낌을 받게 했다. 이 설정은 기본적으로 윌리엄스
가 공원에서 느꼈던 감정을 고스란히 그 피실험자가 느끼도록 설계

됐다. 게임이 끝나고 나면 윌리엄스는 이제야 비로소 실험이 시작되는 것처럼 가장하고는 피실험자에게 현재 느끼는 감정을 설명해보라고 했다.

윌리엄스는 이 실험을 통해서, 비록 짧고 또 그다지 큰 의미가 없는 따돌림이라고 해도 이런 경험이 삶의 여러 측면에서 상당한 강력한 수준의 감정적 영향을 미칠 수 있음을 발견했다. 가장 주목할 만한 점은 피실험자가 서로 잘 알지도 못하고 특별히 신경 쓰지도 않던 사람들로부터 불과 몇 분 동안 따돌림을 당한 뒤에 슬픔과 분노의 감정이 강화되었고 자존감과 소속감과 통제감이 줄어들었으며, 심지어 전반적인 고통 수준이 높아졌다는 것이다.

그 후 윌리엄스는 피실험자들이 스스로 보고하는 감정보다 더 많은 것을 연구하고 싶어졌다. 그는 따돌림을 당하는 동안에 뇌에서 어떤 물리적 변화가 일어나는지를 관찰하고 싶었다. 그런데 문제가 있었다. 뇌 영상을 촬영하려면 피실험자가 꼼짝도 하지 않고 가만히 있어야 했다. 공이나 원반을 던지거나 뛰어다닐 수 없다는 뜻이었다. 그래서 그는 동료들인 나오미 아이젠버거Naomi Eisenberger, 매튜 리버먼Matthew Lieberman과 함께 피실험자가 fMRI 기계 안에 누워서 뇌 영상을 촬영하는 동안 할 수 있는 사이버볼cyberball이라는 가상 게임을 고안했다. 계획대로만 된다면 피실험자가 따돌림을 경험하는 동안 그의 뇌에서 어떤 일이 일어나는지 연구할 수 있을 터였다.

이 실험은 다음과 같이 진행됐다. 피실험자들에게 정신적 시각화mental visualization의 효과를 다루는 연구를 할 것이며, 또 정신적 시각화 기술을 연습하는 방법으로 사이버볼 게임이 포함될 것이라고 미리 알려줬다. 피실험자가 다른 두세 명과 함께 게임을 하게 될 거라는 말도 했다. 그러나 사실 다른 두세 명은 컴퓨터에 프로그래밍되어 있었고, 피실험자는 그 사실을 몰랐다. 실험은 세 부분으로 구성되었다. 1부에서는 피실험자들에게 기술적인 몇 가지 문제로 게임에 직접 참여할 수는 없지만 다른 '게임자들'을 지켜볼 수는 있다고 설명했다. 2부에서는 기술적인 문제가 확실히 해결되었다며 다른 사람들과 함께 공을 주고받으며 게임에 참여할 수 있도록 했다. 3부에서는 실험 참자가에게 몇 차례 공을 던질 기회가 주어졌지만, 그 뒤로는 다른 게임자들에게 배척당해 게임을 할 수 없게 했다. 공원에서 원반던지기 놀이를 하던 두 사람에게서 윌리엄스가 받았던 따돌림을 그대로 경험하게 한 것이다.

이 실험을 통해, 게임에서 배제되었다고 느낄 때마다 신체적 고통을 경험할 때 활성화되는 뇌 부위가 활성화되는 것으로 확인되었다. 뇌가 사회적 고통을 신경해부학적으로 육체적 고통과 동일하게 인식한다는 뜻이다. 이 결과는 비록 아주 사소할지라도 따돌림을 당할 때의 경험은 인간 경험의 핵심이며 또 이것이 당사자에게 상당히 부정적인 영향을 미친다는 것을 시사한다. 가족이나 친구로부터 아주 사소한 놀림을 받았을 뿐이지만 클로에가 그 놀림을 그토록 강렬하게 느낄 수밖에 없었던 이유와 그녀가 자기를 무시하거나 피하지 않는 오신자들에게 그토록 강렬하게 이끌렸던 이유를 알 수 있다.

친절하고 따뜻한
온라인 세상 속 사람들

"공유해주셔서 감사합니다!"

"말씀해주셔서 감사합니다!"

"당신의 용기와 정직함에 감사드립니다."

"넵!"

하트 이모티콘.

포옹 이모티콘.

댄 애리얼리라는 인간은 반인도적 범죄를 저지른 죄로 재판을 받고 공개처형 판결을 받아야 한다는 주장에 이런 댓글이 수십 개가 달렸다. 나로서는 이런 사실이 무척이나 충격적이고 기이하게 느껴졌다. 나를 공격하는 가장 생생하고 신랄한 게시글에조차도(예를 들면 4장에서 인용했던 도살장으로 끌려가는 소에 비유한 존의 글) 놀라운 사랑과 사회적 지원이라는 따뜻한 감정이 녹아들어 있었다. 물론 이 감정은 나를 향한 것이 아니고 나를 비난하는 글을 올린 사람을 향한 것이었고, 자기들끼리 주고받는 말이었다. 이런 사실은 나를 비난하는 게시글에만 국한되지 않았다. 일반적으로 오신자들 사이에서 이루어지는 소셜미디어 대화에서 표현되는 서로에 대한 감사와 사랑의 양은 내 경험상 전례가 없을 정도로 풍성했다. 내가 방문했던 포럼에서 그들이 보여준 상호 긍정의 모습은 놀라울 정도였다. 그들은 서로를 열정적으로 칭찬하고 축하한다. 사악한 음모와 사악한 대량학살 엘리트 집단을 성토하는 대화를 나누면서도 서로에 대한 지원과 존경을 아끼지 않는 친절하고도 멋진 그들은 누구일까? 어떤 음모나 악당이 새로이 밝혀졌을 때는 너무 기뻐하면서 그런 공을 세운 사람에게 노벨평화상이나 혹은 인도주의적인 업적을 기리는 영예를 수여해야 한다고 제안하는 사람까지 있었다. 학자들 사이에서는 자기 아닌 다른 누군가가 어떤 이유로든 노벨상을 받을 자격이 있다고 칭찬하는 게시글이 인터넷 공간에 올라오는 경우를 본 적이 없다. 그러나 오신자들 사이에서는 상장이나 표창장을 줘야 한다는 제안이 많다.

그 수많은 댓글에서 내용은 빼놓고 댓글 작성자의 감정적인 분위기만 읽을 수 있다면, 지구상에서 가장 친절한 사람들의 글모음이라고 생각해도 될 정도이다. 그토록 많은 훌륭한 사람들을 하나로 묶는 고귀한 목적이 어떤 것인지 어찌 궁금하지 않겠는가? 어쩌면 그들은 빈곤을 종식하려고 노력하거나, 지구상의 모든 어린이에게 동등한 교육 기회를 제공하고자 하거나, 이 세상에 존재하는 끔찍한 질병을 퇴치하려고 노력하는 것일 수도 있다. 사실 그들이 다루는 주제가 인류 종말의 온갖 다양한 음모라는 건 결코 상상도 할 수 없을 것이다.

그들은 음울하고 고통스럽기 짝이 없는 주제를 놓고 이야기하면서도 어째서 그렇게 서로에게 친절할까? 자신이나 주변의 모든 사람이 사회적 지지와 승인을 필요로 한다는 것을 너무도 잘 알기 때문이라고 생각한다. 시간이 지남에 따라서 그들은, 다른 모든 사회적 집단과는 비교가 되지 않을 정도로 그런 지원을 풍성하게 제공하는 사회적 표준을 만들었다. (이들과 감히 비교할 수 있는 집단으로는 사랑에 빠진 10대 청소년 커플을 꼽을 수 있을 것이다. 이들은 처음 사랑에 빠진 후 상대방이 상상과 이해를 초월할 정도로 훌륭하다고 칭찬하는 말을 서로에게 쏟아낸다. 하지만 그것도 대략 처음 2주 동안에만 그렇다.)

상식에서 시작하라

사회적 영역에서 '우리 대 그들'이라는 토론/논쟁의 틀은 본질적으로 비생산적이다. 사람들이 (6장에서 언급했던) '전투병 사고방식'에 사로잡혀 있을 때는 상대방의 말을 주의 깊게 듣지 않고 마음속으로 끊임없이 반박한다. 내가 생각하기에 이 사람들은 상대방이 말을 채 끝마치기도 전에 자기 마음속에서 반론을 종결해버리는 것 같다. 그리고 사람은 누구나 자기 의견이 무엇이든 그 의견을 정당화하는 주장을 펼치는 데 능숙하므로, 서로 의견이 다른 사람 사이의 대화는 도무지 앞으로 나아가지 못한다. 그렇기 때문에 나와 믿음이 전혀 다른 사람을 상대할 때는 먼저 그 사람과 나 사이의 공통점이나 연결성이나 동일한 관심사 등을 서로 확립하는 것이 매우 중요하다.

과학 저널리스트 데이비드 맥레이니David McRaney는 저서 《그들의 생각을 바꾸는 방법》에서 특히 논쟁적인 주제에 관한 사람들의 생각을 바꾸는 데 가장 효과적이라고 입증된 방법 몇 가지를 깊이 파고들었다. 그가 탐구한 모든 방법(딥캔버싱deep canvassing, 길거리 인식론street epistemology, 똑똑한 정치smart politics 등)에서 첫걸음은 늘 상대방과의 관계를 구축하는 것이다. 상대방에게 자신이 그에게 우호적이라는 것을 알리고, 그에게 모욕과 부끄러움을 안겨주려는 게 아님을 알리고, 또 그가 주장하는 이야기를 경청하고 또 그것을 주제로 대화를 나누고 싶어 한다는 사실을 분명하게 알리라는 말이다. 이렇게만 하면 당신의 대화 상대는 오신자든 아니든 상관없이 따돌림을 당한다는 느낌 없이, 당신을 외부 집단의 일원이 아니라 내부 집단의 일원으로 바라볼 것이다.

오신자와 동일한 집단에 속할 방법을 찾는다고 해서 그들의 모든 말을 인정하거나 동의해야 한다는 뜻은 아니다. 그들의 믿음 가운데 당신이 공격적이고 위험하다고 생각하는 부분은 받아들이지 않으면 된다. 그러나 당신과 상대방 사이에는, 두 개의 원이 교차할 때 겹치는 부분이 생기는 것과 마찬가지로 겹치는 부분이 분명히 존재한다. 그 공통되는 부분을 찾아야 한다. '내집단/외집단'이라는 틀은 특히 유용하다. 왜냐하면 내집단 안에서는 공통된 목표와 투쟁을 놓고 대화를 나눌 수 있기 때문이다. 이 접근법을 적용하려면 먼저 상대방과 당신이 분명히 같은 의견을 가질 만한 주제를 선택해야 한다. 예를 들면 주택 가격이나 범죄율 증가와 같은 사회적인 문제를 대화 주제로 삼을 수 있다. 또는 두 사람의 인생에서 공통적으로 나타나는 인간적인 문제를 선택할 수도 있다. 예를 들면 사춘기 자녀를 키워야 하는 부모의 고충을 대화 주제로 삼을 수 있다. 이렇게 접근할 때 당신은 상대방에게 두 사람 사이에 차이점보다 공통점이 더 많다는 메시지를 보낼 수 있다.

사회적 유지 :
자기 믿음과 소속감 유지하기

일단 오신자들의 사회적 집단에 소속되면 색다른 과정이 시작된다. 바로 자신의 믿음과 집단에 대한 소속감을 유지하는 과정이다. 이 과정에는 두 가지 주요 구성 요소가 있다. 하나는 자기의 잘못된 믿음을 확고히 하는 것이고, 다른 하나는 사회적 집단을 확고히 하는 것이다. 여기에서는 사회적 유지social maintenance의 이 두 가지 하부요소(잘못된 믿음 강화와 사회적 집단 강화)를 전혀 별개의 메커니즘인 것처럼 다룰 것이다. 그러나 물론 이 둘은 서로 연결되어 있으며, 이들 사이의 연관성은 로버트 치알디니Robert Cialdini가 맨 처음에 사회적 증거라고 불렀던 개념을 통해 가장 잘 설명된다. 일단 사회적 증거에 대해서 잠깐 살펴보기로 하자.

사회적 증거 : 사회적 유지의 작동 원리

살아가는 동안 우리는 많은 상황에서 올바른 규범적 행동이 무엇인지 확신하지 못한다. 그래서 다른 사람들에게서 모범사례를 찾는다. 이것이 바로 가장 기본적인 의미에서 사회적 증거이다. 자, 이런 상상을 해보자. 영국 왕실에서 당신을 초대했고, 지금 당신은 버킹엄 궁전에서 영국 왕을 만나는데, 국왕 앞에서 어떻게 행동해야 할지 도무지 확신이 서지 않는다. 이때 당신은 주변 사람들이 어떻게 하는지 눈치를 보고는 그들이 하는 대로 따라서 할 것이다. 그들이 절을 하면 절을 하고, 그들이 이동하는 방향과 같은 방향으로 같은 속도로 걸을 것이다. 새로운 직장으로 자리를 옮겼거나, 버닝맨 축제(미국 네바다주 블랙록 사막에서 열리는 행사로 1년에 한 번 일주일 동안 열린다-옮긴이)에 참가하거나, 교사-학부모 모임에 처음 참석할 때도 마찬가지일 것이다. 이 모든 경우에서 사람들은 적응할 방법을 알려주는 사회적 증거를 찾는다. 또한 사회적 증거는 인터넷의 온라인 집단, 특히 자신은 신입회원이고 통상적인 규범에 대해 확신이 없을 때 그의 행동을 제어한다.

사회적 증거는 존경하는 사람들을 올바른 말과 행동과 믿음에 대한 추론의 원천으로 삼음으로써, 특히 불확실성이 높은 상황에서 행동과 신념을 사회적 집단과 연결해준다. 사회적 증거를 다룬 연구논문으로 내가 무척 좋아하는 것 중 하나는 제시카 놀란**Jessica Nolan**과 그녀의 동료들이 쓴 것이다. 어떤 연구에선가 그들이 캘리포니아 주민들에게 에너지를 절약하도록 동기를 부여하는 것이 무엇이냐고 물었더니 이런 대답이 나왔다. 환경적 중요성이 가장 큰 동기부여 요인이었고, 이어서 사회 전체에 돌아가는 이득과 절약이 뒤를 이었다. 그런데 응답자들이 가장 중요하지 않은 요소라고 대답한 것은, 다른 사람들도 역시 에너지를 절약하는지 여부였다. 하지만 이는 그들이 하는 말일 뿐이다. 즉 그들이 자기 자신에 대해 갖고 있는 순진한 심리가 반영된 것일 뿐이라는 말이다. 아닌 게 아니라, 연구자들이 그들에게 실제로 동기를 부여하는 것이 무엇인지 측정했더니 전혀 다른 결과가 나왔다. 그들은 다른 사람들은 그 문제에 대해서 어떻게 행동하느냐(사회적 증거)를 가장 중요하게 여겼고 나머지 요소는 그다지 중요하게 여기지 않았다. 이 결과는 사회적 증거가 매우 중요하다는 것을 보여준다. 그러나 우리는 사회적 증거가 우리에게 어떻게 작동하는지 알지 못하기 때문에 그것의 중요성을 직관적으로 인식하지 못하고 그래서 결국 사회적 증거를 과소평가한다.

사회적 집단과 믿음 사이의 중요한 연관성을 이해했으니, 이제부터는 이 연관성을 일단 무시하고서 두 구성 요소를 별도로 살펴보자.

사회적 집단이 잘못된 믿음을 강화하는 방식

사회적 집단은 어떻게 사람들을 잘못된 믿음의 더 깊은 구렁텅이로 몰아넣을까? 실험 참가자들에게 보드 오른쪽에 있는 세 개의 선과 보드 왼쪽에 있는 한 개의 선을 살펴보게 한 1950년의 고전적인 '애쉬 동조 실험Asch conformity experiment'에 대해 들어본 적이 있을 것이다. 실험 참가자들은 보드 오른쪽에 있는 세 개의 선 가운데 어느 것이 왼쪽에 있는 선과 길이가 같으냐는 질문을 받았다. 이 실험에서 가장 흥미로웠던 점은 참가자들이 혼자서만 판단을 할 때는 매번 정답을 선택했지만, 다른 사람들과 함께 있는 자리에서 판단을 내릴 때는(그런데 그들은 모두 연구진의 지시를 받고 움직이는 공모자들이었다) 다른 선택을 했다. 즉 공모자들이 모두 자신 있게 잘못된 선택을 할 때(예를 들어서 정답이 두 번째 선인데 첫 번째 선이라고 말했을 때) 피실험자도 그들을 따라서 오답을 선택하는 경우가 자주 나타났다. 이는 사람들이 주변 사람의 의견을 따라야 한다는 압박감을 느낀다는 사실을 보여주는 전형적인 예이다.

애쉬는 이 기본적인 실험을 응용해서 다양한 버전의 실험을 수행했다. 그 가운데 하나는 같은 방에 있는 다른 사람들이(애쉬의 공모자) 모두 사회적 지위가 높을 때 어떤 일이 일어나는지 관찰하는 실험이었다. 이런 실험은 흔히 대학교에서 이루어지니까 그 공모자들을 엘리트 사교클럽에 소속된 상급생이라고 치자. 과연 어떤 일이 일어났을까? 사회적 압력이 훨씬 더 강했고, 그 집단에 속하는 것이 사회적으로 바람직하다는 인식이 사회적 압력으로 작동해서 이루어지는 의사결정의 수가 늘어났다.

기본적인 애쉬 실험은 사람은 일반적으로 다른 사람의 영향을 받는다는 사실을 말해준다. 사람은 누구나 군중이 선택한 행동을 따르는 경향이 있다. 애쉬 실험의 '사회적 지위가 높은 사람들' 버전은 사람들이 누군가를 존경할 때는 그들의 의견을 따라야 한다는 압박감을 훨씬 더 많이 느낀다는 사실을 보여준다. 여기서 잠깐 클로에의 이야기로 돌아가보자. 클로에는 최근에 몇 군데 소셜미디어 집단에 가입했는데, 이는 가족이나 친구로부터는 따돌림을 당했지만 그와 달리 그 집단에서는 소속감을 느낄 수 있었기 때문이다. 그녀는 그런 집단에서 지도자 역할을 하는 사람들, 즉 오랫동안 그 집단에서 활동한 사람들이자 다른 사람들이 믿고 따르는 이들을 존경한다. 이제 그녀는 그들의 의견에 동의해야 한다는 압박감을 더욱 강하게 느낀다고 봐야 한다. 이것이 잘못된 믿음을 강화하는 과정이 작동하는 방식이다. 즉 일단 어떤 집단에 가입하면 사회적 압력 때문에 더 많은 합의가 이루어지고, 이 합의는 더 많은 노출로 이어지며, 그렇게 해서 믿음은 강고하게 유지된다.

잘못된 믿음이 사회적 집단을 강화하는 방식

사회적 집단이 잘못된 믿음을 강화하지만, 잘못된 믿음이 사회적 집단을 강화하기도 한다. 스테이시-론 커플을 방문했을 때 나는 이 과정이 매우 분명하고도 슬프게 드러나는 사례를 목격했다. 코로나19 이전에 스테이시는 '주류 미디어'에 속한 인물이었다. 팬데믹 초기에 그녀는 새로운 기회를 만들겠다는 기대를 하면서 론과 함께 자기만의 인터넷 아침방송을 시작했다. 이 새로운 방송에서 두 사람은 정부가 과학계의 기득권층을 대하는 방식에서부터 질병통제예방센터와 WHO가 내놓는 정보 및 권고 사항에 이르기까지 코로나19와 관련된 모든 논리를 부정하며 의문을 제기했다. 처음에 두 사람이 제기한 질문은 대부분 합리적이었지만, 이 방송은 한편으로 코로나19와 세상 전반에 대해서 잘못된 믿음을 가진 온갖 다양한 게스트를 불러서 발언할 기회를 제공했다. 이 방송은 그들의 의견에 명시적인 지지를 표명하지는 않았다. 그 대신 스테이시와 론은 표현의 자유를 가장해서 "우리는 단지 질문을 할 뿐이다"라는 순진한 주장으로 자기 방송에 출연한 게스트들이 뭐든 다 말하도록 호의적으로 허용하고, 또 방송을 보는 사람들이 그들의 견해와 관점을 더 잘 이해할 수 있도록 공개적으로 대화를 나누었다. 그러자 시간이 흐른 뒤에 그 방송을 보는 사람들이 바뀌었으며, 또 방송의 내용도 바뀌었다. 그리고 스테이시와 론의 믿음도 그들과 같은 방향으로 흘러갔다.

나는 호기심을 갖고 이 과정을 멀리 떨어져서 관찰했고, 두 사람이 잘못된 믿음으로 빠져드는 공개적인 사례에 매료되었다. 팬데믹이 발생한 지 대략 1년쯤 되었을 때, 나는 두 사람을 아는 친구에게 그들을 소개해달라고 부탁했다. 그리고 몇 차례 통화한 뒤에 스테이시와 론이 방송하는 홈스튜디오를 방문했다. 그들은 내가 코로나19에 대해서 믿는 것과 믿지 않는 것이 무엇인지 가장 먼저 알고 싶어 했다. 그러나 나는 화제의 초점을 그들에게로 돌렸다. 나는 그들이 속한 사회적 집단 안에서 일어나는 일을 놓고 토론하고 싶었다. 특히, 그들이 코로나19 이전에 어울리던 친구나 가족이 지금은 그들을 어떻게 대하는지 알고 싶었다.

그들이 들려주는 이야기는 전혀 놀랍지 않았다. 그렇지만 슬픈 건 어쩔 수 없었다. 그들의 그 슬픈 경험을 나는 많은 오신자가 공통적으로 겪는다고 생각했다. 스테이시와 론이 코로나19 이전에 어울리던 친구들 가운데서 지금은 그 누구도 자기들이 어떻게 지내는지 알려고도 하지 않는다고 했고, 또 반체제 깃발을 함께 흔들어주면서 자기들이 하는 일을 지원하지도 않는다고 했다. 또 그 친구들 가운에 몇몇은 전화를 해도 아예 받지도 않으며, 그들이 운영하는 페이스북 페이지에서 탈퇴했다. 심지어 전화를 걸어서는 가짜뉴스를 퍼트린다고 욕을 퍼붓는 친구들도 있었다고 했다. 스테이시는 여동생이 자기와는 말도 섞지 않으려 한다고 했으며, 론은 며느리가 방문을 거절해서 그동안 손자 손녀를 한 번도 못 만났다고 했다.

기본적으로 팬데믹 이전에 알던 모든 사람이 스테이시와 론의 사회적 집단을 떠난 상황에서 두 사람의 사회적인 삶이 어떤 모습일지 나는 궁금했다. 두 사람은 온라인에서 그리고 또 오프라인의 뒷마당에서 새로 사귄 친구들과 함께하는 많은 사회적 교류를 자세하게 설명했다. 그런데 스테이시와 론이 현재 어울리는 그 모든 사람을 하나로 묶어주는 공통점은 무엇이었을까? 당신도 충분히 짐작할 것이다. 그렇다, 잘못된 믿음이었다. 그런 식으로 해서 잘못된 믿음은 스테이시와 론의 새로운 사회적 집단을 강화했다. 두 사람은 그 모임에서 그들이 겪고 있는 그 모든 사회적 수치심과 압박감을 자세하게 털어놓고 또 서로를 위로하기도 한다. 그들은 새로 사귄 친구들과 앞으로 닥칠 새로운 정부 규제에 대해서도 이야기를 나눴고, 세상의 온갖 안타까운 일에 대해 개탄했으며, 어떻게 하면 더 많은 사람이 자기들처럼 현실을 정확하게 바라보도록 유도할지 전략과 계획을 세웠다. 그들은 거의 그런 주제에만 초점을 맞추어서 대화를 나누었는데, 그것이 집단을 하나로 묶어주고 또 구성원들을 서로 이어주었기 때문이다. 자기들의 비참한 상황을 함께 나누는 과정은 그 자체로 서로를 돕는 지원 집단을 형성했을 뿐 아니라 서로를 단단하게 결속시켰기에 그들의 새로운 사회 구조를 강화하고 통합하는 데 큰 도움이 되었을 것이다. 이것이 사람들이 그런 집단에 합류했을 때 작동하는, 사회적 집단의 강화 방식이다. 더 많이 노출될수록 더 많이 합의가 이루어지고, 또 그럴수록 더욱더 많이 노출된다. 이런 식으로 사회 구조는 유지된다.

유용한 팁

남을 따돌리고 싶다는 유혹에 맞서 싸워라

우리가 알고 또 사랑하는 사람이 잘못된 믿음에 빠지는 것을 어떻게 막을 수 있을지 궁금한 사람에게 해줄 수 있는 중요한 제안이 한 가지 있다. 그들을 따돌리거나 배척하지 마라. 아주 조금이라도 그런 느낌이 들게 만들지 마라. 어쨌거나 사회적 배척은 오신자가 아닌 사람들이 그들에게서 등을 돌리면서 시작된다. 잘못된 믿음이 당신 삶의 어느 한 부분에 있는 누군가를 감염시켰다고 치자. 그렇다면 아마도 당신은, 이해할 수는 있어도 결코 도움이 되지 않는 행동을 그에게 했을 것이다. 명백하게 거짓이며 또 심지어 나빠 보이는 어떤 발상을 놓고 몇 번이고 반복해서 동일한 대화를 나누기란 쉽지 않다. 그랬다가는 모처럼의 가족 모임이 이념의 전쟁터가 되고 말 게 뻔하다. 또 이런 사람을 모임에 초대하고, 그가 가족이나 친구나 직장 동료에게 가짜뉴스를 퍼트리는 것을 본다면 얼마나 당혹스럽고 황당하겠는가? 그러니 그냥 등을 돌리거나, 전화를 받지 않거나, 모임에 부르지 않거나, 소셜미디어 게시글을 본체만체

하거나, 심지어 대화 상대에서 차단하는 편이 차라리 쉽다. 하지만 이런 행동은 위험하다. 당신의 친구나 가족 가운데서 잘못된 믿음의 깔때기 안으로 들어가기 시작한 사람이 있다면, 당신은 그에게 뭔가를 해줘야 한다. 그렇게 할 힘과 그렇게 해야 할 책임이 당신에게 있다. 아주 사소한 사회적 따돌림도 엄청나게 강력한 부정적인 영향을 미칠 수 있음을 알아야 한다. 그런 부정적인 영향은 따돌림 행동을 하는 사람의 예측이나 상상보다 훨씬 더 클 수 있다. 그러므로 그들에게 사회적 지지의 손길을 내밀어야 한다. 아무리 어렵고 불편하더라도 꼭 그렇게 해야 한다.

따돌림이 더욱 가혹했던
팬데믹 기간

따돌림은 어떤 맥락에서든 간에 피해자에게 상처를 준다. 심지어 가상의 공던지기 게임에서도 그렇지 않았던가. 그러나 코로나19 팬데믹 기간에 사람들은 유난히 가혹하게 따돌림을 당했다고 느꼈다. 2022년 초에 에마뉘엘 마크롱Emmanuel Macron 프랑스 대통령이 코로나19 백신 접종을 거부하는 사람들을 '열받게' 하는 것이 자신의 전략이라고 공개적으로 밝혔을 때, 프랑스에서 국가적인 차원에서 따돌림이 진행되었음은 분명하다. 그리고 마크롱 대통령이 백신 접종을 거부하는 사람들을 가리켜 '무책임하다'고 비판하고 그들은 '더는 시민이 아니다'라고 선언했을 때, 오신자들이 얼마나 고통스러워했을지는 굳이 상상하지 않더라도 쉽게 알 수 있다. 이런 극단적인 수준의 배척은 적어도 현대에는 전례가 없는 일이었다. 세계적인 지도자나(혹은 통상적으로 반듯하다고 인정할 수 있는 사람이) 어떤 규범적인 사람이 자신과 종교적·경제적·사회적 믿음이 다른 사람을 두고 그런 식으로 말하는 것을 과연 상상이나 할 수 있겠는가? 나는 그럴 수 없다. (하긴, 브라질 사람들 일부는 아르헨티나 축구 팬들의 도덕심을 두고 그와 비슷한 정도로 부정적인 의견을 가지고 있긴 하다. 그 반대도 마찬가지고.)

코로나19의 오신자들이 그렇게나 강렬한 감정을 촉발한 이유는 무엇일까? 이 중요한 질문에 대답하기 전에 먼저 내가 가장 좋아하는 실험 패러다임인 공공재 게임public goods game에 대해 잠깐 살펴보자. 공공재 게임을 좋아하는 이유는 이 게임이 우아하기도 하지만, 무엇보다도 인간 사회가 제대로 돌아가는 데 가장 중요한데도 흔히 간과되는 구성 요소인 협력의 중요성을 일깨우기 때문이다!

이 게임의 방식은 다음과 같다. 자, 우리가 뉴욕시티에서 게임을 하고 있다고 치자. 일단 그 도시의 시민 열 명을 무작위로 선택한다. 실험 첫날 아침에 우리는 그들에게 한 명씩 따로 전화를 걸어 게임의 규칙을 다음과 같이 설명한다.

"축하합니다. 당신은 이 게임을 하는 열 명의 참가자 가운데 한 명으로 선정되었습니다. 당신의 신원은 우리만 알고 있는데, 누구에게도 이 사실을 알리지 않을 겁니다. 당신이 열 명의 참가자 가운데 한 명이라는 것도 다른 참가자에게 말하지 않을 것입니다. 물론 나머지 아홉 명의 참가자가 누구인지도 당신에게 절대 말하지 않을 겁니다. (드라마 〈오징어 게임〉의 한 장면처럼 들릴지 모르지만, 그런 게임이 아니다.) 우리는 매일 오전 9시에 당신에게 전화해서 100달러를 줄 겁니다. 당신은 이 돈으로 두 가지 선택지 가운데 하나를 택할 수 있습니다. 하나는 돈을 당신이 직접 보관하는 것이고, 다른 하나는 이 돈을 '공공의 냄비'에 넣는 것입니다. 만일 당신이 그 돈을 직접 갖겠다면 우리는 그 돈을 곧바로 당신의 은행계좌에 넣어줄 수 있습니다. 그러나 만일 당신이 그 돈을 공공의 냄비에 넣겠다면, 그 돈을 곧바로 공공의 냄비 계좌로 넣어줄 겁니다. 그리고 열 명의 참가자가 모두 선택을 마치면 공공의 냄비에 들어간 돈은 다섯 배로 불어납니다. 그리고 저녁이 되면 공공의 냄비에 들어 있는 돈을 열 명의 참가자에게 균등하게 나눠줄 겁니다. 게임은 한동안 이런 방식으로 계속됩니다."

자, 이 게임은 어떤 양상으로 전개될까? 첫날, 열 명이 전화를 받고 규칙을 확인한 뒤에 각자 선택을 한다. 선택의 결과는 어땠을까? 모두가 자기가 받은 돈을 공공의 냄비에 넣기로 한다. 열 명이 각각 100달러를 기부했고 기부금 총액은 1,000달러이다. 그렇다면 공공의 재산은 이 돈에 5를 곱한 5,000달러가 된다. 그리고 저녁에 이 돈은 참가자 열 명에게 골고루 나누어지고 각자 500달러씩 받는다. 인생이 정말 아름답다! 참가자 열 명은 아침에 100달러씩을 받았는데 저녁에 잠자리에 들 때는 이 돈이 500달러로 불어났다. 이런 일이 한동안 계속 이어진다. 그러다가 어느 시점에서인가 한 사람이 100달러를 공공의 냄비에 넣지 않고 자기가 갖기로 마음먹고 그렇게 한다. 그러면 어떤 일이 일어날까? 그날 아홉 명이 100달러씩 총 900달러를 공공의 냄비에 넣었다. 이 금액에 5를 곱하여 4,500달러가 되고, 저녁에는 아무 기여도 하지 않았던 이기적인 ××를 포함한 열 명에게 4,500달러가 똑같이 나누어진다. 다른 사람은 그날 450달러를 벌었지만, ××는 아침에 받은 100달러에다 공적 분배금 450달러를 더해서 550달러를 벌었다.

자, 그럼 이제부터는 표준적인 공공재 게임 형식에서 벗어나서 인간 심리의 다양한 측면을 활용하는 방식으로 바꾸어보자. 이것을 '복수가 허용되는 공공재 게임'이라고 부르자. 게임은 위에서 설명한 것과 동일한 방식으로 시작된다. 그런데 위와 마찬가지로 어느 날 다른 참가자 아홉 명은 450달러를 벌었는데 한 참가자가 550달러를 벌었고, 이런 사실을 게임 참가자인 당신이 알았다고 치자. 이기심을 발휘해서 다른 사람들보다 돈을 더 많이 번 ××에 대해 당신은 어떤 감정이 드는가? 누구든 20달러만 지불하면 집단을 배신한 그 ××가 400달러를 잃게 만들 수 있다는 선택지가 주어진다면 어떨까? 당신은 그 선택지를 선택해서 복수하겠는가? 어쩌면 지금 소파에 느긋하게 기대앉아서 머릿속으로만 배신을 상상하는 당신으로서는 그럴 생각이 없을 것이다. 하지만 장담하건대, 만일 실제로 당신에게 그런 일이 일어난다면 설령 그 ××에게 뺨 한 대를 때렸다가 다리 하나가 부러지는 한이 있더라도 당신은 기꺼이 그 ××를 처벌하는 데 20달러를 던질 것이다. 일단, 배신의 감정을 생생하게 느끼려면 직장에서 억울하게 당했던 일이나 바람기가 철철 넘쳤던 전 애인의 거짓말을 떠올려라. 그리고 배신의 감정에 푹 젖어든 순간에 다시 이 질문에 대답해봐라.

"당신이라면, 당신을 배반한 그 ××를 따끔하게 벌주는 데 기꺼이 20달러를 내겠는가?"

자, 지금까지 충분히 우회했으므로 이제 처음의 그 질문으로 돌아가자. 코로나19 기간에는 오신자들에 대한 따돌림이 왜 그토록 가혹했을까? 팬데믹 시기와 '복수가 있는 공공재 게임' 사이의 유사점은 너무도 명백하다.

코로나19 기간에 규칙이나 제한조치를 잘 지킨 사람은 사회적으로나 금전적으로 대가를 치렀고, 그렇지 않았던 사람은 다른 모든 사람을 더욱 어렵고 힘들게 만들었다. 그리고 팬데믹 상황에서는 공공의 이익을 고려하지 않고 오로지 이기적으로만 행동했던 사람이 아무리 소수라고 해도 그들이 상황을 훨씬 더 악화시켜서 다른 모든 사람의 불행한 시간을 연장할 수 있었기 때문에 훨씬 더 나쁘다. 규칙이나 제한조치를 잘 지킨 사람은 오신자가 공익을 배반하고 모두에게 잠재적으로 큰 피해를 준다고 느꼈다. 그래서 그들에게 불같이 화를 내고 그들을 배척하고 처벌하고 싶은 충동에 사로잡혔던 것이다.

하지만 안타깝게도, 앞에서 이미 살펴본 것처럼 따돌림과 처벌은 역효과를 낳는다. 강력한 사회적 요소가 작동해서 오신자들을 잘못된 믿음의 깔때기 깊은 곳으로 더욱 밀어 넣을 뿐이다.

따돌림이 다른 사람에게
미치는 영향

지금까지 살펴본 것처럼 사회적 배척은 따돌림을 당하는 사람에게 여러 가지 부정적인 영향을 미친다. 그 가운데는 우울증이나 부정적인 인생관이나 사회적·정서적 지원의 결핍을 다른 곳에서 해소해야 할 필요성 등이 있다. 그런데 슬프게도 이 이야기는 따돌림을 당하는 사람이 느끼는 부정적인 감정으로만 끝나지 않는다. 따돌림을 당하는 사람이 다른 사람들에게 하는 행동도 바꾸어놓는다. 이렇게 보자면 따돌림은 원치 않는데도 계속 제공되는 반갑지 않은 선물인 셈이다.

진 트웬지Jean Twenge와 그녀의 동료들이 입증했듯이, 따돌림을 당하는 사람은 상대적으로 기부를 적게 하고 자원봉사나 남을 돕는 일도 적게 한다. 이 연구자들은 피실험자를 두 집단으로 나누어서 실험을 진행했는데, 실험집단에게는 따돌림을 당했다고 느끼게 만들고 통제집단에게는 그런 느낌을 주지 않음으로써 실험을 시작했다. 연구자들이 실험집단에 속한 피실험자들이 따돌림을 당한다는 느낌을 받도록 한 방식은 다음과 같았다. 일단 그들의 기본적인 성격 유형 때문에 그들이 결국에는 외톨이가 될 것이라고 말했고, 20대 중반이 되면 친구 관계를 비롯한 인간관계 대부분이 끊어질 것이라고 했으며, 만일 결혼을 하더라도 결혼 생활이 오래가지 않을 것이며, 그러다 결국 혼자만 남게 될 것이라고 했다. 반면에 통제집단에 속한 피실험자들에게는 기본적인 성격 유형 덕분에 서로에게 도움이 되는 인간관계를 맺어나갈 것이라고 말했으며, 친구 관계는 평생 이어지고, 만약 결혼을 하면 결혼 생활이 행복하게 오래 지속되고, 장기적으로 보면 그들 곁에 늘 그들을 걱정하고 도움을 아끼지 않는 사람들이 있을 것이라고 했다. 이 짧은 과정을 통해서 연구자들은 따돌림을 당했다고 느끼는 집단과 완벽하게 행복을 느끼는 집단을 확보했다.

그런 상태에서 연구자들은 두 집단에 어떤 과제 하나를 제시한 다음 피실험자들이 어떻게 행동하는지 관찰하고 측정했다. 예를 들어, 실험 진행자는 한 집단에게 학생비상재난기금을 모으는 중이라면서, 이 일은 매우 중요한 일이니까 될 수 있으면 기부금을 조금씩이라도 내주면 좋겠다고 말했다. 그리고 내키지 않으면 한 푼도 내지 않아도 된다는 말도 덧붙였다. 그리고 이 사람은 사람들 앞에 모금함을 놓고

방에서 나갔다. 모금함에는 "학생비상재난기금-갑작스럽게 어려움을 당한 학생들을 지원합시다"라는 문구가 적혀 있었다.

당신도 충분히 짐작하겠지만, 따돌림을 당했다고 느낀 사람들은 상대적으로 적게 기부했다. 또 다른 실험에서는 이런 두 집단의 피실험자들을 상대로 해서, 그들 앞으로 어떤 학생이 지나가다가 우연히 연필을 한 다발씩이나 바닥에 흘리는 상황을 연출했다. 이 각각의 집단은 얼마나 많이 그 학생을 도왔을까? 이번에도 따돌림을 당했다고 느낀 사람들은 상대적으로 적게 도왔다.

이런 실험은 따돌림이 어떤 후속 효과를 유발하는지 잘 보여준다. 이것 말고도 나쁜 소식은 또 있다. 그런 효과가 단지 부정적인 감정만으로 끝나지 않는다는 점이다. 부정적인 감정뿐 아니라 부정적인 사회적 행동도 유발한다. 카이-탁 푼Kai-Tak Poon과 찬셩 첸Zhansheng Chen, 네이선 드웰C. Nathan DeWall은 따돌림의 경험이 부정직한 행동을 하게 만드는지도 확인하고 싶었다. 연구자들은 피실험자들에게 따돌림을 경험하게 할 목적으로 우선 사이버볼 게임을 하게 했다. 그러면서 다른 두 명의 피실험자와 함께 총 30회 공을 주고받게 될 것이라고 일러줬다. 그러나 사실 이 피실험자를 상대하는 것은 컴퓨터였고, 이 컴퓨터는 피실험자를 임의적으로 두 집단으로 나누어서 한 집단에게는 피실험자가 30회 가운데 10회 정도 공을 받아서 던지게 했고(포용 조건), 다른 집단에게는 피실험자가 두 번만 공을 받아서 던지게 하고 나머지는 가상의 다른 두 피실험자끼리만 공을 주고받게 했다(따돌림 조건). 여기까지 읽은 당신이라면 아마도, 따돌림을 연구하는 학자들이 사악한 방면으로 얼마나 천재적인지 모르겠다면서 혀를 찰지도 모르겠다. 그러나 내가 분명히 장담하지만, 그들은 마음이 따뜻하고 훌륭한 사람들이다.

그다음에 연구자들은 피실험자에게 컴퓨터 화면으로, 단어나 문구의 순서를 바꾸어서 다른 단어나 문구를 만드는 애너그램 문제를 한 번에 하나씩 15초 동안 모두 열다섯 개 풀게 했다. 예를 들면 'dictionary(사전) → indicatory(지시자)', 'dormitory(기숙사) → dirty room(더러운 방)', 'editor(편집자) → redo it(재실행)' 등과 같이 풀면 된다. 그런데 실험 진행자는 이 피실험자에게 문제를 보여주기 전에 30홍콩달러가 들어 있는 봉투를 하나씩 주고는, 문제를 한 번씩 풀 때마다 짧은 휴식 시간을 가지면서 방금 자기가 그 문제를 제대로 풀었다고 생각한다면 그 봉투에서 2홍콩달러를 꺼내서 가져도 된다고 했다. 그런데 피실험자가 몰랐던 사실이 있다. 그 열다섯 개의 철자 바꾸기 문제 가운데서 여덟 개만 풀 수 있고 일곱 개는 풀 수 없는 문제였다. 이제는 당신도 그 연구자들이 어떤 결과를 얻었을지 짐작하리라 생각하는데, 따돌림을 당했다고 느꼈던 피실험자는 자기가 실제로 풀었던 것보다 더 많은 문제를 풀었다면서 16홍콩달러보다 더 많은 돈을 꺼내 갔다. 즉 상대적으로 덜 윤리적으로 행동하면서 실험 진행자를 속인 것이다.

이런 연구 결과를 요약하면 다음과 같다. 자기가 따돌림을 당했다고 생각하는 사람일수록 사회적 도덕(타인을 돕는 것이 중요하다는 생각)과 개인적 도덕(자기가 받을 수 있는 돈보다 더 많은 돈을 받으면 안 된다는 생각) 두 측면에서 모두 도덕 기준이 낮게 형성된다. 이런 발견은 솔직히 나로서도 걱정스럽다. 이런 결과를 사람들이 너무도 쉽게 자기가 외면당하고 배척당한다고 느끼는 소셜미디어 영역에서 해석하자면, 진실한 정보를 나누거나 따뜻한 마음을 베풀어야 하는 상황임에도 사람들은 도덕 기준을 낮춰서 그렇게 하지 않는다. 그 이유가 어디에서 비롯되는지는 쉽게 알 수 있다. 앞에서도 말했지만 한 번 더 말할 가치가 있을 것 같다. 잘못된 믿음의 깔때기가 당신과 가까운 사람을 끌어당기는 것을 볼 때, 그를 따돌리고 싶은 마음의 유혹에 굴복하지 마라. 그랬다가는 너무도 큰 대가를 치러야 한다. 어떤 어려움이 있더라도 그에게 사회적 지원을 제공하라. 오로지 그렇게 하는 데만 초점을 맞춰라.

이 장에서 우리는 따돌림(배척)과 포용(소속)이라는 상반되는 두 개의 사회적 요소가 어떻게 해서 동시에 사람들을 잘못된 믿음의 깔때기 속으로 밀어 넣는지 살펴봤다. 또 그 두 개의 힘이 사람들을 그 깔때기 안에 붙잡아둘 가능성을 어떻게 높이는지 살펴봤다. 그러나 잘못된 믿음이 변하지 않는 상태로 안정적으로 유지되는 경우는 거의 없다. 잘못된 믿음은 가속도가 붙는다. 잘못된 믿음은 사람들을 깔때기 속으로 점점 더 깊이 끌어들이고 또 점점 더 극단적으로 변한다. 다음 장에서는 이런 가속화 속에서 사회적 요소가 어떤 역할을 수행하는지 살펴보겠다.

Chapter 10

잘못된 믿음의
사회적 가속기

브라이언 : 보세요, 여러분은 모두 틀렸습니다! 여러분은 나를 따라
할 필요도 없고, 누구도 따라 할 필요가 없어요! 스스로 생각해야
합니다! 여러분은 모두 독립적인 개인입니다!
군중 : (일제히) 예! 우리는 모두 독립적인 개인입니다!
브라이언 : 여러분은 서로 모두 다릅니다!
군중 : (일제히) 예, 우리는 서로 모두 다릅니다!
군중 속에 있는 어떤 남자 : 나는 아닌데….
– 몬티 파이튼(MontyPython), 《브라이언의 삶(Life of Brian)》(1979)

도대체 어떻게 해서 그 사람은 그런 말을 믿게 됐을까?

이것이 우리가 잘못된 믿음의 세상으로의 여정을 시작하게 된 질
문이다. 그리고 우리는 지금까지, 충분히 합리적인 사람이 매우 비합
리적으로 보이는 생각을 믿게 되는 다양한 경로를 살펴봤다. 그러나
잘못된 믿음의 사회적 요소라는 주제를 파고들면 새삼스럽게 흥미로

운 다른 질문도 제기된다. 그 사람은 '정말로' 그것을 믿을까? 그 사람이 스스로도 온전히 믿지 못하는 것을 받아들이고 또 심지어 이것을 퍼트리게 되는 이유는 무엇일까? 어째서 사람들은 이미 거짓으로 판명된 정보를 다른 사람들에게 퍼트릴까? 어째서 사람들은 이미 거짓으로 밝혀진 믿음에 더욱 끈질기게 매달릴까? 어째서 그들의 믿음은 점점 더 극단적으로 바뀔까? 이러한 질문에 대답하려면, 어떤 집단 안에서 작동하는 사회적인 힘과 사람들이 충성심을 증명하고 유대감을 유지하려는 방식을 살펴볼 필요가 있다.

잘못된 믿음의 깔때기 가운데서도 특정 지점에 일단 도달하고 나면, 오신자는 자기와 의견이 같은 사람들의 사회관계망에 너무 깊숙하게 자리를 잡아서 이런 사회관계망 및 그 안에 있는 사회적인 요소에 한층 더 강력한 영향을 받는다. 그리고 그 바람에 잘못된 믿음이 강화되고 그 깔때기에서 벗어나기가 더욱 어려워진다. 이 장에서는 사회적 요소 가운데서도 마지막 요소, 즉 사회적 요소가 잘못된 믿음을 가속화하는 방식에 초점을 맞추어서 살펴보겠다.

이제 내가 심리학에서 매우 좋아하는 한 가지 요소에 관한 이야기부터 풀어나가겠다. 그것은 인간이 수행하는 추론에 대한 우리의 이해를 바꿔놓은 개념으로, 이미 오래전에 확인되었지만 그만큼 훌륭한 것이기도 하다. 바로 '인지부조화cognitive dissonance'이다. 아마도 당신은 이 개념에 대해 제법 많은 것을 이미 알고 있을 것이다. 하지만 인지부조화는 잘못된 믿음의 깔때기에서 특히 사회적 가속기로서 중요한 역할을 하므로 기본 개념을 처음부터 다시 살펴볼 가치가 충분히 있다.

인지부조화 :
믿음과 행동이 충돌할 때

레온 페스팅거**Leon Festinger**가 절친한 친구인 스탠리 샥흐터**Stanley Schachter**와 헨리 리켄**Henry Riecken**과 함께 수행했던 연구를 출발점 삼아 인지부조화를 이해해보자. 이 연구를 수행하기 위해 그들은 1954년 미네소타주의 레이크시티에서 (연구자들은 이 도시의 이름을 가명으로 발표했다) 일어난 특이한 사건을 활용했다.

〈레이크시티 헤럴드**Lake City Herald**〉에서는 그 사건을 다음과 같이 설명한다.

"행성에서 전하는 예언. 클라리온**Clarion**이 이 도시에 말한다 : 홍수를 피해서 달아나라. 12월 21일에 홍수가 우리를 쓸어버릴 것이다. 지구 바깥에 있는 외부 우주가 지구인들에게 말한다."

그레이트레이크에서 일어난 홍수로 12월 21일 새벽이 오기 직전에 레이크시티는 파괴될 것이라고, 교외에 사는 한 주부가 전한다. 웨스트 스쿨 스트리트 847번지에 사는 마리안 키치 부인은 이 예언은 자기가 한 게 아니라고 말한다. 이것은 자기가 자동 글쓰기 방식으로 받아적은 수많은 메시지가 전하는 주장이라고 말한다. (…) 키치 부인에 따르면, 이 메시지들은 '클라리온'이라고 불리는 행성에 사는 우월한 생명체가 보냈다. 이 생명체는 사람들이 보통 비행접시라고 부르는 것을 타고 지구를 수시로 방문했다. 그들이 지구를 방문했을 때 대홍수를 예고하는 지각의 단층선을 똑똑하게 관찰했으며, 그 내용을 그녀에게 전했다. 그녀는 또 그 홍수가 북극권의 내해에서 멕시코만까지 덮을 것이라고 들었다고 말한다. 또, 이 홍수로 인한 대변화로 워싱턴주의 시애틀에서부터 남아메리카의 칠레에 이르는 태평양 연안이 물에 잠길 것이라고도 했다.

겨울방학을 보낼 목적으로 미네소타를 찾을 사람은 많지 않을 것이다. 또 클라리온에 거주하는 우월한 생명체 덕분에 세상이 곧 종말을 맞이할 것이라고 믿는 사람들과 겨울방학을 함께 보내는 데 관심이 있는 사람은 더욱 적을 것이다. 그러나 이 사건은 페스팅거와 샤흐터와 리켄이 인지부조화 이론을 탐구하는 데는 꼭 필요한 사건이었다. 인지부조화 이론이란 사람이 자기가 가진 믿음이 자기가 하는 행동과 충돌할 때 느끼는 불편함과 이런 불편함을 해결하는 특이한 방법을 설명하는 이론이다.

미네소타에서 일어난 것으로 추정되는 그 이상한 사건이 인지부조화를 이해하는 데 어떻게 도움이 될까? 우선, 연구자들은 12월 21일 새벽이 오기 직전에 그레이트레이크에서 일어나는 홍수로 인해 레이크시티가 파괴되지 않을 것이라고 가정했다! 그리고 마리안 키치의 예언을 믿는 수많은 추종자가 12월 22일에 자기들의 믿음과 달리 세상이 조금도 변하지 않는 예상치 못한 현실에 직면했을 때 그들에게 무슨 일이 일어날지 연구진은 궁금했다.

페스팅거를 비롯한 연구자들이 레이크시티에 도착한 직후에 마리안 키치는 자기들의 활동과 믿음 덕분에 자기와 자기를 따르는 사람은 홍수로 죽지 않을 것이라는 또 다른 메시지를 받았다. 홍수 직전에 외계의 방문객이 비행접시를 타고 그녀의 집을 찾아와서 그녀와 그녀의 추종자들을 우주 공간 어딘가의 안전한 장소로 데려갈 거라고 했다는 것이다.

자, 여기에서 마리안 키치를 따르는 추종자에 두 가지 유형이 있다고 가정하자. 하나는 믿음이 약한 부류이고 하나는 믿음이 강한 부류이다. 예언에 대한 믿음의 강도는, 세상에 종말이 찾아오지 않았다는 사실을 추종자들이 알았을 때 이들의 실망 수준에 어떤 영향을 미칠까? 과연 어떤 유형이 더 많이 실망할까? 과연 어떤 유형이 키치를 버리고 집으로 돌아갈 가능성이 더 높을까?

더 헌신적인 믿음을 가졌던 사람들이 더 크게 실망하고 키치의 곁을 맨 먼저 그리고 더 많이 떠날 것이라는 게 표준적인 예측이다. 그러나 인지부조화 예측은 정반대이다. 그 연구자들은 한층 더 진지하게 믿었던 추종자일수록 마리안 키치에게 애초에 가졌던 헌신적인 믿음을 정당화할 필요성이 더 높을 것이고, 따라서 이런 압력 때문에 그녀를 따르기로 했던 애초의 결정에 몰두할 것이라는 가설을 세웠다. 이 가설은 정확하게 맞아떨어졌다. 강력한 믿음을 가졌던 사람은 높은 수준의 부조화를 경험하고는, 자기가 애초에 했던 결정과 키치에 대한 믿음을 검증하기 위해 추가적인 조치를 취했다. 그렇게 그들은 마리안 키치가 진짜 예언자임을 더 많은 사람에게 확신시키기 위해서 한층 더 많은 노력을 기울였다.

인지부조화는 어떻게 해서 그러한 결과를 낳았을까? 믿음이 약한 사람은 키치를 지지하는 행동과 그녀가 진정한 예언자가 아니라는 새로운 정보 사이에서 갈등했다. 그러나 그들의 믿음은 약했기 때문에 그건 그들에게 실질적인 문제가 되지 않았다. 그들은 자기가 어리석은 실수를 저질렀다고 인정하고 각자의 삶을 이어갔다.

반면, 강한 믿음을 가졌던 사람은 키치를 지지했던 자기의 행동과 그녀가 진정한 예언자가 아니라는 새로운 정보 사이에서 훨씬 더 깊은 갈등을 겪었다. 그들의 믿음은 강력했고 또 더 크고 많은 행동을 했기에(예컨대 그들 가운데 몇몇은 그녀에게 자기가 가진 모든 돈을 줬고 가족을 모두 데리고서 그녀와 함께 생활하기도 했다) 자기가 틀렸음을 쉽게 받아들일 수 없었다. 이렇게 해서 나온 그들의 해결책은 자기 앞에 제시된 새로운 정보를 거부하는 것이었다. 자기 행동과 새로운 정보가 서로 맞지 않을 때 사람들은 극심한 불편함에 시달리며 일관성을 갈망한다. 바로 이런 욕구 때문에 왜곡하기 쉬운 것은 무엇이든 왜곡한다. 그래서 흔히 새로운 정보를 인정하지 않고 거부한다. 키치를 열정적으로 믿었던 사람들은 바로 이런 접근법에 따라서 새로운 정보를 거부했다. 거기서 한 발 더 나아가 키치를 지지했던 자신의 모든 행동이 처음부터 옳았음을 확신하기 위해 그녀를 향한 헌신의 강도를 더욱 높였다.

키치나 그녀가 말하는 비행접시가 비주류의 사례라고 생각할 수도 있다. 그러나 당신도 자기나 친구의 삶을 보면서 인지부조화 사례를 많이 접했을 것이다. 우리는 앞에서 이런 사례를 많이 확인했다. 7장에서 보았던 사울의 사례만 해도 그렇다. 사울은 자기가 가짜라고 믿었던 질병인 코로나19에 걸리자 극심한 인지부조화를 경험하고는, 자기 몸에 나타난 증상을 설명하기 위해서 한층 더 새롭고 정교한 이야기를 만들어냈다. 코로나19가 들이대는 죽음의 그림자가 코앞에 어른거렸음에도 말이다.

인간의 다른 심리적 편향과 마찬가지인데, 인지부조화의 기본 개념은 고전 문학이나 철학 문헌을 통해서도 추적할 수 있다. 고대 그리스의 이야기꾼인 이솝은 여우가 포도를 간절히 원하지만 포도를 손에 넣을 수 없음을 깨닫고는 자기의 불편한 심리 상태를 합리화하고 돌아서는 이야기를 통해 '신 포도'라는 용어를 만들어냈다. 이 이야기 속에서 여우는 높은 가지에 달린 포도를 따 먹을 수 없음에 좌절을 느낀 뒤에, 그 포도는 너무 시큼할 게 분명하며 또 자기는 애초부터 그 포도에 관심이 없었다고 스스로를 설득함으로써 인지부조화 문제를 해결했다.

벤저민 프랭클린Benjamin Franklin도 인지부조화와 비슷한 상황을 관찰하고는 여기에 '오래된 격언old maxim'이라는 이름을 붙였다. 프랭클린의 기본적인 발상은 이랬다. "너에게 한 번 친절을 베푼 적이 있는 사람은 네가 친절을 베풀었던 사람보다 너에게 또 다른 친절을 베풀 가능성이 더 높다." 즉 사람은 자기가 누구를 도와준 뒤에는, 그가 좋지 않은 사람이라고 느끼는 인지부조화에 시달리기보다는 그가 좋은 사람이라고 스스로에게 말하면서, 그 사람을 계속해서 좋아하는 경향이 있다는 말이다. 프랭클린은 이 발상의 연장선상에서 정치적 경쟁자가 자신에게 갖는 적대감을 어떤 방식으로 처리했는지 자서전에서 다음과 같이 설명한다.

나는 그 의원의 서재에 매우 희귀하고 흥미로운 책이 있다는 말을 들었다. 그래서 그에게 편지를 써서, 그 책을 꼭 꼼꼼하게 읽어보고 싶다면서 며칠만 빌려줄 수 없느냐고 부탁했다. 그는 즉시 그 책을 나에게 보냈고, 나는 한 주쯤 뒤에 책을 돌려주면서 쪽지에 고마운 마음을 진솔하고 강하게 담아서 함께 보냈다. 그리고 의회에서 만났을 때 그는 나에게 말을 걸어왔는데(사실 그전에 그는 내게 단 한 번도 말을 걸지 않았다), 그것도 매우 정중한 말투로 그랬다. 그 뒤로 그는 모든 경우에 언제든 곧바로 내 편을 들어주었고, 그래서 우리는 좋은 친구가 되었으며 우리 우정은 그가 죽을 때까지 이어졌다.

인지부조화는 사람들이 언제 새로운 정보를 수용해서 자기 믿음을 수정할지 그리고 그 가능성이 어느 정도일지 예측하는 데 도움이 될 뿐 아니라, '사람들은 겁이 나서 도망치는 것일까, 아니면 도망치기 때문에 겁이 나는 것일까?'와 같은 오래된 질문에 대한 중요한 단서를 환하게 비춰준다. 일반적으로 어떤 사람의 행동과 그 사람의 내면 상태를 연관 짓는 방식에는 두 가지가 있다. 표준적이라고 할 수 있는 첫 번째 견해는 내면의 심리 상태가 행동을 유발한다(겁이 나서 도망친다)는 것이고, 두 번째 견해는 행동이 내면의 심리 상태를 유발한다(도망치니까 겁이 난다)는 것이다. 그러니까 인지부조화라는 심리적 편향은 행동이 내면의 심리 상태를 유발할 수 있다는 견해를 지지하는 편에 서 있다. 그러나 행동이 언제나 내면의 심리 상태를 주도한다는 뜻은 아니다. 즉 영향은 양쪽 방향 모두에 행사될 수 있다. 내면의 심리 상태가 행동을 유발하고 또 행동이 내면의 심리 상태를 유발한다.

인지부조화와 잘못된 믿음 사이에 연관성이 있음은 분명하다. 행동은 의견의 변화로 이어질 수 있다. 예컨대, 자기가 신봉하는 대의에 시간과 자원을 쏟으면 그 대의가 설령 믿을 수 없는 것으로 드러나더라도 믿음이 한층 더 강력해질 수 있다. 오신자를 놓고 말하자면, 그는 모든 종류의 행동을 다 선택할 수 있지만, 그가 실제로 할 수 있는 대부분의 행동은 사회적 행동이다. 예를 들면 다른 사람과 대화하기, 누군가에게 항의하기, 확인되지 않은 정보를 인터넷 공간에 게시하기, 온라인에서 반응하고 대응하기, 자기 의견에 동의하지 않는 사람들과 논쟁하기, 친구나 가족과의 관계를 끊기 등이 그렇다. 이것이 바로 인지부조화가 잘못된 믿음의 깔때기의 사회적인 부분에 잘 들어맞는 이유이며, 또한 사람들을 그 깔때기 안 깊은 곳으로 빠르게 밀어넣는 강력한 힘인 이유이다.

가짜 음모론 운동에서 형성되는 현실의 커뮤니티

멤피스의 한 고층건물에서 피터 맥킨도**Peter McIndoe**는 창밖을 내다보며 아래쪽 거리에 사람들이 인산인해를 이루고 모여서 시위를 벌이는 모습을 지켜봤다. 거기에는 시위대가 있었고 또 이들의 시위에 반대하는 시위대가 있었다. 맥킨도는 그 모습을 바라보면서 세상이 무정부 상태가 되어버린 것 같다고 느꼈다. 도널드 트럼프가 미국의 대통령에 당선된 직후인 2017년 초였고, 그 시위는 그날 전국에서 열린 여러 여성 가두행진 가운데 하나였다. (그때 여성 시위자들은 귀가 달린 분홍색 고양이 모자를 쓰고 나왔는데, 이 모습을 기억하는가?) 그 시위 광경에 무력감을 느낀 맥킨도는 자기 눈에 비치는 그 무의미한 상황에 똑같이 무의미한 것으로 대응하고 싶은 갑작스러운 충동에 사로잡혔다. 그래서 사무실 벽에 붙은 포스터를 떼어내서는 뒷면에 굵은 글씨로 '새는 진짜가 아니다**Birds Aren't Real**'라는 세 단어를 썼다. 그러고는 그걸 들고 곧바로 거리로 내려가서 반대 시위대에 합류했다.

곧 사람들이 그에게 다가와서 그가 든 손팻말이 무슨 뜻인지 묻기 시작했고, 그는 하늘에 날아다니는 것처럼 보이는 새들이 사실은 감시용 드론이라고 말했다. 이어서, 딥스테이트가 이미 수십 년 전에 하늘을 날아다니는 새를 모두 죽인 뒤에 작고 깃털이 달린 로봇 새로 대체했다는 말도 덧붙였다.

그가 이렇게 말한 이유는 부조리한 세상을 향해 자기 나름의 부조리한 대응을 하기 위함이었다. 말하자면 일종의 즉흥적인 행위 예술이었던 셈이다. 사실 맥킨도는 그 손팻말을 만들 때만 해도 거기서 또 뭘 어떻게 하겠다는 계획은 아무것도 없었다. 그러나 그가 자기만의 리듬을 좇아서 이야기를 꾸며내고 널리 퍼져 있던 이런저런 음모론을 끌어내자 사람들이 그의 주변에 모여들었고, 몇몇 사람은 그의 모습을 동영상으로 촬영하기 시작했다. 그리고 맥킨도는 자기도 모르는 사이에 유명인이 되었고, 그가 했던 농담은 일종의 운동으로까지 확대되었다. 그 뒤에 그는 독자적인 웹사이트를 만들고, 전직 CIA 조류 드론 요원이라고 주장하는 배우가 등장하는 동영상을 만들고, 관련 상품 및 옥외 광고판을 제작했으며, 나중에는 전국적인 규모의 '새여단Bird Brigade'을 대표하는 인물이 되었다. 그는 그 뒤로 여러 해 동안 이 캐릭터를 유지했으며, 심지어 조류 학살과 CIA 음모의 복잡한 계략을 설명하는 우파 진영의 토크 프로그램에 출연해서 인터뷰까지 했다.

몇몇 추산에 따르면 수십만 명의 청년이 이 '가짜' 음모론 운동에 동참했다고 한다. 아마도 그들 가운데 일부는(내가 보기에는 대부분이 아닐까 싶은데) 하늘을 나는 새가 실제로 살과 피를 가진 생물체임을 잘 알면서도 일종의 집단 농담을 통해 음울한 유머에서 위안을 찾고자 했을 것이다. 그런데 정말 흥미로운 사실은, 그들이 허구 속에서 실제적인 어떤 것을 발견했다는 점이다. 그들이 발견한 것은 바로 공동체 의식이었다. 맥킨도는 이런 점을 〈뉴욕타임스〉에 다음과 같이 설명했다.

> 우리가 벌이는 운동은 미국을 장악하려는 음모론에 사람들이 함께 모여 대처할 수 있는 안전한 공간이다. 광기에 휩쓸리지 않고 광기를 비웃을 수 있는 방법이다.

나도 맥킨도가 만든 운동이 안전하고 무해한 커뮤니티로 존재하는 세상에서 우리가 살 수 있으면 좋겠다. 하지만 안타깝게도 그렇지 않다. 너무도 많은 진짜 오신자들이 '새는 진짜가 아니다'라는 농담을 진짜라고 믿고, 또 그래서 맥킨도가 결국에는 그 장난에서 발을 빼야만 했던 일은 놀랍지 않다. 이제 오신자들은 맥킨도가 CIA의 첩자라고 생각한다.

어쨌든, '새는 진짜가 아니다' 운동의 결과가 무엇이든 간에 그것이 매혹적인 사회 연구였음은 분명하다. 그런데 저기 저 나무 위의 비둘기가 당신을 째려보기도 하고 흘겨보기도 하면서 감시하는데, 이런 사실을 혹시 당신은 알고 있나?

극단을 이용해서
정체성을 강화하기

사회적 가속화 메커니즘에 인지부조화만 있는 건 아니다. 또 하나의 중요하면서도 매우 유감스러운 메커니즘이 있다. 극단을 이용해서 정체성을 강화하는 방식이다. 기본적인 발상은 다음과 같다. 만일 '나'가 '그룹-2'에 속해 있다면 '그룹-2'에 속한 사람들은 '나'가 이 그룹에 충성을 다한다는 사실을 어떻게 알 수 있을까? 일단 나는 눈에 잘 띄는 신체 부위에 이 그룹의 로고를 문신으로 새길 수 있고 또 이 그룹의 이념에 부합하는 매우 극단적인 의견을 공개적으로 드러낼 수도 있다. 예를 들어서 건강과 윤리와 환경이라는 이유를 들어서 육류 소비를 줄이기로 결심한 사람들이 모인 집단이 있다고 치자. 이 집단에 속한 사람들은 육류 소비를 줄이려고 개인적으로 최선을 다할 것이다. 그런데 이렇게 상상해보자. 이 집단에 속한 어떤 사람이 충성심을 집단 구성원들에게 과시하고, 더 나아가 이 집단의 지도부의 일원이 되고자 한다. 그런데 그는 바늘을 너무 무서워해서 문신을 하고 싶어도 하지 못한다. 특정한 요일에는 고기를 먹지 않겠다는 내용의 게시글을 올리는 것만으로는 사람들이 자기를 알아봐주지 않는다. 그렇게 해서 집단 지도부의 일원이 되기란 요원하다. 뭔가 화끈하게 눈길을 끌 게 필요하다. 그래서 그는 자기는 고기를 먹는 사람이면 누구든 가리지 않고 혐오하고 가죽으로 만든 옷은 일절 입지 않으며 채식주의 식당이 아닌 식당에는 발을 들여놓지 않을 것이고 고기가 제공되는 파티에는 무조건 불참할 것이라고 선언할 수 있다. 극단적인 의견은 사람들의 주목을 받는 열쇠이고, 충성심과 헌신을 과시하는 열쇠이며, 또한 그 집단 내에 실질적으로나 가상적으로 존재하는 계층 사다리를 올라가는 열쇠이다. 너무도 슬픈 이 메커니즘은 극단적인 언어가 소셜미디어에서 유통되는 화폐인 이유와 소셜미디어가 극단적인 견해에 빠져들 수밖에 없는 함정이 되는 이유를 알기 쉽게 설명한다.

물론 극단적인 의견은 공표 후 시간이 지나면 표준이 되는 경향이 있고, 또 이것이 표준이 되고 나면 사람들은 더욱 극단적인 방식으로 자신을 표현해야 한다. 그래야 다른 사람들의 눈에 띌 수 있기 때문이다. 이 메커니즘이 언어적 폭력과 증오를 변호하는 핑계가 될 수는 없겠지만, 널리 퍼져 있는 한 가지 구성 요소를 이해하는 데는 분명 도움이 된다.

유용한 팁

극단적인 것을 있는 그대로 받아들이지 마라

극단적인 견해가 정체성을 확립하고 충성심을 나타내는 데 있어 사회적인 역할을 한다는 것을 이해하면, 잘 알거나 사랑하는 사람이 극단적인 의견을 드러내는 상황에서 어떻게 대처해야 할지를 배울 수 있다. 대학생 시절에 가장 친했던 친구가 오랜만에 뜬금없이 당신에게 연락해서는 유대인 은행가들이 세상을 지배하고 있다면서 그 지배 방식이 이러저러하다고 설명하며 당신을 설득하려 한다고 치자. 아마 당신은 불쾌할 것이다. 전화 통화라면 뭐라도 핑계를 대고 전화를 끊어버리기 쉽다. 그 뒤로는 그 친구의 전화를 받지 않을 가능성이 높다. (특히 당신이 유대인이라면 더욱 그럴 테고, 혐오스러운 고정관념을 싫어하는 공감이 넘치는 사람이라도 그럴 것이다.) 앞에서도 살펴봤듯이 당신이 친구에게 불쾌감을 느낄 권리는 충분하지만, 그런 식으로 대화를 중단하는 것은 전혀 생산적이지 않다. 그 친구가 그런 의견을 처음 드러냈을 때 당신은 그 친구가 현재 위험한 상태이며 잘못된 믿음의 깔때기 깊은 곳으로 빠져들 수 있음을 알아차려야 한다. 그 친구가 하는 말은 그가 실제로 가지고 있는 믿음을 드러내는 것이라기보다는 오신자들의 공동체에 말려드는 현상과 더 관련이 있을 수 있다. 공격적인 감정을 초월해서 그 너머를 볼 마음의 여유를 가질 때 우리는 잘못된 믿음의 깔때기 안으로 빨려드는 친구들에게 도움의 손길을 내밀 수 있다.

간호사 나딘의
슬픈 이야기

극단적인 상황으로 치닫는 과정에 대해 구체적으로 이야기하기에는 간호사 나딘의 이야기가 적당할 것 같다. 나딘은 내가 잘못된 믿음의 깔때기를 탐색하는 과정에서 만난 오신자 가운데 한 명인데, 그 여정을 시작한 지 얼마 지나지 않았을 때 나의 관심을 끌었다. 그녀는 흥미로우면서도 극단적인 인물이었기 때문에 나는 그녀를 팔로우했다. 누군가 코로나19 백신 접종을 받으려고 간호사인 그녀를 찾아오기라도 하면 그녀는 백신을 맞지 않는 편이 낫다고 권고하곤 했다. 특히 어린이에게 백신을 접종하는 일을 놓고서는 부모에게 접종 거부를 강권했는데, 그녀는 그 실험용 약의 끔찍한 부작용과 아이들이 입을 돌이킬 수 없는 피해를 구구절절 읊어대면서 말렸다. 그리고 이렇게 설득해서 성공할 때마다 그 사례를 인터넷에 올렸고, 거기에 있던 소셜미디어 친구들로부터 많은 지지와 인정을 받았다. 아닌 게 아니라 그녀는 오신자 사이에서는 영웅 대접을 받았다. 말이 아니라 행동으로 자기 믿음을 실천했기 때문이기도 하지만, 그녀가 의료 전문가였기에 오신자의 신념에 의학적 인증을 해준 셈이기도 했기 때문이다. 시간이 지나면서 나딘은 활동 범위를 확대했는데, 자기와 함께 더 많은 사람, 특히 부모들을 설득해서 자녀에게 백신을 접종하지 않도록 하는 일을 함께할 간호사들을 규합하고 나섰다.

그러던 어느 날 뭔가가 바뀌었다. 나딘이 오신자, 즉 그녀를 칭찬하고 격려하던 바로 그 사람들로부터 온라인에서 공격을 받고 있었다. 무슨 일이 일어났을까? 나중에야 알게 된 사실이지만, 그녀가 바람직하지 않은 어떤 사악한 사람과 함께 찍은 사진을 누군가가 발견한 것이었다. 그 사악한 사람은 바로 빌 게이츠와 함께 일루미나티에 소속되어 있으며 턱수염이 얼굴의 한쪽에만 있는 두 얼굴의 악마 댄 애리얼리였다. 코로나19가 닥치기 약 4년 전에 찍은 사진이었다. 그때 내 강연을 들은 그녀는 강연이 끝난 뒤 나와 함께 사진을 찍었고, 그 사진을 페이스북에 올렸던 것이다. 그녀는 그 일 자체를 까맣게 잊고 있었던 모양인데, 오신자들이 그 사진을 찾아내서 사람들에게 공유하고 댓글을 달기 시작하면서 상황이 달라졌다. 이렇게 해서 오신자 집단 내에서 그녀의 충성심이 갑자기 의심을 받았다. 오신자들은 그녀가 기관에 소속된 인물로 이중간첩 노릇을 하고 있다고 추측했다. 그렇지 않으면 그 사진을 달리 어떻게 설명할 수 있겠느냐고 했다.

나딘을 향한 비난은 빠른 속도로 커졌다. 어떤 오신자 집단은 그녀가 했던 모든 활동은 위장 공작이고 그녀가 실제로 목표로 삼았던 것은 백신 접종에 반대하는 의료 전문가를 모두 수면 위로 끌어낸 다음에 그들의 명단을 정부에 넘기는 것이라고 주장했다. 그들은 추가 증거도 제시했다. 그녀가 가입했던 모든 종류의 사회관계망에서 계정이 정지된 빈도를 분석한 것이었는데, 그녀는 다른 사람들에 비해 그런 경우가 적다면서 이것이야말로 그녀가 정부기관에 소속된 요원임을 보여주는 확실한 증거라고 해석했다.

간호사 나딘이 오신자들 사이에서 누렸던 상당한 수준의 사회적 지위가 흔들리기 시작했다. 그렇다면 그녀는 자기에게 덧씌워진 오명을 어떻게 지웠을까? 그녀가 채택한 전략은 여러 가지였다. 나를 한층 더 악의적으로 공격하는 전략도 있었고, 전문가에게 동영상 제작을 의뢰해서 자기의 대의명분과 백신 반대 간호사 조직을 홍보하는 전략도 있었다.

그래도 오신자들은 의심을 거두지 않고 또 다른 의문을 제기했다.

"당신이 동영상 제작을 전문가에게 의뢰하면서 건넨 돈의 출처가 어디인가?"

그러자 나딘은 편집자와 메이크업 아티스트와 미용사 등 자기를 도와준 사람은 모두 무료로 봉사했다는 말로 자기를 변호했다. 이런 일이 진행될 때 나는 본능적으로 나딘의 페이스북 담벼락에 다음과 같이 공개 메시지를 써서 올리면 어떨까 하는 생각이 들었다.

"나딘, 우리가 한동안은 잘해냈지만, 이제는 모든 게 다 들통났으니까 그냥 자백합시다."

이 게시글을 올리고 나면 무슨 일이 일어날지 정말 궁금했다. 나는 많은 오신자를 관찰했고 그들이 얼마나 빨리 내분에 휩싸이는지 잘 알고 있었다. 오신자들이 서로를 의심하면서 서로를 파괴하게 만드는 것이 나로서는 좋은 전략이 아닐까 하고 생각했던 것이다. (만약 당신이 영국 작가 톨킨**J.R.R. Tolkien**의 《반지의 제왕》 팬이라면, 나의 이 행동을 보고 적을 죽이지 않고 서로를 죽이곤 하는 오크를 떠올렸을지도 모른다.) 만일 그들끼리 서로 싸우게 만들어서 내부 분열에 에너지를 소모하게 만들 수 있다면 허위조작 정보를 퍼트리는 그들의 역량도 줄어들 것이라는 게 나의 의도였다. 이 전략을 실행하면 어떤 결과가 나타날지 궁금했고 또 상상만 해도 즐거웠지만, 실제로 그렇게 할 엄두는 나지 않았다. 나딘이 이미 너무 많은 고통을 당하는 것 같았기 때문이다.

며칠 뒤에 이 집단 내에서 지도자로 널리 알려진 사람이 나딘을 따로 만나고 나서는 그녀의 의도와 행동이 선하고 올바르다는 사실을 보증하겠다고 나섰다. 그리고 그녀는 사람들에게 자기를 믿고 비난을 거둬달라고 요청했고, 결국 그들은 이 요청을 받아들였다. 그러나 나딘은 이전 수준으로 활동하지 못했고 또 사회적 평판도 그때 수준으로 회복하지 못했다. 그리고 몇 달에 걸쳐서 그녀의 소셜미디어 활동은 점점 줄어들었고, 그러다가 완전히 사라졌다. 이런 일이 일어나는 것을 보면서 나는, 리처드가 내가 더는 사악한 악당 무리에 속하지 않음을 개인적으로 인정한 뒤에도 내가 수행하는 연구에 참여해서 협력하거나 공개적으로 나를 변호하는 발언을 하는 것을 그토록 주저했던 이유를 온전하게 알 수 있었다.

온라인 공간에 있는 사회적 집단 내에서 사회적 위계가 얼마나 중요한지 그리고 사회적 자본을 획득하고 사람들을 어떤 집단에 단단하게 묶어주는 수단으로서 극단주의가 수행하는 역할이 얼마나 중요한지 잘 보여준다는 점에서 나딘 간호사의 사례는 매우 흥미롭다. 이 사례는 또한 사회적 따돌림에 대한 두려움이 어떻게 계속 작용하는지도 보여준다. 이 같은 예외적인 경우가 아니라면, 오신자는 같은 동료 집단에서 따돌림당하는 것이 두려워서 자기가 같은 집단에 속해 있음을 증명하기 위해 한층 더 극단적인 방법을 모색한다. 이 모든 것에서 얻을 수 있는 마지막 교훈은 이것이다. 만약 당신이 연구자의 태도로 오신자 집단에 합류하려면 의심을 살 만한 구석이 없어야 한다! 어쨌거나 오신자들을 상대해야 할 테니 말이다.

정체성, 양극화
그리고 잘못된 믿음의 가속화

극단적인 견해를 표현하는 사람의 애초 목표는 그저 집단 내에서 자기 입지를 높이는 것이었지만 자신이 공유하는 내용을 정말로 믿기 시작하는 경우도 있다. 그런데 그들이 공유하는 그 이론이 너무 이상하거나 실현 가능성이 너무 낮아서 '정말로 이걸 믿는 걸까?' 하고 의심이 드는 경우도 있다. 만일 그들을 거짓말 탐지기 앞에 두고 지구가 평평하다고 정말로 생각하는지, 총기난사 사건으로 자녀를 잃고 슬퍼하는 학부모가 그냥 그런 상황을 연기하는 배우일 뿐이라고 생각하는지, 혹은 힐러리 클린턴이 소아성애자라고 생각하는지 질문한다면, 우리 앞에는 어떤 진실이 드러날까? 그들은(또는 거짓말 탐지기는) 자기의 믿음이 어쩌면 거짓일지도 모른다는 사실을 드러낼까? 만일 그렇다면, 그들은 왜 그런 거짓말을 퍼트릴까? 사회적 집단, 특히 종교 단체나 종파나 광신자 집단처럼 믿음을 공유하는 사람들의 메커니즘을 이해하면 이런 질문의 해답을 찾는 데 도움이 될 수 있다. 조너선 하이트가 주장한 것처럼 어떤 거짓말을 고의로 공유하는 행위는 해당 집단 내의 사람을 다른 집단 사람과 구분해서 식별하는 일종의 언어적 암호인 '시볼레스shibboleth' 역할을 할 수 있다. 이와 관련해서 하이트는 다음과 같이 썼다.

종교를 연구하는 많은 학자는, 거짓말을 고의로 공유하는 행위는 그 사람이 그 신앙을 온전하게 믿는다는 바람직한 신호가 될 수 없다고 지적했다. 명백한 것을 믿는 데는 굳이 따로 믿음이 필요하지 않다. 오늘날 미국에서 선거를 도둑질당했다는 주장이 자기가 누구인지 신원을 밝히는 광고 역할을 한다는 것은 분명한 사실이다.

마이클 셔머는 이 발상을 한 단계 더 발전시켜서, 몇몇 오신자가 내놓는 극단적이면서도 명백하게 의심스러운 주장은 특정 집단이 신성하게 여기는 한층 더 깊은 진실의 대리인 역할을 하며, 또 그들은 한층 깊은 수준의 대의명분을 믿기 때문에 표면으로 드러나는 부정확성 따위는 기꺼이 못 본 척한다고 주장한다. 예를 들어, 만약 당신이 무기를 소지할 수 있다는 권리가 당연하고도 강력한 진실이라고 믿으며 또 이 권리를 보호하기 위해서라면 어떤 대가도 기꺼이 치르겠다는 헌신적인 오신자 집단의 일원이라면, 대규모 총기난사 사건이 의도적으로 조작되고 연출되었다는 주장을 기꺼이 진실로 받아들이는 한편 자기 주장이 터무니없이 우스꽝스럽고 공격적이라는 사실에는 눈을 감을 것이다. 또 만일 당신이 주류 의학계를 뿌리부터 의심하고 대형 제약사들이 가진 권력을 우려한다면, 파우치 박사가 (아울러 댄 애리얼리가) 사람들이 백신을 접종하도록 홍보해서 우리 모두를 죽이려고 한다는 주장을 터무니없는 논리 비약으로 바라보지 않을 것이다.

이 모든 것은 우리의 믿음과 사회적 본능 그리고 집단에 대한 소속감 사이의 깊은 얽힘을 강화한다. 지금처럼 문화적으로나 정치적으로 양극화가 심각한 시대에는 특히 더 그렇다. 특정 정치적 설득에 대한 충성심이 최우선적인 동기일 때는 객관적인 진실이 아니라 사실 자체가 정체성의 기준이 된다.

이에 관한 매우 특이한 사례가 2022년 미국에서 중간선거를 앞두고 나타났다. 전국의 선거유세 현장에서 일부 공화당 후보는 학교에서 일어나고 있는 그 모든 기괴하고 혼란스러운 일을 비난했다. 자기가 고양이라고 생각하는 아이들을 위해서 교사들이 고양이 변기를 따로 마련해서 제공하는 일이 어떻게 있을 수 있느냐는 것이었다. 그렇다, 고양이 변기를 학생이 사용한다고 분명히 말했다. 당선된 국회의원을 포함해서 무려 스무 명이나 되는 정치인이 이 일과 관련된 '점점 커지는 위기'를 언급했고, 그 바람에 소셜미디어 게시글이 홍수처럼 쏟아졌으며 인기 높은 팟캐스트 방송에서도 이 문제를 언급했다. 이야기를 계속 이어가기 전에 이 주장은 사실이 아님을 미리 밝혀둔다. 이는 NBC 뉴스의 광범위한 조사를 통해서 이미 확인된 바다. 그러나 이 주장이 확산된 방식을 보면, 사회적 정체성이 잘못된 믿음을 어떻게 유발하고 또 가속하는지 잘 알 수 있다.

그 소문은 학부모들 사이에서 소셜미디어를 통해 처음 시작됐던 것 같다. 어쩌면 학교 내 젠더 정치와 관련된 뜨거운 쟁점을 지적하기 위해 약간의 과장을 한 데서 시작됐을 가능성이 높다. 한 부모가 다른 학부모에게 이렇게 말하는 것을 쉽게 상상할 수 있다.

"자기가 제3의 성(여성과 남성이라는 이분법적인 구분에 속하지 않는 성별-옮긴이)이라고 생각하는 아이들을 위해서 학교에서 성 중립적인 화장실을 제공하고 있어요. 이런 식으로 나가면 나중에는 어떻게 되겠어요? 자기를 고양이라고 생각하는 아이들을 위해서 학교에서 고양이 변기를 제공하지 않겠어요?"

그러나 시작이 어쨌든 간에 이 소문은 빠르게 퍼져서 통제 불능 상태가 되어 돌고 또 돌았고, 결국 사람들에게 사실로 받아들여졌다. 많은 잘못된 믿음이 그렇듯이 이 이야기에도 아주 소량의 진실은 담겨 있다. (5장에서 살펴봤던 자기주입법 이론을 떠올려보라.) 실제로 자신을 '퍼리Furry(털북숭이)'라고 부르며 동물 복장을 즐겨 입는 사람들과 그러한 문화가 있지만, 이는 정체성과 관련된 문제라기보다는 역할극에 가깝다. 게다가 이들은 고양이 변기를 사용하지 않는다. 또한 그런 경향이 학교에서 확고하게 형성되었다거나 일선 교육자가 이를 수용하고 있다는 증거도 없다.

정치적 우파에 속한 일부 사람들의 눈에는 생물학적 성 구분을 따르지 않는 학생을 위해 학교에서 제공하는 이런저런 조치가 고양이 변기만큼이나 불안하고 기괴하게 보이는 모양이다. 그리고 더 나아가, 만약 유권자들이 지금 일어나고 있는 일에 충분히 충격을 받지 않는 눈치라면 그들을 그런 무기력과 무감각에서 깨울 한층 더 극단적인 사례가 필요하다고 생각했을 것이다. 그 정치인들은 고양이 변기 이야기를 '정말로' 믿었을까? 아니면 성 소수자의 권리를 옹호하는 사람들의 도덕적으로 위험한 의제에 맞서 싸우기 위해 유권자를 자극하려고 거짓말인 줄 알면서도 그랬을까? 많은 사람이 직접 그 이야기를 들었거나 관련 동영상을 본 적이 있다고 주장했다. 어떤 유명 팟캐스트 진행자는 심지어 자기 친구의 아내가 직접 화장실을 목격했다는 이야기를 들었다고 주장했다. 그러나 그런 주장 가운데 단 하나도 입증된 건 없다. 그럼에도 거짓 신화는 계속 이어진다. 이는 양극화가 잘못된 믿음을 추동하고 가속하는 방식을 입증하는 이상한 증거이다.

실제로 당파적 정치 지형을 살펴보면 오신자의 사고방식이 본질적으로 어떠한지 살펴볼 수 있다. 거기서는 모든 것을 '상대편에서는 이득을 얻기 위해서 어떤 음모를 꾸미고 있을까? 그들이 숨기는 의도는 무엇일까?'라는 렌즈를 통해서 바라본다. 어떤 의미에서 보자면, 오로지 '우리-그들'이라는 이분법적인 당파성으로만 세상을 바라볼 때 (사실 우리는 너나 할 것 없이 누구나 한 번쯤은 그렇게 한다) 우리는 모두 어느 정도는 오신자이다. 우리는 정치적 반대 진영에서 나오는 정보를 보는 즉시 그것이 틀린 정보일 뿐 아니라 의도적으로 우리와 우리 측에 상처를 주려고 설계되었다고 추정한다. 정치적 양극화에 맞서 싸울 방법을 진지하게 논의하는 내용은 이 책에서 다루지 않겠지만, 우리가 자기 삶 속에서 부족주의와 당파적 충동을 억제할 수 있기를 바란다. 점점 더 많은 사람이 그렇게 한다면 거짓 정보나 잘못된 믿음 그리고 사회적 결속은 분명히 커다란 영향을 받을 것이다.

소셜미디어에 대한
한마디

이 책 전체에서 소셜미디어라는 주제는 따로 다루지 않고 대충 넘겼다. 물론, 소셜미디어 플랫폼에서 떠돌고 또 거기에서 반향을 일으키는 잘못된 믿음을 살펴보긴 했지만, 소셜미디어를 그토록 강력하고 복잡하며 위험하게 만드는 다양한 메커니즘은 깊이 탐구하지 않았다. 혹시, 이제 마침내 그 문제를 다루는구나 하고 반가워하는 독자가 있을지 모르겠다. 만일 그렇다면 미안하다. 그럴 생각은 없다. 이 책은 거짓 정보를 퍼뜨리는 플랫폼과 그것과 관련된 메커니즘을 다루는 책이 아니라 잘못된 믿음의 심리학을 다루는 책이라서 그렇다. 그러나 나는 우리의 자연스러운 의사소통 방법과(이것은 진화적으로 발전했으며 일반적으로 인간의 본성에 들어맞는 방식이다) 이런 새로운 인공적인 의사소통 형태 사이의 차이점을 설명하기 위해서 사회관계망의 한 가지 요소만큼은 꼭 언급하고 싶다. 사회관계망은 인간의 자연스러운 의사소통 방식에 딱 들어맞도록 개발되지 않았으며, 그 바람에 매우 바람직하지 않은 결과가 나타났음은 굳이 말할 필요도 없는 진실이다. 이제 곧 살펴보겠지만, 그렇다고 해서 우리가 사회관계망을 송두리째 포기해야 한다는 뜻은 아니다. 이것이 좋은 소식이라면 좋은 소식이다. 사실, 전혀 다른 접근법을 취해서 인간 본성을 염두에 두면서 의사소통 방식을 개선하는 사회관계망을 구상한다면, 우리는 인간 번영을 일구어나갈 훌륭한 도구를 제공해줄 다양한 버전의 사회관계망을 만들 수 있을 것이다. 예를 들어보자.

인터넷 공간에서 내가 악명을 떨치기 시작하던 초기에 나는 소셜미디어 플랫폼이 이런 종류의 폭력적인 행동을 계속해서 허용한다는 사실을 도저히 믿을 수 없었다. 처음에는 플랫폼 운영자가 오신자를 저지해주기를 바라면서 나를 향한 모든 증오 게시글을 신고했다. 그러나 오신자의 그런 증오 행위는 플랫폼에서 정한 정책과 해당 커뮤니티의 기준을 위반하지 않는다는 답변이 돌아왔다. 나를 죽이겠다는 위협 그리고 내가 살인 미치광이라고 주장하는 동영상이 커뮤니티에서 정한 기준으로 볼 때 허용된다는 사실을 처음 알고는 깜짝 놀랐다. 하지만 그런 통고는 한 번으로 그친 게 아니라 질의를 할 때마다 반복해서 돌아왔다. 그래서 어느 시점에선가 나는 질문 자체를 명령 체계의 윗선에 해야겠다고 판단했고, 그래서 대규모 사회관계망 가운데 하나에서 강력한 권력을 휘두르는 높은 사람들에게 전화를 걸었다. 그리고 마침내 가짜뉴스 근절을 담당하는 팀의 관계자들을 만났다.

몇 가지 간단한 소개와 설명을 마친 뒤에 나는 그 플랫폼에서 오신자와 관련해서 내가 겪은 몇 가지 경험을 이야기하고, 나를 특정해서 비난하고 위협하는 게시글을 그들에게 보여주었다. 나는 토론의 틀을 마련한 뒤에, 그들이 관리하는 가상공간에서 일어나는 일 때문에 실제 현실에 존재하는 사람들이 고통을 겪는다는 점을 그들에게 알려주고 싶었다. 그래서 나는 재빨리, 보다 더 큰 주제인 '앞으로 나아갈 좋은 방안은 무엇인가?'라는 논의로 넘어갔다.

나는 그들에게 그 플랫폼이 형성되어온 정확한 방식 그리고 그 플랫폼이 가지고 있거나 가지고 있지 않은 기능은 제쳐두고, 바람직한 의사소통에 대해 우리가 알고 있는 것에 초점을 맞추어서 그 플랫폼이 유용한 의사소통의 도구가 되려면 '무엇을 해야 할지' 생각해보라고 요구했다. 그러자 회의실에 있던(영상회의의 가상 회의실) 사람들이 어쩐지 혼란스러워하는 눈치였다. 그래서 나는 곧바로 첫 번째 사례를 들이댔다. 그때 내가 했던 말의 요지는 다음과 같다.

동물계에서 의사소통이 이루어지는 방식에 대해 생각해보자. 기본적인 몇 가지 의사소통 원칙 가운데 하나는 생물학자 아모츠 자하비 **Amotz Zahavi**가 처음 설명한 '불이익 원칙handicap principle'이다. 불이익 원칙이란 무엇일까? 이것의 고전적인 사례는 공작의 꼬리이다. 허약한 수컷 공작은 무거운 꼬리를 가지고는 살아남을 수 없다. 왜냐하면 무거운 꼬리 때문에 포식자의 먹이가 될 가능성이 그만큼 더 높기 때문이다. 반면에 강한 수컷 공작은 무거운 꼬리를 가지고도 살아남을 수 있다. 그렇기에 무거운 꼬리는 암컷 공작에게 '나를 보라. 나는 힘이 매우 센 공작이다'라는 메시지를 보내기에 좋은 신호이다. 이것이 왜 좋은 신호일까? 그 신호에는 비용이 들기 때문이다. 약한 수컷 공작은 무거운 꼬리를 갖고 오래 살아남지 못하므로, 무거운 꼬리는 수컷 공작이 가진 진정한 힘을 나타내는 훌륭한 지표이다. 이것이 불이익 원칙이 작동하는 방식이다. 수컷 공작은 불이익(더 무거운 꼬리)을 가짐으로써 암컷에게 신호를 보내는데, 이런 방식으로 공작 세계에서는 허약한 사기꾼 수컷이 강한 수컷인 척 사기를 치지 못하게 한다. 허약한 수컷은 강한 수컷 흉내를 잠깐은 낼 수 있을지 몰라도 오래 버티지는 못한다.

기본적으로 자연은 실질적인 내용 없이 말로만 떠는 허세를 허용하지 않는다. 페이스북 페이지에 자기가 매우 강하다는 내용을 쓰는 건 공작의 세계에서 아무 소용이 없다. 그는 이 의사소통이 진짜임을 보여줘야 한다. 즉 그 진술을 증명하기 위해서 뭔가를 희생해야 한다.

불이익 원칙은 정직한 의사소통을 촉진하고 부정직한 의사소통을 제거하는 방법을 제공한다. 완벽하게 정직하지는 않다고 해도 정직에 가까운 의사소통이 되어야 한다. 불이익 원칙은 '비용이 많이 드는 신호costly signal'라는(일반적으로 신호의 비용이 높을수록 해당 의사소통이 정직할 가능성이 상대적으로 높다) 한층 더 넓은 범주 가운데서도 극단적인 버전이다. 자기가 부자라고 다른 사람에게 알리고 싶어 하는 사람을 상상해보라. "야, 나 좀 봐, 나 진짜 부자야"라는 말은 그저 말이다. 좋은 옷을 입고 비싼 차를 타는 것이 그런 사실을 알리는 데 도움이 된다. 그러나 옷이나 차는 얼마든지 빌려서 사용할 수 있으므로, 비용이 그다지 많이 들지는 않았다는 신호이다. 반면 그 사람이 누군가에게 값비싼 선물을 하고 자기 소유의 호화로운 저택을 보여준다면, 그 신호에는 훨씬 더 많은 비용이 들고 또 위조하기도 그만큼 더 어렵다. 그러므로 사람들이 이 신호를 믿을 가능성은 그만큼 더 커진다.

불이익 원칙에는 또 다른 흥미로운 요소가 포함되어 있다. 즉 의사소통은 발신자가 아닌 수신자로부터 시작된다는 것이다. 그러니까 전달되는 신호(예를 들면, 공작의 무거운 꼬리나 부자의 호화로운 저택)는 수신자가 믿을 수 있는 신호를 선택하는 데서부터 개발되기 시작한다는 뜻이다. 아름다운 눈과 긴 속눈썹을 가진 수컷 공작이 그것이 모든 암컷 공작이 사랑에 빠질 수밖에 없는 수컷 공작의 특징이라고 설득하려 한다고 상상해보자. 이제부터 모든 암컷 공작은 수컷 공작을 판단할 때 아름다운 눈과 긴 속눈썹을 기준으로 삼아야 한다. 그러나 이 기준은 통하지 않는다. 이유가 뭘까? 의사소통은 신호의 생산자(발신자)가 전달하고자 하는 신호가 아니라 수신자(이 경우 암컷 공작)가 신뢰할 수 있다고 생각하는 신호에서부터 시작되어야 하기 때문이다.

불이익 원칙은 사회관계망이 설계된 방식과 분명히 매우 다르다. 일반적으로 소셜미디어 플랫폼은 아무런 결과가 필요하지 않은 자유로운 의사소통을 이상적이라고 설정하는데, 아무런 증거도 없이 말만 앞세우는 대화를 장려하는 플랫폼이 결국 어떤 결과를 낳는지 우리가 깨닫기 전까지는 좋아 보인다. 소셜미디어에서는 사실과 관계없이 자기가 원하기만 하면 어떤 신호든 자유롭게 보낼 수 있다. 불이익 원칙도 없고, 수신자가 유용하다고 생각하는 신호만 선택되는 일도 없다. 실질적인 증거 없이 말만 앞세우는 대화는 손쉬운 의사소통 방법이며, 시간이 지나면서 이것이 소셜미디어에서의 표준으로 자리를 잡았다.

소셜미디어 플랫폼은 본질적으로 자연스러운 의사소통의 기본 규칙을 위반하는데, 그렇기 때문에 정보를 다루고 또 여기에 대응하기 위해 우리 인간이 진화적으로 개발한 본능과 양립하지 못한다. 진화의 역사 속에서 우리는 비용과 관련된 정직한 신호(불이익 원칙)를 기대해야 한다는 것을 배웠고, 그 결과 우리는 정보에 대한 직관적인 신뢰를 쌓아왔다. 어쨌거나 정보가 대부분 정확하다면 이 정보를 신뢰하는 것은 좋은 전략이다. 그리고 사회관계망이 등장했고 의사소통 비용이 사라졌다. 이렇게 해서 지금 온라인에서 얻은 정보의 전부 또는 대부분을 더는 신뢰할 수 없는 것이 현실이지만, 더는 신뢰할 가치가 없는 정보라도 직관적으로 신뢰하게 되는 진화적 본능은 여전히 남아 있다.

내가 만났던 팀은 불이익 원칙이라는 발상과 그 밖에 의사소통의 기본적인 구성 요소에 매우 관심이 많았다. 한편으로는 좋은 소식이 긴 했지만, 전 세계에서 가장 큰 소셜미디어 플랫폼으로 꼽히는 곳에서 가짜뉴스를 통제하는 사람들이 의사소통에 대해서 잘 알지 못한다는 사실은 분명했다. 그들은 다시 만나서 논의를 더 하자고 했고, 그 뒤 몇 주에 걸쳐서 우리는 여러 가지 다른 원칙에 대해 이야기를 나눴다. 평판, 신뢰, 익명성, 침묵하는 다수의 목소리, 정보 거품, 부정적인 사회 규범의 출현, 극단주의, 뜨겁게 달아오르는 열기를 식히는 대응법 등이 그것이었다. 만나서 이야기를 나눌 때마다 우리는 인간의 마음이 진화해온 방식에 더 잘 맞는 플랫폼 버전에 이런 원칙을 어떻게 녹여낼지, 어떻게 한층 더 긍정적인 효과를 가져다줄 플랫폼을 만들지 논의했다. 예를 들면 진실을 말할 때 인센티브를 주는 방법이나 불이익 원칙을 설정하는 방법을 살펴봤다.

　당신도 예상했겠지만, 온갖 아이디어가 흘러넘쳤고 사람들은 흥분했다. 그러나 누군가가 그 플랫폼이 현재 맞닥뜨리고 있는 재정 형편을 고려해야 한다는 지적을 하자 갑자기 분위기가 식어버렸다. 그리고 몇 달 뒤, 우리가 매우 흥미로운 토론을 하고 있긴 하지만 이 논의가 실질적인 변화를 그 플랫폼에 가져다주지는 못하리라는 것이 분명해진 시점에는 그 만남을 이어갈 이유가 없어졌고, 그래서 그 만남은 끝났다.

온라인 공간과
실제 현실에서의 폭력

소셜미디어와 인터넷을 비판하는 사람들은 대체로 온라인 공간이 제공하는 상대적인 익명성과 물리적 근접성 부족이 증오심을 촉진한다고 주장한다. 얼굴을 서로 쳐다볼 필요가 없는 상황에서는 상대방을 증오하기가 한결 쉽다. 이건 어느 정도 사실이다. 가상공간은 물리적 공간과는 전혀 다른 사회적 관습이 지배한다고 볼 수 있다. 내가 코로나를 부인하는 사람들에게 증오의 대상이 되었음을 처음 알았을 때, 그들이 텔레그램 공간이 아닌 실제 현실에서는 나를 조금이라도 더 따뜻하게 대해줄지를 테스트할 수 있는 뜻밖의 기회가 생겼다.

아름다운 가을 저녁이었고, 나는 친한 친구인 오데드를 만나서 야외 테이블에서 맥주를 마시고 있었다. 며칠에 걸친 하이킹을 막 끝내고 돌아온 시점이었고, 나의 마음은 지난 몇 달에 비하면 무척이나 평온한 상태였다.

그런데 이 평온함은 오래가지 못했다. 군중이 구호를 외치며 행진하는 소리가 들렸다. 알고 보니 우리가 자리를 잡고 앉았던 곳은 코로나가 가짜라고 주장하는 사람들이 가두시위를 벌이며 지나가는 경로에 있었다. 시위대가 가깝게 지나가자 그들이 들고 있는 플래카드와 팻말에 쓰인 문구가 보였다. 그 내용은 다음과 같았다. "우리 아이들을 건드리지 마라", "우리의 건강은 상품이 아니다", "내 몸은 내가 선택한다", "백신 의무화는 독재다", "2021년에 씻어야 할 것은, 뇌일까 손일까?"

나는 내 얼굴에 난 특이한 수염을 의식하면서 사람들이 나를 알아보지 못하도록 맥주병을 향해서 고개를 숙였다. 다행히 시위대는 길 건너편 쪽에서 행진하고 있었고, 나와 그들 사이에는 버스가 서 있었다. 시위 때문에 길이 막혀서 버스도 꼼짝 않고 서 있었다. 나는 시위대가 모두 지나갈 때까지 버스가 그 자리에서 계속 나를 가려주면 좋겠다고 생각했다. 어쩌면 사람들이 나를 알아보지 못할 수도 있다고 생각했다. 하지만 웬걸. 남자 두 명과 여자 한 명이 시위대에서 떨어져나와 내게 다가왔다. 그러더니 여자가 내 얼굴을 확인하고는 나에게 고함을 질러대기 시작했다.

"이 살인자! 살인자야! 정신병자야!"

남자 한 명도 함께 고함을 질러댔다.

"우리는 네가 누군지 봤어! 네가 누구인지 알아! 네가 무슨 짓을 하는지 알고 있어! 너 때문에 내가 2년 동안이나 죽을 고생을 하고 있어!"

나는 뭐라고 대꾸를 하려고 했지만 그 남자는 들으려고도 하지 않았다. 내 주변에 앉아 있던 사람들은 깜짝 놀랐다. 카페 주인은 나를 보호하려고 성난 시위자들을 필사적으로 막았다. 그 소동이 이어진 시간은 길어야 2분밖에 되지 않았겠지만, 내가 느끼기에는 그보다 훨씬 더 길었다. 그 순간에 오래전에 당했던 오토바이 사고가 떠올랐다. 모든 것이 느린 동작으로 움직였다. 그들이 내지른 고함의 한 마디 한 마디 그리고 성난 몸짓 하나하나가 모두 한껏 명확했고 또 강렬했다.

마침내 그들이 떠나고 내 머릿속에는 소름 끼치는 생각 하나가 스쳤다. 인터넷이 사람들의 증오심을 강렬하게 키운다고 나는 늘 생각했고, 이에 대해서는 많은 전문가도 동의한다. 직접 얼굴을 맞댄 상황이라면 사람들이 그렇게 큰 소리로 고함을 지르며 증오심을 드러낼 일은 결코 없을 것이라고 생각했었다. 하지만 내가 직접 경험해보니까 어쩌면 그렇지 않을 수도 있다는 생각이 들었다. 온라인 세상과 물리적인 현실 세상 사이의 경계가 사실은 명확하지 않을 수 있다. 어쩌면 앞으로 우리는 오프라인의 현실 세상에서 일어나는 폭력에 대해 더 많이 걱정해야 할 수도 있다.

사회적 이해관계와 잘못된 믿음

슬프게도 잘못된 믿음의 깔때기는 대체로 쌍방향 통행을 허용하지 않는 일방통행로인 것 같다. 나는 잘못된 믿음의 길에서 돌아와 자기 잘못을 인정하고 가족이나 친구와의 관계를 개선한 사람들의 이야기를 들었다. 그 이야기 가운데 많은 것이 사이비 종교 집단에서 탈출한 사람들의 이야기와 비슷하다. 그러나 이런 이야기보다 가족과 친구 그리고 주류 사회 전체에서 떨어져 나가서 다시는 돌아오지 못하는 사람들의 이야기가 훨씬 더 많다. 그들이 이렇게 된 데는, 지금까지 이 책에서 살펴본 것처럼 여러 가지 이유가 있다. 그러나 사회적 요소가 그 가운데서도 가장 큰 역할을 한다.

작가 업튼 싱클레어Upton Sinclair는 "어떤 사람이 무엇인가를 이해하지 않아야 급여를 받는다고 할 때, 그에게 그것을 이해하게 만들기란 무척이나 어려운 법이다"라는 유명한 말을 했는데, 이 말은 오신자의 마음을 바꾸기가 얼마나 어려운지 알 수 있는 근거이기도 하다. 이 인용문은 사람들은 기본적으로 금전적인 동기라는 관점으로 세상을 바라보는 편향을 선천적으로 가지고 있으며, 이 편향에서 벗어나기가 매우 어렵다는 점을 간결하게 지적한다. 물론 금전적인 동기는 인간의 온갖 복잡한 동기 가운데서 작은 부분이다. 이 인용문에서 '급여'라는 단어를 '자부심', '자아', '정체성' 또는 '소속감'으로도 얼마든지 바꿀 수 있다. 중요한 점은, 우리 의견이나 믿음이 모든 종류의 깊은 정서적·심리적·사회적 욕구, 즉 통제감을 느끼고 싶은 욕구, 많은 것을 알고 있음을 느끼고 싶은 욕구, 사랑받고 있고 권한을 부여받고 있음을 느끼고 싶은 욕구, 소속감을 느끼고 싶은 욕구 등을 충족시키는 경우가 많다는 것이다. 그러므로 의견이나 믿음을 바꾸기 위한 싸움은 사람들에게 이전 의견이나 믿음을 버리도록 유도하는 정보를 제공하는 싸움보다 훨씬 더 복잡하다.

이런 점에서 사회적인 차원의 요구는 특히 강력하다. 오신자 공동체에서도 사이비 종교 집단에서와 마찬가지로 배신을 하려면 가혹한 대가를 치르는 위험을 감수해야 한다. 만일 어떤 사람이 잘못된 믿음을 받아들였다는 이유로 가족과 친구로부터 이미 따돌림을 당하고 버려졌다면, 다시 또 믿음을 바꾸는 데 따르는 심리적 부담감은 한층 더 커진다. 새롭게 얻은 공동체와 친구와 사회관계망을 몽땅 잃어버릴 수도 있는 위험을 감수해야 한다. 어쩌면 이 사람들은 나딘 간호사나 리처드처럼 오신자 집단 내에서 상당히 높은 지위를 얻었을 것이고, 따라서 이것을 잃어버릴 수 있다는 두려움에 떨 수밖에 없다. 이 모든 사회적 요인 때문에 사람들이 잘못된 믿음에서 돌아오기가 그토록 어렵다. 마치 사이비 종교나 광신도 집단에 빠진 사람이 그 공동체를 절대로 쉽게 떠나지 못하는 것처럼.

오신자 집단에 몸담았던 사람의 말에 귀를 기울여라

큐어넌과 같은 음모론 단체를 '떠난' 사람들이 있다. 그들 가운데는 세뇌를 당해서 잘못된 믿음에 빠졌던 자기 경험을 기꺼이 공개하겠다는 사람들이 있다. 이들의 경험에서 배울 점은 무척 많다. 오신자의 가족이나 친구뿐 아니라 오신자였던 사람이야말로, 잘못된 믿음의 깔때기에 빠진 사람들이 거기에서 빠져나오도록 돕는 데 그리고 처음부터 사람들이 거기에 빠지지 않도록 막는 데 중요한 역할을 한다고 믿는다. 이것이 바로 우리가 자기의 일상에서 오신자를 배척하지 말아야 하는 또 하나의 중요한 이유이다. 만약 우리가 오신자를 심하게 배척했는데 나중에 그가 잘못된 믿음의 깔때기에서 벗어난다면, 그는 수치심과 분노를 느낄 것이고 따라서 자기 경험을 공개적으로 말할 가능성이 크게 줄어들 것이다.

요약

이 장에서는 오신자가 깔때기의 아래쪽으로 내려가는 모든 단계에서 작동하는 사회적 요소가 얼마나 강력한 힘을 발휘하는지 살펴봤다. 지금쯤이면 아마 눈치챘겠지만, 사회적 요소를 최초의 사회적 매력, 사회적 유지, 가속화라는 세 가지 독립적인 요소로 나누고자 했던 나의 바람이 조금은 인위적이긴 해도 이렇게 할 때 각각의 메커니즘이 수행하는 역할을 강조해서 살펴볼 수 있었다. 또 우리는, 오신자가 잘못된 믿음으로 나아가는 여정의 초기에 가족과 친구로부터 아무리 사소하게 따돌림을 당한다고 해도 이 따돌림이 그의 의식 속에 얼마나 큰 그림자를 드리우고, 결과적으로 그를 잘못된 믿음의 깔때기 속으로 깊이 밀어 넣는지 살펴봤다. 동시에, 동료 오신자로부터 환영받고 인정받고 존경받고 칭찬받고 또 경청의 대상이 되는 느낌은 오신자 집단에 대한 강력한 소속감을 만들어낸다. 잘못된 믿음의 여정이 일단 시작되고 나면 사회적 요소가 이 잘못된 믿음을 유지시킨다. 우리는 또 믿음이 어떻게 공동체를 강화하는지 그리고 공동체가 믿음을 어떻게 강화하는지도 살펴봤다. 그리고 마지막으로는, 사회적 요소가 잘못된 믿음을 어떻게 가속하며 또 사람들이 충성심을 증명하고 집단 내에서 높은 지위에 오르기 위해서 한층 더 극단적인 의견을 받아들이도록 유도하는지도 알아보았다. 사회적인 배척이나 따돌림에 대한 두려움 때문에 오신자는 자기들만의 공동체에 계속 머물려고 하고, 그 바람에 그들이 가진 믿음을 바꾸기는 매우 어려워진다.

- 잘못된 믿음의 깔때기 안으로 떠밀려 내려가는 여정에서 사회적 요소는 강력한 역할을 한다.

- 따돌림당한다는 느낌은 잘못된 믿음을 추동하는 강력한 힘이다.

- 사회적 매력은 초기의 몇 개 단계에서 '밀어주고 당겨주는(push and pull)' 역학의 결과로 일어난다. 그 단계에서 사람들은 자기가 친구와 가족에게 버림받았다고 느끼는 동시에 새로운 공동체에 소속된다는 느낌에 이끌린다.

- 사회적 유지는 오신자가 그 깔때기의 한층 더 깊은 곳으로 빨려 들어간 다음에 일어나며, 이때 오신자는 새로운 사회적 집단에서 자리를 잡는다. 예를 들면 다음과 같다.

  • 주변의 새로운 집단에서 자기 행동의 기준을 찾기 위해서 '사회적 증거'를 찾는다.
  • 이 집단은 그의 새로운 믿음을 강화한다.
  • 이 새로운 믿음은 예전의 사회적 집단에서 따돌림당했다는 느낌이 강렬해짐에 따라 집단에 대한 충성심을 강화한다.

- 사회적 가속화는 오신자가 잘못된 믿음의 깔때기 깊은 곳에 있을 때 일어나며, 다른 오신자에게 느끼는 사회적인 유대감은 '모든 것을 마무리하고' 그 집단에서 벗어나기 어렵게 만든다. 이런 일은 여러 가지 방식으로 진행된다.

  • 인지부조화가 잘못된 믿음에 집착하게 만든다.
  • 충성심을 보여야 할 필요성과 집단 내에서 사회적 지위를 얻고자 하는 필요성 때문에 사람들은 한층 더 극단으로 치닫고, 한편 양극화는 이 과정을 가속한다.
  • 새로운 사회적 집단 안에서 확보한 지위와 인간관계를 잃어버릴지 모른다는 두려움 때문에 그 집단을 떠나기가 더욱 어려워진다.

Part 06

잘못된 믿음에서 벗어나
다시 함께하기 위해

What Makes

Rational People

Believe

Irrational Things

Chapter 11

서로를 다시 신뢰할 여유, 서로를 신뢰하지 않아도 될 여유

- 자기가 믿었던 사람이 더는 믿을 수 없는 사람임을 깨달을 때 우리
- 는 필연적으로 우주 전체를 되짚어보면서 본능과 신뢰라는 개념 자체에 의문을 제기하게 된다.

  – 에이드리언 리치(Adrienne Rich)

"그 문제를 이런 식으로 한번 생각해보시오. 사랑하던 사람에게 당신이 배신당했다고 말입니다."

잘못된 믿음의 세상에 대한 나의 정신적인 안내자인 리처드가 내게 한 말이다. 리처드는 어떻게 해서 자기가 그렇게나 많은 사람과 또 많은 기관에 대한 신뢰를 잃었는지 설명하고자 했다. 그는 나에게 아내가 지난 10년 동안 바람을 피웠다는 사실을 처음으로 알게 된 순간을 상상해보라고 했다. 자기가 사랑하는 사람이 자기를 속이고 바람을 피웠다는 사실을 아는 순간, 그와 관련된 모든 신뢰가 깨진다. 그

사람과 함께 보냈던 행복한 시간을 되돌아보면서 그것이 과연 진짜였는지 궁금해진다. 그 사람과 함께 있어도 더는 그 사람을 믿을 수 없다. 당신은 아마도, 당신과 당신 아내 둘 다를 아는 친구들도 의심의 눈으로 바라볼 것이다. 또 그들이 처음부터 다 알고 있으면서 당신에게만 모른 척한 건 아닌지 의심할 것이다. 당신은 그 사람에 대한 모든 것을 의심하기 시작할 것이다.

"당신네는 우리를 음모론자들이라고 부르지만, 언론이나 정부나 제약사나 엘리트 집단에 대해서 우리가 느끼는 심정이 이와 똑같습니다. 딱 한 번의 배신으로 모든 게 끝납니다. 바로 이것이 결국에는 우리가 승리할 수밖에 없는 이유입니다. 조만간에 모든 사람이 자기가 배신당했음을 알 테고, 그럼으로써 갑자기 세상을 있는 그대로 바라볼 테니까요."

그가 제시한 비유는 명확했다. 그래서 나는 신뢰라는 주제에 대해서 그리고 개인적인 차원과 사회적인 차원에서 우리가 신뢰를 어떻게 잃어버리는지 한층 더 깊이 생각했다. 이것은 이미 1장에서 다루었던 주제이고, 또 이 책 전체에 녹아 있는 주제이기도 하다. 그러나 신뢰에 대해서는 이 책을 마치기 전에 좀 더 명확하게 살펴볼 필요가 있다. 한층 더 넓은 관점에서 보자면 이 모든 것은 신뢰 및 신뢰의 잠식과 관련된 이야기이다. 이 장에서는 신뢰를 논의하고, 신뢰를 더 잘 이해하려고 노력하며, 또 신뢰를 개선하는 것이 사회의 중요한 목표가 되어야 함을 분명하게 밝히고자 한다. 이런 점에서 보자면 사회과학과 행동경제학의 관점은 우리가 지금 어디에 있고 어디로 가는지 또 거기까지는 어떻게 갈지를 밝혀주는 매우 유용한 안내자가 될 수 있다.

우리 사회의
윤활유, 신뢰

안타까운 사실이지만 내가 생각하기에는, 잘못된 믿음의 깔때기에서 비롯되는 해로운 효과는 그냥 사라질 것 같지 않다. 사실 그 해로운 효과는 점점 더 많은 추진력과 영향력을 확보하고 있다. 바로 여기에서 모든 걱정이 시작된다. 왜 그런 걸까? 대답은 명백하다. 신뢰는 사회가 기능하게 해주는 기본 요소 가운데 하나이며, 잘못된 믿음은 신뢰를 무너뜨리고 미래의 장애물을 함께 극복하는 우리 능력에 실질적인 위험을 초래하기 때문이다. 가만히 생각해보면 신뢰가 세상에서 중요한 요소임은 너무도 명백하다. 신뢰는 우리가 사는 사회라는 기계를 매끄럽게 돌아가도록 해주는 윤활유라는 게 가장 적절한 비유가 아닐까 싶다.

돈을 예로 들어보자. 돈에 대한 우리의 믿음은 대체로 신뢰와 관련이 있다. 은행이 우리 돈을 잘 보관해줄 것이라는 신뢰, 다른 사람도 나와 똑같은 방식으로 돈을 바라볼 것이라는 신뢰, 주식시장에 대한 신뢰, 정부가 너무 많은 돈을 찍어내지 않을 것이라는 신뢰 등이 그렇다. 보험도 신뢰를 기반으로 한다. 사람들은 지금 보험료를 내면서 나중에 언젠가 자신에게 나쁜 일이 생기면 보험사가 보험금을 줘서 그 비용을 댈 수 있으리라 믿는다. (비록 보험사가 가장 신뢰받는 기관은 아니지만 그래도 이 회사들은 여전히 신뢰를 기반으로 존재한다.) 우리는 또 의사와 변호사와 자동차 정비사를 믿는다. 우리는 부부가 저녁에 아이만 두고 밖에 나가도 옆집에 사는 열다섯 살짜리 아이가 훌륭한 베이비시터여서 아이를 잘 돌봐줄 거라고 믿는다. 휴가를 가서 집을 비울 때도 반려견을 보살피며 우편물을 받아줄 또 다른 이웃집 아이를 믿는다. 아마존닷컴이 우리의 신용카드 정보를 안전하게 관리할 것이라고 믿고, 심지어 공항에서 화장실에 다녀올 때는 낯선 사람에게 잠깐 가방을 맡아달라고 부탁하기도 한다. (이는 우리 물건을 훔치고 싶다면 지금이 바로 그때라고 그에게 알려주는 효과적인 방법이기도 하다.) 정부가 도로, 교량, 엘리베이터에 대한 안전 기준을 마련할 것이라고 믿고 기업이 이러한 기준을 준수할 것이라고 믿는다. 또 민주주의 제도와 경찰 및 소방 조직 그리고 사법 제도를 신뢰한다. 설령 우리의 신뢰가 불완전하거나 혹은 바람직한 수준보다 낮다고 해도 우리는 여전히 많은 제도와 기관을 무척이나 신뢰한다.

이 모든 사례에서 알 수 있듯이 신뢰는 우리의 삶에서 엄청나게 큰 역할을 한다. 물고기는 늘 물에 둘러싸여서 사는데, 이 물고기는 자기가 물에서 산다는 사실을 알아차리지 못한다. 우리가 물고기라면 신뢰는 바로 그 물과 같다. 신뢰는 너무도 중요해서 신뢰 수준이 낮을 때 나타날 수 있는 온갖 잘못된 상황은 상상하기조차 어렵다. 그런데 안타깝게도 신뢰 수준을 높여야 할 필요성을 직접적으로 공론화하지 않을 때 우리는 생각보다 빠르게 그런 잘못된 상황에 맞닥뜨리고 말 것이다.

사람들이 모든 것에 대한 신뢰를 잃을 때 어떤 일이 일어날지 생각해보라. 현대 의학을 믿지 않을 것이고 그래서 자기 목숨을 구해줄 수술을 거부할 것이다. 은행으로 달려가서 맡겨뒀던 돈을 인출해서 현금이나 금으로 바꿀 것이다. 경찰과 군대가 자기를 지켜줄 것임을 믿지 않고 스스로 직접 무장할 것이다. 선거 결과를 믿지 않으면 어떻게 될까? 사람들이 정부에 대한 신뢰를 잃은 뒤에도 여전히 세금을 꼬박

꼬박 잘 낼까? 사회의 기본적인 규칙을 지킬까? 사회의 온갖 제도를 신뢰하지 않는다면 에너지를 절약하라거나 전염병이 돌 때 최대한 집에 머물라는 정부의 요구에 순순히 따를까? 굳이 이런 이야기까지 하는 이유는 우리 사회에서 신뢰가 사라지면 얼마나 걱정스러운 일이 일어날 수 있을지 충분히 이해하도록 하기 위해서이다. 어쩌면 당신도 신뢰 상실의 영향이 지인들에게서 나타나는 모습을 이미 보고 있을지도 모른다.

현대 사회에서는 신뢰의 중요성이 눈에 잘 띄지 않지만, 신뢰는 결정적으로 중요한 역할을 한다. 그런데 잘못된 믿음의 깔때기가 사람들 사이의 신뢰, 정부에 대한 신뢰, 온갖 중요한 기관과 제도에 대한 신뢰를 갉아먹는다. 잘못된 믿음은 위험한 악순환의 고리 속에서 불신을 낳는다.

불신은 어떻게 해서
더 큰 불신을 낳는가

나는 잘못된 믿음이라는 세상을 두루 돌아다니면서 그 믿음이 확대되는 다양한 방식의 사례를 목격했다. 그 가운데 특히 눈에 띄는 사건은 코로나19 백신이 나온 직후에 일어났는데, 그때 나는 미국에서 모든 백신의 부작용과 관련된 정보를 대중으로부터 수집하는 데이터베이스인 백신부작용신고시스템Vaccine Adverse Event Reporting System, VAERS을 알게 되었다. 기본적으로 누구나 여기에 접속해서 백신 예방주사를 맞은 뒤에 나타나는 부작용 정보를 입력할 수 있다. 최소한 미국에서는 보건 전문가들이 이 정보를 바탕으로 어떤 백신이 어떤 부작용과 연관이 있는지 파악하고, 이것을 근거로 추가 연구 작업을 수행하며, 가능하다면 백신을 개선하고 접종 방법을 수정한다. 또 필요하다면 시장에서 이 백신을 거두어들이는 데 도움이 되는 초보적인 데이터를 마련하는 것이 이 시스템의 취지이다.

VAERS를 알게 된 시점에 나는, 자녀가 백신을 맞은 뒤에 사망했거나 중병에 걸린 사람들이 모여서 만든 또 다른 웹사이트도 있다는 사실을 알았다. 말하자면 '부모 버전의 VAERS'였다. 그런데 이 사이트는 훨씬 더 사용자 친화적이어서 사용자가 백신 부작용에 대한 정보에 한층 더 쉽게 접근할 수 있었다. 추정하자면, 이 사이트는 VAERS에서 정보를 가져왔기 때문에 콘텐츠는 동일했겠지만, 사람들에게 그 콘텐츠를 드러내는 방식은 한층 더 명확했다. 그런데 온라인 공간에서 벌어진 토론에서 오신자들은 한때 VAERS에 올라 있었고 부모의 VAERS에는 여전히 존재하지만 현재의 VAERS에서는 삭제된 보고 사례가 여러 건 있다고 주장했다. 이와 관련된 온갖 말을 통해서, 그런 식으로 보고서를 삭제하는 것은 그 자체로 나쁠뿐더러 정부에서 나오는 정보를 불신하게 만드는 또 하나의 이유가 된다는 점이 분명해졌다. 리처드는 이와 관련해서 몇 가지 경고 메시지를 나에게 보내면서 읽어보라고 했다. 그러고는, 정부가 백신 부작용과 관련된 데이터를 VAERS에서 삭제한 게 분명해진 이상, 정부가 이것 말고 또 다른 무슨 짓을 벌이고 있을지 모른다고 의심하는 건 당연하지 않겠느냐고 말했다.

그래서 나는 직접 확인해보기로 했다. 실제로 부모의 VAERS에는 올라 있지만 VAERS에는 없는 사례가 있었다. 논리적으로 이러한 불일치는 오신자의 주장처럼, VAERS에서 사례가 삭제됐거나 부모의 VAERS에 사례가 추가됨으로써 발생할 수 있다. 원인이 무엇이든 간에, 뭔가 석연치 않은 점이 있는 것 같다고 걱정할 이유는 분명히 있었다.

그런데 우연하게도 그로부터 며칠 뒤에 나는 의사 친구와 저녁을 함께 먹었고, VAERS를 비롯한 여러 프로그램을 감독하는 FDA의 IT 부서에서 근무하던 어떤 사람이 그 자리에 합석하게 되었다. VAERS에서 삭제된 백신 부작용 사례와 관련된 질문을 하기에는 편한 자리가 아니었다. 정부 당국이 백신 부작용과 관련된 정보를 숨기는 데 FDA가 관여했을 수도 있다는 암시를 할 수밖에 없었기 때문이다. 하지만 결국 나는 그 질문을 입 밖으로 꺼내고 말았다.

그런데 깜짝 놀랐다. FDA의 그 IT 담당자는 내가 말하는 내용을 정확히 알고 있었고, 또 몇몇 사례가 삭제되었음을 인정했으며, 게다가 그 일이 자기 부서가 감독하는 가운데 이루어졌다고 말했다. 그러면서, 러시아인과 이란인이 주축인 외국 세력이 VAERS를 이용해서 허위조작 정보를 퍼뜨리기 때문에 그런 조치가 이루어진 것이라고 설명했다. FDA로서는 그런 출처에서 나온 게 확실한 사례를 적발하면 데이터의 정확성을 유지하기 위해 해당 사례를 삭제하는 것이 당연한 조치라고 했다. 그러니까 허위조작 보고가 이루어진 시점에서부터 그 보고가 조작된 허위임이 판명되어 삭제된 시점까지의 기간에 이 보고 내용이 부모의 VAERS로 넘어갔다면 그런 불일치가 생길 수밖에 없다고 했다. 내가 보기에는 이 설명이 매우 합리적이었고 따라서 대화는 금방 다른 주제로 넘어갔다.

그리고 그날 밤 늦은 시각에 나는 내가 발견한 사실을 리처드에게 알리면서 이 흥미로운 반전에 대해서 어떻게 생각하는지 물었다. 그는 FDA가 정확한 정보를 제공하고 있다는 사실을 선뜻 받아들이지 않았다. FDA의 그 담당자가 했던 말을 곧이곧대로 받아들이길 주저하면서, 그런 불일치 관련 문제를 모든 사람이 알고 또 이해할 수 있도록 VAERS 운영자들이 다른 사람들에게도 알리면 될 텐데 그렇게 하지 않은 이유가 무엇이겠느냐면서 나에게 되물었다. 그러고 보니 리처드의 그런 주장도 일리가 있었다. 그래서 다음날 나는 FDA의 그 IT 담당자에게 메일을 보내서, FDA라는 기관이 데이터 오염 문제를 공개하지 않는 이유가 무엇인지 물었다. 그러자 이런 대답이 돌아왔다.

"FDA는 외국 세력에 자신들이 휘둘린다는 사실을 그들에게 알리고 싶지 않아서 그런 문제를 공개하지 않는다."

확실히 일리가 있었다. 그래서 나는 그 내용을 리처드에게 전했다. 그러면 리처드도 마침내 부모의 VAERS보다 VAERS를 더 많이 신뢰하게 되리라고 기대했다. 하지만 내 기대는 어긋났다. 그는 보고된 사례를 삭제하는 것은 FDA의 잘못이며, 또 정확하게 무엇을 삭제했는지 명확하지 않으며, 따라서 정부와 해당 기관을 신뢰할 수 없다고 했다. 그 문제를 놓고 리처드와 내가 나눈 대화는 그걸로 끝났다.

그 대화를 통해서 나는 신뢰가 약해지고 나면(예컨대 FDA를 의심하기 시작하면) 아주 사소한 수준의 모호함이 남은 조치까지도 오신자들은 잘못된 행위가 이루어지고 있음을 입증하는 또 하나의 증거이자 또 불신의 근거라고 해석할 수 있음을 분명히 깨달았다.

안타깝게도 신뢰의 중요성은 신뢰를 잃은 뒤에야 매우 선명하게 드러난다. 모쪼록 바라건대, 신뢰가 얼마나 중요한지 우리 사회가 깨달으면 좋겠다. 더 많은 피해가 발생하기 전에 신뢰를 개선하기 위한 노력을 시작하면 좋겠다.

유용한 팁

신뢰를 연습하라

신뢰는 여러 가지 점에서 명상과 같다. 모두 연습과 관련 있고, 연습을 많이 하면 할수록 더 나은 결과를 얻을 수 있다. 즉 스트레스와 긴장이 심할 때는 주변 사람들이 한층 더 신뢰할 수 있고 통제력 있다고 느끼게 하는 방식으로 그들에 대한 신뢰를 높이면 긍정적인 파급 효과가 나타난다. 물론 쉬운 일은 아니다. 남을 믿지 말고 자기 문제는 자기 스스로 챙기라고 본능의 목소리가 속삭일 때는 특히 더 그렇다. 신뢰를 연습할 수 있는 몇 가지 간단한 방법을 소개하면 다음과 같다. 자기 자신을 취약하게 만들고 가까운 친구들에게 개인 정보를 더 많이 공개하라. 변호사를 불러서 공증하기보다는 당사자들끼리 악수를 나누는 것으로 계약을 마무리하라. 누군가와 밥을 먹고 난 다음에는 당신이 식사비를 계산하고, 상대방에게는 다음번에 만나면 그때 저녁을 사라고 말하라. 이 모든 것이 사소해 보일 수도 있고 또 실제로 그렇긴 하다. 그러나 신뢰를 연습할 때는 바로 이런 것이 가장 중요하다.

불신과 언론 :
책임의 문제

불신이 드높아지는 복잡한 세계를 탐구하기 시작한 것은 문제의 VAERS 사건이 일어나고 몇 주 후였다. 나는 대규모 의료기관에 소속된 어떤 의사와 대화를 나눴는데, 그때 우리는 의사들이 특히 팬데믹 기간에 얼마나 과로에 시달렸는지 그리고 병원으로서는 부담을 줄이기 위해서 무엇을 할 수 있는지 등을 화제로 삼았다. 그리고 그 대화를 끝내기 전에 나는 궁금증을 기어코 입 밖으로 꺼냈다. VAERS에 보고되지 않은 백신 부작용을 둘러싸고 온라인에 등장했던 그 무성한 말에 대해서는 어떻게 생각하는지 물은 것이다. 그런데 놀랍게도 그녀는 문제가 있다는 의견에 동의했다. 그러면서 자기가 있는 병원에서도 공식적으로 보고되지 않은 여러 부작용을 관찰했으며, 또 환자들로부터 관련 자료를 수집하고 있다고 말했다. 나는 그녀에게 그 자료를 나에게 공유해주면 내가 분석해서 사람들이 제기하는 질문에 대해 명확한 대답을 내놓을 수 있겠다면서, 그 자료를 나에게 달라고 부탁했다. 하지만 그녀는 그건 민감한 의료 자료이며, 이런 자료는 관련 정부 부처의 직원이나 공식적인 요청을 해오는 언론에만 공유할 수 있다고 했다.

그래도 나는 물러서지 않았다. 나는 어느 대형 신문사의 본사로 가서 편집장을 만났다. 그리고 그에게 문서로 보고되지 않은 백신 부작용에 대해 말한 뒤에, 그 신문사가 나서서 의사들이 가지고 있는 자료를 요청한 다음에 세상에 공표함으로써 백신 접종 현장에서 실제로 일어나는 일을 밝히고 또한 그렇게 함으로써 오신자들의 불신을 어

느 정도 씻어낼 수 있지 않겠느냐고 했다. 그러자 편집장은 과소보고
된 부작용에 대해서는 내가 하는 말이 옳을지도 모르지만 자기는 그
런 내용을 기사로 담아낼 생각은 전혀 없다고 말했다.

나는 신문사 편집장의 입에서 그런 말이 나오리라고는 전혀 예상
하지 않았기에 깜짝 놀랐다. 그게 내 얼굴에 고스란히 드러났던 모양
이다. 왜냐하면 편집장이 곧바로 그런 선택을 할 수밖에 없는 이유를
변명하듯이 황급히 설명했기 때문이다. 자기들이 어떤 기사를 쓰면,
오신자들이 공개된 그 정보를 비윤리적인 방식으로 왜곡하고 결국
기사가 허위조작 정보로 전락하고 말기에, 자기로서는 어쩔 수 없다
고 했다. 그것은 마치, 기사로 쓸 때 빚어질 허위조작 정보의 총량과
기사로 쓰지 않을 때 빚어질 거짓 정보의 총량을 놓고 어느 것이 중요
한지 따지는 것 같았다. (신문사가 그 이야기를 기사로 쓴다는 것은
자기 신문에 진실을 담는 일인 동시에 오신자에게 왜곡의 연료를 제
공하는 일이기도 하다.)

나는 무척 혼란스러웠다. 언론사의 사회적 책임성이라는 개념에
대해서도 도무지 확신이 서지 않았다. 언론의 책임은 어디까지일까?
진실을 공유하는 것으로 끝날까, 아니면 자기가 제공하는 정보가 독
자들 사이에서 정확하게 해석되도록 하는 것까지일까? 또 제공하는
정보를 사람들이 오용하거나 잘못 해석할 가능성에는 얼마나 큰 비
중을 두어야 할까? 이와 관련된 사회 전체 차원의 비용편익 분석을
해당 언론사가 책임져야 할까, 아니면 단지 진실을 담아서 인쇄하는
것만이 언론사가 할 일일까? 나는 편집장이 그 내용을 기사로 담아
내지 않는다는 사실에 실망했다. 하지만 나는 그의 말뜻은 잘 알았다.
솔직히 나는 내가 신문사의 편집장이 아니라는 사실에 마음이 놓이

고 행복하다.

이 이야기에 비추어 보자면, 불신과 거짓 정보는 스스로를 먹고 성장하는 게 확실하다. 신뢰가 낮은 상태에서는 무엇을 공유할 것인가에 관한 질문이 더욱 복잡해지고, 만약 사람이나 조직이 무엇을 공유할지를 두고 두려워하며 전략적으로 대응한다면 진실이 드러나고 신뢰가 회복될 가망은 거의 없다.

불신의 악순환이 시작된 다음에는 누군가가 이 악순환을 끊기 위해서 먼저 어떤 조치를 취해야 한다. 불신에 몰두하지 말고 신뢰 확장에 나서야 한다는 뜻이다. 사회적 관계에서 누가 먼저 첫 단추를 꿰어야 하는지에 대해서는 논의의 여지가 있다. 만일 정부가 개입된 경우라면 대답이 분명하다고 생각한다. 비대칭적인 권력 균형 상태에서는 권력을 가진 정부가 먼저 나서서 첫 단추를 꿰어야 한다.

동기를 파괴하는 관료주의의 재앙

신뢰라는 주제에서 다른 주제로 넘어가기 전에, 개인적으로 세상에서 가장 싫어하는 것 가운데 하나인 관료주의와 신뢰 사이의 관계에 대해서 잠깐 설명하겠다. 관료주의는 우리가 다른 사람을 신뢰하지 않음으로써 진화·발전하는 체제이다. 기관은 사람들이 특정 영역에서 벗어날 가능성을 줄이는 규칙을 만들지만, 관료주의를 추가하는 과정에서 규제하려는 사람들이 체제 전체에 대해 갖는 신뢰 수준이 떨어진다는 사실은 깨닫지 못한다. 관료주의가 증가할 때 사람들은 불신감을 느끼고, 따라서 규칙을 만드는 기관(주로 정부)에 대한 호감도가 떨어진다. 그 결과로, 더 많은 것이 잘못되고 그래서 더 많은 규칙이 만들어지는 악순환으로 인해 불신이 더욱 커진다. 관료주의는 특정한 규정의 특정한 사항 하나를 콕 찍어서 관리할 수 있을지 몰라도 사회의 전반적인 호의를 갉아먹고 또 기관과 제도를 개선하고 기여하려는 사람들의 선한 동기를 파괴한다. 하지만 안타깝게도 관료주의는 거의 모든 곳에서 늘어나고 있다.

유용한 팁

세심한 배려로 신뢰를 불러일으켜라

신뢰를 쌓으려면 자기의 이익보다 상대방의 이익을 기꺼이 우선시한다는 점을 상대방에게 보여야 한다. 이것과 관련된 사례 하나를 가정해보자. 어떤 레스토랑의 직원이 테이블에 다가와서 손님에게 무엇을 주문할지 묻는다. 손님은 생선을 먹고 싶다고 말한다. 그러자 직원은 오늘은 생선이 맛이 없다면서 치킨을 추천한다. 치킨이 값도 더 싸고 맛이 좋다고 덧붙인다. 자, 그럼 이제 이 직원이 같은 테이블에서 다르게 응대하는 상황을 상상해보자. 이번에는 이 직원이 생선 대신 스테이크를 추천한다. 가격은 생선의 두 배지만 끝내주는 요리라는 말을 덧붙인다. 각각의 테이블에 대해서 손님이 직원이 추천한 음식을 받아들일 가능성이 얼마나 될지 그리고 그 직원이 어떤 와인을 추천했을 때 이 추천을 받아들일 가능성이 얼마나 될지 측정하면 어떨까? 충분히 짐작할 수 있듯이 첫 번째 테이블의 손님이 직원의 조언을 따를 가능성이 훨씬 더 높다. 이유가 뭘까? 직원이 손님의 이익을 위해서 자기가 누릴 수 있는 효용 가운데서 어떤 것(전체 식사비 매출액 및 팁 액수)을 기꺼이 희생했기 때문이다. (10장에서 살펴봤던 '비용이 많이 드는 신호'를 상기하라.) 두 번째 경우에는 직원이 좋은 조언을 했을 수도 있지만 손님 입장에서는 직원이 자기를 돕는 것인지 자기가 직원을 돕는 것인지 알 수 없다. 신뢰를 쌓고 싶다면 먼저 당신이 자신보다 상대방의 편익을 먼저 생각한다는 사실을 가시적으로 보여줄 필요가 있다.

불신의
유혹

개인적으로 나는 늘 나 자신을 남을 잘 믿는 사람이라고 생각했다. 그러다가 몇 년 전에 나의 신뢰 성향에 의문을 품게 된 직업적 경험을 했다. 여기에는 내 친구의 친구인 클레어라는 여성이 관련되었는데, 나는 이 사람과 어떤 미디어 프로젝트를 함께하기로 했다. 그녀는 똑똑하고 창의적이고 유머가 넘쳤다. 그래서 나는 우리가 함께할 일을 고대했고, 다른 프로젝트 제안도 거절했다. 나는 내가 맡은 부분을 열심히 작업해서 많은 영상 콘텐츠를 제작했다. 그런데 그녀가 이 콘텐츠를 편집하면서 온갖 종류의 특수 효과를 넣었고, 그 바람에 전달하고자 하는 메시지가 왜곡되었다고 느꼈다. 우리는 작업을 진행하는 방식을 놓고 의견이 갈렸다. 그러다 결국 갈라섰고, 나는 그녀가 작업에 들였던 시간과 영상 편집자가 들였던 시간에 대한 비용을 지불했다. 소개업체에 지불하는 취소 수수료도 내가 물었다. 그런데 그때 이상한 상황이 벌어졌다. 간단하게만 말하면, 그녀는 영상 편집자에게 지불해야 한다면서 나에게 요구했던 금액을 그에게 지불하지 않았으며 취소 수수료라는 것도 애초에 없었다는 사실을 알게 됐다. 사실, 우리는 선금을 지급받았는데 그녀는 이런 정보도 내게 알리지 않았었다. 이런 사실에 나는 충격을 받았고, 내가 따지고 들자 그녀는 나를 피하려고 했다. 그런 모든 상황에 나는 혼란스러웠다. 결국 나는 그 문제를 그냥 없었던 걸로 하기로 했다.

그런데 불행하게도 그 경험의 찌꺼기를 치우기가 어려웠다. 누구에게나 한두 번쯤 신뢰를 짓밟히고 배신당한 경험이 있다. 그런데 대부분은 내가 첫 번째로 드러냈던 본능적인 반응과 똑같은 반응을 드러내지 않을까 싶다. 즉 사람들을 신뢰하는 자신의 모든 방식과 자기가 앞으로 당할 수도 있는 배신의 빌미가 될 모든 취약한 방식을 되짚어보는 것이다. 배신당한 연인의 사례에서처럼, 배신을 한 차례 겪고 나면 자신의 신뢰 경향 전반을 다시 생각하게 된다. 그 결과 어쩌면 다시는 그 누구도 깊이 신뢰해서는 안 되며 어떤 사업을 하든 간에 고용하거나 고용될 때는 계약서에 모든 사항을 꼼꼼하고도 철저하게 적어야겠다고 생각할 수도 있다. 이렇게 마음을 먹은 후에야 기분이 나아진다. 그제야 자기 미래가 더욱 예측 가능하고 통제 가능해 보인다.

며칠 뒤에 나는 깨진 신뢰라는 주제를 놓고 다시 한번 생각했다. 나는 다시는 그 누구도 믿지 않고 무슨 일을 하든 늘 변호사와 계약서를 이용하기로 마음먹었었다. 그러나 이 접근법을 실행하기 전에 비용편익 분석을 조금 더 신중하게 해야겠다고 생각했다. 어쨌거나 좋은 결정을 내리는 것이 내 전문 분야이니까 말이다.

나는 스스로에게 물었다.

'함께 일하는 모든 사람을 너무 많이, 어쩌면 너무도 많이 신뢰한

바람에 지난 긴 세월 동안에 내가 얻은 것은 무엇이고 잃은 것은 무엇일까?'

손실은 분명했다. 주로 클레어와 관련된 것이었고, 금전적인 문제가 걸렸던 몇 가지 일이 있었고, 또 가슴 아픈 일도 몇 가지 있었다. 그러나 흥미로운 점이 있었다. 신뢰의 단점은 매우 분명했지만 그것의 이점과 장점은 어쩐지 딱 꼬집어서 뭐라고 말하기가 어려웠다. 나는 함께 일했던 모든 사람과 그들에게 내가 가졌던 신뢰에 대해 생각하기 시작했다. (나는 보통 함께 일하는 사람들에게 이렇게 말한다. "나는 당신을 완전히 신뢰한다. 이 프로젝트가 끝날 때까지 나에게 따로 보고하지 않아도 된다. 그렇지만 내 도움이 필요할 때는 언제든 말해라. 내가 도와줄 것이다.") 확실히 나는 사람들에게 보인 이런 신뢰 덕분에 많은 이득을 얻었다. 우리는 더 많은 프로젝트를 한층 더 효율적으로 처리했고, 사람들은 한층 더 높은 동기부여를 받았으며, 더 많이 즐거웠고, 또 우리는 관료적 부담감에 짓눌리지도 않았다. 신뢰가 가져다주는 이득은 분명하지도 않고 측정하기도 어렵지만, 신뢰를 포기할 때 어떤 일이 일어날지는 분명했다. 혹시 일어날 수도 있는 배신행위로부터 나를 보호할 수야 있겠지만, 신뢰가 가져다주는 그 놀라운 혜택은 모두 사라져버린다.

나는 신뢰 덕분에 얻을 이득이 신뢰 때문에 잃을 비용보다 훨씬 더 크다고 판단했다. 클레어와의 경험이 고통스러웠지만, 그건 프로젝트 진행 비용으로 바라보고 신뢰라는 아기는 목욕물과 함께 버리지 않아야 했다.

나는 이 교훈을 전체 사회 차원에도 얼마든지 적용할 수 있다고 생각한다. 신뢰를 찾아보기가 점점 더 어려워지는 세상에 직면하면 신리를 철회하고 자신을 보호할 방법을 찾고 싶다는 유혹에 빠질 수 있다. 그러나 우리가 깨닫지 못하는 진실이 있다. 신뢰를 포기하면 한층 더 큰 파급 효과를 만드는 셈이 되어 사회 전체의 신뢰가 떨어진다는 것이다.

기업이(혹은 더 나쁘게는 정부가) 신뢰를 포기할 때 사람들을 하나로 이어주는 가장 중요한 연결성 구조 가운데 하나가 손상된다. 물론 특정한 활동에 대한 신뢰를 포기하면 그 활동의 남용이 줄어들기는 할 것이다. 그러나 한층 더 큰 그림에서 보자면 이것이 결국에는 전반적인 신뢰 감소로 이어지고, 더 나아가 선의와 협력의 감소로 이어질 가능성이 높다.

신뢰를 포기하면 단기적으로는 기분이 좋아지지만 장기적으로는 부정적인 결과가 나타난다. 사람은 집단으로 또 사회로 존재할 때 함께 놀라운 일을 해낼 수 있다. 그러나 집단 공동의 목표를 이루기 위해서 협력하겠다는 사람들의 동기는 대체로 신뢰의 존재 여부에 따라서 달라진다. 그러므로 오늘날 개인이나 기관이 맞닥뜨린 어려운 문제는, 어떻게 하면 신뢰를 포기해야 한다는 방어적인 본능을 물리치면서 더 큰 이익을 위해서 신뢰를 확대할 수 있을까 하는 것이다. 우리 사회가 극복해야 할 커다란 과제가 많은데 그 가운데 하나가 신뢰의 위기이다. 이 잘못된 믿음의 물결을 막으려면 이 위기에 정면으로 맞서야 한다.

Chapter 12

그럼에도 우리가 서로를
믿어야 하는 이유를 찾는다면

해결책은 거의 언제나 당신이 전혀 예상하지 않았던 방향에서 나
오죠. 그러니까 그 방향을 들여다보려고 애써봐야 소용없다는 뜻
입니다. 왜냐하면, 그래 봐야 거기에서는 아무것도 나오지 않을 테
니까요.
— 더글러스 애덤스(Douglas Adams), 《의심의 연어(The Salmon of Doubt)》

"댄, 여름 잘 보내고 있어? 요즘은 무슨 일을 해?"

2022년 여름에 나는 친구들에게서 이런 질문을 많이 받았다. 그리
고 이어지는 대화는 늘 이런 식이었다.

나 : 코로나가 가짜라고 믿는 사람들이나 이런저런 음모론 그리고
잘못된 믿음의 전체 과정을 전반적으로 이해하려 노력하고 또 이런
주제에 대해서 글을 쓰려고 해. 사람들이 잘못된 믿음을 가질 때 과

학이나 온갖 기관이나 정부나 언론에 대한 신뢰를 잃어버리잖아.

친구 : 왜 그런 일에 아까운 시간을 낭비해? 코로나가 끝났다는 얘기 아직도 못 들었어? 코로나가 가짜라는 사람들이 이제는 없잖아.

나 : 그 말에 반은 동의하고 반은 반대해. 팬데믹이 어느 정도는 끝났어, 맞아. 하지만 잘못된 믿음이 사회에 미치는 충격은 여전히 매우 강력하거든. 이런 걸 한번 생각해봐. 잘못된 믿음의 길로 들어가서 오랜 기간 거짓 서사에 모든 걸 걸었던 사람이 어느 날 갑자기 "그래 좋아, 내가 틀렸어. 내가 그동안 저지른 실수에 대해서는 미안하게 생각해. 그러니까 그건 그냥 넘어가자"라고 말하기가 얼마나 어렵겠어? 어쨌거나 그 사람들로서는 엄청나게 많은 시간과 에너지를 거기에 쏟아부었잖아. 그러니 그 효과는 단지 개인적인 차원에서 그치지 않고 오신자들의 사회적 구조에도 심대한 변화를 미쳤을 거야. 그런데 그 사람들이 쉽게 그냥 넘어가겠어? 자네 생각에는 그럴 것 같아?

친구 : 글쎄, 내 눈에는 그런 사람들이 이제는 안 보이는데….

나 : 아냐, 내 말이 맞아. 그 사람들은 지금도 여전히 우리 주변에 있어. 인지부조화라는 개념이 일러주듯이, 그 사람들은 자기 믿음에 한층 더 전념하고 또 이것을 확대해나가고 있어.

이런 내용이 여러 명의 친구와 나누는 대화에서 똑같이 반복된다는 사실에서 나는 그들이 잘못된 믿음의 깔때기에서 비롯되는 효과를, 즉 잘못된 믿음이 사람들을 얼마나 깊이 바꾸어놓는지, 잘못된 믿음이 사람들에게 얼마나 높은 수준의 충성과 헌신을 강요하는지, 또 잘못된 믿음에서 벗어나기가 얼마나 어려운지 전혀 알지 못하는 게 분명하다고 생각했다. 이제 이 책이 거의 끝나가는 지점에 와 있으므로, 나는 말할 것도 없고 당신도 잘못된 믿음의 깔때기를 구성하는 요소를 더 잘 알게 되었기를 기대한다. 감정적 요소, 인지적 요소, 성격적 요소 그리고 사회적 요소. 이 모든 요소가 각각 자기 역할을 수행하면서 서로를 증폭하고 강화함으로써 잘못된 믿음의 과정은 가속된다.

이 모든 것을 이해하고 나면 잘못된 믿음이라는 문제에 대한 장엄한 해결책이 저절로 우리 앞에 뚝 떨어질까? 안타깝게도 그렇지는 않다. 하지만 그 과정을 통해 잘못된 믿음의 깔때기에 맞서 싸울 여러 가지 방법이 드러난다고 믿는다. 이번 여정을 통해 내가 바라는 바는 다음과 같다.

첫째, 잘못된 믿음의 심리학을 제법 깊이 탐구했으니 잘못된 믿음이 초래하는 위험과 그 현상의 범위에 대해 조금이나마 알 수 있었기를 바란다.

둘째, 믿는 것과 믿지 않는 것을 결정할 때 좀 더 신중하게 판단할 수 있도록 이 책이 유용한 지침이 되어주면 좋겠다. 자신의 길 앞에 놓일 수 있는 함정에 빠지지 않도록.

셋째, 주변에 있는 사람이 이러한 함정에 빠지지 않도록 돕는 데 도움이 되기를 바란다.

넷째, 보다 일반적으로는 이 책이 우리가 인간 본성의 복잡성을 생각하는 데 도움이 되면 좋겠다. 한편으로 인간의 본성이 환상적이고 매혹적이라는 점에는 의심의 여지가 없다. 우리는 특별하고 비범한 일을 할 수 있다. 그러나 다른 한편으로 우리는 자기 자신과 세상에 엄청난 피해를 줄 수도 있다.

다섯째, 이 책을 통해서 신뢰의 중요성과 신뢰 부족이 사회에 미치는 영향에 대한 우리의 인식이 깊어지기를 바란다.

슈퍼맨에게서
희망을 찾아야 하는 까닭

신뢰의 위기와 거짓 정보의 확산을 촉발하는 구조적·사회적 문제를 놓고 너무 오래 생각하다 보면 절망하기 쉽다. 이렇게 절망한 사람이 이번에는 컴퓨터를 켜고 진짜인 것 같고 신뢰할 수 있으며 각자의 개성에 맞게 설계된 잘못된 정보를 만들어낼 수 있는 새로운 인공지능 기술에 대한 최신 뉴스를 읽는다. 이제는 거짓을 퍼트리는 일이 과거 그 어느 때보다 싸고 쉬우며 또 확장성도 크다. 과연 우리는 이런 상황을 통제할 수 있을까? 물론 몇몇 기술회사가 더 나은 지침을 만들기도 하고 가짜뉴스를 찾아내는 역량을 높이려고 노력하겠지만, 그래 봐야 두더지 잡기 게임이나 비슷하다. 때려도 때려도 끝없이 튀어나오는 두더지를 어떻게 이긴단 말인가! 바로 그렇기 때문에 우리는 그 문제의 인간적인 측면에 한층 더 많은 관심을 기울여야 한다. 즉 인간 내면에서 이루어지는 잘못된 믿음의 여정을 이해하고 자신과 사랑하는 사람 그리고 사회의 여러 집단에서 잘못된 믿음을 해소하는 일에 한층 더 많은 관심을 기울여야 한다는 말이다. 내가 희망을 찾는 곳은 바로 인간이다. 이렇게 해서 내가 가장 좋아하는 슈퍼맨이 등장한다.

슈퍼맨에 대해 잠깐 생각해보자. 좀 더 구체적으로 말하면, 일반인의 능력과 비교되는 슈퍼맨의 능력을 생각해보자. 자, 일반인과 슈퍼맨의 능력을 비교하는 도표를 만든다고 치자. 이 도표에서 왼쪽 열은 슈퍼맨의 기술로 채워지고, 오른쪽 열은 각각 그에 대응하는 인간의 기술로 채워진다. 슈퍼맨 항목에는 날 수 있다, 어둠 속에서도 사물을 볼 수 있다, 매우 빠르게 달릴 수 있다, 오랫동안 서 있을 수 있다, 뜨거운 열을 견딜 수 있다, 얼어붙는 추위를 견딜 수 있다, 먼 거리에서 나는 소리도 들을 수 있다, 모든 것을 기억할 수 있다, 운전할 때 전화벨이 울려도 전화를 받지 않을 참을성이 있다 등과 같은 특성으로 채울 수 있다. 그런데 이 각각의 능력에 대응하는 인간의 기술은 어떤 내용으로 채울 수 있을까? 아마도 이럴 것이다. 없다, 없다, 없다, 없다, 없다, 없다, 없다…. 그리고 가끔은 '조금'이 있을지도 모르겠다.

슈퍼맨과 평범한 인간을 비교하면 실망할 수밖에 없겠지만, 이 비교를 바라보는 또 다른 관점이 있다. 지난 300여 년 동안 인간의 능력은 슈퍼맨의 능력에 훨씬 가깝게 다가섰다. 인간의 타고난 능력이 아니라 우리가 지금 할 수 있는 일을 보면 그동안 인간이 엄청난 발전을 이루었음은 분명하다. 이제 우리는 하늘을 날아서 먼 거리를 횡단할 수 있고, 육지에서도 매우 빠르게 이동할 수 있으며, 안락한 의자와 소파에 여러 시간 동안 앉아 있을 수도 있다. 에어컨과 선풍기를 발명했고, 난방 시스템과 따뜻한 옷도 있다. 마이크와 확성기와 전화기가 있으며, 화상회의도 할 수 있다. 심지어 모든 것을 기억하도록 도와주는 온갖 앱도 있다. 운전하면서 문자를 보내는 행위에 대해서는 아직 나아진 게 없긴 하지만.

이런 목록만이 아니라 슈퍼맨과 인간이 각자의 능력에 다다른 방식의 차이점을 생각해보면, 인간은 자기가 타고난 능력을 개선해서 현재의 능력에 도달한 것은 분명히 아니다. 사실 개인의 육체적 능력으로 보자면 우리는 예전보다 조금은 더 느려지고 약해졌다. 인간은 타고난 기술이 아니라 주변 기술들의 한계를 열어나가는 방식으로 슈퍼맨의 능력에 가까이 다가섰다.

기본적으로 인간의 육체는 연약하지만 인간의 기술은 우리에게 슈퍼맨에 버금가는 능력을 제공한다. 당신이 지금 앉아 있는 의자만 봐도 그렇다. 등받이, 팔걸이, 바퀴 디자인 등을 놓고 누군가가 많은 고민을 했을 것이다. 수많은 디자이너와 엔지니어는 사용자가 오랫동안 편안하게 앉아 있으려면 어떤 쿠션이 허리에 가장 잘 맞는지 수백 시간 동안 고민했을 것이다. 물론 인간의 능력을 드높이는 방식으로 환경을 설계하려는 인간의 노력은 의자를 넘어서 훨씬 더 넓은 대상으로 확장된다. 슈퍼맨의 능력을 추구하겠다는 노력 속에서 인간은 온갖 것을 발명했고 또 지금도 계속해서 그렇게 하고 있다. (머지않아서 슈퍼마켓에 장보기 심부름을 보낼 수 있는 개인용 드론이 나올 것이다.)

물리적 환경을 개선하는 과정에서 우리 삶은 훨씬 흥미로워졌고 기대수명도 늘어났다. 그러나 우리가 살아가는 삶은 훨씬 더 복잡해졌고 그 결과, 이제 우리는 지금까지 해온 것보다 훨씬 무거운 짐을 자신의 인지 시스템에 지울 수밖에 없다. 사바나에 살았던 석기시대의 인류 조상을 생각해보라. 그들은 은퇴니 금전적인 투자니 자녀 교육이니 신뢰할 수 있는 언론사니 하는 따위의 의사결정은 하지 않아도 됐다. 암호화폐를 구매해야 할지, 여러 가지 대체의학 치료법 가운데 어떤 것을 선택해야 할지, 이케아 서랍장 조립 설명서 내용을 어떻게 이해해야 할지 따위는 전혀 고민하지 않았다.

오해는 하지 마라. 현대의 생활은 놀랍고 이 시대에 산다는 건 매일

특권을 누린다는 뜻이다. 그러나 그와 동시에, 현대의 환경 때문에 날마다 내려야 하는 여러 결정의 복잡성이 엄청나게 늘어났다는 사실도 인정해야 한다. 그리고 이런 조건 때문에 때때로 우리는 최선이 아닌 차선의 결정을 내린다.

인간이 현대적인 환경에서 비롯되는 복잡성과 양립할 수 없다는 사실을 전제로 한다면, 지금 우리는 무엇을 해야 할까? 우리는 어떤 방식으로 앞으로 나아가야 할까? 바로 이 지점에서 슈퍼맨 비유가 유용하다. 사람들에게 추위를 너끈하게 견디는 신체를 만들라고 요구하는 대신에 스웨터와 난방 시스템을 만드는 것과 마찬가지로, 복잡한 정보 앞에서 언제나 올바른 결정을 내리기를 기대해서는 안 된다. 인간이 가진 신체적 한계를 극복하기 위해서 스웨터와 난방 시스템을 발명한 것과 마찬가지로 정신적 한계를 극복하는 데 도움이 되는 기술을 발명해야 한다. 물론, 사람들이 완벽하게 합리적이고 모든 사람이 항상 완벽한 결정을 내릴 것이라고 가정할 수는 있지만, 이런 가정은 인간이 신체적으로 완벽한 슈퍼맨이 될 수 있다고 가정하는 것만큼이나 무의미하다. 만일 우리가 인간의 한계와 부조리함을 인정한다면, 우리 신체를 위해서 그랬던 것처럼 우리 정신과 마음을 위해서도 비행기, 자전거, 목발, 베개에 해당하는 것을 만들 수 있으며 또 이러한 것들을 통해서 한층 더 높은 수준의 성과를 달성할 수 있다. 마지막 사례로, 자동차 운전을 하는 도중에 저지를 수도 있는 치명적인 실수를 줄이기 위해서 얼마나 많은 기능을 자동차에 덧붙였는지 생각해보라. 우선 깜깜한 어둠 속에서도 전방의 사물을 볼 수 있는 전조등이 있다. 고개를 돌리지 않고도 측방과 후방을 볼 수 있는 사이드미러와 백미러가 있다. 이 거울이 포착하지 못하는 사각지대는 별도의 모니터로 볼 수 있다. 깜박 졸다가 다른 차선으로 넘어가는 경우에 대비해서 차선 감지기도 설치했다. 현재의 주행속도를 확인할 수 있는 속도계도 있다. 안전벨트를 착용하는 중요한 일을 까먹은 사람에게는 짜증 나는 경고음으로 안전벨트를 매게 해준다. 자동차에서 볼 수 있는 거의 모든 기능은 시행착오를 통해서(즉 숱한 실수를 통해서) 탄생했다. 이런 기능 없이 자동차를 운전한 사람들은 실수를 저질렀고, 그 과정에서 다른 사람을 죽이거나 다치게 했다. 자동차 회사에서 일하는 놀랍도록 유능한 기술자들은 이런 특정한 실수를 저지르는 경향성을 줄이기 위해서 새로운 기능을 고안해냈다. 기본적으로 이런 기능은 우리를 우리 자신으로부터 보호한다.

이와 동일한 접근 방식은 우리 삶을 구성하는 또 다른 복잡한 영역(금융, 의료, 건강, 인간관계, 교육 등)에서도 중요하며 또 허위조작정보와 신뢰라는 영역에서도 중요하다. 웹사이트나 뉴스 매체, 과학 잡지나 정부 산하기관이나 소셜미디어 플랫폼에 정보를 공유하면 사람들이 이 정보에 합리적으로 반응할 것이라고 생각하기 쉽다. 이쯤 되면 당신도 이것이 깜깜한 어둠 속에서도 사람이 앞을 볼 수 있다고 가정하는 것만큼이나 일리 있는 말이라는 데 동의할 것이다. 그러는 대신 우리는 우리 인간의 한계를 깊이 이해하고, 우리에게 불리하게 작용하는 것이 아니라 우리에게 도움이 되는 도구를 구축해야 한다. 지금까지 삶의 여러 영역에서 그렇게 해왔으니 이 영역에서도 얼마든지 그렇게 할 수 있다. 이것이 내가 이 문제에 관한 한 낙관적일 수 있는 이유이다. 하지만 앞으로의 여정이 쉬우리라는 뜻은 아니다. 주변 환경이 우리의 정신과 심리가 작동하는 방식을 더욱 지지하도록 만들 수 있으며, 또 그럼으로써 지금보다 훨씬 더 나은 결과를 얼마든지 얻을 수 있으리라는 뜻이다.

결론

그렇다면 이제 나에게 주어진 선택지는 무엇일까? 앞에서도 말했지만 슈퍼맨에게서 영감을 받은 나는 낙관적이다. 하지만 개인적 차원에서 나는 인간 본성과 잘못된 믿음과 신뢰에 대해 배우고 경험한 모든 것을 붙잡고 씨름하면서 가던 길을 계속해서 걸어갈 것이다. 지난 몇 년 동안 나는 오신자들과 너무 많은 시간을 보냈고 또 거의 날마다 무자비하게 공격을 받았고, 그 바람에 나의 행복과 회복탄력성과 전반적인 낙관주의는 큰 영향을 받았다. 만약 10년 전에 누가 나에게 불신과 거짓 정보가 커다란 쟁점이 될 수 있겠느냐고 물었다면 아마 나는 그런 것은 그다지 긴급한 문제가 아니라면서 고개를 저었을 것이다. 그러나 이제는 다르다. 그 문제는 내가 다루어야 할 주제 목록에서 맨 위에 놓여 있다. 이제 나는 거짓 정보를 정확한 정보만 제공하면 금방 바로잡을 수 있는 부정확성으로 바라보지 않고, 사람을 크게 바꾸어놓아서 흔히 돌아올 수 없는 지점까지 몰아넣는 부식성 강한 허위로 바라본다. 나는 이것이 우리가 함께 힘을 합쳐 당면한 큰 과제를 해결하는 능력에 대한 실질적인 위협이라고 생각한다.

때때로 우리의 삶에서 작용하는 여러 힘과 잘못된 믿음의 깔때기가 수행하는 거대한 역할은 극복하기는커녕 감당하기에도 너무 크고 어마어마해 보인다. 그러나 인류는 여러 면에서 발전해왔으며 수많은 장애물을 극복해왔다. 그러니 이런 문제도 얼마든지 극복할 수 있다. 새로운 기술이 발명되면 처음에는 여러 가지 의심스러운 방식으로 사용되곤 하지만, 우리는 배우고 고쳐나간다. 물론, 잘못된 믿음의 깔때기는 기술이 아니라 인간 심리의 여러 과정과 외부의 여러 요소 및 기술이 복잡하게 얽힌 문제이다. 따라서 이것을 고치기란 매우 복잡하고 어려울 수밖에 없다. 단순히 소셜미디어 플랫폼을 올바른 방향으로 고치는 것보다 훨씬 더 복잡하다.

이 책 전체에서 살펴본 것처럼 그 문제를 완화하기 위해 할 수 있는 일이 많다. 그러나 아직 무엇을 어떻게 해야 할지 모르는 일이 더 많다. 바라건대, 신뢰의 중요성 그리고 잘못된 믿음의 깔때기에서 비롯되는 파괴적인 영향을 인식함으로써 올바른 방향으로 나아가기 위한 중요한 조치를 취할 의지와 힘이 생기면 좋겠다. 또, 잘못된 믿음에 녹아 있는 한층 더 깊은 인간 심리를 이해함으로써 사람들 사이에 존재하는 인식의 격차를 해소하고 협력할 방법을 찾을 수 있기를 바란다. 아닌 게 아니라 나만 봐도 그렇지 않은가? 오신자들은 나를 악마로 만들었지만, 나는 나를 악마로 만든 그들을 인간적으로 교화하고 또 어느 정도까지는 이해하고 공감할 수 있었다. 이것만으로도 내가 낙관적인 태도를 가질 근거는 충분하다.

감사의 말

나는 추수감사절 기간에 이 글을 쓰고 있다. 추수감사절은 전반적인 삶에 고마움을 느끼기에 그리고 특별히 이 책이 나오기까지 도움을 준 분들에게 고마운 마음을 느끼기에 좋은 시기이다.

이 어렵고 복잡한 시기를 크게 다치지 않고 무사히 지나오게 해준 초능력자 가운데 한 명이 리론 프루메르만이었다. 리론과 나는 한동안 친구로 지냈는데, 나를 노리는 공격이 늘어나기 시작하자 그녀는 그 공격을 직접 몸으로 막아냈다. 소셜미디어 현장을 두루 모니터링하면서 내가 꼭 알아야겠다 싶은 것만 추려서 전달해주었고, 많은 온라인 집단에 가입해 여러 시위에 참여했으며 또 오신자 한 명과 데이트를 하는 일까지 기꺼이 했다. 이 모든 면에서 그녀는 내 회복력의 주된 원천이었을 뿐 아니라, 잘못된 믿음의 세상을 이해하는 과정을 가까이에서 도왔다. 잘못된 믿음의 세상을 탐구하는 그 복잡한 여정에서 그녀보다 더 나은 친구이자 동료는 있을 수 없다.

잘못된 믿음의 세상 안으로 뛰어들었던 경험은 복잡하고도 지저분했는데, 엘렌 데일리는 내가 이런저런 발상을 다듬고 또 우아함과 유머로 그것을 선명하게 드러내도록 도왔을 뿐 아니라, 내가 겪은 지저분한 경험을 분류하고 정리하는 데도 도움을 주었다. 이제 와서 생각하면, 그녀는 나의 치료사 역할도 함께 했던 것 같은데, 이 점이 특별히 고맙다. 아무리 생각해도 그 모험을 함께해나갈 파트너로서 그녀보다 더 나은 사람을 상상할 수 없다. 딱 하나 아쉬운 게 있다면, 우리가 직접 함께 부대끼면서 더 많은 시간을 보내지 못한 것이다. 또 맨처음 이 책을 쓰라고 권하고 또 이 책의 접근법에 대해 도움말을 주었던 탈리아 크론에게도 고맙다는 인사를 하고 싶다. 데이나 킨들러는 배경 조사 작업에서 많은 도움을 주었고, 너새니얼 바와 벤 헬러는 매우 유용한 피드백과 아이디어를 제공했다. 그리고 로템 슈와츠는 아름다운 도표를 만들어주었다. 모두 고맙다.

늘 그렇듯이, 여러 해 동안 직업적인 일에서만이 아니라 개인 생활에서도 나를 도와주는 놀라운 친구이자 에이전트인 짐 레빈에게 고맙다는 인사를 하고 싶다. 편집자인 맷 하퍼와 그 외 하퍼콜린스 출판사의 여러 친구들도 모두 고맙다.

이 책에서 인용한 여러 연구를 수행한 연구자들에게는 특별한 감사 인사를 드린다. 그들의 연구는 통찰력이 넘치고 유익해서, 이 복잡한 현상을 이해하는 데 도움이 되었다. 또한 이 책에 포함된 연구뿐 아니라 듀크대학교에서의 내 일상을 흥미롭고 재미있게 유지해준 고급통찰센터의 유능한 직원들에게도 고마운 마음을 전한다.

이 책과 구체적인 관련은 없지만 하루하루를 마법의 날처럼 만들어준 두 사람인 메건 호거티와 이파 헤르모니에게 감사의 말씀을 전하고 싶다. 내가 보기에 내 인생의 멋진 것 가운데 많은 것이 두 사람 덕분이다. 깊은 감사와 사랑을 보낸다.

마지막으로, 나를 위해 소중한 시간을 내어준 모든 사람에게 고마운 마음을 전한다. 내 발상을 귀 기울여 들어준 사람도 있고, 이 세상에서 일어나는 일을 바라보는 각자의 관점을 내가 이해하도록 도와준 사람도 있다. 또 특히 몇 시간씩 대화하며 자기 견해와 관점을 속속들이 알려주고 내 의견에 반박했던(그리고 때로는 나를 비난하기도 했던) 여러 많은 오신자에게도 고마운 마음을 전한다. 기꺼이 나와 소통하고 우리가 살아가는 이 복잡한 세상을 내가 잘 이해하도록 도와준 당신들, 정말 고맙다.

비이성적인 마음을 담아,
댄 애리얼리.

참고문헌

서문

Anandi Mani, Sendhil Mullainathan, Eldar Shafir & Jiaying Zhao, "Poverty Impedes Cognitive Function", *Science* (August 30, 2013).

Chapter 1~2

[도표-1]은 다음을 토대로 했다. Adam Enders, Christina Farhart, Joanne Miller, Joseph Uscinski, Kyle Saunders & Hugo Drochon, "Are Republicans and Conservatives More Likely to Believe Conspiracy Theories?", *Political Behavior* (2022).

Jonathan Haidt, *The Righteous Mind: Why Good People Are Divided by Politics and Religion* (New York: Pantheon, 2012).

Misinformation to promote political agendas in 2017: Sam Levin, "Fake News for Liberals: Misinformation Starts to Lean Left Under Trump", *Guardian* (February 6, 2017).

Michael Shermer, *Conspiracy: Why the Rational Believe the Irrational* (Baltimore: Johns Hopkins University Press, 2022).

Harry Frankfurt, *On Bullshit* (Princeton, NJ: Princeton University Press, 2005).

Mikey Biddlestone, Ricky Green, Aleksandra Cichocka, Karen Douglas & Robbie Sutton, "A Systematic Review and Meta-analytic Synthesis of the Motives Associated with Conspiracy Beliefs", PsyArXiv (2022).

Jan-Willem van Prooijen, "Psychological Benefits of Believing Conspiracy Theories", *Current Opinion in Psychology* (2022).

Karen Douglas & Robbie Sutton, "Why Conspiracy Theories Matter: A Social

Psychological Analysis", *European Review of Social Psychology* (2018).

Daniel Sullivan, Mark Landau & Zachary Rothschild, "An Existential Function of Enemyship: Evidence That People Attribute Influence to Personal and Political Enemies to Compensate for Threats to Control", *Journal of Personality and Social Psychology* (2010).

Chapter 3~4

Shira Hebel-Sela, Anna Stefaniak, Daan Vandermeulen, Eli Adler, Boaz Hameiri & Eran Halperin, "Are Societies in Conflict More Susceptible to Believe in COVID-19 Conspiracy Theories? A 66 Nation Study", *Peace and Conflict: Journal of Peace Psychology* (published online, 2022).

Donald Dutton & Arthur Aron, "Some Evidence for Heightened Sexual Attraction Under Conditions of High Anxiety", *Journal of Personality and Social Psychology* (1974).

Martin Seligman & Steven Maier, "Failure to Escape Traumatic Shock", *Journal of Experimental Psychology* (1967).

Anandi Mani, Sendhil Mullainathan, Eldar Shafir & Jiaying Zhao, "Poverty Impedes Cognitive Function", *Science* (2013).

Eileen Chou, Bidhan Parmar, & Adam Galinsky, "Economic Insecurity Increases Physical Pain", *Psychological Science* (2016).

Jon Jachimowicz, Salah Chafik, Sabeth Munrat, Jaideep Prabhu & Elke Weber, "Community Trust Reduces Myopic Decisions of Low-Income Individuals", *Proceedings of the National Academy of Sciences of the United States of America* (2017).

Jon Jachimowicz, Barnabas Szaszi, Marcel Lukas, David Smerdon, Jaideep Prabhu & Elke Weber, "Higher Economic Inequality Intensifies the Financial Hardship of People Living in Poverty by Fraying the Community Buffer", *Nature Human Behaviour* (2020).

Joshua Kalla & David Broockman, "Reducing Exclusionary Attitudes Through Interpersonal Conversation: Evidence from Three Field Experiments", *American Political Science Review* (2020).

Kurt Gray & Daniel Wegner, "The Sting of Intentional Pain", *Psychological Science* (2008).

Real Time with Bill Maher, HBO, Season 19, Episode 31 (October 22, 2021).

Clive Thompson, "QAnon Is like a Game—Most Dangerous Game", *Wired* (September 22, 2020).

Reed Berkowitz, "QAnon Resembles the Games I Design. But for Believers, There Is No Winning", *Washington Post* (May 11, 2021).

Karen Douglas, Robbie Sutton & Aleksandra Cichocka, "The Psychology of Conspiracy Theories", *Current Directions in Psychological Science* (2017).

Stephan Lewandowsky & John Cook, "The Conspiracy Theory Handbook", *Skeptical Science* (2020).

Michael Butter & Peter Knight, eds., *Routledge Handbook of Conspiracy Theories* (London: Routledge, 2020).

Chapter 5~6

Andy Norman, *Mental Immunity: Infectious Ideas, Mind-Parasites, and the Search for a Better Way to Think* (New York: Harper Wave, 2021).

Ruth Appel, Jon Roozenbeek, Rebecca Rayburn-Reeves, Jonathan Corbin, Josh Compton & Sander van der Linden, "Psychological Inoculation Improves Resilience Against Misinformation on Social Media", *Science Advances* (2022).

About the Socratic Method: Leonard Nelson, "The Socratic Method", *Thinking: The Journal of Philosophy for Children* (1980).

Peter Wason, "Reasoning About a Rule", *Quarterly Journal of Experimental Psychology* (1968).

Peter Johnson-Laird & Peter Wason, eds., *Thinking: Readings in Cognitive Science* (Cambridge, UK: Cambridge University Press, 1977).

Julia Galef, *The Scout Mindset: Why Some People See Things Clearly and Others Don't* (New York: Portfolio/Penguin, 2021).

Donato Paolo Mancini, "Cheap Antiparasitic Could Cut Chance of Covid-19 Deaths by Up to 75%", *Financial Times* (January 20, 2021).

Jaimy Lee, " 'You Will Not Believe What I've Just Found.' Inside the Ivermectin

Saga: A Hacked Password, Mysterious Websites and Faulty Data", *MarketWatch* (February 7, 2022).

Troy Campbell & Aaron Kay, "Solution Aversion: On the Relation Between Ideology and Motivated Disbelief", *Journal of Personality and Social Psychology* (2014).

Rebecca Lawson, "The Science of Cycology: Failures to Understand How Everyday Objects Work", *Memory & Cognition* (2006).

Leonid Rozenblit & Frank Keil, "The Misunderstood Limits of Folk Science: An Illusion of Explanatory Depth", *Cognitive Science* (2002).

Ethan Meyers, Jeremy Gretton, Joshua Budge, Jonathan Fugelsang & Derek Koehler, "Broad Effects of Shallow Understanding: Explaining an Unrelated Phenomenon Exposes the Illusion of Explanatory Depth", working paper, Yale University (2023).

Benjamin Lyons, Jacob Montgomery, Andrew Guess, Brendan Nyhan & Jason Reifler, "Overconfidence in News Judgments Is Associated with False News Susceptibility", *Proceedings of the National Academy of Sciences of the United States of America* (2021).

Petter Johansson, Lars Hall, Sverker Sikstrom & Andreas Olsson, "Failure to Detect Mismatches Between Intention and Outcome in a Simple Decision Task", *Science* (October 7, 2005).

Gordon Pennycook, James Allan Cheyne, Derek Koehler & Jonathan Fugelsang, "On the Belief That Beliefs Should Change According to Evidence: Implications for Conspiratorial, Moral, Paranormal, Political, Religious, and Science Beliefs", *Judgment and Decision Making* (2020).

Gordon Pennycook, Jabin Binnendyk & David Rand, "Overconfidently Conspiratorial: Conspiracy Believers Are Dispositionally Overconfident and Massively Overestimate How Much Others Agree with Them", working paper, University of Regina (2022).

Nicholas Light, Philip Fernbach, Nathaniel Rabb, Mugur Geana & Steven Sloman, "Knowledge Overconfidence Is Associated with Anti-Consensus Views on Controversial Scientific Issues", *Science Advances* (2022).

Chapter 7~8

Susan Clancy, Richard McNally, Daniel Schacter, Mark Lenzenweger & Roger Pitman, "Memory Distortion in People Reporting Abduction by Aliens", *Journal of Abnormal Psychology* (2002).

"Sleep Paralysis: Symptoms, Causes, and Treatment", *The Sleep Foundation* (2022).

Michael Shermer, "Patternicity: Finding Meaningful Patterns in Meaningless Noise", *Scientific American* (December 1, 2008).

Jan-Willem van Prooijen, Karen Douglas & Clara De Inocencio, "Connecting the Dots: Illusory Pattern Perception Predicts Belief in Conspiracies and the Supernatural", *European Journal of Social Psychology* (2018).

Jennifer Whitson & Adam Galinsky, "Lacking Control Increases Illusory Pattern Perception", *Science* (2008).

Bronislaw Malinowski, *Magic, Science and Religion and Other Essays* (Long Grove, IL: Waveland Press, 1948).

P. V. Simonov, M. V Frolov, V. F. Evtushenko & E. P. Sviridov, "Effect of Emotional Stress on Recognition of Visual Patterns", *Aviation, Space, and Environmental Medicine* (1977).

George Gmelch, "Baseball Magic", *Trans-action* (1971).

트럼프와 직관에 대한 내용은 다음을 토대로 했다. Aaron Blake, "President Trump's Full Washington Post Interview Transcript, Annotated", *Washington Post* (November 27, 2018).

The Comprehensive Intellectual Humility Scale is taken from: Elizabeth Krumrei-Mancuso & Steven Rouse, "The Development and Validation of the Comprehensive Intellectual Humility Scale", *Journal of Personality Assessment* (2016).

Shauna Bowes, Thomas Costello, Winkie Ma & Scott Lilienfeld, "Looking Under the Tinfoil Hat: Clarifying the Personological and Psychopathological Correlates of Conspiracy Beliefs", *Journal of Personality* (2021).

Tenelle Porter & Karina Schumann, "Intellectual Humility and Openness to the Opposing View", *Self and Identity* (2018).

Shane Frederick, "Cognitive Reflection and Decision Making", *Journal of Economic Perspectives* (2005).

Gordon Pennycook & David Rand, "Lazy, Not Biased: Susceptibility to Partisan Fake News Is Better Explained by Lack of Reasoning Than by Motivated Reasoning", *Cognition* (2019).

Amos Tversky & Daniel Kahneman, "Extensional Versus Intuitive Reasoning: The Conjunction Fallacy in Probability Judgment", *Psychological Review* (1983).

Robert Brotherton & Christopher French, "Belief in Conspiracy Theories and Susceptibility to the Conjunction Fallacy", *Applied Cognitive Psychology* (2014).

Neil Dagnall, Andrew Denovan, Kenneth Drinkwater, Andrew Parker & Peter Clough, "Urban Legends and Paranormal Beliefs: The Role of Reality Testing and Schizotypy", *Frontiers in Psychology* (2017).

Steven Stroessner & Jason Plaks, "Illusory Correlation and Stereotype Formation: Tracing the Arc of Research over a Quarter Century", in *Cognitive Social Psychology: The Princeton Symposium on the Legacy and Future of Social Cognition,* edited by Gordon Moskowitz (Mahwah, NJ: Lawrence Erlbaum Associates, 2001).

Ziva Kunda, *Social Cognition: Making Sense of People* (Cambridge, MA: MIT Press, 1999).

Neal Roese & Kathlene Vohs, "Hindsight Bias", *Perspectives on Psychological Science* (2012).

Christian Jordan, Miranda Giacomin & Leia Kopp, "Let Go of Your (Inflated) Ego: Caring More About Others Reduces Narcissistic Tendencies", *Social and Personality Psychology Compass* (2014).

Andreas Goreis & Martin Voracek, "A Systematic Review and Meta-Analysis of Psychological Research on Conspiracy Beliefs: Field Characteristics, Measurement Instruments, and Associations with Personality Traits", *Frontiers in Psychology* (2019).

Aleksandra Cichocka, Marta Marchlewska & Mikey Biddlestone, "Why Do Narcissists Find Conspiracy Theories So Appealing?", *Current Opinion in Psychology* (2022).

Chapter 9~10

Kipling Williams, "Ostracism", *Annual Review of Psychology* (January 2007).

Naomi Eisenberger, Matthew Lieberman & Kipling Williams, "Does Rejection

Hurt? An fMRI Study of Social Exclusion", *Science* (2003).

David McRaney, *How Minds Change: The Surprising Science of Belief, Opinion, and Persuasion* (New York: Portfolio/Penguin, 2022).

Robert Cialdini, *Influence: How and Why People Agree to Things* (New York: William Morrow, 1984).

Jessica Nolan, Paul Wesley Schultz, Robert Cialdini, Noah Goldstein & Vladas Griskevicius, "Normative Social Influence Is Underdetected", *Personality and Social Psychology Bulletin* (2008).

Solomon Asch, "Studies of Independence and Conformity. A Minority of One Against a Unanimous Majority", *Psychological Monographs: General and Applied* (1956).

Jean Twenge, Roy Baumeister, Nathan DeWall, Natalie Ciarocco & Michael Bartels, "Social Exclusion Decreases Prosocial Behavior", *Journal of Personality and Social Psychology* (2007).

Kai-Tak Poon, Zhansheng Chen & Nathan DeWall, "Feeling Entitled to More: Ostracism Increases Dishonest Behavior", *Personality and Social Psychology Bulletin* (2013).

Leon Festinger, Henry Riecken & Stanley Schachter, *When Prophecy Fails: A Social and Psychological Study of a Modern Group That Predicted the Destruction of the World* (New York: Harper & Row, 1964).

Taylor Lorenz, "Birds Aren't Real, or Are They? Inside a Gen Z Conspiracy Theory", *New York Times* (December 9, 2021).

Zoe Williams, "'The Lunacy Is Getting More Intense': How Birds Aren't Real Took On the Conspiracy Theorists", *Guardian* (April 14, 2022).

Jonathan Haidt, *The Righteous Mind: Why Good People Are Divided by Politics and Religion* (New York: Pantheon, 2012).

Tyler Kingkade, Ben Goggin, Ben Collins & Brandy Zadrozny, "How an Urban Myth About Litter Boxes in Schools Became a GOP Talking Point", NBC News (October 14, 2022).

Amotz Zahavi & Avishag Zahavi, *The Handicap Principle: A Missing Piece of Darwin's Puzzle* (London: Oxford University Press, 1997).

About Kipling Williams and ostracism: "Purdue Professor Studies the Pain of

Ostracism," Purdue Today (January 13, 2011).

Daniel Sullivan, Mark Landau & Zachary Rothschild, "An Existential Function of Enemyship: Evidence That People Attribute Influence to Personal and Political Enemies to Compensate for Threats to Control", *Journal of Personality and Social Psychology* (2010).

Antoine Marie & Michael Bang Petersen, "Political Conspiracy Theories as Tools for Mobilization and Signaling", *Current Opinion in Psychology* (2022).

Karen Douglas and Robbie Sutton, "What Are Conspiracy Theories? A Definitional Approach to Their Correlates, Consequences, and Communication", *Annual Review of Psychology* (2023).

Anni Sternisko, Aleksandra Cichocka & Jay Van Bavel, "The Dark Side of Social Movements: Social Identity, Non-conformity, and the Lure of Conspiracy Theories", *Current Opinion in Psychology* (2020).

Zhiying Ren, Eugen Dimant & Maurice Schweitzer, "Beyond Belief: How Social Engagement Motives Influence the Spread of Conspiracy Theories", *Journal of Experimental Social Psychology* (2023).

이성적인 사람들이 비이성적인 것을 믿게 되는 이유
댄 애리얼리 미스빌리프

1판 1쇄 인쇄 2024년 10월 24일
1판 1쇄 발행 2024년 10월 31일

지은이 댄 애리얼리
옮긴이 이경식
펴낸이 고병욱

기획편집1실장 윤현주 **기획편집** 신민희 김경수 한희진
마케팅 이일권 함석영 황혜리 복다은
디자인 공희 백은주 **제작** 김기창 **관리** 주동은 **총무** 노재경 송민진 서대원

펴낸곳 청림출판(주)
등록 제2023-000081호

본사 04799 서울시 성동구 아차산로17길 49 1009, 1010호 청림출판(주)
제2사옥 10881 경기도 파주시 회동길 173 청림아트스페이스
전화 02-546-4341 **팩스** 02-546-8053
홈페이지 www.chungrim.com **이메일** cr1@chungrim.com
인스타그램 @chungrimbooks **블로그** blog.naver.com/chungrimpub
페이스북 www.facebook.com/chungrimpub

ISBN 978-89-352-1462-4 03320